영유아 AI 놀이 및 교육

유구종 저

KNOWLEDGE COMMUNITY 공동체

머리말

현재 유아들은 AI가 중심이 되어 컴퓨터, 스마트폰, 태블릿 PC 등 정보통신 기기와 더불어 TV, 냉장고, 세탁기, 자가용, 교재, 교구 등 대부분의 사물이 인터넷으로 연결되는 사물인터넷으로 둘러싸인 세상에서 살고 있습니다. 이러한 인공지능 시대에서 AI와 친숙하고 스마트 기기를 잘 다루고 적절히 통제하고 놀이하는 능력은 아이의 성공에 중요한 요소인 것은 결코 부정할 수 없습니다. 다만, 여느 중독이든 다양한 부작용을 초래하는 만큼 아이가 스마트 기기, AI 활동뿐 아니라 야외 활동이나 신체 게임, 조작 놀이 등 다양한 취미, 놀이를 즐길 수 있도록 유아 교사나 부모가 지원하고 독려해야 할 것입니다. 인공지능 시대에서는 유아들이 스스로 스마트폰 사용 시간을 조절할 수 하도록 지도하는 디지털 교육부터 진행해야 하는데, 유아의 하루 스마트 기기 사용 시간은 30분에서 1시간 정도가 적당하다 할 수 있습니다(저자의 Queen 잡지 인터뷰에서 발췌, http://www.queen.co.kr).

스마트 기기와 ICT(정보통신) 기기들을 어린 시기부터 접하게 됨으로써 발생할 수 있는 여러 가지 역효과나 부작용의 위험성을 고려한다 해도, AI와 더불어 스마트 기기, ICT 기기들과 함께 살아가야 할 유아들은 선택의 여지가 없습니다. 생태유아교육을 한다는 유치원의 원아들은 원시시대가 아닌 인공지능 시대에 살아가야 할 존재들입니다. 독일 숲 유치원의 아이들이라 해도 나무토막으로 만든 핸드폰을 들고 AI를 피해 가면서 생활할 수는 없습니다.

이제 영유아 교육도 AI와 스마트 기기와의 통합을 고려하지 않을 수 없게 되었습니다. 인공지능 시대의 영유아들에게 인공지능과 경쟁하면서 같이 살아가야 하는 스마트 기술이나 창의 융합적인 사고는 중요할 수밖에 없습니다. 영아 전담 어린이집이라 해도 영아 교사의 AI 리터러시 능력은 필요합니다. 교사가 영아들에게 필요한 놀이 자료를 만들고, 동요를 생성하고, 교재교구를 정리하고, 가정통신문을 작성하는 데에도 AI의 도움은 필요할 테니 말이죠.

이런 의미에서 이 책은 인공지능 시대의 영유아 AI 활용 놀이와 교육뿐 아니라 4차 산업혁명 시대의 영유아 스마트 놀이에 초점을 두고 저술되었습니다.

이론 부분에서는 영유아 교육에서의 AI 활용과 놀이 방법에 관한 이론적 접근을 제시하고자 합니다. **제1장**에서는 미래 시대의 영유아 교육 관점에서 발달에 적합한 유아 스마트교육과 AI 활용 교육의 이론적 관점을 다룹니다. **제2장**에서는 영유아 교육에서의 AI 관련 에듀테크 환경에 대하여 전반적으로 기술합니다.

실제 부분에서는 AI 앱이나 웹, AI 관련 매체를 활용하여 놀이를 전개하고 영유아 교사가 준비할 수 있는 AI 놀이 지원 방법에 관하여 기술합니다.

이를 위해서 **제3장**에서는 AI 놀이 프로젝트의 일환으로 개발된 놀이 실행안을 제시합니다. ChatGPT나 Copilot과 같은 생성형 AI를 비롯해서 네이버 인터랙티브, 구글 아트, 오토드로우 등과 같은 AI 앱, 태블릿 PC와 같은 스마트 매체 등을 활용하여 놀이를 계획하고 놀이를 실행하는 실제 예를 제시합니다. 이러한 실제 예는 2019 개정 누리과정의 신체운동·건강, 의사소통, 사회관계, 예술경험, 자연탐구 5개 영역별로 제시하였습니다.

제4장에서는 앱이나 웹 중심으로 영유아 AI 놀이를 전개하는 방법을 제시하고, **제5장**과 **제6장**에서는 영유아를 위해서 영유아 교사가 지원할 수 있는 AI 동화 제작과 AI 음악 제작 방법을 제시합니다. **제7장**과 **제8장**에서는 영유아 교사가 영유아들과 함께 이야기 나누기나 집단활동, 자유놀이 시간에 활용할 수 있는 그

림과 텍스트를 비롯한 이야기 나누기 자료, 수업 자료, 놀이 자료를 생성하는 방법을 제시하고 따라 할 수 있게 합니다.

이처럼 이 책에서는 AI와 더불어 바람직한 스마트 기기나 콘텐츠 활용 방법, 영유아교육과정과 영유아교육기관 일과 속으로 AI나 스마트 기기, 콘텐츠 활동을 통합하는 방안 등 최근에 이슈가 되고 있는 내용들을 중심으로 가능한 한 모든 영역을 포괄하여 다루려고 노력하였습니다. 실제 부분에서는 2019 개정 누리과정을 적용한 AI 앱 활용 실제와 놀이 활동 예, VR·AR 앱 활용과 AI 활동 등을 다루었습니다. 이는 AI를 비롯한 콘텐츠 유형에 따라 영유아 교사나 예비 영유아 교사들이 스마트 기기와 AI 통합 수업 활동을 전개할 뿐 아니라 콘텐츠를 활용하여 놀이하는 방법을 개정 누리과정의 놀이 중심에 맞게 제시하였다는 데 의의가 있습니다.

끝으로 저자와 함께 AI 놀이 프로젝트를 수행하고 바람직한 AI 놀이 활동 제작에 도움을 준 윤여진, 심남정, 이대현, 오지훈, 최소희 등 프로젝트 팀원들과 놀이 사례 자료를 기꺼이 제공해 준 대학원생들에게 감사를 표합니다. 또 이 책을 예쁘게 편집해 주신 도서출판 공동체 가족 여러분께 감사의 말을 전합니다.

2025년 3월, 원주 연구실에서

유 구 종

차례

Edu-tech
Ai
1
2
3

CHAPTER 01

발달에 적합한 영유아 스마트교육과 AI 활용 교육

Chapter | 01

발달에 적합한 영유아 스마트교육과 AI 활용 교육

영유아 교육은 영유아 발달에 적합한 내용으로 영유아들의 흥미에 따라 놀이 중심으로 전개하는 것이 핵심이다. 특히 2019 개정 누리과정 이후에는 교사 계획에 따른 수업 활동보다는 유아 흥미에 따른 놀이 흐름과 놀이 실행을 특히 강조하고 있는데, 이러한 놀이 실행에 있어 교사의 놀이 지원은 중요한 부분이다. 특히 미래 교육 관련 AI를 활용하여 놀이 지원이 이루어져야 한다는 측면에서 영유아 교사의 AI 리터리시(소양) 능력이 핵심이라 할 수 있다. 이 장에서는 이러한 미래 시대 영유아 교육 패러다임과 이에 따른 영유아 발달에 적합한 놀이중심 스마트매체와 AI 활용 방향을 제시할 것이다.

1. 미래 시대의 유아교육

1) 미래 시대 유아교육 환경, 유아교육 패러다임

(1) 미래 교육 패러다임의 변화

인공지능과 가상현실·증강현실, 메타버스, 빅데이터, 3D프린터 등이 시대의 화두가 되고 있는 4차 산업혁명 시대에 있어 유아교육에서의 교육 패러다임은 특히 교수매체와 교수·학습 방법 측면에서 변화를 요구받고 있다. 이러한 시점에서 미래의 유아교사는 교수·학습과 매체 측면에서의 패러다임 전환에 대한 인식과 더불어 인공지능 기술을 비롯한 다양한 스마트매체와 앱 활용 지식과 기술이 요구된다고 할 것이다.

이에 따라 이 책에서는 미래 사회 유아교육 패러다임을 제시함과 더불어 유아교육에서의 인공지능 기기와 관련 앱·웹 활용을 유아교사 리터러시 관점에서 제시하고자 한다. 인공지능 기기와 관련 앱·웹 활용에 있어서는 유아중심의 놀이 적용과 유아 AI 리터러시 관점도 중요하지만 유아교사의 놀이 지원이나 협력이 중요하다는 관점에서 유아교사 AI 리터러시와 활용능력을 강조한다. 이와 더불어 기타 미래 교수매체와 스마트기기 활용, 유아교육용 앱 활용, 미래 과학기술(VR이나 AR, 메타버스, 3D프린터, 3D스캐너, 전자태그와 같은), 전자 그림책 활용, 유아교육 현장에서의 기록화 활용 등을 중심으로 교수매체와 스마트 교육환경 실천 방안을 제시할 것이다.

미래의 유아교육 패러다임은 또한 이러한 스마트 과학기술의 적용과 더불어 인간의 감성 적용이 중요해지는 융합의 패러다임이 될 수밖에 없다. 과학기술이 유아교육 현장에 적용되고 인공지능과 가상현실이 교육환경에 통합됨에 따라 인간적인 감성과 인문학적인 사고가 또 하나의 키워드가 되는 것은 자연스러운 현상이다. 디지털기기가 우리의 삶 속에 더욱 깊숙이 관여할수록 아날로그적인 감성은 더욱더 필요할 것이며, 태블릿 그림책(아이패드와 같은)이 유아들을 자극할수록 종이 그림책의 향수는 더욱더 깊어질 것이다.

그림 1-1 | 디지털기기와 아날로그적인 감성의 융합

미래 사회는 4차 산업혁명의 물결 속에서 급속도로 스마트화될 뿐 아니라 빅데이터와 네트워크로 연결되는 초연결망 시대이다. 이러한 과학기술에 의한 기계적인 연결은 교육에서도 엄청난 개방화를 이끌 것이며, 이러한 개방화는 결국 교육에서의 인간관계 회복과 관계중심교육을 가속화할 것이다. SNS에서의 관계맺음은 현실에서의 관계를 기초로 하며 현실관계의 확장이기 때문에, 영유아기의 교육은 현실과 인간과 인간의 상호작용에 기반을 둔 관계중심교육이어야 한다. 물론 영유아기 개념관계의 형성도 현실에 기반을 둔 사물과 사물, 사물과 인간의 개념관계를 통하여 데이터와 네트워크 개념으로 확장되어야 할 것이다. 유아교육의 가장 큰 특징이 통합교육이라 할 때, 언어와 표현, 탐구, 사회 영역의 통합적 접근은 융합을 전제로 한 미래 교육에 잘 들어맞는다. 이러한 미래 유아교육 패러다임을 정리하면 | 그림 1–2 |와 같이 표현할 수 있다.

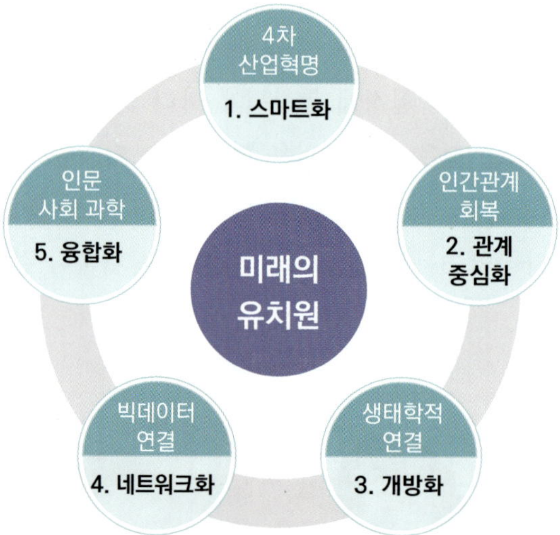

| 그림 1–2 | 미래의 유치원 교육 패러다임의 변화

(2) 미래 유치원 교수·학습 패러다임

유아교육 분야에서는 일찍이 개별화교육을 위한 수준별 교육과정(현재 2019 개정 누리과정은 연령별) 운영과 선택활동 영역을 운영하고 이러한 교육과정 운영과 활동영역 운영을 위한 개인 선택활동, 놀이중심 활동, 문제해결활동, 인성중심교육 등의 교수·학습 실현을 위하여 노력해 왔다.

미래 유아교육에서도 인공지능, 가상현실과 더불어 빅데이터가 중요해짐에 따라 데이터를 수집하고 처리하는 능력은 필수적인 것으로 보인다. 하지만 이와 더불어서 이러한 데이터를 나누고 협력하여 창조하고 재생산해 내는 능력이 강조될 수밖에 없는데, 이런 관점에서 협력과 소통을 통한 관계중심 교수법이 요구될 것이다. 미래 사회에서의 나만의 지식과 세계는 논쟁하고 대화하는 관계 속에서 문제해결학습(문제를 발견하고 탐구해서 해결해 가는 학습), 문제생성학습(이러한 문제해결과정과 반성과정을 통하여 새로운 문제를 만들어 가는 학습)으로 이어질 것이다. 이러한 관점에서 미래 유아교육에서는 사람 간의 관계(유아–유아, 유아–교사, 유아–부모, 유아–지역사회)나 개념 간의 관계(유아–사물, 유아–우주) 형성을 위한 교육부나 교육청 차원에서의 관계중심 교수법 지원체계가 요구될 수 있는데, 모둠 문제해결학습과 토론학습, 역할분담학습을 위한 평가 반성 시스템과 지역사회 협력 시스템, 실시간 자료공유 시스템, 스마트 기록화 시스템이 갖추어져야 할 것이다. | 그림 1–3 |은 유아를 중심으로 한 스마트환경(물적 환경), 인적 환경, 개념과의 관계체계의 예를 보여주고 있다. 아이는 태블릿과의 관계뿐 아니라 선생님과의 관계를 통하여 공룡 개념을 형성해 갈 수 있는 것이다. 미래 유아교육에서는 이러한 스마트매체와의 관계를 넘어서는 인간과의 관계를 통한 유아들의 개념 관계 형성이 무엇보다도 중요한 요소가 될 것이다.

| 그림 1–3 | 스마트매체와의 관계, 사람 간의 관계를 통한 개념 형성

미래 사회는 또한 한 가지 지식이나 기술로는 해결하기 어려운 다양성과 통합이 요구되는 사회라는 측면에서 나를 벗어날 수 있는, 다른 지식이나 기술을 인정하고 통합할 수 있는 다양성이 존중받는 학습 환경과 놀이 환경이 강조되어야 한다. 네이버의 인공지능 이미지 인식 정보제공 앱인 '스마트 렌즈'는 사물이나 동·식물을 인식하여 구체적인 정보까지 제공해 주지만, 이러한 정보 간의 관계를 인식하고 현실세계와 결합하여 새로운 정보를 만들어 내는 일은 유아의 몫으로 남겨질 수밖에 없다. 인공지능이 전달하는 개념전달학습과 유아가 만들어 내는 개념학습은 다를 수 있기 때문이다.

4차 산업혁명 시대의 누리과정(유보통합의 경우 0~5세 보육·교육과정)은 통합된 형태이기는 하나 다양한 형태의 기관에서 다양한 교육내용과 교수방법에 의해 운영되어야만 한다.

'학습 경험 확장을 위한 테크놀로지 기반 교수학습 강화'로의 교수·학습 방향에 있어서는 유아교육 분야도 많은 노력이 요구되는 시점이다. 특히 '온라인 네트워크 기능 강화'와 '공개학습 콘텐츠(Open Learning Content) 활용의 확대', 'AR, VR, 홀로그램을 활용한 학습 과정의 실제성(Authenticity) 확보와 현실 적용 가능성의 강화' 측면에서 그렇다. 이는 오랫동안 유아교육의 철학이 경험중심, 놀이중심, 상황중심 교육에 기반을 두었을 뿐 아니라 실물교육, 자연주의교육의 전통을 이어왔다는 측면에서 타협이 필요하고 다양성을 인정하는 교수·학습 방법 탐색이 요구된다 할 것이다.

이러한 측면에서 미래의 유치원은 | 그림 1-4 |와 같이 스마트기기와 같은 과학기술을 도입해야 하는 환경에 놓일 뿐 아니라, 개방화를 통하여 다양성을 인정하는 방향으로 나아갈 것이며, 다양한 영역과의 융합화와 네트워크화가 필수적일 수밖에 없고, 인간관계 회복을 위한 관계중심접근이 화두가 될 것으로 보인다.

실물교육, 자연주의교육의 전통에 따라 유아들에게는 가상보다는 실세계 위주의 활동이 제공되어야 한다는 우려에도 불구하고 최근 급격하게 스마트기기가 보급됨에 따라 유아교육 분야에서도 스마트기기에 최적화된 전자그림책과 증강현실(AR), 가상현실(VR), 혼합현실(MR) 기법을 활용한 방안 모색이 요구되고 있다. 유아들도 지구에서 살아가야 하는 하나의 개체인 이상 미래 사회에서 디지털 세상을 이해하는 능력이 요구될 수밖에 없으며, 하드웨어(기계)를 이해하는 능력과 더불어 하드웨어를 이해하는 방법인 코딩도 기본 소양이 될 수밖에 없다.

유아교육기관에 매립형 스마트칠판(투사형 바닥, 홀로그램 바닥)이나 탁자형 스마트칠판(홀로그램 테이블)을 포함하여 스마트영역을 설치하거나 홀로그램 통합 선택활동 영역을 구성하게 되면 기존 선택활동 영역과 적절히 통합될 수 있을 뿐만 아니라 스마트칠판상의 프로그램이 유아교육기관 교육활동을 적절히 보조하고 통합할 수 있다는 측면에서 그 활용도가 높다 할 수 있다(그림 1-4 참조). 2019 개정 누리과정에서의 놀이는 자연환경을 마음껏 만끽하고 탐구하는 놀이와 더불어 | 그림 1-4 | 왼쪽과 같은 홀로그램 바닥에서 마음껏 모래(홀로그램 모래)를 파헤치는 놀이가 융합되어 나타날 것이다.

| 그림 1-4 | 매립형 스마트칠판(홀로그램 바닥)과 탁자형 스마트칠판(홀로그램 테이블)
출처 : 인피니티미디어(www.infimedia.co.kr), LS엠트론어린이집.

2) 4차 산업혁명 시대의 유아교사

(1) 4차 산업혁명 시대의 유아교사 역할

4차 산업혁명 시대에서도 유아교사의 역할은 줄어들지 않는다. 인공지능의 도움을 받으며 교육이 이루어진다는 측면에서 교육환경은 변할 수밖에 없겠지만 미래의 유아교사는 지금과 같이 끊임없이 상호작용하고 준비할 것이다.

Logan과 Zevenbergen(2008)에 따르면 유아교사들은 컴퓨터로 유아들의 새로운 학습 경험을 개발하는 방법을 배워야 한다고 한다. 그들은 또한 컴퓨터가 컴퓨터에 대한 사전 경험이 없는 아이들에게 컴퓨터로 접근할 수 있게 하는 방법으로 사용되어야 한다고 지적한다. Tondeur, Valcke과 Van Braak(2004)에 의하면 "대다수의 교사가 유아교육 업무에 활용하기 위해 컴퓨터를 사용한다. 교사가 실제로 가르치는 도구나 학습 도구로 컴퓨터를 통합하는 경우는 많지 않다"라고 말한다. 이러한 연구 결과에 따르면 유치원 교실에서의 ICT 기술은 효과적으로 사용되고 있지 못한데, 유치원 교사들이 대학에서 컴퓨터 활용에 관해 예비교사교육 프로그램에서 현재 배우고 있는 내용을 조사 분석할 필요성을 제기하고 있다(Fleming, May, & Motamedi, 2007). 유아교사들은 대학 수업에서 받은 교육을 통하여 유치원 교실에서 유아들과 함께 컴퓨터를 사용하는 데 있어 효과적으로 적용하고 실천하고 있는지 폭넓은 조사가 필요하다(Kotrlik & Redmann, 2005; Childress & Rovai, 2003).

Watson(2006)은 ICT 시대에 있어 유아들을 준비하게 하는 교사의 역할이 중요하다는 점을 제기하고 있다. 이 연구에서 그는 유아의 학습과정은 컴퓨터에 의하여 저절로 수행되는 것이 아니라 교사의 복잡한 역할이 동반될 때 가능하다는 점을 지적하였다. Plowman과 Stephen(2007)은 교사나 다른 유아들이 개입하지 않는 무의식적인 컴퓨터 게임의 효율성에 대하여 조사하였다. 연구 결과에 따르면, 그들은 컴퓨터 놀이만으로는 유아들의 학습을 지원하는 역할을 보장하지 못한다는 점을 지적했다. 소프트웨어 중 일부는 유아들이 잘못된 정답을 스스로 고쳐나갈 수 있게 하지 못하기 때문에 유아교사의 개입이 필수적이라 한다. Plowman과 Stephen(2007)의 또 다른 연구에서는 유아교사와 유아들과의 상호작용이 유도되었을 때 유아의 학습의 폭이 넓어질 수 있었다는 점을 제안하고 있다. 이러한 연구들에 의하면 4차 산업혁명 시대를 살아가는 유아에게는 ICT기기나 스마트기기를 경험하고 놀이하는 것뿐 아니라 유아교사의 개입이나 상호작용이 중요함을 시사하고 있다.

(2) 4차 산업혁명 시대 유아교사 핵심역량 및 교수방법[1)]

미래 교육환경에서 필요한 인재유형을 길러내기 위해서 교사 자신도 핵심역량을 발전시키도록 정진하여야 한다. 또한 개인의 핵심역량을 발전시킴과 함께 영유아의 잠재적 가능성을 최대한으로 열어주어 스스로 성장하도록 도울 수 있어야 할 것이다. 이선영(2017)은 미래의 교사들은 테크놀로지의 사용의 중요성을 인식하고 스스로 수업자료를 준비하는 역량을 갖추어야 하므로 학습상황에서 능숙하게 테크놀로지를 활용하여 교수효능감을 높이고 학습자의 테크놀로지 참여 동기를 높일 수 있다고 지적하였다. 따라서 현재의 영유아가 미래 환경에서 주도적으로 살아가도록 돕기 위해서 교사가 갖추어야 할 역량은 개별 영유아와 영유아를 둘러싼 환경 전반에 대한 이해, 교육과정 운영에 대한 전문적 지식과 적용 능력, 교육의 효과를 높일 수 있는 테크놀로지 기술에 대한 접근 능력, 영유아에게 인성적 모델을 제시할 수 있는 능력, 전문가 집단에서 협업하고 기여하는 태도, 영유아교육의 미래를 예측하고 교육자로서 자신의 전문성을 성장시키고자 하는 열의라고 할 수 있다(오채선, 2017).

4차 산업혁명 시대의 유아 학습 공간은 학습자 중심의 다양한 교수·학습 활동을 적극적으로 수용할 수 있어야 하며 이를 지원하는 여러 가지 형태로 구성되어야 한다(김현진 외, 2017). 지식의 유통기한이 갈수록 짧아지고 있고, 대량의 정보들이 날마다 새롭게 쏟아지고 있기 때문에 축적된 데이터 속에서 필요한 것을 찾아가고 조합하는 능력을 갖추는 창의융합인재를 기르는 교육이 필요하다. 이를 위해 스마트기기를 활용한 교육은 폭넓은 세상을 학습자가 보고 듣고 말할 수 있는 기회를 부여하자는 것에서부터 출발하여, 교육을 통해 창의적 아이디어와 문제해결능력을 기를 수 있도록 하는 데 목표가 있다. 스마트교육 현장에서 교사의 역할은 지식을 가르치는 사람이 아니고 학습자들의 배움을 안내하고 조력하는 사람이라고 볼 수 있다(이수영·김대영, 2017). 유아교육기관에서의 스마트기기와의 상호융합은 유아 스스로 자기주도성과 흥미를 가지고 적극적으로 학습할 수 있도록 정보기술을 활용한 풍부한 자료를 제공함으로써 변화하고 있는 미래 사회에 필요한 인재를 기

1) 유구종·김민경(2019). 누리과정 적용을 위한 뉴미디어 효율적 적용 방안. 한국열린유아교육학회 춘계 학술대회 발표논문집, pp. 53–74의 내용을 수정 보완함.

르는 기회를 제공할 것이다.

컴퓨터 그래픽 기술의 발달과 증강현실(AR), 가상현실(VR), 혼합현실(MR) 기술 또한 보다 정교하게 발전하고 있다. 증강현실(AR)과 가상현실(VR), 혼합현실(MR) 같은 기법은 온라인 네트워크 기술과 접목되어 단방향 시각 자극만이 아닌, 상호작용형 그래픽 환경을 제공해 줄 것이다. 이는 가상적인 체험을 보다 현실적으로 경험할 수 있게 해준다. 또한 문제상황을 체험적으로 이해할 수 있게 해주고 동시에 학습 몰입을 증가시킬 수 있다. 교수매체로서 테크놀로지에 대한 인식 및 유아교육에의 적용·활용 방법에 대해 많은 과제를 안고 있음에도 불구하고 최근의 유아교육 분야에서는 스마트기기에 최적화된 전자 그림책, 증강현실(AR), 가상현실(VR), 혼합현실(MR) 기법을 활용한 방안 모색이 요구되고 있다. 세계 여러 나라, 지구와 우주 등을 주제로 한 가상현실 프로그램(Google Earth, Google Cultural Institute)과 이와 관련된 앱, 유아 코딩 교육 등과 같은 소프트웨어적인 활용과 더불어 다양한 스마트기기를 비롯한 증강현실 그림책과 QR코드, 전자태그, 인공지능로봇 등이 향후 유치원 교육활동과 학습 환경에 통합적으로 활용될 전망이다(유구종, 2017). 지금의 아이들은 대부분 스마트폰으로 SNS를 하며, 유아들은 유튜브로 애니메이션을 찾아보고, 태블릿 PC로 한글과 숫자 공부를 한다. 이러한 현 시점에서 테크놀로지를 활용한 수업은 거스를 수 없는 대세인 것이다. 이러한 디지털 세대들에게 테크놀로지를 교육적으로 활용할 수 있는 방법을 가르쳐야 할 때이다.

향후 미래 사회에 요구되는 역량으로는 융합, 창의, 협동 등의 고차적 사고 향상이 이루어져야 한다. 이상의 인재를 양성하기 위한 한 가지 방안으로 인지적 도구로서의 테크놀로지를 활용할 수 있다. 그중 인공지능(Artificial Intelligence)은 미래 사회에 보다 활발하게 적용될 것으로 예측되고 있는 주요 기능 중 하나이다. 인공지능은 다양한 환경 혹은 대상과 상호작용하기 위해 인간과 유사한 방식으로 프로그래밍 된 컴퓨터 하드웨어 및 소프트웨어를 모두 포함하여 일반적으로 다양한 정보를 처리하기 위한 알고리즘으로 구성되어 있다(Luckin et al., 2016). 유아교육 분야에서의 인공지능 적용은 다양하게 예상해 볼 수 있다. 영유아 안전과 관련하여 '스마트버스' 유치원·어린이집 앱이 실시간 운행정보와 위치를 제공하고 탑승한 유아들을 점검하는 시스템도 하나의 예가 될 수 있다. 인공지능 스마트기기는(최근에 유아들에게 활용도가 높아지고 있는 유아용 Smartwatch인 키즈폰과 같은) 놀이영역에서 놀이하는 유아의 활동을 기록할 것이며 활동 순서를 안내할 수 있을 것이다. 동극놀이 영역에서는 인공지능 스마트기기가 전자테크나 센서를 통해 유아들의 동극활동을 TV 화면에 실시간으로 보여줄 뿐 아니라 증강현실 캐릭터와 통합 운영되는 동극놀이 활동을 가능하게 할 수 있다(유구종, 2017).

이러한 시대일수록 더욱더 강조될 수밖에 없는 유아의 창의 융합적 사고 증진을 위한 소통과 협력 중심의 교육내용과 교수방법, 수업전략은 누리과정 다양성의 중심에 있어야 할 것이다. 유아교육은 초·중등교육과 달리 시간과 프로그램에 있어서의 융통성과 유연성이 있다. 미래 사회는 지식이 교사에 의해 독점되는 시대가 아니라 언제든지 검색하고 찾아 공유할 수 있는 시대이다. 이제 학습자의 배움에 초점을 두고 함께 배우는 태도를 위해 교수·학습이 설계될 필요가 있다. 이러한 설계의 필요성에 따라 교수·학습의 근본 구조를 달리하는 다양한 수업방법이 실시되고 있다. 이러한 움직임은 학습의 변화, 수업방법의 변화뿐만 아니라 교수·학습 환경, 교사와 학습자의 관계를 근본적으로 변화시킬 것이다.

또한 자기 주도적 학습능력을 기르기 위해서는 개개인의 유아 특성에 맞게 지식과 정보 능력 등을 함양할 수 있도록 테크놀로지 기반의 교수·학습 환경을 조성해야 한다(박선화 외, 2017). 4차 산업혁명 시대의 디지털 학습 환경은 스마트학습, 로봇과 시뮬레이션, AR·VR과 같이 지속적인 데이터 통신이 필수적으로 요구된다. 따라서 효과적인 테크놀로지 기반 교수·학습이 진행되기 위해서 유아교육기관의 정보 보안 기술을 확보하고 온라인 네트워크 기능, Wi-Fi 망 등이 지속적으로 개선되어야 할 것이다. 4차 산업혁명 시대는 모든 지식 및 정보 등이 네트워크를 통해서 연결 가능해진다. 클라우드 컴퓨팅 기술은 교수·학습 활동과 자료를 저장하고 활용할 수 있게 해준다(김윤희, 2019).

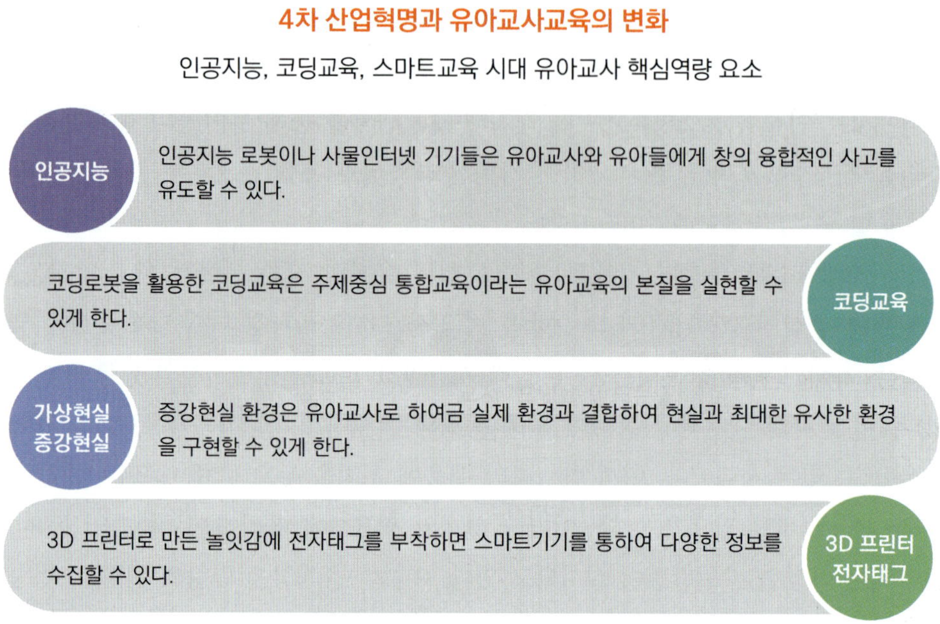

| 그림 1-5 | 4차 산업혁명 시대 유아교사 핵심역량 기술 요소

3) 4차 산업혁명 시대의 유아교육과 유아 핵심역량

4차 산업혁명 시대 교육은 기하급수적으로 생산되는 정보를 알고 기억하는 것을 목표로 하는 단순 암기 위주의 교육보다는 방대한 정보를 이해하고 이를 통해 가치 있는 정보를 찾아내고 조직화하는 능력을 기를 수 있는 교육이 필요하다. 지금까지의 교육이 지식을 전달하고 이를 평가하는 교육이었다면 앞으로의 교육은 미래 사회에서 무엇을 할 수 있는가에 대한 역량을 길러주는 교육으로 전환되어야 할 것이다.

4차 산업혁명은 어디서든 접근 및 접속이 가능한 인터넷, 학습하는 인공지능(Schwab, 2016), 전 세계인과 기계 사이의 초연결 및 자동화 시스템(World Economic Forum, 2016)으로 설명되며 이전의 산업혁명과는 전혀 다른 방식으로 인간의 삶을 변화시킬 것으로 예측된다. 이 시대에는 알파고와 같은 인공지능, 세계 어디서든 집과 자동차를 조종할 수 있는 사물인터넷, 로봇 등의 시스템 자동화 및 빅데이터를 통한 편의와 품질 향상, 유전공학에 의한 수명의 연장(Schwab, 2016)과 같은 완전할 것만 같은 세상이 펼쳐질 것으로 기대된다. 4차 산업혁명 시대의 누리과정 교육내용이나 교수방법에 있어 인공지능, 가상현실, 증강현실, 빅데이터 등의 주요 개념 통합이 고려되어야 한다는 점은 주지의 사실이다(조진일, 2017).

유아교육에 대한 관점은 시대의 흐름에 따라 변화되어 왔다. 특히 과학과 산업의 발달은 교육 분야에 지대한 영향을 미쳐왔는데 교육의 내용은 산업사회가 원하는 기술을 습득하게 하는 방식으로 변화해 온 측면이 있기 때문이다(Blinder, 2009).

예컨대 증기기관을 기반으로 한 제조업의 1차 산업혁명, 석유, 전기 기반 제조업의 2차 산업혁명, 컴퓨터와 인터넷 기반의 정보화 시대의 3차 산업혁명의 과정에서 학교교육은 기술습득을 위한 공립학교의 증설로, 컴퓨터 등의 테크놀로지 교육으로 변형되어 왔다(Blinder, 2009). 그리고 이제 4차 산업혁명 시대라는 새로운 시대를 맞이하게 되면서 유아교육은 또 한 번의 변화를 맞이할 것이라 예상된다(김호현·김충일, 2018).

4차 산업혁명 시대를 준비하는 교육의 핵심 개념은 지식에서 역량으로 변화하고 있다. 기존 산업사회에서는 지식의 획득과 활용, 기술의 개발 및 활용이 중요하였다. 그러나 4차 산업혁명 시대에서의 복잡하고 다양한 사회적 요구에 적절하게 대처하고 준비하기 위해서는 인지적 측면과 비인지적 측면을 아우르는 종합적 역량을 갖추어야 한다(김창환, 2014). 그렇다면 이러한 4차 산업혁명 시대에 유아들에게는 어떠한 역량이 필요한 것인가?

세계경제포럼(World Economic Forum, 2016)에서 제시한 4차 산업혁명 시대가 요구하는 핵심 기술은 기초 문해(foundation skills), 역량(competencies), 하위 영역, 인성 자질(character qualities)로 구성된다. 기초 문해는 일상생활에서의 핵심기술 적용과 관련되는 인지적인 역량이다. 역량은 어떻게 복잡한 도전 상황에 대처하는지를 의미한다. 하위 영역으로 비판적 사고/문제해결(critical thinking/problem-solving), 창의성(creativity), 의사소통(communication), 협력(collaboration)이 포함된다(그림 1-6 참조). 변화하는 환경에 어떻게 대처해야 하는지를 보여주는 인성 자질은 주도성, 일관성/도전정신, 적응력, 리더십, 과학 및 문화로 구성되어 있다. 세계경제포럼에서는 이러한 핵심역량을 갖춘 인재상으로 정의되지 않은 복잡한 문제를 해결할 수 있는 사람, 다양한 분야의 사람들과 협업할 수 있는 사회적 기술을 갖춘 사람, 정보를 다루고 합리적으로 활용하는 정보처리능력을 갖춘 사람, 시스템 기술과 서로 다른 규칙을 통찰할 수 있는 창조적인 사람 등을 제시하고 있다(Schwab, 2016).

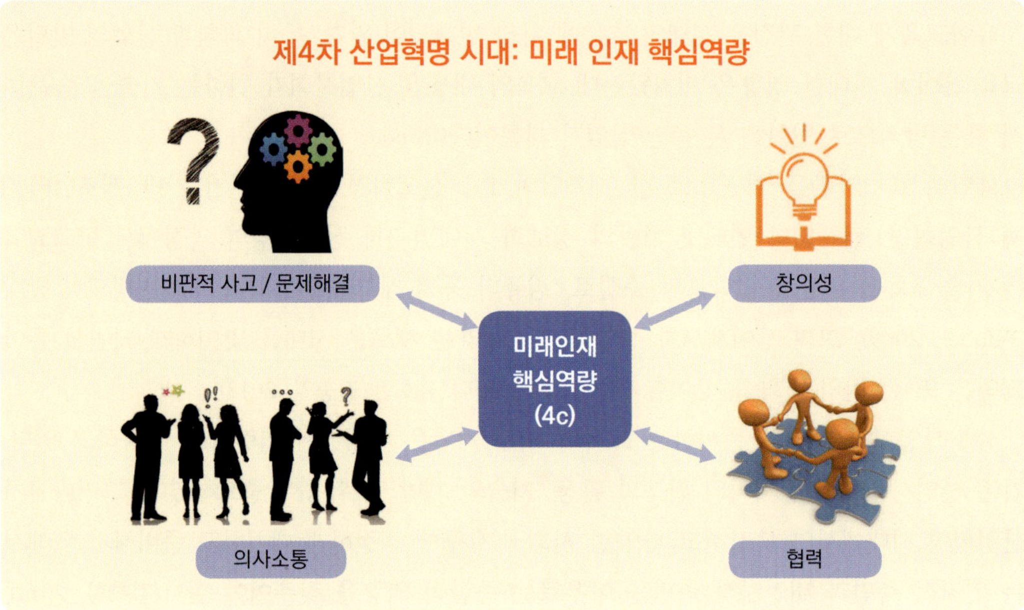

| 그림 1-6 | 4차 산업 혁명 시대가 요구하는 핵심 역량 4개 영역(4C)

이가라시 유키(Yuki, 2017)는 4차 산업혁명 시대 유아들과 초등학생들을 'AI세대'라 칭하면서 AI세대를 위한 디지털교육으로 6세까지 가르쳐야 할 핵심역량 다섯 가지를 제시하였다(이미란, 2018). 첫째로 생각하고 행동하는 능력(창의성과 이노베이션)으로 디지털 리터러시, 논리적 사고력, 지식활용능력, 표현력, 창의력 등을 포함하며, 둘째, 성과를 만들어 내는 능력으로서 인내력과 더불어 스스로 학습의욕을 만들어 내야 한다고 하면서 스스로 목표를 설정하고 이를 달성하는 능력과 자신감이 필요하다고 주장하고 있다. 셋째, 공생과 협업 능력이 필요한데 AI세대에게 요구되는 공생과 협업 능력은 기존 산업화 시대나 정보화 시대와는 양적·질적으로 달라질 것이며, 의사소통 또한 마찬가지라는 것이다. 기존

에는 공생과 협업의 대상은 인간으로 한정되어 있었다. 그러나 4차 산업혁명 시대에는 인종·문화·종교 등의 서로 다른 인간 상호 간, 인공지능 로봇과도 협업하며 살아가야 할 것이다. 회사, 가정, 병원, 학교, 유치원 등 다양한 분야에서 인공지능 로봇이 보급되면 이와 공생하며 협업할 수밖에 없을 것이므로 스스로 학습하고 사고할 수 있는 인공지능 로봇과의 의사소통능력은 AI세대에게 가르쳐야 할 핵심역량으로 매우 중요해질 것으로 예상하고 있다. 넷째, 학습토대가 되는 능력으로 수리력과 어휘력 등을 제시하고 있다. 이러한 능력들은 효율적으로 학습을 진행하기 위해 필요한 능력이다. 특히 21세기형 능력으로 Science, Technology, Engineering, Mathematics(STEM) 영역을 강조하는 STEM 교육방법과도 같은 맥락이라 할 수 있다. 다섯 번째, 사회변화를 간파하는 능력으로서 정보리터러시를 제시하고 있다. 정보리터러시는 사회를 이해하기 위한 다양한 정보의 수집·처리·분석에 매우 필요한 핵심 역량이며, 사회 구조를 이해하는 능력 또한 강조되어야 하는 핵심역량이라 주장하고 있다.

2. AI 활용 영유아 교육의 관점과 방향

1) 영유아 교육으로의 인공지능의 영향

최근 인공지능(AI) 기술의 발전으로 교육 분야에서도 많은 변화가 일어나고 있다. 특히 영유아 교육 분야에서 인공지능 기술을 적용하는 경우가 늘어나고 있다. 이에 따라 인공지능이 영유아 교육에 미치는 영향에 관한 연구가 활성화되고 있는 시점이다.

AI의 폭풍은 5차 산업혁명이라 불릴 만큼이나 교육계에도 휘몰아치고 있다. 최근 생성형 AI로 대표되는 AI는 인간의 교육을 대신 할 것만 같은 기대와 우려를 갖게 한다. 우리 영유아 교육에서도 교사의 기본역량이나 영유아의 리터러시 능력과 관련하여 많은 준비가 필요한 시점이라 할 수 있다. 교사나 영유아의 1분 내외 목소리 녹음파일로 AI 동화 자료나 이야기 자료를 얼마든지 만들어 낼 수 있는 시대가 도래하였다. 교사나 영유아가 없는 상황에서도 AI는 끊임없이 자료를 만들어 낼 수 있는 것이다. 이제 영유아 교육에서의 과제는 이러한 AI를 도입하고 함께 생활하면서 AI 윤리와 더불어 영유아 교육 분야에서의 교사, 연구자, 영유아 각자의 정체성에 AI를 통합해 가는 것이라 할 수 있다. AI가 인간의 교육에 깊숙이 파고들어 우리를 도와주지만, 반대로 인간을 괴롭힐 수도 있는 이 시점에서 전체주의(홀리스틱) 관점을 가지고 인간이 중심이 되는 AI 활용이 이루어질 수 있는가 하는 점은 영유아 교육에서 AI가 자리매김하기 위한 필수 조건이라 할 수 있다.

인공지능 기술을 적용한 영유아 교육의 가장 큰 장점은 맞춤형 교육이 가능하다는 것이다. 인공지능 기술을 이용하여 영유아의 학습 수준을 파악하고, 영유아가 가진 학습능력과 성향에 맞는 맞춤형 교육을 제공할 수 있다. 이를 통해 영유아의 학습 효율성을 높일 수 있다. 또한 인공지능 기술을 활용한 교육 콘텐츠는 더욱 다양하고 흥미로운 내용으로 구성될 수 있다. 예를 들어, 인공지능을 이용하여 영유아의 관심사나 놀이 성향에 맞는 적절한 놀이 콘텐츠, 교육 콘텐츠를 추천할 수 있다. 또한 인공지능을 이용하여 시뮬레이션 학습을 제공하여 영유아들이 더욱 적극적으로 놀이나 학습에 참여할 수 있도록 도와줄 수 있다.

하지만 영유아 교육에서 인공지능 기술을 적용하는 것은 몇 가지 주요한 문제점도 초래할 수 있다. 인공지능이 영유아의 놀이나 학습을 대신할 수 없다는 것이 가장 큰 문제점이다. 영유아는 학습을 통해 사고와 문제해결능력을 키워나가는 과정을 거쳐야 한다. 이를 대신하는 인공지능 기술은 영유아의 놀이나 학습 능력을 제약할 수 있다. 또한 인공지능 기술을 활용한 영유아 교육에 있어서는 보호자나 교사의 보호와 교육적 지원이 필요하다는 점이 중요하다. 영유아는 교육과정 속에서 보호자나 교사와 상호작용을 하게 되는데, 이러한 상호작용이 영유아의 놀이나 학습에 중요한 역할을 한다. 따라서 인공지능 기술을 적용한 영유아 교육에 있어서는 보호자나 교사의 교육적 지원, 특히 적극적인 상호작용 노력이 필수적인 요소가 된다.

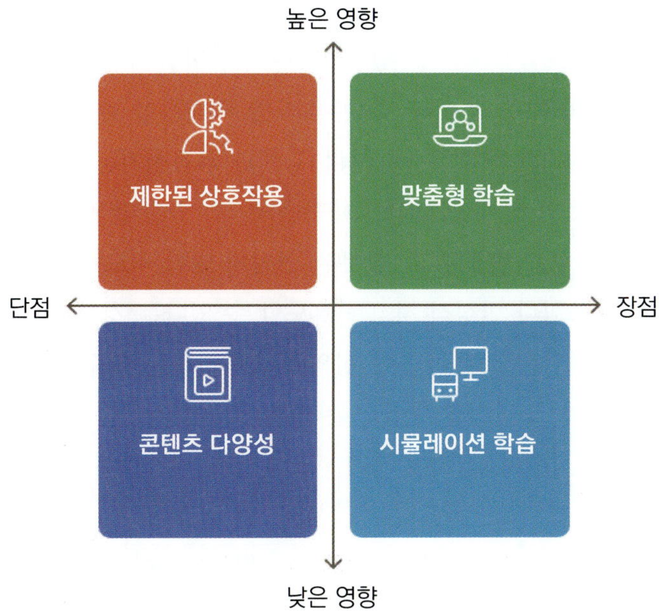

| 그림 1-7 | 영유아 교육 분야에서 인공지능(AI)의 장점과 문제점

앞으로 인공지능(AI)은 영유아 교육에서의 놀이나 교수·학습 측면에서도 큰 영향을 미칠 것으로 예상된다. 이러한 영향은 영유아들이 새로운 개념을 이해하고, 정보를 효율적으로 처리하며, 창의적인 문제해결능력을 키우는 데 도움을 주는 여러 가지 방식에서 나타날 것이다.

① **개인화 학습** : AI는 영유아들의 놀이나 학습 경험을 개인화하는 데 큰 역할을 한다. AI 기술은 영유아들의 학습 스타일, 선호도, 능력을 이해하고 이에 맞춘 맞춤형 교육 경험을 제공할 수 있다. 실제로 ChatGPT나 VoiceGPT와 같은 생성형 AI 앱과의 음성기능을 사용한 이야기 나누기 활동의 경우 영유아들의 연령이나 발달 수준, 선호도 등을 AI에게 분명히 전달한 상태에서 활동을 진행할수록 영유아 중심의 상호작용 대화가 가능하다.

② **즉각적인 피드백** : AI는 영유아들이 수행한 작업에 대해 즉시 피드백을 제공하여 놀이나 학습 과정에 도움을 줄 수 있다. 이는 영유아들이 자신의 오류를 바로 인식하고 수정하게 도와주며, 놀이나 학습 효과를 최대화할 수 있다는 것이다. 실제로 ChatGPT나 VoiceGPT와 같은 생성형 AI 앱과의 음성기능 사용 이야기 나누기 활동의 경우 영유아들의 말에 즉각적인 대답을 줄 수 있을 뿐만 아니라 잘못된 발음이나 언어 표현을 즉시 교정해 주고, 잘못된 인식에 대한 피드백을 곧바로 제공하여 영유아 지식의 재구조화나 반성적 사고를 유도할 수 있다는 것이 가장 큰 장점이다.

③ **창의적 학습 도구** : AI는 영유아들이 창의력을 증진하는 도구로 사용될 수 있다. 예를 들어, AI 기반의 그림 그리기 도구는 영유아들이 자신만의 작품을 만들고, 자신이 제작한 것을 분석하며, 심지어 자기 아이디어를 새롭게 시각화하는 데 도움을 줄 수 있다.

④ **학습 환경 강화** : AI는 학습 환경을 향상하는 데도 도움이 될 수 있다. 예를 들어, AI가 학습 환경에서의 소음, 빛 등의 요소를 조절하여 영유아들이 집중력을 유지하고 학습 효과를 높일 수 있도록 도와줄 수 있다. 놀이나 학습을 위한 VR 환경이나 AR 환경을 조성하는 데 있어서도 AI의 도움이 필요할 수 있다.

⑤ **사회적 기술 향상** : AI는 영유아들의 사회적 기술을 향상하는 데도 사용될 수 있다. 예를 들어, AI가 아이들에게 감정 인식, 커뮤니케이션 능력, 감정 교류, 협동 능력 등과 같은 중요한 사회적 기술을 가르치는 데 사용될 수 있다. 인공지능 시대에 있어서 영유아들이 친구의 의견을 잘 들어주고 내 의견을 잘 전달하는 능력은 갈수록 중요해진다는 측면에서(유구종, 2012) 중요한 요소라 할 수 있다.

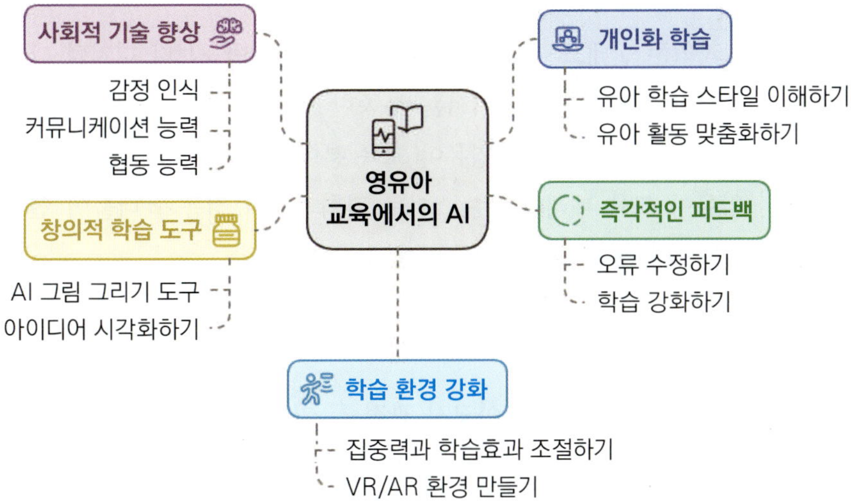

| 그림 1-8 | 영유아 교육에서의 AI의 영향

이처럼 AI는 영유아 교육에 매우 중요한 역할을 하고 있으며, 그 가치는 앞으로도 계속 커질 것으로 예상된다. 하지만 AI를 놀이나 교육에 통합하는 것은 주의가 필요하다. AI의 사용은 영유아들의 개인정보 보호와 데이터 보호에 관한 중요한 질문을 불러일으킨다. 또한 AI가 영유아 교육에서 갖는 역할에 관한 더 많은 연구가 필요하다. 이러한 연구는 AI가 어떻게 영유아들의 학습과 발달을 돕는지, 그리고 이러한 도구를 어떻게 가장 효과적으로 사용할 수 있는지에 대한 더 깊은 이해를 제공할 것이다. 이런 방식으로 AI는 영유아 교육을 지속적으로 혁신하고, 영유아들이 미래 세계에서 성공할 수 있도록 준비하는 데 중요한 역할을 할 수 있다.

인공지능과 함께해야 할 사회에서 새로움을 창조할 뿐 아니라 인간이 주체적으로 자리매김하기 위해서는 인간 상호 간은 물론 인공지능과의 소통과 협력이 매우 중요할 수밖에 없다(김지원, 2017). 미래 영유아 교육기관에서는 스마트 기술을 적극 활용할 수 있도록 놀이와 교수·학습 환경을 구축해야 한다. 물론 스마트기기 과몰입 등의 문제도 적절히 대처할 수 있도록 실물 자료와 자연환경을 스마트환경과 적절히 통합하는 것은 영유아 교육에서의 또 하나의 과제가 될 것이 분명하다.

최근의 스마트폰 과의존 실태조사에서 과의존 위험군이 일반군보다 디지털 사용 역량은 높았지만, 가족 및 사회적 관계망에 있어서는 부족한 것으로 나타났다는 점은(과학기술정보통신부·한국지능정보사회진흥원, 2020) 영유아 교육 분야에서도 시사하는 바가 크다. 이런 측면에서 미래의 영유아 교육 패러다임은 스마트 과학기술의 적용과 더불어 인간의 감성 적용이 중요해지는 융합의 패러다임이 될 수밖에 없다.

2) AI 활용 유아교육의 관점과 방향[2)]

AI 활용 유아교육은 유아 관점과 유아교사 관점 두 가지 관점에서 접근되어야 한다. 유아 관점에서는 누리과정에서 강조하는 놀이중심으로 어떻게 AI가 활용되고 적용될 수 있는지 놀이 방법이나 교수·학습 방법 측면에서의 방안 모색이 필요할 것이며, 유아교사 관점에서는 유아교사의 AI 리터러시(기본역량) 증진을 위한 방안에 대한 고민이 요구된다. 유아교사 교육역량이나 유아 놀이 방법에 AI가 적절하게 활용되기 위해서는 기존 놀이나 교육활동과 AI가 적절하게 통합 적용되어야 할 것인데, 이는 코딩교육에서의 언플러그드 코딩과 플러그드 코딩의 통합과 유사한 개념으로 접근할 수 있다. AI 기기나 앱을 활용한 AI 활동(플러그드 AI 활동)은 기존의 실물 놀이(언플러그드 AI 활동)를 통한 AI 개념 적용과 더불어 적용될 때 최대한의 효과를 가져올 수 있을 것이다.

AI를 이용한 로봇 기술도 이렇게 기존의 실물 활동과 통합될 때 놀이 활동과 교육 결과를 향상하는 데 도움이 될 뿐만 아니라 유아들을 사회화하는 데도 도움이 될 수 있다(유구종, 2020, 윤여진·유구종, 2022). 예를 들어, ROYBI라는 언어 학습 AI 로봇은 유아들에게 15가지 이상의 언어를 가르치는 데 사용될 수 있다. 또한 이 로봇은 유아의 표정에 반응하고 그들의 관심과 흥미에 따라 다양하게 놀이로 전개되어 학습으로 이어질 수 있다. 유아교육에 AI와 로봇 기술을 도입하는 것은 유아교육 분야에 도움이 될 뿐만 아니라 장기적으로도 이점이 있다. 연구에 따르면, 유치원 교육에 AI와 로봇 기술을 적절히 도입하

2) ChatGPT 4.0이 생성한 내용(2023년 7월 6일 인출)을 기반으로 출처를 제시하고 수정 보완함.

게 되면 성인이 되었을 때의 인지 검사 점수 향상으로 이어질 수 있다(Anand, 2022).

AI는 현재의 유아, 초등 교육에 영향을 미치는 주요 기술 발전 중 하나이다. 이러한 경향성과 함께 STEM 교육에 예술을 통합하는 노력은 유아들에게 융합적인 다방면의 교육을 제공하고 미래를 대비할 수 있도록 돕는다. 유치원이나 초등학교에서 AI를 강조하지 않더라도 ROYBI와 같은 공학 기술을 사용하여 가정에서 AI를 도입한다면 유아들에게 효과적일 수 있다(Anand, 2022).

3) AI 활용 유아교육의 적용[3)]

(1) 발현적 AI 문해력

인공지능(AI)은 유아교육에서 다양한 방식으로 활용되고 있다. 예를 들어, 충청남도교육청(2022)은 전국 최초로 인공지능(AI) 교육 시범유치원을 운영하고 있다. 이 시범유치원에서는 디지털 기반 교육환경을 구축하고, 인공지능(AI) 교육 자료를 활용한 놀이중심 교육과정을 운영하고 있다. 충남교육청은 인공지능(AI) 교육 영역을 AI 이해, AI 활용, AI 융합(개발), AI 윤리 등의 네 가지로 구분하였다. 유아 단계에서는 AI 활용을 중심으로 인공지능 기술을 유아의 놀이와 체험 중심의 교육과정 운영으로 실생활 문제 해결에 활용할 수 있도록 지도하고 있다. 이러한 사례는 유아 수준에서의 인공지능 교육이 놀이중심이면서 유아들의 실제 생활 속으로의 적용을 중심으로 전개될 때 인공지능 적용의 가장 큰 효과라 할 수 있는 문제해결 측면에서 최대한의 효과를 가져올 수 있다는 점을 시사한다. 유아들은 실제로 인공지능 기기나 앱 놀이 속에서 부모나 교사와 함께 실제 생활 속의 문제를 해결해 나가는 과정을 통해서 인공지능의 개념과 기능을 자연스럽게 습득할 수 있다. 이러한 것이 읽기, 쓰기 등의 문해능력을 실생활 장면이나 놀이, 동화 등을 통하여 어린 시기부터 자연스럽게 접촉하면서 습득하는 방식을 강조하는 발현적 문해력(emergent literacy)과 유사한 발현적 AI 문해력(emergent AI literacy) 개념으로 설명할 수

3) 4차 산업혁명 시대의 유아 스마트교육 및 매체(유구종, 2020) 책의 내용과 ChatGPT 4.0이 생성한 내용(2023년 7월 6일 인출)을 기반으로 출처를 제시하고 수정 보완함.

있다. 유아가 친구들이나 교사와 놀이, 이야기 나누기를 통하여 대화하고 상호작용하면서 발현적으로 문해력(문식성)이 발달하는 것처럼 인공지능 기기나 앱을 통한 놀이, 이야기 나누기를 통하여 발현적 문해력(문식성)과 더불어 발현적 AI 문해력이 생겨날 수 있다.

인공지능 로봇이나 'ChatGPT', 'VoiceGPT' 앱과 같은 생성형 AI와 음성으로 대화하면서 유아들은 놀이나 이야기 나누기 주제에 따른 특정 개념을 습득할 뿐 아니라 어떤 개념이 생겨나는 과정을 깨닫게 되고 이러한 과정에서의 AI의 역할과 기능을 자연스럽게 습득하게 된다. 이것이 AI와의 음성 대화나 상호작용을 통한 발현적 문해력(emergent literacy)과 발현적 AI 문해력(emergent AI literacy)의 생성이라 할 수 있다. 관련 연구에 의하면 코딩 기능이 있는 소셜 로봇을 사용하여 유아들이 AI 개념을 탐구할 수 있도록 안내하는 새로운 컴퓨팅 툴킷과 커리큘럼을 적용한 결과 15분 놀이를 통하여 유아들은 다양한 AI 개념을 이해하는 것으로 나타났다. 유아들의 AI 개념 이해 능력은 놀이와의 상호작용을 통해 AI 개념을 탐구할 수 있는 정도와 긍정적인 상관관계가 있는 것으로 나타났다(Williams, Park, Oh, & Breazeal, 2019).

또 다른 연구에 의하면, 유아들은 아이디어를 반복적으로 보고, 대화형 활동에 참여하고, 컴퓨팅 아이디어를 사회적 프레임워크에 넣을 때 가장 잘 학습하는 것으로 나타났다. 예를 들어, 'KIBO'와 '스크래치 주니어(Scratch Jr)'는 창의적이고 개방적인 활동을 통해 어린 유아들이 컴퓨팅 사고 능력을 개발하도록 돕는다(Sullivan, Elkin, & Bers, 2015; Elkin, Sullivan, & Bers, 2016; Bers, 2017). 'KIBO'는 4~7세 어린이를 위한 AI 로봇으로, 예비 독자를 위한 아이콘이 있는 유형의 프로그래밍 블록을 사용한다. 연구자들은 KIBO 로봇을 위한 커리큘럼과 평가를 설계한 결과, 유아들도 계산적 사고를 배울 수 있지만 더 많은 반복이 필요하므로 나이가 많은 아이들에 비해 이해가 완전하지 않다는 것을 발견했다(Sullivan, 2016). 스크래치 주니어는 터프츠 대학의 연구자들이 개발한 가정용 무료 앱으로, 5~7세 유아가 태블릿에서 이야기와 게임을 프로그래밍하여 컴퓨팅적 사고와 인공지능 사고를 탐구할 수 있도록 도와준다. 연구자들에 의하면 스크래치 주니어의 가장 인기 있고 효과적인 기능은 유아가 직접 녹음과 그림을 추가하여 프로젝트에 참여할 수 있는 기능이라는 것을 발견했다. 이러한 AI 관련 협력적이고 탐구적인 놀이나 상호작용은 유아들의 AI 관련 문해력 발달에 도움을 줄 뿐만 아니라 유아교사 놀이 지원의 다양성과 리터러시 측면에서도 도움이 된다.

(2) 발현적 ICT 교육, 발현적 AI 활용 교육

발달에 적합한 유아 ICT 교육은 발현적 ICT(emergent technology) 교육을 중심으로 한 교육과정으로 전개될 수 있다(Siraj-Blatchford & Siraj-Blatchford, 2002; Siraj-Blatchford, 2003). 마찬가지로 발달에 적합한 유아 AI 활용 교육은 발현적 AI(emergent AI) 교육을 중심으로 한 교육과정으로 전개될 수 있다

발현적 ICT 교육과정(emergent technology curriculum)은 다른 '발현적(emergent)' 교육과정과 유사한 적용이 가능하다. 발현적 읽기·쓰기(emergent literacy) 활동을 하는 교사가 쓰기 활동으로의 시초로 '끼적거리기' 활동을 촉진하는 것과 마찬가지로, 발현적 ICT 교육에 있어서는 유아가 ICT 제품을 놀잇감으로 사용하는 것을 격려한다(유구종, 2005). 발현적 ICT 교육과정 속에서 정보기기들과 멀티미디어 자료들은 유아들의 창의성을 자극하고 놀이를 지속하게 하는 놀이 활동의 도구이다. 유아교육기관 일과 운영에도 자유놀이 시간, 이야기 나누기 시간, 집단 활동 시간 등에 있어 정보기기와 멀티미디어 자료 활용이 강조된다. 유아들이 활동을 통하여 가설을 세우고 검증해 가는 과정에서 정보기기와 멀티미디어 자료는 흥미와 관심을 유발하기 위한 도구이며 활동의 자료(sources)가 된다.

예를 들어, 놀이동산에 견학 가기 전에 교사와 함께 태블릿 PC나 컴퓨터로 견학 갈 놀이동산 인터넷 사이트에서 사진이나 동영상을 통하여 간접 경험한 것을 다양한 방법으로 표상해 본다면 레지오 에밀리아 접근법에서 말하는 프로젝트가 발현하는 계기가 될 수 있다. 물론 인공지능 앱이나 인공지능 스피커를 통하여 놀이동산 가는 길을 검색해 볼 수도 있을 것이다. ChatGPT나 Copilot과 같은 생성형 AI를 활용하여 교사의 도움을 받아 놀이동산 그림이 포함된 리플렛이나 광고지를 만드는 과정은 유아들에게 다양한 읽기·쓰기 능력 발현의 계기가 될 뿐만 아니라 AI 기초 소양 능력으로 이어질 것이다. 이렇게 발현된 프로젝트가 전개되면서 유아들은 가설을 설정하고 다양한 경험과 표상을 통하여 끊임없

이 검증해 가는데, 이때 인터넷이나 AI 자료는 경험을 재구성하는 데 도움을 주는 반성적 자료로 쓰일 수 있다.

발현적 ICT 교육, 발현적 스마트 교육

발현적 문해력(발생적 문해력, emergent literacy)이 읽기·쓰기 능력이 나타나기 이전 유아들의 읽기·쓰기 관련 기초 능력의 출현 개념으로 사용되듯이, 발현적 ICT(발생적 ICT, emergent technology)는 정보 통신 능력이 부족한 유아들의 ICT 관련 기초 능력의 출현 개념으로 사용된다. 마찬가지로 발현적 스마트능력(발생적 스마트능력, emergent smart ability)은 유아들의 스마트기기 관련 기초 능력의 출현 개념으로 사용될 수 있다. 예를 들어, 정보기기를 다루는 능력이 부족한 유아들이 슈퍼마켓 역할 놀이 활동을 하면서 현금 등록기 전자 놀잇감을 놀이 과정에서 사용한다면 자신도 모르게 ICT 제품을 다룰 수 있다는 능력감을 형성해 갈 것이다. 마찬가지로 프로젝트 활동을 전개하면서 유아들이 소방서 현장 견학 이전에 소방서에 관한 토의 과정에서 인터넷 검색 활동을 전개하는 것은 토의 과정을 더욱 풍부하게 하여 다양한 표상활동으로 이어질 수 있을 것이다. 놀이동산 프로젝트 활동에서는 아마도 유아들이 멋진 포즈로 디지털 카메라나 태블릿 PC 카메라 앱을 다루는 모습을 보게 될 것이며, 이러한 경험은 가족 여행에서 디지털 카메라나 태블릿 PC를 들고 난리법석을 떠는 것으로 이어질 것이다. 스마트 블록을 끼우고 태블릿 PC 앱으로 연주하면서 노래 만들기 활동을 전개해 본 유아는 피아노 활동에서 능력감을 발휘할 것이다.
유아들의 이러한 놀이에서는 태블릿 PC나 스마트폰이 적절하게 활용되어 유아들의 프로젝트 활동 전개에 도움을 줄 수 있다. 스마트기기는 사진 촬영과 동영상 촬영, 음성 녹음뿐 아니라, 최근에는 360도 사진이나 동영상 촬영, 현미경 기능, 내시경 기능 등이 탑재되어 있어 프로젝트 활동을 더 확장할 수 있게 도와준다. 특히 자연탐구 활동에 있어 숲을 방문하여 탐구하는 활동을 전개하면서 숲에 대한 지식이나 자연에 대한 사고의 확장뿐 아니라 스마트기기에 대한 자연스러운 접근과 능력감을 형성하여 4차 산업혁명 시대의 스마트 활용 능력에 기초가 될 수 있는데, 이를 발현적 스마트능력이라 할 수 있다.

발현적 읽기·쓰기 활동을 하는 교사가 유아들에게 다양한 종류의 읽기·쓰기 자료들을 읽어주는 것과 마찬가지로 발현적 ICT 교육활동을 하는 교사는 유아들에게 다양한 종류의 ICT, 스마트기기와 프로그램들을 소개한다. 유아교사는 유아들에게 성인이 되었을 때 부딪혀야만 하는 필수적인 ICT, 스마트 경험을 제공해야만 한다. 이러한 유아기 경험에는 여러 가지 ICT 기기들과 소프트웨어, 앱들(태블릿 PC, 컴퓨터, 전화, TV, 전자 놀잇감, 로봇 등과 해당 조작 소프트웨어, 앱)을 가지고 놀이하는 것이 포함된다. 또한 살아가고 있는 세상의 ICT 기기들의 사용에 관심을 갖게 되는 것도 포함된다.

마찬가지로 발현적 AI 교육활동을 하는 교사는 유아들에게 다양한 종류의 AI 기기와 앱·웹 들을 소개한다. 유아교사는 유아들에게 성인이 되었을 때 부딪혀야만 하는 필수적인 AI 경험을 제공해야만 한다. 이러한 유아기 경험에는 여러 가지 AI 앱·웹을 비롯하여 AI 로봇 등과 함께 놀이하는 것이 포함된다. 또한 살아가고 있는 세상의 AI 기기들의 사용에 관심을 갖게 되는 것도 포함된다. 발현적 AI 능력(발생적 AI 능력, emergent AI ability)은 유아들의 AI 기기 관련 기초 능력의 출현 개념으로 사용될 수 있다. 예를 들어, AI 기기를 다루는 능력이 부족한 유아들이 교사의 도움을 받아 ChatGPT 앱의 고급 음성기능을 활용하여 커피숍이나 신발가게 역할놀이 활동을 하면서 AI를 놀이 과정에서 사용한다면 자신도 모르게 AI를 다룰 수 있다는 능력감을 형성해 갈 것이다.

다음 'App 알아보기'의 내용처럼 최근 버전의 ChatGPT 앱(ChatGPT-4o, 앱 버전의 고급 음성기능)은 교사가 도와주면 실시간 역할놀이 대화가 가능할 뿐 아니라 이야기 나누기 활동도 가능하다. 교사의 동화 들려주기 시간이 끝난 후, ChatGPT 앱과 뒷이야기 꾸미기 활동이나 동화 내용 질문하기 활동 등을 전개할 경우 유아교사의 역할을 대신해 주는 AI 도우미 교사를 경험할 수 있다. 이러한 유아들의 AI 도우미와의 자연스러운 경험은 AI 기기의 사용에 관한 관심으로 이어져 발현적 AI 능력의 출현으로 나타날 수 있다.

App 알아보기

ChatGPT-4o
(앱 버전)

ChatGPT-4o는 오픈 AI에서 개발한 인공지능 챗봇이다. ChatGPT-4o를 이용하기 위하여 입력하는 대화문을 '프롬프트(Prompt)'라고 하며, 이에 대한 AI의 답변 생성을 두고 '응답(Response)'이 생성된다고 표현한다. 현재(2025년 2월 기준) 무료 버전의 경우는 최신 버전인 'ChatGPT-4o' 모델을 하루에 5번씩 무료로 사용할 수 있다.

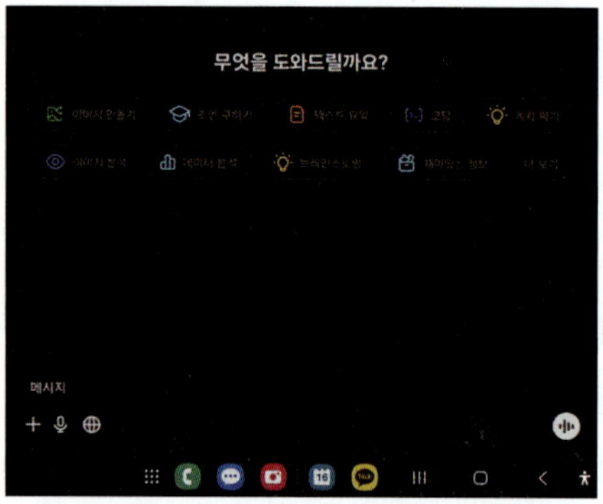

① 앱 화면 오른쪽 아래의 단추(기존 버전은 헤드셋 모양)을 눌러 ChatGPT와 대화를 할 수 있다. 동그라미 모양이 나오면 대화를 시작하면 된다.

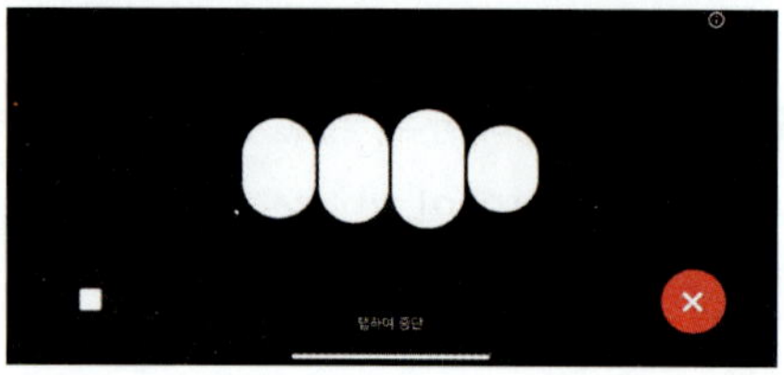

② 대화를 마치면 구름모양이 뜨는데, 이는 ChatGPT가 생각하는 것이다. 잠시 기다리면 네 개의 이빨 모양이 나와 "무엇을 도와드릴까요?"와 같이 ChatGPT가 대화를 시작한다.

3. AI와 유아문학

1) AI와 그림책, 놀이의 만남

어린이 그림책이 디지털을 만나면 유아들의 놀이에 어떤 변형을 만들어 낼 수 있을까? 이제는 유치원 교실에서 5세 유아가 우주를 주제로 그린 그림을 교사가 스캔해서 ChatGPT에 업로드하고 그 그림에 맞는 동화를 10장으로 뚝딱 만들게 할 수 있는 시대가 되었다. 그뿐만 아니라 ChatGPT는 그림책의 그림에 대한 초현실주의 화풍이나 통찰, 은유뿐 아니라 독자 입장에서 그림 뒤에 숨어있는 추론이나 상상 가능한 이야기까지 만들어 낼 수 있는 능력이 있다. 21세기 유아교육이 유아 학습자의 융합적인 통찰이나 창의성, 문제해결력 증진 같은 것을 목적으로 한다면, 생성 AI의 공감하고 소통하는 능력은 우리가 활용하고 교류해야 할 기술인 것은 분명한 것 같다. 작가의 직관적인 창의성이 AI의 놀라운 생산성과 적절히 교류하고 소통한다면 AI에게 학습시킨 그림책을 넘어서는 그야말로 놀라운 공감 그림책이 나타날 수 있다. 인공지능 시대에는 AI가 무엇보다도 자신 있어 하는 공감 패러다임을 인간만의 연민 패러다임으로 바꿔야 생존할 수 있다고 한다.

들녘에 피어 있는 야생화를 '다음(Daum) 꽃 검색'이나 '네이버 스마트 렌즈'로 검색하고 어떤 꽃인지 알아보는 놀이를 유치원 교사가 무척이나 흥미로워하던 시절이 있었다. 하지만 지금은 ChatGPT나 Copilot 같은 생성형 AI에게 들녘에 핀 야생화 사진을 찍어서 올려주면 내가 그 야생화의 원산지나 꽃잎이 몇 개인지, 그 꽃잎을 가지고 어떤 요리를 할 수 있는지, 또는 그 꽃잎에 얽힌 전설이 있는지 등을 AI에게 물어볼 수 있다. 또한 그림책의 경우도 ChatGPT나 Copilot에게 물어볼 경우 단순히 그림책의 이름이 무엇인지만 아는 것이 아니라 그림책 내용과 더불어 어느 나라 그림책인지도 알 수 있고 주인공 이름과 등장인물 또는 그 내용을 다른 신기한 내용으로 바꿔주는 동화 개작하기 활동까지도 가능하다. 물론 이러한 AI 활동은 스마트기기에서 앱을 활용할 경우 유아의 목소리를 입력해서 목소리를 통해 상호작용할 수도 있다. 이를 STT(Speech-to-Text) 활동이라고 할 수 있다.

ChatGPT(Copilot), 바드, 라마와 같은 대규모 언어 모델(LLM : Large Language Model)

은 유아문학 분야를 포함하여 유아교사와 유아들의 상상력을 자극하고 다양한 반응을 끌어내어 문제해결에 기여한다는 측면에서 그야말로 혁신적인 것이다.

이러한 언어 모델을 사용한 ChatGPT나 Copilot과 같은 생성형 AI에게 유아용 그림책을 제작하게 하면 생성형 AI는 프롬프트 입력 내용에 따라 그림을 그려주고 10개 장면의 그림을 포함한 동화 장면을 10페이지로 제작해 준다. 이러한 ChatGPT나 Copilot의 그림책 내용은 기존 내용을 새롭게 개작하거나 기존 등장인물을 동물 등장인물로 바꾸어 주는 등의 새로운 유치원 그림책 놀이 활동으로 전개할 수 있다는 측면에서 다양하게 활용될 수 있다. 예를 들어, MBTI의 16개 성격 유형을 그대로 동물들에게 적용해 캐릭터들을 그리게 하고 그러한 등장인물의 성격 유형에 맞는 이야기를 '숲속의 동물 친구들'이라는 그림책으로 제작하게 할 경우 유치원 교사와 유아들은 동물의 성격 특성을 다양하게 파악하고 이러한 성격 특성을 그림책의 스토리에 적용하는 놀이로 전개할 수 있다. 이러한 MBTI 그림책을 제작한 후 유아들은 교사의 지원을 받아 동극 활동으로 그대로 적용할 수 있다. ChatGPT나 Copilot과 같은 생성형 AI에게 동극 준비물을 하나씩 열거하게 하고, 등장인물의 이름을 동물들에 부여하게 하고, 성격 특성을 부여하는 작업 등은 유아들이 동극 활동을 통하여 실제로 AI가 그려준 캐릭터 머리띠나 가면을 쓰고, 이름표를 달고, 친구들의 이름을 불러주는 동극 활동과 자연스럽게 연결될 수 있다. AI에게 그림책 내용에 어울리는 배경음악이나 동요를 만들어달라고 하여 동극 자료로 사용할 수도 있다. 마찬가지로 에니어그램 9개 성격 유형에 맞추어서 동물 캐릭터로 이야기를 만들어 가는 ChatGPT나 Copilot AI 그림책 놀이나 동극 활동을 전개하면, 유아들은 9개 성격 특성을 잘 적용하여 자신이 가진 성격 특성과 정체성을 비교해 가며 그림책 활용 놀이나 동극 활동을 경험할 수 있을 것이다.

Web, App 알아보기

ChatGPT

코파일럿

ChatGPT나 Copilot AI를 이용할 경우 원하는 프롬프트의 입력으로 원하는 그림을 생성할 수 있다.

〈ChatGPT 유료 버전〉

그림을 그려주는 DALL·E의 사용이 가능하다. 단, 빠른 검색을 위한 옵션인 GPT-4o mini를 제외한 옵션을 선택한다.

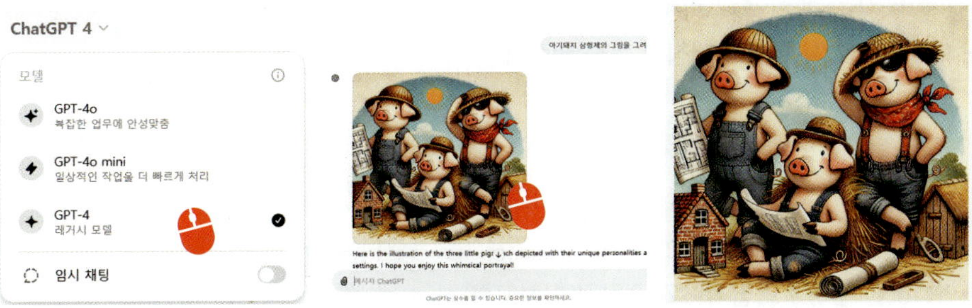

〈Copilot 무료 버전〉

채팅창에 프롬프트를 작성하여 Copilot을 이용한 그림 그리기를 실행한다.

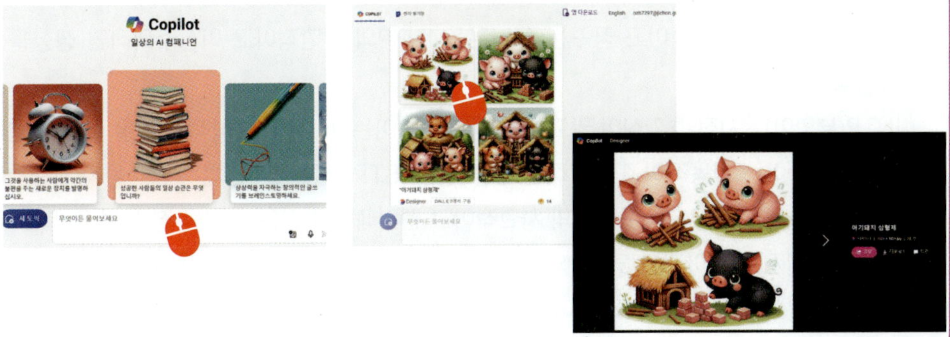

2) AI와 그림책, 다문화·다가치관 교육

다양한 나라의 사람들이나 유아들, 문화가 등장하는 그림책을 통해서 유아들은 다문화 교육이나 다가치관 교육의 기회를 가질 수 있으며 시각, 청각, 언어 장애 등을 가지고 있는 친구들을 통해서 상대편을 배려하고 존중할 기회가 될 수 있다. 다음의 예시처럼 교사와 함께 생성형 AI를 통해 장애를 주제로 한 그림책을 제작해 보는 경험을 하고 동극을 통해서 실제 놀이하는 기회를 경험하는 일은 인공지능 시대에 적합한 유아 놀이의 적절한 예가 될 수 있다.

〈ChatGPT가 생성한 그림책의 MBTI 유형별 동물 캐릭터〉

– MBTI 16가지 유형과 매칭한 동물 캐릭터

- ISTJ(물소) : 신뢰성 높고 체계적인 물소는 ISTJ의 성실함과 근면함을 잘 나타냅니다.
- ISFJ(사슴) : 조용하고 세심한 사슴은 ISFJ의 보호적이고 친절한 성향을 반영합니다.
- INFJ(늑대) : 늑대는 복잡한 사회적 관계와 깊은 통찰력을 가진 INFJ의 성격을 잘 드러냅니다.
- INTJ(올빼미) : 독립적이고 전략적인 사고를 하는 올빼미는 INTJ의 혁신적인 면모를 대표합니다.
- ISTP(호랑이) : 호랑이는 ISTP의 자유로운 정신과 문제해결 능력을 잘 표현합니다.
- ISFP(고양이) : 독립적이면서 예술적인 성향의 고양이는 ISFP의 창의적이고 감성적인 면을 나타냅니다.
- INFP(유니콘) : 이상적이고 꿈꾸는 유니콘은 INFP의 낭만적이고 이상주의적인 성향을 대변합니다.
- INTP(부엉이) : 지적 호기심이 많고 이론적인 부엉이는 INTP의 분석적인 면을 잘 나타냅니다.
- ESTP(원숭이) : 활동적이고 사교적인 원숭이는 ESTP의 에너지 넘치는 성격을 대표합니다.
- ESFP(앵무새) : 앵무새는 ESFP의 사교적이고 엔터테이너 같은 특성을 잘 보여줍니다.
- ENFP(강아지) : 강아지는 ENFP의 열정적이고 친근한 성격을 잘 나타냅니다.
- ENTP(여우) : 영리하고 발 빠른 여우는 ENTP의 빠른 사고와 혁신을 대표합니다.

- ESTJ(코끼리) : 코끼리는 ESTJ의 리더십과 조직력을 잘 드러냅니다.
- ESFJ(골든 리트리버) : 골든 리트리버는 ESFJ의 친절하고 사회적인 성격을 잘 표현합니다.
- ENFJ(말) : 말은 리더십과 영감을 주는 ENFJ의 특성을 잘 나타냅니다.
- ENTJ(독수리) : 독수리는 ENTJ의 야망과 지도력을 상징합니다.

〈ChatGPT가 생성한 그림책의 에니어그램 유형별 동물 캐릭터〉

– 에니어그램 유형별 동물 매칭

- 유형 1(개선가) : 개미 – 질서, 체계를 중요시하고, 완벽을 추구하는 성향이 강합니다. 개미는 그들의 체계적인 노동과 집단을 이루어 사는 특성 때문에 유형 1에 적합합니다.
- 유형 2(조력자) : 리트리버 개 – 다정하고 타인에게 도움을 주기를 좋아하는 성향이 있습니다. 리트리버는 그들의 충성심과 친절함으로 잘 알려져 있습니다.
- 유형 3(성취자) : 말 – 목표 지향적이고, 성공을 추구하며, 효율성을 중시합니다. 말은 그들의 능력과 성취에 대한 이미지를 잘 반영합니다.

- 유형 4(개인주의자) : 고양이 – 독립적이고, 자기 자신의 개성을 중요시합니다. 고양이는 자신만의 고유한 스타일과 태도를 가지고 있습니다.
- 유형 5(탐구자) : 올빼미 – 지적 호기심이 많고, 사려 깊으며, 지식을 추구합니다. 올빼미는 그들의 현명함과 관찰력으로 유형 5에 잘 맞습니다.
- 유형 6(충실자) : 비버 – 신뢰성이 높고, 경계심이 강하며, 안정을 추구합니다. 비버는 그들의 주의 깊은 성향과 집을 짓는 능력으로 유형 6을 대표합니다.
- 유형 7(애호가) : 원숭이 – 열정적이고, 다재다능하며, 즐거움을 추구합니다. 원숭이는 그들의 장난기와 활동적인 성향으로 유형 7을 잘 나타냅니다.
- 유형 8(도전자) : 코뿔소 – 강하고, 독립적이며, 보호적인 성향이 있습니다. 코뿔소는 그들의 강인함과 리더십으로 유형 8에 적합합니다.
- 유형 9(평화주의자) : 판다 – 조화롭고, 중립적이며, 평화를 중요시합니다. 판다는 그들의 차분하고 안정적인 성격으로 유형 9를 잘 표현합니다.

〈코파일럿 AI가 생성한 아기돼지 삼형제 이야기로 각색된 그림책의 장애 유형별 동물 캐릭터와 이야기〉

– 아기돼지 삼형제에 각색된 주인공 동물 선정

- 시각장애 주인공 : 박쥐(에코로케이션을 통해 장애를 극복하고, 형제들을 위험으로부터 지키는 지혜로운 캐릭터)
- 청각장애 주인공 : 여우(강력한 후각과 시각을 이용하여 형제들에게 위험을 느끼게 해 주는 캐릭터)
- 언어장애 주인공 : 앵무새(비언어적 방법으로 소통하며, 다양한 방법으로 형제들과 소통하는 창의적인 캐릭터)

CHAPTER
02

AI와 에듀테크 환경

Chapter | 02

AI와 에듀테크 환경

AI 시대에는 유아교육을 둘러싼 교육환경을 AI를 중심으로 구성하면서도 인간이 중심이 되는 맥락이나 공감 위주의 휴머니즘적인 접근이 요구되는데, 다음은 AI 관련 에듀테크 환경에 대하여 기술한다.

1. 유아교육기관 스마트교육 환경

1) 매체 이론과 스마트교육 통합환경

유아교육 매체 이론은 유아의 발달과 학습에 매체(예 텔레비전, 컴퓨터 및 기타 전자기기)가 미치는 역할을 강조하는 접근법이다. 이 이론은 매체가 교육 및 놀이에 강력한 도구가 될 수 있지만 과도하거나 부적절한 매체 노출의 잠재적 부정적 영향도 인식한다. 유아교육 매체 이론은 유아가 인지, 사회 및 정서적 발달을 지원하는 고품질의 매체 경험을 제공하는 것의 중요성과 유아의 매체 사용을 지도하고 건강한 매체 습관을 발전시키는 역할을 강조한다(Fan & Yost, 2019).

Calvert, Jordan과 Cocking(2002)은 유아가 디지털 매체를 어떻게 사용하고 상호작용하는지, 이러한 기술과 관련된 잠재적 이점으로 디지털 매체가 유아에게 탐구, 학습 및 타인과 연결할 기회를 제공할 수 있다고 말하고 있다.

이러한 디지털 매체를 활용한 스마트교육 환경은 유아중심적이고, 개방적이며, 유아에 의한 조절이 가능하고, 의미 있는 탐색을 통해 특정 개념을 경험하도록 할 수 있어서 유아가 지식을 구성하는 데 적극적으로 활용할 수 있다고 보고 있다.

2) 구성주의 이론과 스마트교육 환경

구성주의 이론은 인간의 인지, 개인적 발전, 사회적 상호작용, 문화적 영향 등을 중요시하는 이론이다. 이러한 관점에서 유아교육에서는 유아가 자신의 개인성과 특성을 인정받으며, 다양한 경험을 통해 성장할 수 있는 환경을 제공해야 한다.

이와 관련하여, 유아가 자신의 개인적인 경험과 생각을 표현하고, 상호작용을 통해 사회적 능력을 배양하는 것이 중요한데, 구성주의 이론은 이러한 과정에서 중요한 개념들을 제공한다. 예를 들어, 구성주의 이론에서 강조하는 '지속적 상호작용'은 유아교육에서 유아, 교사, 또래와의 상호작용을 지속적으로 유지하며, 이를 통해 유아의 발달과 성장을 지원한다.

또한 구성주의 이론에서는 개인과 사회가 상호작용을 통해 발전한다는 개념이 강조되며, Kim과 Hong(2019)은 구성주의 이론에 기반한 유아교육이 유아의 발달과 학습에 긍정적인 영향을 미친다고 하였다. 이들은 유아교육에서 구성주의 이론에서 강조하는 '자율성', '상호작용', '지속성' 등의 개념들이 유아들의 학습과 발달을 촉진할 수 있는 중요한 역할을 한다는 것을 확인했으며, 구성주의 이론에서 강조하는 다양한 활동과 경험을 제공하는 것이 유아들의 학습과 발달을 더욱 효과적으로 지원할 수 있다는 것을 제안하기도 했다.

이러한 연구를 통해, 구성주의 이론은 유아교육에서 유아들의 자율성, 상호작용, 다양한 경험 등을 중요시하는 접근방법이며, 이러한 개념들이 유아들의 발달과 학습에 긍정적인 영향을 미칠 수 있다는 점이 제시되었다.

스마트교육 환경은 인터넷, 모바일 장치, 클라우드 컴퓨팅 등 최신 기술을 활용하여 학습자의 개인화된 학습 경험을 제공한다. 이러한 환경은 구성주의 이론과 연관이 있으며 스마트교육 환경에서 학습자는 다양한 자원에 접근하고 개인의 관심과 필요에 따라 학습 계획을 조정할 수 있으며, 이를 통해 개인의 경험, 문화, 가치, 지식 등의 인적 자원을 활용하여 삶을 구성하고 이해하는 데 도움을 받을 수 있다.

3) 홀리스틱 교육 이론과 스마트교육 통합환경

홀리스틱 교육은 학생중심의 학습 방법으로, 학생의 창의성, 자기 주도성, 그리고 문제 해결능력을 향상하기 위한 다양한 상호작용 방법을 적용할 수 있다. 이와 같은 학습 방법은 스마트교육 환경에서 더욱 효과적으로 구현될 수 있다.

홀리스틱 이론적 입장에서의 스마트교육 환경의 활용적 역할을 살펴보면, 유아 자신이 속해있는 사회가 스마트교육 환경 활용에 어떠한 가치를 두고 있으며, 일상생활에서 어떻게 활용되고 있는지 등의 사회·환경적 맥락은 스마트교육 환경의 활용 및 교수에 있어 의미 있는 상황이나 경험을 제공하는 데 이바지하게 된다. 스마트교육 환경은 학습자와 교육자가 정보와 기술을 통해 상호작용하며 학습을 할 수 있는 환경이므로 학생은 인터넷과 같은 디지털 기술을 이용해 학습자료를 쉽게 접근할 수 있다. 이러한 학습 환경에서는 홀리스틱 교육을 적용하여 학생들이 자기 주도적으로 학습을 할 수 있다. 또한 학습자료를 다양하게 구성하여 학생의 창의성을 높일 수 있으며, 학생들끼리 협력하여 문제를 해결할 기회를 제공할 수 있다.

홀리스틱 교육은 학생들의 사회적 안전에 대한 이해도를 높이는 것도 중요하게 생각한다. 학교 내 폭력 예방 및 대처 교육, 인종 차별 및 혐오 범죄 예방 교육 등을 통해 학생들이 안전하고 존중받는 학교 문화를 만들어 나가는 데 이바지한다.

이러한 방법을 통해 홀리스틱 교육은 학생들의 안전에 대한 인식과 이해를 높이고, 안전한 환경에서 건강하게 성장할 수 있는 교육 환경을 제공함으로써 학생들의 안전한 성장을 도우며, 홀리스틱 교육 개념과 스마트교육 환경을 연관하여 연구한 김현옥(2019)은 "스마트교육 환경은 학습자가 학습 과정에서 다양한 자원과 기술을 이용하여 학습을 진행할 수 있는 학습환경을 제공하므로, 학습자의 창의성과 자기 주도적 학습 능력을 향상하는 데 큰 역할을 할 수 있다"라고 언급하며 스마트교육 환경과 학생의 창의성 및 자기 주도성 강화와의 관련성을 강조한다.

또한 박종영(2020)은 "홀리스틱 교육은 학생중심의 학습 방법으로 학생의 자율성, 창의성, 문제해결능력을 중시하며, 이는 스마트교육 환경에서 더욱 효과적으로 구현될 수 있다"라고 언급한다. 스마트교육 환경은 학생들이 자율적으로 학습을 할 수 있도록 다양한 학습자료와 도구를 제공하므로, 홀리스틱 교육의 학생중심 학습 방법을 구현하는 데 큰 도움이 된다는 것이다.

4) 유아교육기관 스마트교육 통합환경

(1) 유아교육기관 스마트교육 통합환경 및 환경요소

일반적인 스마트교육 통합환경과 달리 유아교육기관 스마트교육 통합환경의 주요 특징은 '유아의 놀이(자율학습)를 지원하는 방법'으로의 전환이라고 볼 수 있다. 즉, 유아교육기관 스마트교육 통합환경의 주요 기능이 유아가 주체가 되어 학습 과정을 스스로 끌어나가는 놀이 및 학습활동을 지원하는 것을 의미하며 자율성과 주도성을 중요시하는 특징을 가지고 있다.

최근의 유아교육기관 스마트교육 통합환경 관련 연구들을 살펴보면 클라우드 시스템을 활용하여 유치원 스마트교육 환경을 구축하여 자유놀이 시간에 이루어지는 유아들의 교육 활동에 대한 정량적 데이터를 확보하고 분석하여 교사에게 개별 유아의 흥미와 교육 활동 분석을 위한 도움 자료 및 교육적 환경 개선을 위한 객관적인 자료로 활용하는 연구(김경민·김정민·박현숙, 2018), RFID, 증강현실, 모바일 디바이스 등 다중 기술을 통합하여 상호작용성과 개인화된 학습환경을 제공하여 유아들의 학습 경험을 향상시키는 연구(Su, Lin, Wang, & Huang, 2017), 스마트 오브젝트와 웨어러블 디바이스를 이용한 지능적이고 맞춤화된 스마트교육 환경을 구축하여 유아들의 특성과 학습 진도에 기초하여 맞춤화된 학습환경을 제공하는 연구 등이 있다.

이러한 연구를 통해 유아교육기관 스마트교육 통합환경의 요소들을 다음과 같이 추출하였다.

〈표 2-1〉 유아교육기관 스마트교육 통합환경 요소

유아교육기관 스마트교육 통합환경 요소	연 구
사물인터넷 기반	Hou & Wang(2018)
RFID, 증강현실, 모바일 디바이스	Su, Lin, Wang, & Huang(2017)
스마트 오브젝트, 웨어러블 디바이스	Chang, Lee, Wu, & Hwang(2018)
증강현실, 로봇, 스마트 오브젝트	Wang & Dang(2018)
유비쿼터스 센서 네트워크	이경아 외(2016)
클라우딩 컴퓨터 시스템	김경민, 김정민, 박현숙(2019)
모바일 앱 활용, Smart toy, 태블릿을 이용한 교육, 디지털 도서관 구축, 차세대 인터넷망	송정은, 박주영(2019)
개인화된 치료, 태블릿을 활용한 교육	Tagiltseva et al.(2018)
온라인 학습, 교수자 역할 변화, 모바일 디바이스	Galimullina, Ljubimova, & Ibatullin(2020)
생태학적 환경, 물적 환경, 인적 환경	유구종, 유지성(2021)

이 장에서는 이러한 스마트교육 환경에 더해 유아를 중심으로 유아의 창의성, 자기 주도성, 그리고 문제해결능력을 향상하고, 신체적·정신적 안전 및 정서적인 돌봄 지원 등을 통합(Taylor, 2018)하여 지원하는 요소를 포함하여 유아교육기관 스마트교육 통합환경이라 정의하고자 한다.

(2) 유아교육기관 스마트교육 통합환경 주요 특성

유아교육기관 스마트교육 통합환경의 주요 특성을 클라우드에 기반한 생태학적 환경, 자기 주도 학습 및 협력학습을 위한 디지털 물적 환경, 관계중심의 인적 환경 등으로 구분하여 살펴보면 다음과 같다.

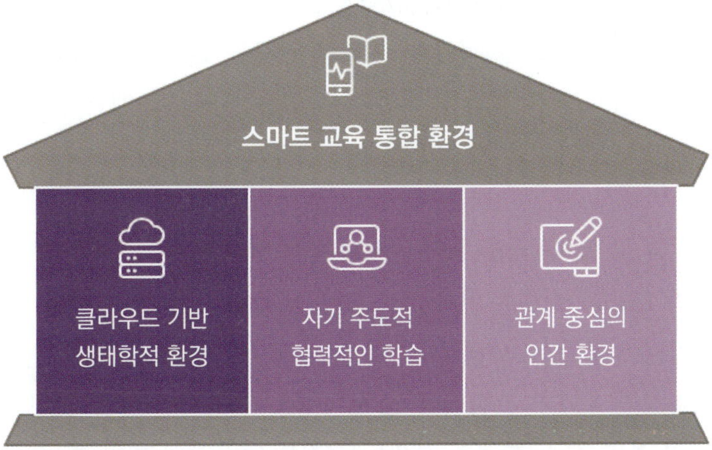

| 그림 2-1 | 유아교육기관 스마트교육 통합환경 주요 특성

① 클라우드에 기반한 생태학적 환경

클라우드에 기반한 생태학적 환경은 교육 기관이 디지털 콘텐츠를 저장, 관리 및 제공할 수 있는 온라인 플랫폼을 의미한다. 이러한 플랫폼은 인터넷을 통해 언제 어디서든 학생과 교사가 콘텐츠에 액세스할 수 있도록 한다.

클라우드에 기반한 생태학적 환경의 이점으로는 개인화 학습을 가능하게 하고, 협업을 용이하게 하며, 참여를 촉진하는 등의 효과가 있다. 인공지능과 기계 학습 알고리즘을 활용하여 학생의 학습 스타일, 성과 및 관심에 따라 적합한 학습콘텐츠를 추천할 수 있다. 또한 학생들이 토론 포럼 및 그룹 프로젝트와 같은 기능을 통해 서로 협력하고 정보를 공유할 수 있도록 한다. 클라우드에 기반한 교육적 매체 환경은 비용 절감 효과도 있다. 비싼 교재, 교실 인프라 및 유지 관리 비용을 줄일 수 있다. 또한 클라우드 기반 플랫폼은 암호화, 접근 제어 및 백업과 같은 보안 조치를 제공하여 학생 기록, 시험 성적 및 기타 교육 자료와 같은 중요한 데이터를 보호한다.

Alzoubi 등(2020)에 의하면 클라우드 컴퓨팅 사용은 비용 절감, 확장성 및 유연성을 포함하여 클라우드 기반 교육 미디어 환경의 여러 이점을 반영한다. 이 연구는 또한 클라우드 기반 교육 미디어 환경이 개인화되고 협력적인 학습 경험을 제공함으로써 교육 및 학습의 효율성을 향상할 수 있다고 지적한다. 이러한 연구는 클라우드 기반 교육 미디어 환경이 학생 참여를 강화하고 학습 결과를 개선할 수 있는 유연하고 개인화되고 협력적인 학습 경험을 제공할 수 있는 잠재력을 가지고 있다는 생각을 뒷받침한다.

② 자기 주도 학습 및 협력학습을 위한 디지털 물적 환경

Wang, Chen과 Liang(2011)은 자기 주도 학습환경이 정보 기술 입문 과정에서 학생의 학습 결과에 미치는 영향을 조사했는데, 이 환경에는 토론 포럼, 위키, 블로그와 같은 다양한 온라인 리소스와 도구가 포함되어 있어 학생들이 자신의 학습 과정을 제어할 수 있으며 그 결과 자기 주도 학습 환경의 학생들이 전통적인 강의 기반 환경의 학생들보다 시험과 과제에서 훨씬 더 나은 성과를 보였다.

더 나아가 학습자들 사이에서 새로운 지식의 생성과 공유를 강조하는 협력적 학습 접근법인 지식 구축의 개념을 제안하면서 디지털 교육 및 학습환경이 학생들이 협력하고, 생각을 반영하고, 서로의 아이디어를 기반으로 구축할 수 있는 도구와 리소스를 제공함으로써 지식 구축을 지원할 수 있다(Scardamalia & Bereiter, 2006).

선행연구를 보면, 자기 주도 학습 및 협력학습을 위한 디지털 교수·학습 환경은 학습자 중심 및 협력적 접근 방식을 적용하기 위해 기술을 활용하는 것을 중점으로 한다. 이러한 환경에서 유아들은 학습이나 놀이에 적극적으로 참여하고, 교사는 지식 전달자가 아닌 지도자 역할을 한다. 유아들은 주도적으로 놀이 선택을 할 수 있으며, 선택한 놀이에 대한 몰입, 흥미 유지 등을 디지털 교수·학습 환경에서 지원받을 수 있다.

또한 유아들이 문제해결 등을 위해 함께 작업하는 협력적 학습을 강조한다. 이러한 접근 방식은 유아들의 사회적 기술과 팀워크 능력을 향상하는 데 도움을 줄 뿐 아니라 비판적 사고와 깊은 학습을 장려한다.

결론적으로, 자기 주도 학습 및 협력학습을 지원하는 디지털 교수·학습 환경은 유아들이 놀이 참여를 높이고 학습 및 놀이에 대한 열정을 유도하며, 디지털 시대의 성공을 준비하는 데 도움을 줄 수 있을 것으로 사료된다.

③ 관계중심의 인적 환경

관계중심의 인적 환경은 사용자와 기술 간의 인간적 관계를 우선시하는 디자인 방법론이다. 접근 방식은 기술적 기능만을 중심으로 다루는 것이 아니라 인간의 감정, 필요성, 행동에 더욱 반응하는 직관적인 인터페이스를 개발하는 것이며, 관계중심 인적 환경에서 교사는 스마트교육 환경을 친숙한 감정과 인간적 연결을 유도하는 인터페이스로 만들어 가려고 노력해야 한다.

전반적으로 관계중심 인적 환경은 더욱 인간적인 인터페이스를 창조하고, 사용자가 자연스럽고 직관적인 방식으로 기술과 상호작용할 수 있도록 하는 인터페이스를 통해 사용자와 기술 간의 신뢰를 구축하고 장기적인 관계를 유지할 수 있도록 돕는다.

2. 유아교육기관 AI STT, TTS 활용

유아교육기관에서 교사는 유아를 관찰하는 것뿐만 아니라 다양한 업무를 수행해야 한다. 그러나 일과 중에 일어나는 모든 이벤트에 대한 정보를 기억하기는 어렵기 때문에 디지털 기록화 프로그램을 활용할 경우 더욱 효과적으로 정보를 기억하고 보관할 수 있다(조민지, 2020). 다음의 내용에서는 음성을 인식하여 글자로 변환하는 서비스인 AI STT(Speech–to–Text) 기능을 활용하여 디지털 기록화가 가능한 '네이버 클로바노트'와 '카카오톡 톡서랍'에 대해서 알아보고자 한다. 또한 텍스트 문장을 입력하여 AI 목소리로 변환하여 AI 자료를 제작할 수 있는 '타입캐스트'라는 TTS(Text–to–Speech) 프로그램을 소개한다. 이러한 앱이나 프로그램을 활용하면 유아교사와 유아들이 함께 놀이의 평가활동이나 반성 활동을 전개할 수 있어서 이를 강조하고 있는 2019 개정 누리과정 전개에 도움이 될 수 있다.

1) 네이버 클로바노트

클로바노트는 STT(Speech–to–Text) 기술을 활용하여 음성을 문자로 기록하고 개인용

클라우드에 저장이 가능한 관리 서비스이다. 클로바노트 앱을 사용할 경우 대화 내용을 기억해야 하는 유아교육기관 회의, 나중에 다시 확인이 필요한 학부모와의 면담, 유아들과의 이야기 나누기, 유아들의 극놀이 내용 등의 녹음이 텍스트로 자동 변환되어 필요한 정보를 앱과 아이패드, PC에서 바로 찾아 들을 수 있다. 한국어뿐만 아니라 영어와 일본어를 함께 쓰는 음성도 동시 인식해서 언어에 맞는 텍스트로 기록한다. 음성기록을 쉽게 정리할 수 있는 메모, 중요한 대화의 순간을 쉽게 찾을 수 있는 북마크, 링크를 만들어 원하는 시점부터 재생 가능한 공유기능 등이 있으며, 특히 팬데믹 상황으로 화상회의나 비대면 교육이 확산될 경우 화상회의 서비스인 줌(Zoom)과 연동할 수 있어서 비대면 놀이나 비대면 이야기 나누기 등을 글자로 변환하는 활동에 유용하게 활용될 수 있다.

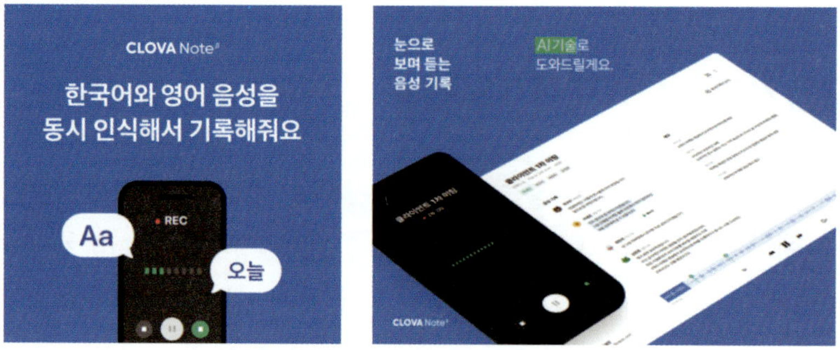

| 그림 2-2 | 네이버 클로바노트

출처 : 네이버 클로바노트 홈페이지(https://clovanote.naver.com).

다음 | 그림 2-3 |은 네이버 클로바노트를 교사회의에 활용한 사례이다. 별도의 기록 없이 네이버 클로바노트의 STT(Speech-to-Text) 기술을 활용하여 회의 시간 동안 녹음된 음성을 문자로 기록하였고 기록된 내용을 바탕으로 교사 회의록을 작성하였다.

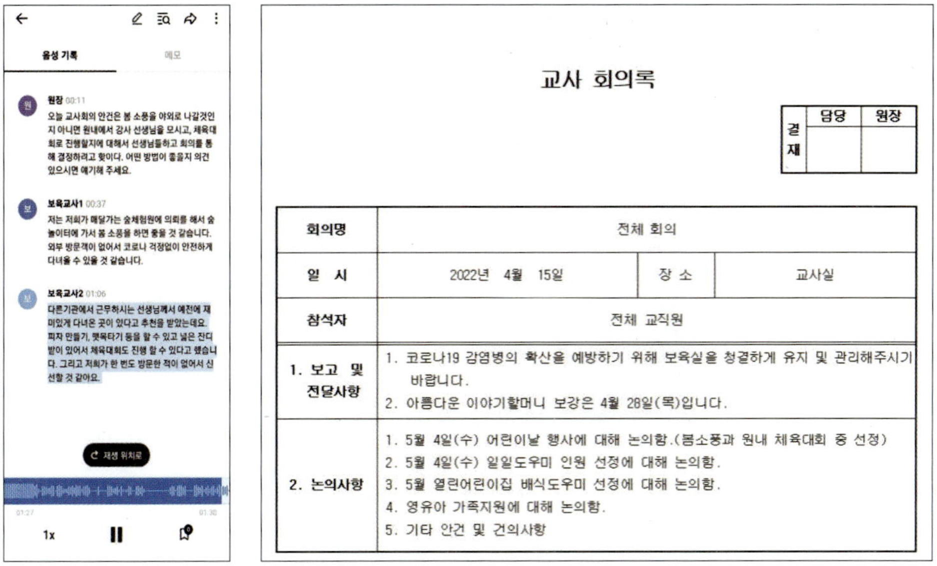

교사 회의록

결재	담당	원장

회의명	전체 회의		
일 시	2022년 4월 15일	장 소	교사실
참석자	전체 교직원		
1. 보고 및 전달사항	1. 코로나19 감염병의 확산을 예방하기 위해 보육실을 청결하게 유지 및 관리해주시기 바랍니다. 2. 아름다운 이야기할머니 보강은 4월 28일(목)입니다.		
2. 논의사항	1. 5월 4일(수) 어린이날 행사에 대해 논의함.(봄소풍과 원내 체육대회 중 선정) 2. 5월 4일(수) 일일도우미 인원 선정에 대해 논의함. 3. 5월 열린어린이집 배식도우미 선정에 대해 논의함. 4. 영유아 가족지원에 대해 논의함. 5. 기타 안건 및 건의사항		

| 그림 2-3 | 네이버 클로바노트 앱을 교사 회의에 적용한 사례

출처 : 사진 캡처(클로바노트 앱), G시 P어린이집 제공.

2) 카카오톡 톡서랍

카카오톡 톡서랍은 카카오톡에서 주고받은 미디어 파일(메모, 사진/동영상, 파일, 링크)을 볼 수 있는 무료 서비스이며, 카카오톡에서 음성으로 보낸(STT 기능) 메시지가 자동으로 톡서랍에 저장되어 효과적으로 중요한 메시지를 관리할 수 있어서 기록화에 활용할 수 있다. 다음은 카카오톡 톡서랍의 사용 방법이다.

첫째, 카카오톡의 '내 프로필–나와의 채팅' 기능에 진입하여(채팅 상대–나) 키보드에 있는 마이크 버튼을 터치한다.

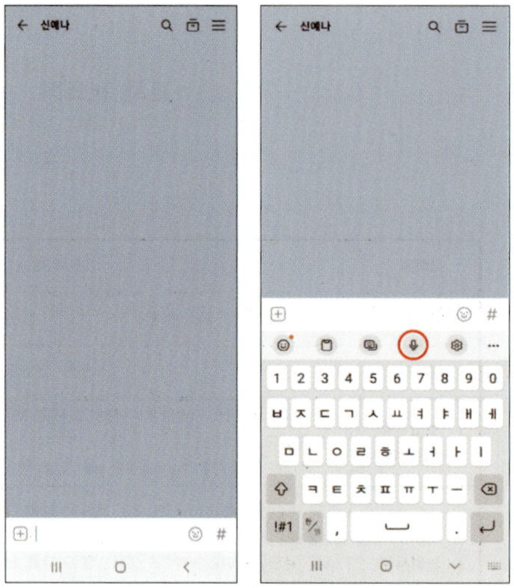

| 그림 2-4 | 카카오톡 톡서랍 시작하기

출처 : 사진 캡처(카카오톡 앱).

둘째, 음성 메시지를 남기고 '전송' 버튼을 누르면 채팅창에 텍스트로 메시지가 전송된다(나의 카카오톡 톡서랍에 자동 저장된다). 이후 오른쪽 상단의 '톡서랍' 버튼을 터치한다.

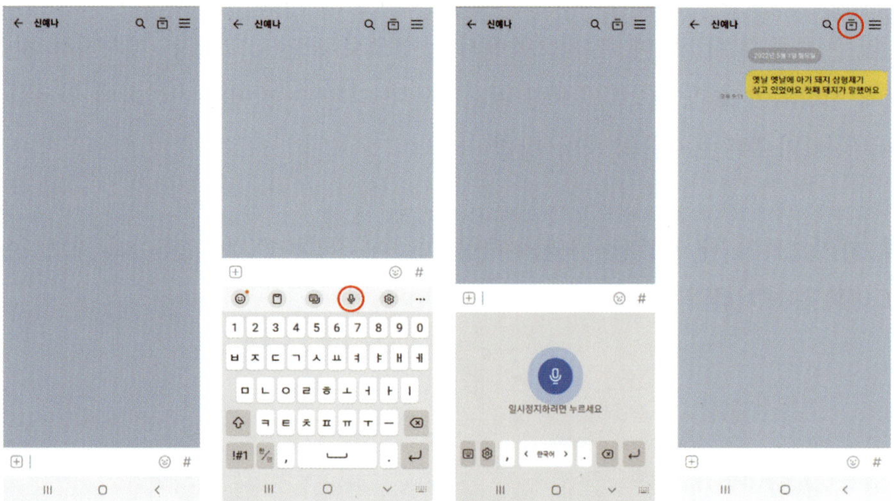

셋째, 톡서랍 홈페이지에서 '메모'를 터치하여 작성된 메모를 확인한다. 이후 수정하기 버튼을 눌러 메모를 수정할 수 있다. 다음 화면에서 '사진, 동영상'을 누르면 카카오톡 채팅창에 전송된 사진과 동영상을 확인할 수 있다. 물론 카카오톡의 '내 프로필–나와의 채팅' 기능에 진입하여(채팅 상대–나) 전송한 사진과 동영상은 내 톡서랍에서 확인할 수 있다. 마찬가지로 '파일'을 누르면 채팅창에 전송된 파일(hwp, ppt, pdf 등)을 확인할 수 있으며, '링크'를 누르면 채팅창에 전송된 인터넷 사이트 링크를 내 톡서랍에서 확인하고 링크를 눌러 해당 사이트로 방문할 수 있다.

3) 타입캐스트(Typecast)

타입캐스트는 'TTS(Text–to–Speech)' 프로그램으로, 텍스트로 된 문장을 입력하면 컴퓨터 합성음으로 전환 후 음성 파일(mp3 및 wav)로 내려받을 수 있는 응용프로그램이다. 현재 약 60여 타입의 인공지능 성우를 지원하고 있으며 성별(남/녀), 연령층(아동~장년), 콘텐츠의 종류(내레이션, 뉴스, 인터뷰, 오디오북, 게임 등), 분위기(친근한, 힘찬, 부드러운, 귀여운 등)에 따라 수많은 합성음을 조합해 낼 수 있는 특징이 있다(Jin, 2021).

요즘 인간의 목소리와 구별하기 힘들 정도로 AI 목소리 혹은 전자목소리의 성능이 뛰어나기 때문에 이러한 TTS 기능을 활용하여 동화를 만들거나 이야기 나누기 자료를 만들 수 있다. 동화나 이야기의 텍스트 문장을 입력하여 AI 목소리로 만든 다음 파워포인트 등의 장면에서 음성 파일을 삽입하는 방법으로 AI 동화나 자료를 제작할 수 있다.

사용을 위해서는 네이버에서 '타입캐스트'를 검색하여 사이트에 방문한다.

| 그림 2-5 | 타입캐스트(AI TTS 사이트)

3. QR코드와 전자태그 기록화 활용

QR코드를 제작하게 되면 유아교육기관 안내 책자 등에 넣어 홍보 수단으로 사용할 수 있고 명함에도 넣어 홍보할 수 있다. QR코드를 제작하는 가장 간편한 방법은 | 그림 2-6 | 과 같이 네이버에서 QR코드를 제작하는 방법이다.

| 그림 2-6 | 네이버에서 QR코드 제작하기

유아용 동화책에는 QR코드가 있어서 스마트폰 화면에 동화 주인공이 3차원 입체로 나타나서 애니메이션을 보여줄 수 있다. 증강현실(AR : Augmented Reality)이라는 것은 기본적으로 현실 세계를 바탕으로 그 위에 가상정보를 입히는 것이다. 유아용 동화책의 예를 들면 동화책(현실)에 카메라(스마트폰)를 가져다 대면 동화책 인물이 입체 애니메이션 형태로 나타나거나 관련 정보를 보여줄 수 있다(가상).

| 그림 2-7 |은 QR코드를 유아교육기관 기록화 자료에 삽입한 실제 예이다. 파워포인트 프로그램을 활용하여 제작한 열매 따기 활동, 체육활동 기록화 자료의 일부이다.

| 그림 2-7 | QR코드를 유아교육기관 기록화 자료에 삽입한 실제 예

출처 : K시 O어린이집 제공.

전자태그[1)]는 태그, 라벨, 카드 등에 정보를 저장하여 별도로 설치된 리더기나 스마트폰의 카드 기능이 활성화된 상태에서 스마트폰에서 읽을 수 있다(인식 기능).

RFID는 무선주파수(RF : Radio Frequency)를 이용하여 물건이나 사람 등과 같은 대상을 식별(identification)할 수 있도록 해주는 기술을 말한다. RFID는 RFID 태그에 정보를 저장하여 적용 대상에 부착한 후, RFID 리더를 통하여 정보를 인식하는 방법으로 활용된다. RFID는 기존의 바코드(barcode)를 읽는 것과 비슷한 방식으로 이용된다. 그러나 바코드와는 달리 물체에 직접 접촉하지 않고도 데이터를 인식할 수 있다. 또한 여러 개의 정보를 동시에 인식하거나 수정할 수도 있으며, 태그와 리더 사이에 장애물이 있어도 정보를 인식하는 것이 가능하다(국립중앙과학관, 2019). 매일 이용하는 교통카드는 대표적인 RFID 태그 중의 하나이며, 고속도로의 하이패스도 RFID 기술을 이용하고 있고 유치원, 어린이집의 버스 승하차 시 유아 출석 확인을 위해서도 활용할 수 있다.

NFC(Near Field Communication)는 가까운 거리에서 무선 데이터를 주고받는 통신 기술을 의미하며, NFC 기능이 있는 스마트폰을 기기에 접촉하기만 하면 자동으로 블루투스 페어링이 된다. 복잡한 설정 과정 없이 쉽고 빠르게 스마트폰과 블루투스 기기를 연결한다. NFC 접촉 시 스마트폰의 NFC 기능이 켜져 있어야 하고, 잠금 화면이 해제되어 있어야 한다(쇼핑용어사전, 2019). | 그림 2-8 |은 이러한 스마트폰의 NFC 기능 작동을 위한 설정 화면이다. | 그림 2-8 |과 같이 '기본모드'로 설정하면 모든 NFC 기능을 사용할 수 있다. 이렇게 NFC 기능을 설정한 다음 NFC 태그에 스마트폰을 접촉하면 해당하는 스마트폰 앱이 자동으로 실행되거나 태그에 기록된 정보가 실행된다. 또한 NFC 기기(기기에 부착된 태그 부분)에 스마트폰을 접촉하면 기기의 정보를 읽어들이거나 기기를 작동할 수 있다.

1) 무선인식이라고도 하며, 반도체 칩이 내장된 태그, 라벨, 카드 등의 저장된 데이터를 무선주파수를 이용하여 비접촉으로 읽어내는 인식시스템이다. RFID 태그는 전원을 필요로 하는 능동형(Active 형)과 리더기의 전자기장에 의해 작동되는 수동형(Passive 형)으로 나눌 수 있다(두산백과).

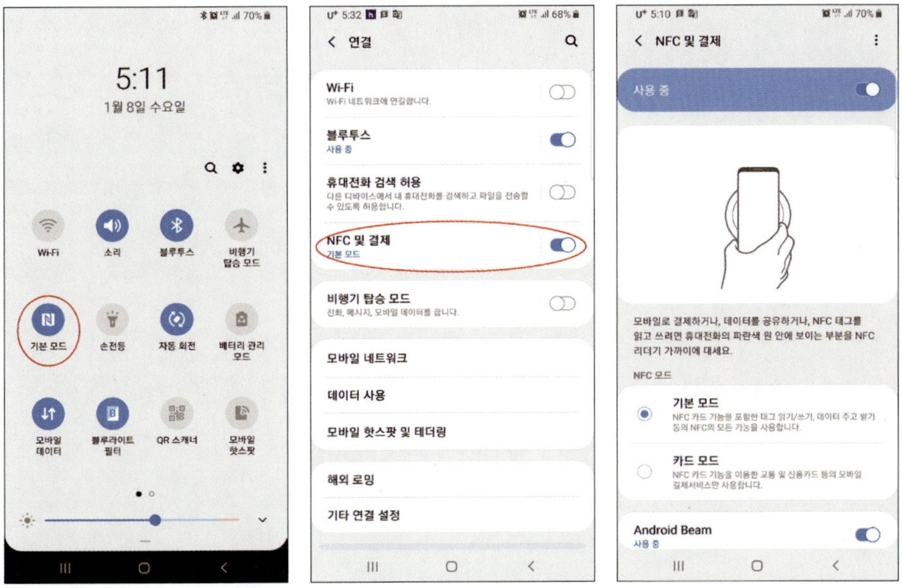

| 그림 2-8 | 스마트폰의 NFC 기능 작동을 위한 설정 화면

출처 : 사진 캡처(저자 촬영, 스마트폰 캡처 화면).

CHAPTER 03

유아교육 현장에서의 AI 놀이 적용 사례

Chapter | 03

유아교육 현장에서의 AI 놀이 적용 사례

유아용 AI 앱이나 매체들은 유아들에게 AI를 경험하고 AI의 원리를 경험할 수 있게 한다는 측면에서 인공지능 시대의 놀이로 적합하다. 이 책에서는 이러한 AI 놀이 현장적용을 위해 다양한 앱, 웹을 활용하였다. AI 놀이 앱으로는 네이버 인터랙티브, 구글 아트, 오토드로우 등을 예로 들 수 있으며, 무료로 사용 가능한 것들을 대상으로 하였다.

1. 내용 체계와 분류 내용

1) AI 놀이 사례 내용 체계

교육부(2021)의 『유아와 함께 하는 인공지능교육』은 인공지능 이해교육·인공지능 활용교육·인공지능 가치교육 총 3개의 영역이 상호보완적으로 이루어지도록 구성되었다. 다만, 교육부(2021)의 이러한 인공지능교육 3개 영역은 핵심 개념들을 고려한 편의적인 구분이지만, 이 책에서는 2019 개정 누리과정 5개 영역별 AI 놀이 분류 체계를 사용한다.

〈표 3-1〉 인공지능교육 3개 영역

영 역	핵심개념	내용요소
인공지능 이해교육	인공지능에 관심 가지기	인공지능이 무엇인가요
		인공지능을 찾아보아요
		인공지능은 센서가 있어요
	인공지능으로 생각하기	인공지능은 생각을 해요
	인공지능에게 알려주기	인공지능에게 자료를 알려줘요
인공지능 활용교육	인공지능으로 창의적 표현하기	인공지능과 함께 놀아요
인공지능 가치교육	인공지능과 더불어 살기	사람과 인공지능이 함께 도와요
	착한 인공지능 만들기	착한 인공지능 세상을 만들어요

출처 : 교육부(2021). 유아와 함께하는 인공지능교육 : 유아 콘텐츠 및 매뉴얼. 인천교육지원청.

'인공지능 이해교육'에서는 유아가 인공지능에 관심을 가지고 살펴보며, 인공지능의 생각하고 자료를 모아서 학습하는 원리를 경험할 수 있는 핵심개념을 포함한다.

'인공지능 활용교육'에서는 인공지능과 소통·협업하며 창의적으로 활용하는 경험을 할 수 있는 핵심개념을 포함한다.

'인공지능 가치교육'에서는 인공지능과 더불어 살아가는 데 필요한 가치와 태도를 함양할 수 있는 핵심개념을 포함한다.

2) 유아교육기관 AI 놀이 계획 및 실행안 영역별 내용

이 장의 2019 누리과정 5개 영역별 AI 놀이 실행안 분류 내용은 다음과 같다.

- **신체운동·건강 (3개 놀이)**
  - AI와 우리가 함께 만든 춤을 추어요. (리빙 아카이브)
  - 인공지능으로 나만의 캐릭터를 만들어요. (스크루블리)
  - 펄럭펄럭! 나비가 되어 보아요. (Animated Drawings)

- **의사소통 (2개 놀이)**
  - 놀이터 규칙판을 만들어요. (ChatGPT, Copilot)
  - 낙서 그림을 AI 3D 그림으로 완성해요. (스테이블 두들)

- **사회관계 (3개 놀이)**
  - AI와 함께 나만의 노래를 만들어요. (Suno AI)
  - 미용실 놀이 (ChatGPT-4o)
  - 커다란 순무와 마법의 정원 (코파일럿, 타입캐스트, 블로)

- **예술경험 (5개 놀이)**
  - 우리만의 그림책 만들기 (코파일럿 디자이너, ChatGPT, 파워포인트, 타입캐스트)
  - 신나는 물놀이 (캔바)
  - 내가 명화 속 주인공이 되어요. (구글 아트 셀피)
  - 인공지능과 함께 나만의 음악을 만들어요. (밴드랩)
  - 내가 만든 음악으로 연주해요. (크롬 뮤직랩)

- **자연탐구 (3개 놀이)**
  - 네이버 클로바 스마트 렌즈와 놀아요. (네이버 스마트 렌즈)
  - 병아리 박사가 되어요. (ChatGPT, 북크리에이터)
  - 우리 반에 공룡이 나타났어요. (네이버 앱, 구글 앱)

2. AI 놀이 계획 및 실행안

1) 신체운동·건강

1. AI와 우리가 함께 만든 춤을 추어요. (리빙 아카이브)
2. 인공지능으로 나만의 캐릭터를 만들어요. (스크루블리)
3. 펄럭펄럭! 나비가 되어 보아요. (Animated Drawings)

제3장에 수록된 AI 앱, 자료 링크 패들렛 안내는 이 책 제4장의 안내를 참조해 주세요.(211쪽)

QR을 스캔해 주세요.

〈유아 AI 앱, 자료〉

(1) AI 놀이 계획 및 실행안(Living Archive)

놀이명	AI와 우리가 함께 만든 춤을 추어요.	누리과정 영역	신체운동·건강 예술경험
누리과정 범주	• 신체운동·건강 〉 안전하게 생활하기 〉 TV, 컴퓨터, 스마트폰 등을 바르게 사용한다. • 예술경험 〉 창의적으로 표현하기 〉 신체나 도구를 활용하여 움직임과 춤으로 자유롭게 표현한다.	연령	5세
인공지능 교육내용	• 인공지능 이해교육 〉 인공지능에 관심 가지기 〉 인공지능이 무엇인가요? • 인공지능 활용교육 〉 인공지능으로 창의적으로 표현하기 〉 인공지능과 함께 놀아요.		
놀이자료	태블릿 PC		

App 및 Web	Living Archive(리빙 아카이브) Web(웹), Smart TV(미러링)
교사의 기대	• 스마트폰을 바르게 사용하며 교육용 웹에 관심을 갖고 활용해 본다. • 디지털 도구 사용능력을 키워가며 AI의 신기술을 경험해 본다. • 자신의 생각과 느낌을 그림으로 표현해 본다.
교사의 지원	• 유아들이 디지털 도구(태블릿 PC, 앱)를 바르게 사용할 수 있도록 도움을 준다. • 다양한 음악과 춤 영상 등을 지원하여 다양한 표현을 할 수 있도록 도움을 준다.
놀이방법	① AI에 대해 이야기 나눈다. • AI(인공지능)라는 단어를 들어본 적이 있나요? • 우리 주변에 AI가 있을까요? ② 리빙 아카이브 웹에 대해 이야기 나눈다. • 리빙 아카이브 활용 방법에 대해 설명해 준다. • 어떻게 사용하는 걸까? 어떤 기능일까? ③ 메뉴의 아이콘의 기능을 설명해 준다. • 어떤 동작을 해볼까? • AI가 어떤 동작을 추천해 주는지 볼까? ④ 자유롭게 웹을 활용하여 새로운 동작을 이어 만드는 활동을 한다. • 리빙 아카이브의 다양한 동작을 살펴보고 나만의 동작을 만들어 본다. • 유아 스스로 웹을 통해 친구의 동작을 촬영하면서 동작을 나열해 새로운 동작을 완성한다. ⑤ 완성된 모션 동작을 따라 춤을 추어보며 동작의 어울리는 노래도 찾아본다. • 노래를 선택하여 틀고 동작을 따라 춤을 추어본다. • AI와 함께 만든 동작은 어떤 느낌이 들었니? • 친구들의 작품도 함께 감상해 볼까?
평 가	• 디지털 매체의 교육적 활용 가치를 인식하고, 유아의 놀이를 지원하기 위해 적절한 매체를 선정하였는가? • 디지털 매체를 활용하는 과정에서 발생하는 문제나 어려움을 적극적으로 해결하고 유아를 지원하였는가? • 웹 프로그램을 유아들이 자유롭게 활용할 수 있었는가? • 유아들이 즐겁게 동작표현에 참여하였는가?

교사지원 Tip

Living Archive

리빙 아카이브는 영국의 유명 안무가 웨인 맥그리거(Wayne McGregor)와의 협업을 통해 이루어진 인공지능 기반의 안무 생성 웹사이트이다. 25년 이상 축적된 웨인의 안무 자료에서 100시간이 넘는 무용 공연을 기계 학습을 이용해 분석하고 학습한 후, 웨인의 춤 스타일을 예측해 안무 동작을 생성한다. 이러한 AI 기계 학습 모델을 적용한 'Living Archive'는 유아교육기관에서도 활용될 수 있다.

리빙 아카이브는 유아들의 동작을 그대로 인식하여 연속 동작으로 만들어 주며 춤의 자세나 동작을 클릭하면 연속 동작으로 변환되고 유아들의 동작을 인식시켜 그대로 연속 동작으로 구현할 수 있다. 마우스를 이용해 화면에 있는 스마트폰 카메라를 통해 원하는 안무 형태를 입력할 수 있으며 카메라 아이콘을 누르고 원하는 자세를 취한 후 사진 촬영을 하면 된다.

리빙 아카이브 Web 사용법

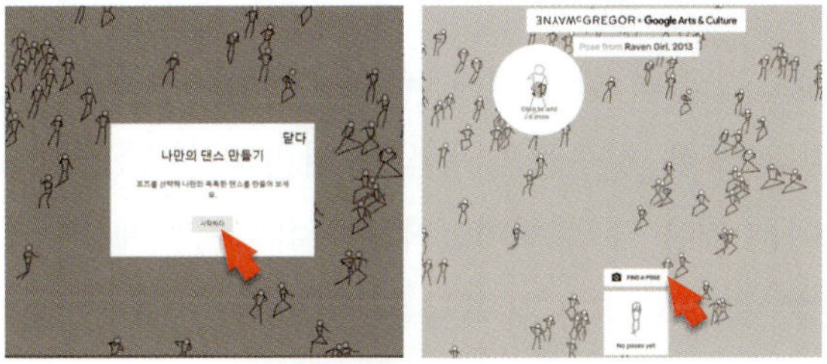

① PC화면에서 '리빙 아카이브'를 검색해서 웹사이트에 접속하면 '나만의 댄스 만들기' 화면이 생성된다. 화면 가운데 시작하다 를 클릭하면 프로그램이 실행된다. 화면이 전환되면 화면 가운데 '카메라 알트(사진을 찍다)' 아이콘을 클릭한다.

② 왼쪽 그림과 같은 화면이 생성되면 '카메라 알트(사진을 찍다)' 아이콘을 누른다.

③ PC 화면에 카메라 화면이 생성되면 자신이 원하는 동작의 포즈를 취하고 5초 카운트다운과 함께 사진촬영이 시작된다. 사진이 촬영된 후 가장 가까운 포즈를 추출해 준다. 반복해서 원하는 동작의 사진을 촬영한 후 포즈를 추출한다.

④ 추출된 동작들이 화면 하단에 순서대로 나열된다. 화면에 생성된 동그라미를 움직이면 원하는 포즈를 찾아 선택할 수 있다. 선택한 포즈가 하단에 순서대로 나열되면 '플레이'를 클릭하여 동작을 재생시킨다.

놀이의 시작은 ……

댄스 수업을 좋아하는 유아들은 평소에도 노래와 함께 춤을 추며 다양한 동작을 표현하는 놀이를 즐기는 모습을 자주 볼 수 있다. 또래 친구들의 동작을 따라 하며 다양한 표정과 포즈를 취하고, 자유롭게 몸을 움직이는 것을 매우 재미있어하는 유아들에게 교사는 AI가 동작을 생성해 주는 리빙 아카이브를 소개하였다. 유아들은 리빙 아카이브 웹사이트에 큰 흥미를 보였고, 카메라 앞에서 다양한 동작과 포즈를 취하며 즐거워했다. 자신이 취한 동작이 간단한 선 그림 형태로 표현되는 것을 보며 큰 재미를 느꼈다. 이러한 흥미와 재미로 인해 유아들은 리빙 아카이브 놀이에 몰입하게 되었다.

AI 놀이

자유로운 탐색 지원하기

동작 표현에 흥미를 가지는 유아들에게 리빙 아카이브를 소개하고 교사는 시범을 보인다. 유아들은 카메라 화면에 자신의 모습이 나타나자 즐거워하며 자유롭게 몸을 움직여 본다.

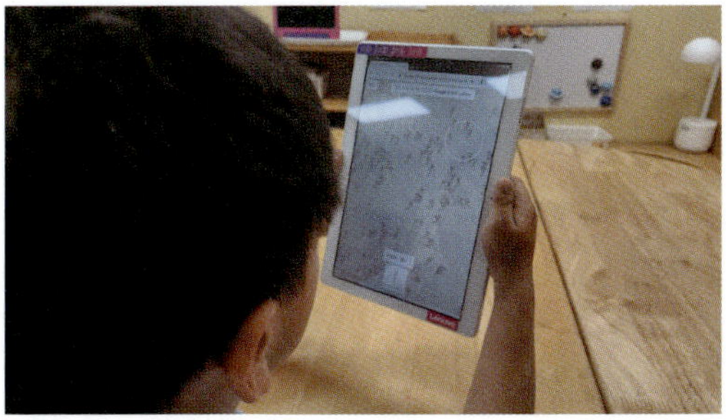

"AI가 우리의 동작을 보고 춤동작을 찾아준대.
어떻게 찾아주는지 한 번 볼까?"

"우와! 신기하다!"
"여기를 보고 팔을 들면 되는 거예요?"
"팔과 다리를 옆으로 벌려봐!"

호기심과 흥미 확장하기

리빙 아카이브 화면에 생성된 단순한 선 그림 형태를 '졸라맨'이라고 표현하며 흥미를 보인다. 카메라 앞에 비친 자신의 모습을 보며 자유롭게 포즈를 취하고 5초 카운트 다운을 하면서 사진이 찍히는 과정을 매우 흥미롭게 여겼다. 유아들은 다양한 포즈를 취하며 사진 촬영을 반복했고 촬영된 자신의 모습이 졸라맨 형태의 그림을 표현되는 것에 흥미를 보였다. 이러한 과정에서 유아들은 리빙 아카이브 놀이에 적극적으로 참여하며 즐거움을 느끼는 모습을 보인다.

"이것 봐. 네 모습이 졸라맨으로 보여."
"다르게 움직여 봐! 5, 4, 3, 2, 1."
"뼈처럼 보인다."

놀이와 즐거움을 통한 배움 지원하기

리빙 아카이브는 유아들이 창의적이고 자유롭게 몸을 표현할 수 있는 기회를 제공함으로써, 놀이를 통해 동작 표현 능력을 향상시키고 또래와의 상호작용을 촉진하는 데 큰 역할을 한다. 이러한 경험은 유아들의 신체적·정서적 발달에 긍정적인 영향을 미치며, 학습과 놀이의 경계를 넘나드는 통합적인 교육 활동으로 유아들은 새로운 웹사이트를 활용하면서 디지털기술의 활용능력을 키워가고, 인공지능의 이해와 활용을 경험하게 된다.

"이것 봐. 이렇게 춤을 춘대."

"우와 웃기고 멋지다."

"AI가 동작을 찾아준다. 난 이 동작이 마음에 들어."

"이렇게 움직이면 되는 건가?"

놀이 보완하기

놀이를 하는 동안 아쉬웠던 부분에 대해 이야기하고 자유놀이를 통해 보완할 수 있는 부분을 실행해 본다.

놀이 디버깅 하기(문제해결)

① 유아들이 프로그램 사용 중에 겪는 어려움을 해결할 수 있도록 교사는 지속적으로 관찰하고 지원한다. 웹사이트 실행과정에서 활용법을 충분히 익힐 수 있도록 교사는 반복해서 사용법을 알려준다.

② 영어를 한글로 번역하여 활용하는 방법과 함께 한글을 읽지 못하는 유아들을 위해 아이콘의 상징적인 의미에 대해서 이해할 수 있도록 도움을 준다.

③ 기능을 유아들이 쉽게 이해할 수 있도록 그림 자료를 제공해 둔다. 유아들이 쉽게 접근할 수 있는 위치에 시각적 자료를 배치해 기능을 자연스럽게 익히도록 한다.

④ 실행과정을 동영상으로 제작하고, QR코드에 담아 제공한다. 유아들이 언제든지 QR코드를 스캔하여 동영상을 보며 사용법을 스스로 익힐 수 있도록 한다.

⑤ 유아들이 충분히 연습할 수 있도록 다양한 실습 기회를 제공하며 유아들이 동작을 충분히 자유롭게 표현하고 서로의 작품을 존중하며 감상할 수 있도록 지원한다.

실물놀이 연계

다양한 방법으로 공유하기

1. 동작 따라 하기

리빙 아카이브에서 생성된 졸라맨 동작을 큰 화면에 띄워 놓고 유아들이 이를 따라 하도록 유도하며, 유아들이 동작을 따라 하면서 자신의 표현력을 강화하고 친구들과 함께 움직이는 재미를 느끼도록 지원한다.

"선생님 이것 봐요! 빙글빙글~"
"나도 나도! 저도 보세요. 이렇게 도는 거예요."

"와우! 멋진 춤인데? 신나게 함께 추어보자."

2. 동작 게임

리빙 아카이브 동작을 카드 형태로 제작하여 유아들이 무작위로 카드를 뽑아 해당 동작을 수행하도록 할 수 있다. 이 과정에서 점수제를 도입하거나 팀별로 경쟁하게 하여 놀이의 재미를 더할 수 있다.

3. 협동 동작 놀이

여러 명의 유아들이 하나의 졸라맨 동작을 분담하여 함께 수행하고 팀을 구성하여 각각의 팀이 다른 동작을 표현하고, 이를 모두 합쳐 하나의 큰 동작 이야기로 완성할 수 있다.

4. 음악과 함께 하는 동작

유아들이 좋아하는 음악을 배경으로 리빙 아카이브 동작을 활용한 춤을 만든다. 음악의 리듬과 속도에 맞춰 동작을 조절하며 표현력을 향상시킬 수 있다.

놀이 돌아보기

신체 놀이를 즐겨 하는 유아들은 리빙 아카이브를 통해 마음껏 자신의 몸을 움직이며 신체를 조절하고 활용하는 방법을 배우게 되었습니다. 또한 리빙 아카이브 웹사이트는 활용방법이 비교적 간단하여 유아들이 쉽게 활용할 수 있었습니다. 유아들은 자신의 모습이 사진으로 촬영되는 과정에 흥미를 보였고, 자신이 취한 동작이 간단한 선 그림 형태로 표현되는 것에 큰 재미를 느끼며 놀이에 적극적으로 참여하는 모습을 보였습니다.
리빙 아카이브 놀이는 유아들에게 자유롭게 몸을 움직이고 창의적으로 표현할 수 있는 기회를 제공함으로써, 놀이를 통해 동작 표현 능력을 향상시키고 또래와의 상호작용을 촉진하는 데 큰 역할을 했습니다. 이러한 경험은 유아들의 신체적·정서적 발달에 긍정적인 영향을 미치며, 학습과 놀이의 경계를 넘나드는 통합적인 교육 활동으로 자리매김하였다고 생각합니다. 또한 유아들이 리빙 아카이브를 통해 배운 동작을 실제 놀이로 연계하여 즐겁게 배움을 경험할 수 있게 되었습니다. 친구들과 함께 동작을 만들어 가며 춤을 추는 과정에서 서로의 창의적인 표현을 존중하는 기회를 갖게 되었으며 이를 통해 협동심과 사회성을 기를 수 있었습니다.
리빙 아카이브를 활용한 놀이는 유아들에게 단순한 놀이를 넘어 창의성과 신체능력을 동시에 개발할 수 있는 유익한 경험을 제공하였습니다.

(2) AI 놀이 계획 및 실행안(스크루블리)

<table>
<tr><th>놀이명</th><th>인공지능으로 나만의 캐릭터를 만들어요.</th><th>누리과정
영역</th><td>신체운동·건강
자연탐구
예술경험</td></tr>
<tr><th>누리과정
범주</th><td>• 신체운동·건강 〉 신체활동 즐기기 〉 신체를 인식하고 움직인다.
• 신체운동·건강 〉 신체활동 즐기기 〉 신체 움직임을 조절한다.
• 자연탐구 〉 생활 속에서 탐구하기 〉 도구와 기계에 관심을 가진다.
• 예술경험 〉 창의적으로 표현하기 〉 신체나 도구를 활용하여 움직임과 춤으로 자유롭게 표현한다.</td><th>연령</th><td>5세</td></tr>
<tr><th>인공지능
교육내용</th><td colspan="3">• 인공지능 이해교육 〉 인공지능에 관심 가지기 〉 인공지능을 찾아보아요.
• 인공지능 활용교육 〉 인공지능으로 창의적으로 표현하기 〉 인공지능과 함께 놀아요.</td></tr>
<tr><th>놀이자료</th><td colspan="3">태블릿 PC, Smart TV(미러링), 노트북</td></tr>
<tr><th>App 및 Web</th><td colspan="3">Scroobly(스크루블리) Web</td></tr>
<tr><th>교사의 기대</th><td colspan="3">• 디지털 기기의 사용법을 알고 웹에 관심을 가지고 활용해 본다.
• 웹을 활용하는 과정에서 생기는 어려움을 스스로 해결해 본다.
• 자신의 경험, 느낌, 생각을 자유롭게 표현한다.</td></tr>
<tr><th>교사의 지원</th><td colspan="3">• 유아들이 디지털 기기(태블릿 PC, 노트북)를 바르게 사용할 수 있도록 도움을 준다.
• Scroobly(스크루블리)를 활용하며 궁금한 것을 탐구하는 과정에 즐겁게 참여하도록 지원한다.</td></tr>
<tr><th>놀이방법</th><td colspan="3">① Scroobly(스크루블리)를 소개한다.
• 원하는 그림과 모양을 자유롭게 선택해 볼 수 있을까?
• 그림과 모양을 선택한 후에 다양한 기능을 탐색해 본다.

② Scroobly(스크루블리) 활용방법에 대해 설명해 준다.
• 어떻게 사용하는 걸까? 어떤 기능이 있을까? 함께 알아보자.
• 너희들이 원하는 그림을 그리려면 어떻게 하면 될 것 같니?

③ Scroobly(스크루블리)를 자유롭게 활용하여 그림 그리기 활동을 한다.
• 유아 스스로 웹을 활용하여 다양한 그림을 그려보며 새롭게 알게 된 것에 대해 자유롭게 이야기한다.
• 어려운 부분을 이야기하고 스스로 또는 교사의 지원을 받아 해결해 본다.</td></tr>
</table>

	④ 내가 그린 그림을 친구들에게 소개하고 함께 감상해 본다. • Scroobly(스크루블리)를 이용해서 그림을 그려보니 어떠니? • 친구들은 어떤 그림을 완성했는지 움직임을 함께 보고 감상해 보자.
평 가	• 유아들이 자유롭게 활용할 수 있었는가? • 놀이에 유아들이 즐겁게 참여하였는가? • 디지털 매체의 교육적 활용 가치를 인식하고, 유아의 놀이를 지원하기 위해 적절한 매체를 선정하였는가? • 디지털 매체를 활용하는 과정에서 발생하는 문제나 어려움을 적극적으로 해결하고 유아를 지원하였는가?

교사지원 Tip

Scroobly

Scrooble a doodle. Bring it to life.

Scroobly(스크루블리)는 인공지능이 움직임 관찰을 통해 애니메이션을 제작하는 플랫폼이다. 웹캠을 통해 사용자의 움직임을 인식하고 매핑(한 물체의 표면에 색과 패턴을 부여하는 것)하여 살아 있는 애니메이션을 만들어 주는 프로그램으로 전문적인 지식이나 코딩 없이 카메라만으로 애니메이션을 제작할 수 있다.

리빙 아카이브 Web 사용법

① 크롬 브라우저에서 'scroobly'를 검색한다. 스크루블리 첫 화면에서 하단에 보이는 'Start'를 클릭한다.

② 설명이 나오면 'Next'를 2번 클릭한다.

③ 직접 이미지를 만들기 위해 +Make your own 버튼을 클릭하여 이미지를 선택하거나 직접그리기 버튼을 눌러 직접 그린다.

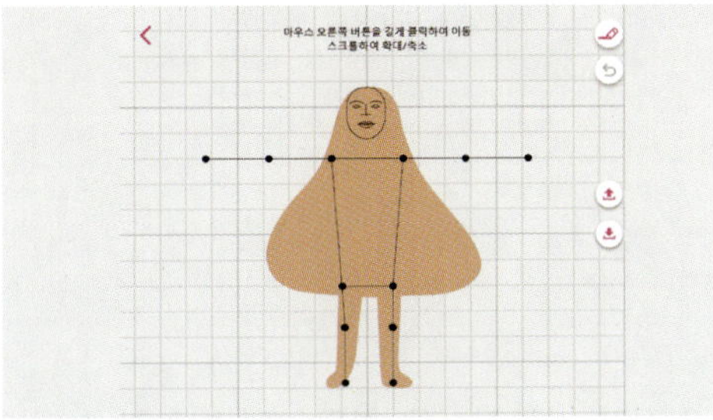

④ 각각의 점은 팔, 팔꿈치, 어깨, 다리 등을 의미한다.

⑤ ‘Stroke style’ 버튼을 눌러 다양한 색상과 펜의 두께 등을 편집하고 ‘Preview’를 눌러준다.

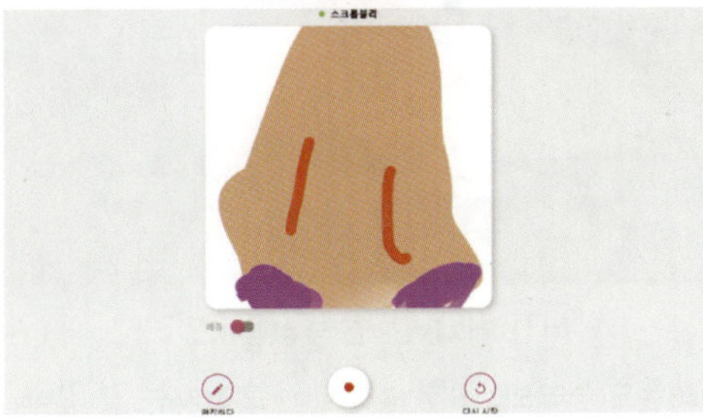

⑥ 저장 버튼을 눌러 라이브 애니메이션으로 저장할 수 있고, 편집 버튼으로 그림을 수정할 수도 있다.

놀이의 시작은 ……

유아들은 음악에 맞추어 신체표현을 하거나 율동하는 것을 즐기고 자신이 좋아하는 동물의 움직임을 몸으로 표현해 보는 것에 흥미를 보였다. 교실의 전신 거울을 보며 자신의 모습을 관찰하기도 하고 거울 앞에서 다양한 동작을 취하기도 하여 카메라로 신체를 인식하고 결과물을 산출하는 인공지능 프로그램 스크루블리를 소개하고 유아들이 인공지능과 함께 놀이하는 과정에서 자신의 신체를 창의적으로 표현할 수 있도록 하였다.

AI 놀이

자유로운 탐색 지원하기

유아에게 스크루블리를 소개하고 자유롭게 탐색하며 어떻게 인공지능을 활용하여 놀이할 수 있을지 발견하도록 한다.

" 우리가 그림을 그려서 놀이할 수 있는 건가?"

"이건 뭔지 한 번 눌러볼까?"
"이 버튼도 눌러봐. 이렇게 그림이 그려지는 것 같아."

"우리가 직접 그림을 그리고 싶으면 어떻게 해야 할까?"
"스크루블리를 사용하면서 새롭게 알게 된 것이 있니?"

호기심과 흥미 확장하기

여러 가지 기능을 선택하며 놀이할 때 달라지는 부분을 이야기하며 버튼의 기능을 알아간다.

"여기에 펜으로 선을 그리면 움직이는 게 보여."
"이쪽에 있는 점들은 뭘까?"

"선생님, 태블릿으로도 할 수 있어요?"

"버튼을 누를 때마다 어떤 변화가 있었니?"

다양한 생각 표현하기

유아가 자신의 생각을 신체로 표현할 때 그림이나 영상, 사진으로 저장하여 기록을 남길 수 있고 유아의 움직임과 친구들의 모습을 설명해 볼 수 있도록 한다.

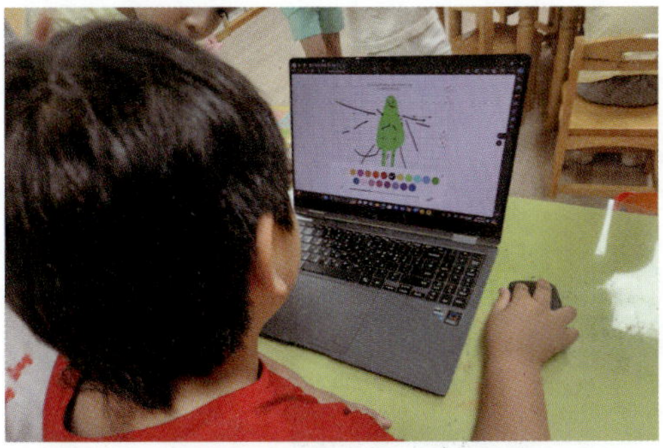

"그럼, 이거는 팔이야?"
"위로 그려서 올려보자. 움직이는지 궁금해."

"두 손을 위로 그렸을 때 어떻게 변했는지 설명할 수 있겠니?"

놀이와 즐거움을 통한 배움 지원하기

유아들이 놀이하는 과정에서 자연스럽게 인공지능의 영상인식 방법에 대해 궁금증을 가질 수 있도록 이야기 나누어 본다.

"여기 봐. 내가 손을 이렇게 하니까 그림이 움직여."
"어, 정말 그러네. 나도 해보고 싶어."

"같은 그림을 그리면 모양과 색깔이 어떨 것 같니?"

놀이 디버깅 하기(문제해결)

유아들은 자신의 움직임을 인식하고 따라 하는 스크루블리로 놀이하며 카메라 앞에서 느리게 또는 빠르게 움직이며 캐릭터의 동작을 관찰하며 놀이하는 중, 빠른 움직임에는 동작을 인식하지 못하는 경우가 생겨 이 문제를 해결하기 위해 함께 의견을 내어보았다. 자리를 이동하거나 빠르게 발을 움직이지는 않고 팔을 이용해 움직이면 된다고 이야기를 하며 다시 놀이를 시작하였다.

"이번에는 이렇게 팔을 위로 올려도 움직일까?"
"천천히 움직여야지 따라서 움직이는 것 같아요. 빨리빨리 달리고 싶은데."

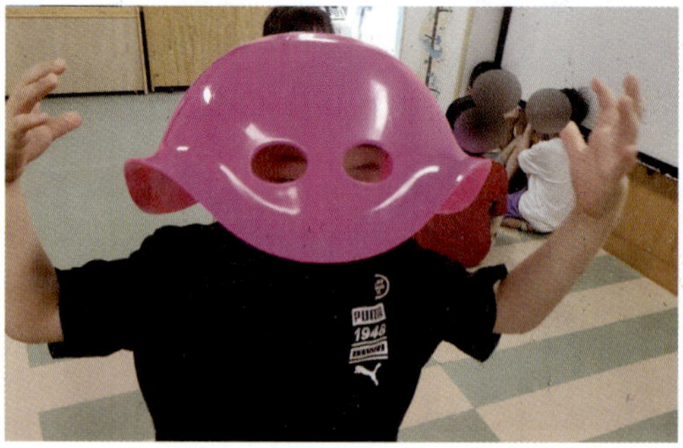

"어려웠던 부분은 앞으로 놀이하면서 어떻게 바꿀 수 있을까?"

교사지원 Tip

Scroobly
Scrooble a doodle. Bring it to life.

① 카메라를 차단한 경우 실행이 되지 않는다. 카메라로 이미지를 인식하는 프로그램이므로 카메라 접근 허용을 설정해야 한다.
② 유아들이 움직임이 빠르면 인식하지 못하는 경우가 있다.

실물놀이 연계

다양한 방법으로 공유하기

스크루블리(Scroobly)는 움직임을 녹화하여 GIF 파일로 저장할 수 있기 때문에 교실의 TV를 통해 사진을 감상할 수 있고 프린트하여 교실에서 감상해 볼 수도 있다.

"내가 그린 그림 감상해 볼래?"

놀이 생각 넓히기

① 인공지능 기술을 일상생활에 활용하기
- 인공지능과 놀이했던 경험이 유아의 일상생활 속에 융합될 수 있도록 지원해 본다.
- 유아가 다양하고 창의적인 동작을 표현하면서 인공지능과 상호작용하도록 격려한다.

② 인공지능 영상인식 기술의 이로운 점 나누기

- 인공지능의 영상인식 기술을 이용하면 어떤 점이 좋을지, 인간의 생활에 어떤 이로움을 가져다 줄 수 있는지 생각해 보고 이야기 나누어 본다.
- 인공지능 영상인식 기술이 우리 주변에서 활용되고 있는 사례를 이야기 나누어 본다.

(3) AI 놀이 계획 및 실행안(Animated Drawings)

놀이명	펄럭펄럭! 나비가 되어 보아요.	누리과정 영역	신체운동·건강 예술경험 자연탐구
누리과정 범주	• 신체운동·건강 〉 신체활동 즐기기 〉 실내외 신체활동에 자발적으로 참여한다. • 예술경험 〉 창의적으로 표현하기 〉 다양한 미술 재료와 도구로 자신의 생각과 느낌을 표현한다. • 예술경험 〉 창의적으로 표현하기 〉 신체나 도구를 활용하여 움직임과 춤으로 자유롭게 표현한다. • 자연탐구 〉 자연과 더불어 살기 〉 주변의 동식물에 관심을 가진다.	연령	3~5세 혼합
인공지능 교육내용	• 인공지능 활용교육 〉 인공지능으로 창의적으로 표현하기 〉 인공지능과 함께 놀아요		
놀이자료	활동지, 색연필, 컴퓨터, Smart TV(미러링)		
App 및 Web	Animated Drawings(애니메이티드 드로잉) Web(웹)		
교사의 기대	• 나비의 움직임을 자신의 신체를 활용하여 자유롭게 표현할 수 있다. • Animated Drawings를 통해 다양한 신체의 움직임을 안다. • Animated Drawings를 통해 다양한 신체표현을 할 수 있다.		
교사의 지원	• 유아들이 Animated Drawings에 익숙해지도록 사전 지도한다. • 유아들이 다양한 신체표현을 할 수 있도록 Animated Drawings를 통해 지원한다.		

놀이방법	① '나비'에 대해 알아보기 • 봄의 대표적인 곤충에 대해서 알아본다. • 나비의 특징과 성장과정을 알아본다. • 바깥 놀이터에서 나비를 관찰한다. ② '나비' 신체표현 및 Animated Drawings 사전활동 • 유아들과 나비의 성장과정에 대한 신체표현 영상을 보며 신체표현 활동을 진행한다. • Animated Drawings를 통해 다양한 신체의 움직임에 대해 알아보는 활동을 한다. ③ '나비' 그리기 활동 • 나비 활동지에 나비 캐릭터에 날개를 꾸며준다. • 자신이 만든 나비 캐릭터에 대해서 다른 친구들과 이야기를 나눈다. ④ Animated Drawings '나비' 신체표현 활동 • Animated Drawings를 통해 다양한 나비 캐릭터의 움직임을 보여준다. • 나비 캐릭터의 움직임을 따라 해본다. • 나비 캐릭터의 움직임에 대해 이야기 나눈다.
평 가	• 유아-유아, 교사-유아 간 상호작용이 원활하게 이루어졌는가? • Animated Drawings를 이용한 '나비' 신체표현 활동에 유아들이 즐겁게 참여하였는가?

교사지원 Tip

ANIMATED DRAWINGS
PRESENTED BY META AI RESEARCH

Animated Drawings Web은 META AI에서 개발한 애니메이션 제작 프로그램으로 다양한 사진과 그림을 다양한 동작의 움직이는 그림으로 바꾸어 주는 프로그램이다.

Web 사용법

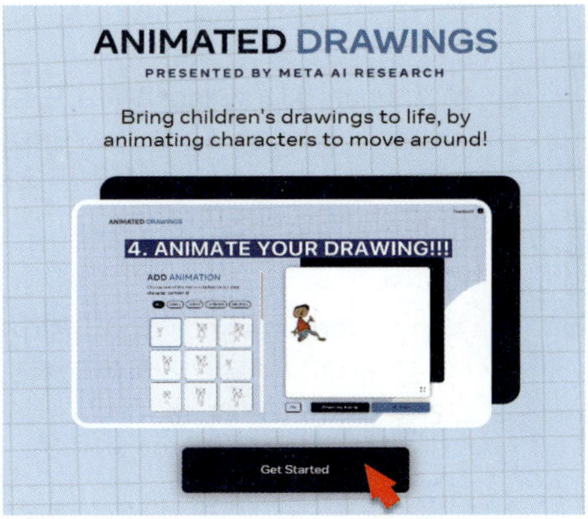

① Animated Drawings 웹사이트에 접속 후 Get Started를 누른다.

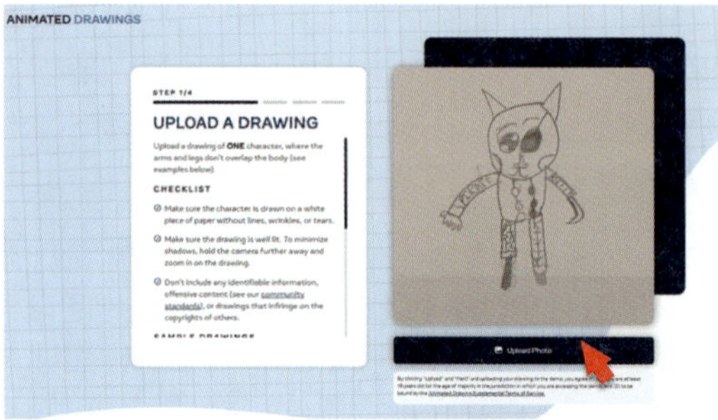

② 다음 화면에 Upload Photo를 누르고, 사용할 사진을 넣는다.

* Animated Drawings Web은 사람의 몸의 부분을 인식한다. 그러므로 원활한 활동을 위해 사용할 사진은 사람의 손과 다리가 겹쳐지지 않은 전체 모습의 사진을 넣는 것을 추천한다.

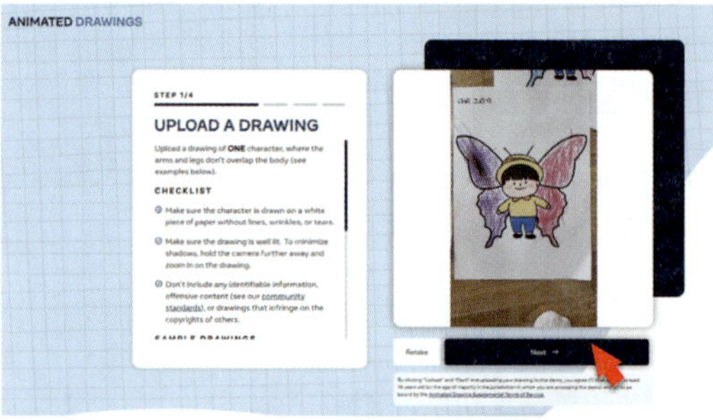

③ 업로드를 할 사진을 선택한 후 'Next'를 눌러준다.

④ 화면에서 사용한 부분을 선택한다. 하얀 부분이 Animated Drawings Web으로 구동할 부분이다. 사용하지 않는 부분은 어둡게 나타난다.

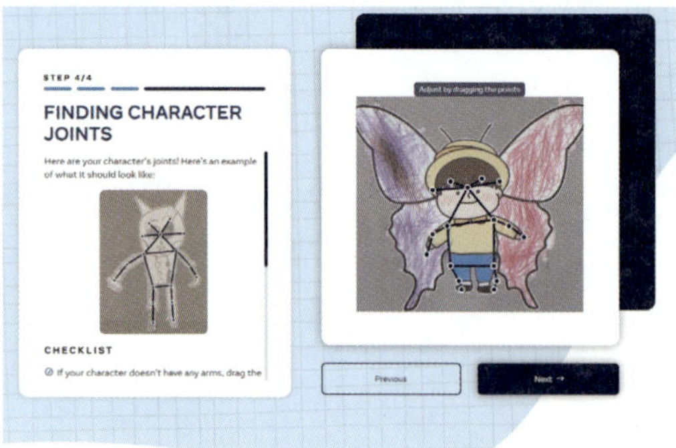

⑤ Animated Drawings Web 프로그램에서 인식한 신체 부분들이 적절하게 배치되었는지 확인하고, 마우스로 조정하여 세부 설정을 한다.

* Animated Drawings 프로그램에서 기본으로 신체 부분을 인식하여 자동으로 배치를 해준다.

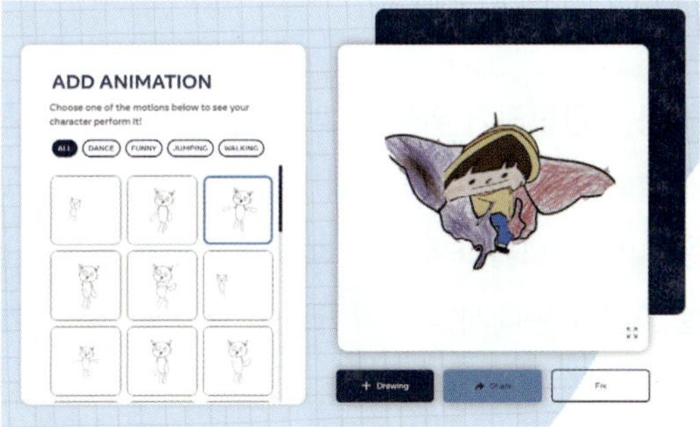

⑥ 설정된 그림의 움직임을 확인하고, 다양한 움직임을 선택하여 구동한다.

* 생성된 영상의 파일을 Share나 전체화면에서 다운로드를 통해 저장하여 사용할 수 있다.

AI 놀이

봄의 곤충, 나비에 대해 알아보기

따뜻한 봄이 다가오면서 유아들과 봄을 주제로 여러 가지 활동을 진행한다. 유아들이 교사와 함께 봄의 날씨, 봄의 식물 등에 대해서 알아본 후 가장 관심을 가지게 되어 알아보게 된 것이 바로 봄의 곤충인 나비였다. 그래서 아이들과 함께 알에서부터 나비까지 자라나는 성장 과정과 빨대 입과 멋진 날개를 가진 나비의 모습과 특징을 알아보고, '호랑이'를 닮은 '호랑나비', '제비'를 닮은 '제비나비' 등 다양한 나비의 종류에 대해서 알아보는 활동을 하며 나비에 대한 관심을 키워나갔다.

"나비는 입 대신 빨대가 있어요."

"호랑이 닮은 나비는 호랑나비."

나비를 잡으러 바깥으로

유아들과 함께 나비에 대해서 알아본 후 나비를 직접 관찰하기 위해 바깥 놀이터로 나가 나비를 채집하는 활동을 진행하였다. 유아들은 풀밭에서 펄럭펄럭 날아다니는 나비를 직접 잡아보고, 나비의 모습을 눈으로 살펴보았다. 그리고 실제 잡은 나비의 모습과 우리가 배웠던 나비의 특징을 비교하며 나비를 관찰하였다. 그렇게 직접적인 관찰 경험을 통해서 나비의 모습과 특징을 명확하게 알 수 있었다.

"흰 나비다!"

"나비 입에 진짜 빨대 같은 게 있네."

알에서 나비가 되어요

사전 활동을 통해 나비에 대해서 알아보고, 나비를 직접 잡아본 유아들과 놀이 확장을 위하여 다양한 활동을 지원하였다. 그중 나비에 관한 대표적인 노래인 '나비야'를 함께 배우며 부르는 활동을 진행하였고, 이를 확장하여 나비 신체표현 활동을 진행하였다. 교사는 신체표현이 익숙하지 않은 아이들을 지원하기 위해 영상매체를 이용하여 나비가 알에서부터 나비로 변태하는 모습의 영상을 보여주고, 구체적인 신체표현 참고 영상도 제공하였다. 이렇게 다양한 영상매체를 통해 놀이지원을 하고 아이들과 즐거운 '나비' 신체표현 활동을 진행하였다.

"우리 한번 알에서 태어나는 나비가 되어보자!"

"저는 꿈틀꿈틀 애벌레예요."

Animated Drawings 활동

앞서 진행한 '나비 신체표현' 활동에서 영상매체를 제공하여 아이들이 쉽게 신체표현을 할 수 있도록 지원하였지만, 영상에서 보여주는 신체의 모습만을 따라 하며 단순한 동작만으로 신체표현하는 모습이 나타났다. 그래서 교사는 유아들에게 다양한 움직임을 보여주는 활동을 계획하여, 그림과 사진 등을 다양한 형태의 움직이는 그림(사진)으로 바꾸어 주는 Animated Drawings를 활용한 활동을 계획하였다. 먼저 유아들이 Animated Drawings Web 프로그램과 친근해지도록 유아들의 사진을 가지고 Animated Drawings 신체표현 활동을 시작하였고, 그 후 유아들의 사진을 움직이는 그림으로 변환하여 다양한 움직임을 보여주고 신체표현의 경험을 제공하였다.

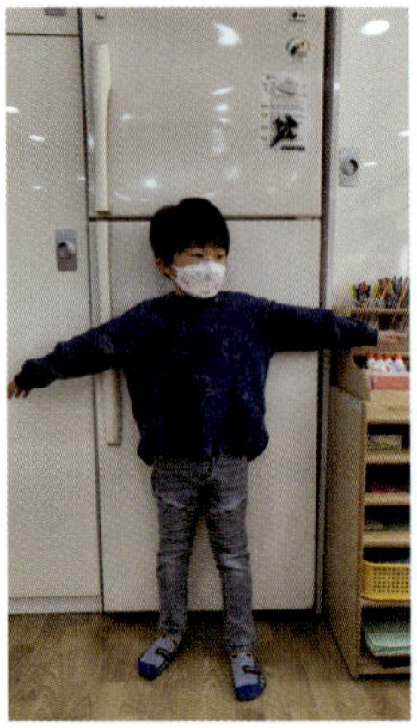

사진으로 움직이는 그림을 만들어요.

교사지원 Tip

Animated Drawings는 그림뿐만 아니라 사진도 원하는 부분을 오려내어 움직이는 그림으로 만들 수 있다. 아이들과 Animated Drawings의 사전 활동으로 나의 사진을 찍어 Animated Drawings로 움직이는 나의 모습을 만들면 아이들의 흥미를 이끌 수 있다.

실물놀이 연계

‘나비’ 캐릭터 그리기, 만들기 활동

나비 신체활동을 마무리하고, 나비에 대한 마무리 미술 활동으로 아이들과 함께 나비 캐릭터 만들기를 진행하였다. 교사가 다양한 나비를 만들 수 있는 그림 도안을 제공하였고, 아이들은 교사와 함께 배운 다양한 종류의 나비를 떠올리며, ‘무지개 나비’, ‘무당벌레 나비’ 등 자신이 생각하는 멋진 나비를 완성하였다. 더불어 나비의 모습을 다른 재료로 입체적으로 만들 수 있는 활동을 제공하여 나비 모형을 만들었다. 교사는 이렇게 완성된 나비로 3주간의 나비 활동을 마무리하려고 하였다. 그런데 한 유아가 멋진 제안을 하였다.

"선생님 우리가 그린 나비를 움직이는 그림으로 바꿔봐요!"

Animated Drawings '나비' 신체표현 놀이

유아들은 자신의 그림을 움직이는 그림으로 바꾸고 싶다고 하였다. 그래서 유아들의 의견을 받아들여 Animated Drawings Web을 통한 '나비' 신체표현 놀이를 진행하였다. 아이들은 Animated Drawings Web 사전 경험을 통해 적극적으로 자신이 따라 하고 싶은 동작을 선택하였고, 화면 속 동작을 따라 하면서 동작에 이름을 붙이고 신체표현 놀이를 진행하였다.

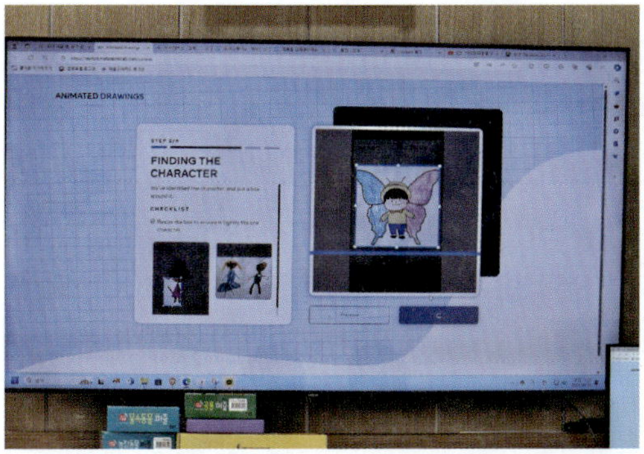

"저는 이거요!"
"이거는 나비 발차기예요."

유아들은 자신의 나비 그림을 교사에게 가져와서 움직이는 그림으로 만들어 달라고 하였다. 그리고 자신들이 그린 그림이 자신들이 선택한 움직임으로 바뀌는 것을 매우 즐거워하였고, 또 그 동작을 함께 따라 하였다. 또한 Animated Drawings Web을 통한 신체표현 활동에서 신체표현이 '신체를 이용한 움직임'에서 '도구를 이용한 움직임'으로 확장되는 것도 살펴볼 수 있었다. 유아들은 신체표현 활동을 진행하면서 자신들이 이전에 만든 나비 모형을 들고 왔다. 그리고 Animated Drawings에서 나타나는 움직이는 그림의 모습을 따라서 도구를 움직이기도 하고, 유아 스스로 상상하여 나비의 나는 모습을 표현하기도 하였다. 이렇게 유아들의 놀이는 Animated Drawings와 함께 다양하게 확장되었다.

"얘들아 이번엔 어떻게 나비처럼 움직이면 좋을까?"

"우리가 만든 나비를 가져오자!"

놀이 디버깅 하기(문제해결)

유아들과 함께 나비 그림으로 Animated Drawings를 하는 과정에서 그림의 화면이 부서지는 현상이 있었다. 그 이유는 Animated Drawings가 기본적으로 사람의 몸을 인식하도록 세팅되어 일반 나비의 측면 모양은 잘 인식하지 못하였기 때문이다. 그래서 교사는 사람의 몸을 기초로 그려진 나비 그림을 이용하여 문제해결을 하였다.

놀이 돌아보기

Animated Drawings Web을 처음 보았을 때 단순히 그림을 애니메이션으로 바꾸어 주는 것에 집중하여 영상제작을 위한 도구로 인식하고 있었습니다. 그런데 Animated Drawings는 그림뿐만 아니라 사진을 활용할 수 있고, 원하는 부분을 오려서 특정 그림만 인식하여 움직이게 할 수 있었습니다. 그렇게 신체표현이 서툰 아이들에게 다양한 움직임을 보여주면 적극적으로 신체표현 활동에 참여할 수 있을 것이라고 생각하였습니다. 그리고 아이들은 실제로 자신의 사진이 재미난 움직임으로 보이는 것을 즐거워했습니다. 그 즐거움은 아이들이 자발적으로 화면 속 다양한 움직임을 따라 하게 만들었습니다. 또한 이러한 경험은 이후 아이들과의 미술활동이 다시 한번 신체활동으로 확장될 수 있도록 도움을 주었습니다. 아이들은 자신이 그린 그림을 Animated Drawings를 이용하여 움직이는 그림으로 바꾸길 원했고, 그렇게 움직이는 그림이 만들어지자 자발적이고 적극적으로 신체표현을 하였습니다. 이렇게 놀이지원을 통해 놀이의 확장이 일어난 것입니다. 그래서 Animated Drawings를 통해서 소극적으로 활동에 참여하던 유아들이 신체표현에 대한 즐거움을 느끼고, 직접 경험을 하며, 놀이를 확장할 수 있는 계기를 만들어 주었습니다. 이렇듯 다양한 디지털 매체와 프로그램이 놀이와 활동에 적용되어 긍정적인 효과를 나타내는 좋은 경험이었습니다.

교사지원 Tip

① 유아들의 사진을 이용한 사전 활동하기

Animated Drawings Web은 그림뿐만 아니라 사진의 영역을 잘라서 움직이는 사진으로 바꿀 수 있다. 그렇기 때문에 무엇보다 '나'에 대해 관심이 많은 유아들을 위해서 유아들의 모습을 미리 사진을 찍어두고 사전 활동을 진행해 보자. 아이들이 Animated Drawings를 친근하게 생각하게 될 것이다.

② 사람의 모습을 기초로 자료 제공하기

Animated Drawings Web은 프로그램으로 입력되어 있는 사람의 몸의 구조를 인식해서 그림을 움직이는 그림으로 만들어 준다. 그래서 활동 시 사람 몸의 구조와 비슷한 그림을 선정하여 활동을 진행해야 한다.

③ 자발적인 신체표현 활동 지원하기

Animated Drawings Web은 그림이나 사진을 다양한 동작으로 바꾸어 줄 수 있다. 그러므로 아이들이 직접 동작을 선택하고, 이름을 짓게 하여 자발적인 신체표현 활동을 지원할 수 있다.

2) 의사소통

1. 놀이터 규칙판을 만들어요. (ChatGPT, Copilot)
2. 낙서 그림을 AI 3D 그림으로 완성해요. (스테이블 두들)

〈유아 AI 앱, 자료〉

(1) AI 놀이 계획 및 실행안(ChatGPT, Copilot)

놀이명	놀이터 규칙판을 만들어요.	누리과정 영역	의사소통 신체운동·건강 사회관계
누리과정 범주	• 의사소통 〉 듣기와 말하기 〉 말이나 이야기를 관심 있게 듣는다. • 의사소통 〉 듣기와 말하기 〉 상대방이 하는 이야기를 듣고 관련해서 말한다. • 신체운동·건강 〉 안전하게 생활하기 〉 일상에서 안전하게 놀이하고 생활한다. • 사회관계 〉 더불어 생활하기 〉 약속과 규칙의 필요성을 알고 지킨다.	연령	3~5세 혼합
인공지능 교육내용	• 인공지능 이해교육 〉 인공지능에 관심 가지기 〉 인공지능이 무엇인가요? • 인공지능 활용교육 〉 인공지능으로 창의적으로 표현하기 〉 인공지능과 함께 놀아요.		
놀이자료	컴퓨터, 종이, 펜, Smart TV(미러링)		

App 및 Web	ChatGPT / Copilot(코파일럿) Web(웹), App(앱)
교사의 기대	• 인공지능 기술을 활용하여 놀이터에서 안전하게 놀이하는 방법을 안다. • 인공지능 기술의 도움을 받아 규칙판을 완성한다. • 인공지능과 상호작용하며 자신의 생각과 느낌을 이야기한다.
교사의 지원	• 유아들이 ChatGPT에 익숙해지도록 사전 지도한다. • 유아들이 규칙판을 만드는 것을 ChatGPT를 통해 지원한다.
놀이방법	① ChatGPT 사전 활동 • ChatGPT를 Talk to GPT 형태로 아이들에게 보여준다. • 아이들과 함께 ChatGPT의 이름을 지어준다. ② 놀이터 규칙 정하기 • 유아들과 놀이터 활동에서 안전하게 놀이하기 위한 규칙에 대하여 이야기 나눈다. • 유아들의 이야기를 통해 유치원 놀이터 규칙을 정한다. • ChatGPT를 통해서 유아들이 생각하지 못한 규칙을 알아본다. • ChatGPT가 제안한 규칙 중 적절한 것을 아이들과 함께 정한다. ③ 놀이터 규칙판 만들기 • 아이들과 함께 규칙판을 어떻게 만들지 이야기 나눈다. • 규칙판에 필요한 것을 알아본다. • ChatGPT를 통해 규칙판에 들어갈 그림을 아이들과 함께 만든다. • ChatGPT를 통해 규칙판에 들어갈 그림을 고른다. • ChatGPT를 통해 만들어진 그림을 프린트하여 아이들이 규칙판에 꾸밀 수 있도록 제공한다. ④ 규칙판 부착하기 • 아이들과 함께 규칙판을 전시할 곳에 대한 이야기를 나누어 본다. • 놀이터 규칙판을 부착할 장소를 ChatGPT에게 의견을 물어본다. • 아이들과 함께 놀이터에 결정된 위치에 규칙판을 부착한다.
평 가	• 유아-유아, 유아-ChatGPT 간 상호작용이 원활하게 이루어졌는가? • 규칙판 만들기 활동에 유아들이 즐겁게 참여하였는가?

Web, App 알아보기

ChatGPT는 오픈AI에서 개발한 인공지능 챗봇이다. ChatGPT를 이용하기 위하여 입력하는 대화문을 '프롬프트(Prompt)'라고 하며, 이에 대한 AI의 답변 생성을 두고 '응답(Response)'이 생성된다고 표현한다.

Web, App 사용법(유료 버전 이용자)

ChatGPT는 기본 버전에서 그림을 그려주지 않는다. ChatGPT를 통해 AI드로잉을 하고 싶다면 유료 버전인 ChatGPT Plus를 구입해야 한다. 최신 버전인 ChatGPT-4o의 경우 무료 버전에서도 5번의 프롬프트 사용이 가능하다. 5번 프롬프트 사용이 끝나면 기존 버전인 ChatGPT-3.5로 돌아가게 된다.

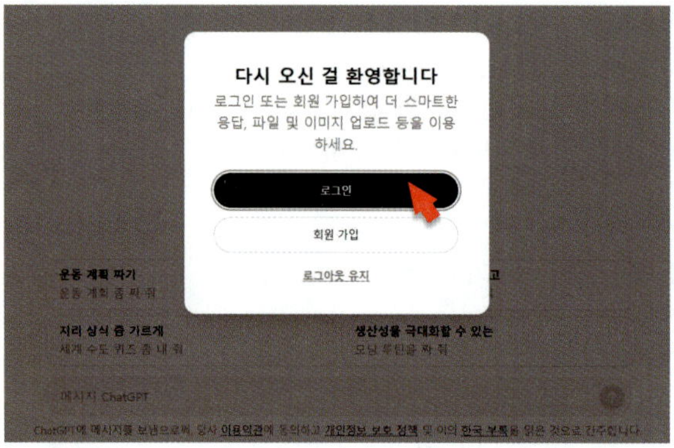

① ChatGPT 사이트에 들어간 후 로그인한다.

② 로그인 후 메인화면에 ChatGPT의 버전 선택 메뉴를 클릭한다.

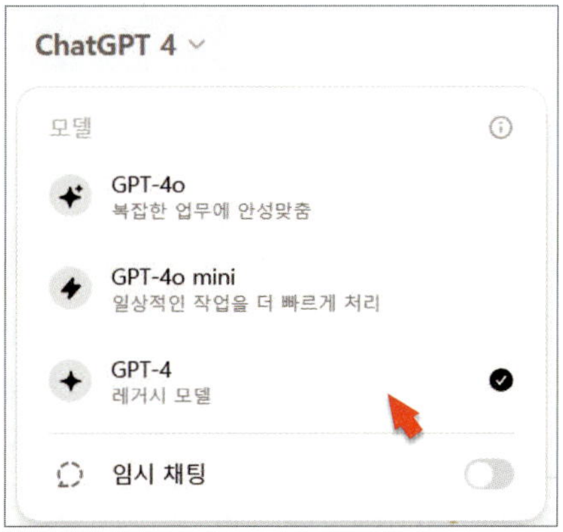

③ 사용할 ChatGPT 버전을 선택한다.

* ChatGPT 유료 버전의 경우 그림을 그려주는 DALL·E의 사용이 가능하다. 단, GPT-4o mini는 빠른 검색 등을 위한 옵션이다. 그림에 대한 요구를 글로 작성해 주니 GPT-4o mini를 제외한 옵션을 선택한다.

④ 채팅창에 프롬프트를 작성하여 ChatGPT를 이용한 그림 그리기를 실행한다.

* 완성된 그림을 클릭하면 나타나는 아이콘을 통해 편집, 저장, 프롬프트 확인이 가능하다.

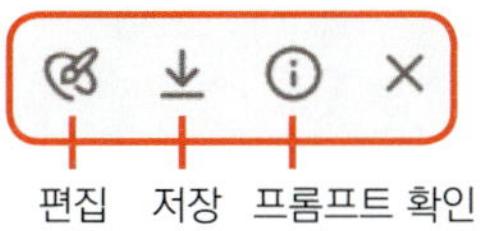

프롬프트 예시 : “아기돼지 삼형제의 그림을 그려줘!”

AI 놀이

ChatGPT와의 첫 만남

유아들과 ChatGPT의 첫 만남은 매우 어색했다. 첫 번째 만남에서 유아들은 그저 하얀 화면에 글자만 있는 ChatGPT를 거부하고, 흥미를 갖지도 도전하지도 않았다. 그리고 시간이 흘러 Talk to ChatGPT가 개발되고 즉각적인 반응을 기대하는 유아들의 특성에 맞도록 시각적으로 움직이는 응답 대기 아이콘이 개발되었다. 그 결과 ChatGPT 응답의 과정은 이전보다 유아들의 관심을 촉진하는 역할을 하였다. 유아들은 이전에도 컴퓨터를 통해 ChatGPT에 대한 몇 번의 경험이 있었지만, 앞서 이야기했듯이 텍스트가 주된 요소였기 때문에 좋은 반응을 보이지 않았다. 하지만 교사가 ChatGPT에 질문할 때 시각적으로 움직이는 아이콘을 보여주고, 다시 대답할 때 또다시 아이콘이 움직이게 하는 것은 유아들의 ChatGPT에 대한 관심을 끄는 데 성공하였다. 그러므로 이렇게 진화하고 있는 ChatGPT는 기다리는 것을 힘들어하는 유아들에게 빠르고 즉각적인 응답과 시각적인 자극을 통해 유아들이 지속적으로 흥미를 가지게 하였다.

"챗지피티와 역할 놀이 한번 해보자."

"맛있는 햄버거 주세요."

"햄버거에 콜라도 주세요."

놀이 디버깅 하기(문제해결)

유아들과 ChatGPT를 이용하여 역할놀이를 하는 과정에서 유아들이 서로 먼저 이야기를 하려고 하여 ChatGPT와의 역할 놀이가 원활히 진행되지 않았다. 그래서 유아들과 순서에 맞게 차례대로 질문하기, ChatGPT의 구름이 움직일 때 ChatGPT의 말을 들어주기 등의 약속을 정하는 'ChatGPT와 이야기 규칙 정하기' 활동을 진행하여 문제를 해결하였다.

ChatGPT 이름 정하기

ChatGPT를 실행하고 유아들에게 ChatGPT를 우리 하늘반의 새로운 친구라고 이야기하였다. 그러자 유아들이 ChatGPT의 이름을 정해보자고 제안하였다. 그래서 어떤 이름으로 지어주는 것이 좋을지 물어보니, 유아들은 '하요', '방구', '민이' 등의 이름을 제시하였다. 그러다 가장 형님인 유아가 ChatGPT가 자신을 '도우미'라고 소개한 것을 기억하고, "'도우미'라고 하고 싶어요"라고 의견을 제시하였고 다른 유아들이 모두 동의하였다. 그렇게 하늘반의 ChatGPT의 이름은 '도우미'가 되었다.

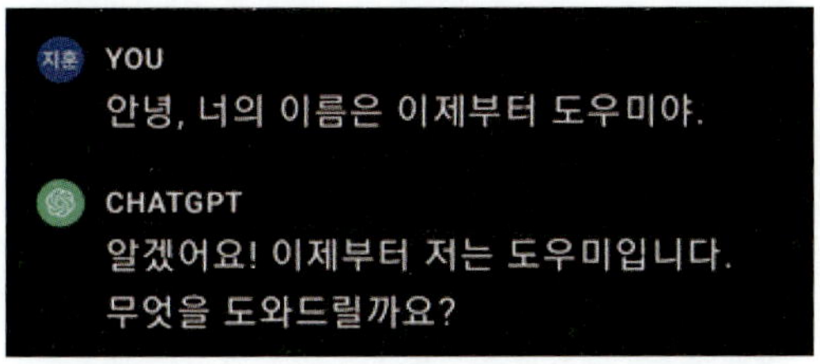

"챗지피티의 이름을 무엇으로 해볼까요?"

"'도우미'라고 하고 싶어요!"

새학기 놀이터 규칙 정해요

3월은 유아들이 유치원에 적응을 하는 중요한 시기이다. 이 시기에는 모든 것이 새롭다. 특히 새롭게 입학한 유아, 기존에 다니던 유아 모두 방학 전에 선생님과 하였던 약속을 잊어버리곤 한다. 그렇기에 새 학기에는 유아들과 함께 새로운 다짐을 가지고 새로운 규칙을 세우게 된다. 하늘반에서도 놀이터에서 놀이하는 도중 빠르게 놀이터를 뛰어다니고, 미끄럼틀을 거꾸로 올라가는 등 잘못된 행동을 하는 유아가 있었다. 그래서 유아들과 함께 놀이터에서 안전하게 놀 수 있는 유치원 놀이터 규칙을 정하기로 하였다.

ChatGPT '도우미'를 불러요

유아들과 놀이터 규칙을 정하는 것은 어렵지 않았다. 다행히 하늘반의 가장 형님인 5세 유아가 여러 가지 의견을 제시하였다. 하지만 새로 들어온 동생들은 아직 유치원 생활이 익숙하지 않아 의견을 많이 내지 못하였다. 그리고 처음에 의견을 내던 5세 형님도 좋은 생각을 더 만들지 못하였다. 그렇게 놀이터 규칙에 대해 고민을 하던 중 한 유아가 '도우미'에게 도움을 요청하자고 이야기를 하였다. 그래서 교사는 유아들을 위해서 '도우미'를 불러주었고 유아들과 함께 '도우미'의 의견을 들어보았다.

"유치원 놀이터에서 지켜야 할 규칙이 무엇이 또 있을까요?"

"도우미에게 도와달라고 해요."

놀이터 규칙을 정해보아요

유아들은 지금까지 교사와 함께 이야기 나누기를 통해 정한 규칙에 유치원 ChatGPT 친구 '도우미'의 도움을 통해서 얻은 의견을 더하여, 우리 유치원 놀이터에서 놀이할 때 필요한 규칙을 다음과 같이 정하였다.

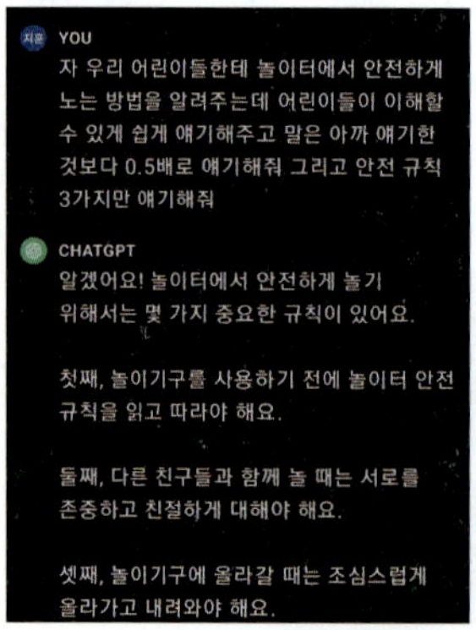

하늘반 놀이터 놀이 규칙

1. 유아 : 모래를 던지지 않아요.
2. ChatGPT : 놀이기구를 차례대로 타요.
3. 유아 : 미끄럼틀을 바르게 타요.
4. 유아 : 모르는 식물, 곤충과 버섯은 만지지 않아요.
5. ChatGPT : 놀이 규칙을 읽어요.

"어린이들을 위해 어린이들이 이해할 수 있는 말로 천천히 이야기해 줘."

"알겠어요. 놀이터에서 안전하게 놀기 위해서는 중요한 규칙이 있어요."

교사지원 Tip

ChatGPT를 이용하여 프롬프트를 말하거나, 적을 때 유아들에게 적합하게 응답할 수 있도록 명령어를 넣는 것이 좋다. 그렇지 않으면 성인에게 적당한 용어나 속도 등으로 응답을 할 수 있다.

실물놀이 연계

Web, App 알아보기

코파일럿은 마이크로소프트에서 개발한 인공지능 챗봇이다. OpenAI의 ChatGPT 이후에 개발되었으며 다양한 환경에서 AI를 활용하여 다양한 작업을 수행할 수 있으며, 마이크로소프트의 프로그램과 연계하여 사용할 수 있다.

Web 사용법

① 코파일럿에 로그인 한다.

* 코파일럿은 현재 무료로 AI드로잉이 가능하다.

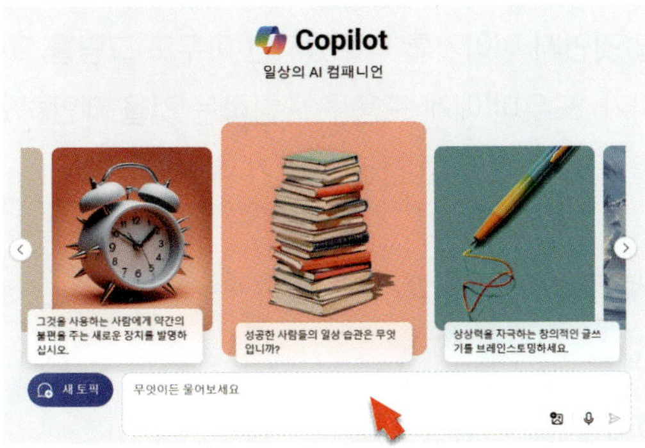

② 채팅창에 프롬프트를 작성하여 코파일럿을 이용한 그림 그리기를 실행한다.

③ 그려진 그림 중 필요한 그림을 클릭하여 필요한 사진을 사용한다.
* 코파일럿을 통해 그려진 그림은 보기, 저장, 공유를 할 수 있다.
프롬프트 예시 : "아기돼지 삼형제를 그려줘"

규칙판을 어떻게 만들까? 규칙판에 필요한 것?

5가지 규칙을 정해본 유아들에게 규칙을 어떻게 하면 잘 기억할 수 있을지 질문을 하니 유아들은 규칙판을 만들어서 놀이터에 붙이자고 이야기를 하였고, 교사는 유아들과 함께 규칙을 어떻게 만들면 좋을지 토의를 시작하였다. 유아들은 '글자를 써서 붙여요', '저기 교실 규칙판처럼 만들어요', '그림을 넣어서 만들어요' 등의 다양한 의견을 제시하였다. 그래서 유아들과 함께 규칙판에 꼭 들어가야 할 내용이 무엇인지에 대해서 이야기를 나누었다. 유아들은 그림과 글씨가 필요하다고 제안하였고, 유아들의 의견을 바탕으로 규칙판 만들기를 진행하였다. 역할을 정하는 과정에서는 가장 큰 형님이 글씨를 쓰기로 하고, 그림은 어떻게 그릴 것인지 이야기를 나누었지만 아무도 그림을 그리고 싶어 하지 않아 문제가 발생하였다. 그래서 교사가 '도우미'에게 도움을 요청하는 것을 제안하였고, 유아들은 ChatGPT인 '도우미'가 어떻게 그림을 만들 수 있는지 궁금증을 가지게 되었다.

"규칙판을 어떻게 만들면 좋을까요?"

"그림을 넣어서 만들어요."

"도우미에게 그림을 그려달라고 이야기해 볼까?"

화가가 된 '도우미'

교사는 ChatGPT를 통해서 그림을 그리는 것을 유아들에게 보여주기로 하였다. ChatGPT에 접속한 후 유아들에게 '도우미'가 어떤 그림을 그려주면 좋을지 물어보았다. 아이들은 처음에 돼지를 그려 달라고 이야기하였다. 그래서 교사는 유아들에게 돼지가 어떤 색깔이면 좋을지 물어보았고 유아들은 '검정돼지', '하얀돼지', '무지개 돼지'를 이야기하였다. 교사는 프롬프트에 명령어를 넣었고 아이들과 함께 결과를 살펴보았다. 다양한 색깔의 돼지의 그림이 나오자 유아들은 정말 즐거워하였다. 그렇게 아이들과 여러 가지 그림을 만들어 보고, 유치원 놀이터 규칙판에 필요한 그림을 만들어 보기로 하였다.

"무엇을 그려달라고 부탁해 볼까요?"

"돼지를 그려줘!"
"검은돼지, 흰돼지, 무지개 돼지를 그려줘!"

ChatGPT가 생성한 돼지 그림

코파일럿으로 생성한 돼지 그림

"도우미야, 놀이터를 만들어 줘."
"파란색 놀이터에 해가 쨍쨍하게 만들어 줘."

ChatGPT로 생성한 놀이터 그림

코파일럿으로 생성한 놀이터 그림

놀이 생각 넓히기

ChatGPT가 그림을 그릴 때 유아들이 좋아하지 않는 스타일로 그림을 그려 여러 번 다시 만들어 주었다. 이런 문제를 예방하기 위해서 ChatGPT로 그림을 그릴 때 사전에 유아들에게 적합한 그림의 조건을 프롬프트로 만든다. 또한 마이크로소프트의 코파일럿을 활용하면 무료로 ChatGPT의 DALL·E 3.0을 이용할 수 있다.

규칙판의 그림을 정해보아요

규칙판에 들어갈 그림을 그리기 위해서 유아들에게 규칙판에 어떤 그림이 들어가면 좋을지 의견을 물어보았다. 그 후 교사는 유아들의 의견을 글로 적어주고, ChatGPT를 통해 유아들의 말이 그림으로 바뀌는 모습을 보여주었다. 유아들은 우리의 친구 '도우미'가 그림으로 만들어 주는 것에 지속적으로 흥미와 관심을 보였다. 그렇게 ChatGPT는 유아들에게 여러 가지 그림을 제공하였다. 그래서 유아들과 함께 ChatGPT가 그린 그림 중 어떤 그림으로 놀이터 규칙판을 꾸미면 좋을지 이야기를 나누고, 그림판에 들어갈 그림을 정해보는 활동을 진행하였다.

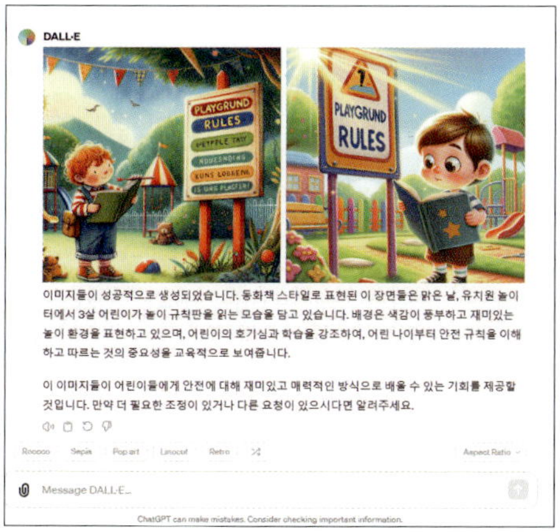

‘도우미’가 만든 그림으로 꾸며보아요

유아들과 규칙판에 들어갈 내용과 그림을 완성하여 본격적으로 규칙판 만들기를 시작하였다. 형님들과 동생들이 힘을 합쳐 글씨를 쓰고, 종이를 오려서 놀이터 규칙판의 문구를 완성하였다. 그리고 교사와 어제 활동을 통해 준비한 ChatGPT ‘도우미’가 그려준 그림의 스티커를 각 규칙에 맞게 붙여주었다. 그렇게 ChatGPT와 함께 하늘반의 규칙판을 완성하였다.

'도우미'와 함께 규칙판을 붙여요

유아들과 규칙판을 완성한 후 규칙판을 가지고 놀이터로 나갔다. 놀이터에서 유아들과 함께 규칙판을 어디에 붙이면 좋을지 토의를 시작하였다. 유아들은 미끄럼틀, 그네, 시소 등 다양한 의견을 내었는데 결정이 쉽게 되지 않았다. 그래서 유아들은 다시 한번 ChatGPT '도우미'의 도움을 받기로 하였다. 그렇게 '도우미'에게 규칙판을 붙일 곳을 물어보니, '도우미'는 '놀이터 입구나 기둥 혹은 편평한 벽이 있는 곳'으로 장소를 추천해 주었다.

"규칙판을 어디에 붙이면 좋을까요?"

"창고? 미끄럼틀? 도우미한테 물어봐요."

"놀이터 입구나 기둥 혹은 편평한 벽이 있는 곳이 적당해요."

이러한 ChatGPT '도우미'의 도움으로 유아들과 함께 놀이터에 편평한 곳을 찾아보았고, 놀이터 창고 문이 편평하다는 것을 발견하고 규칙판을 붙이기로 결정하였다. 그렇게 규칙판을 놀이터 창고 문에 붙이는 것을 마지막으로 유아들과 놀이터 규칙판 활동을 마무리하였다.

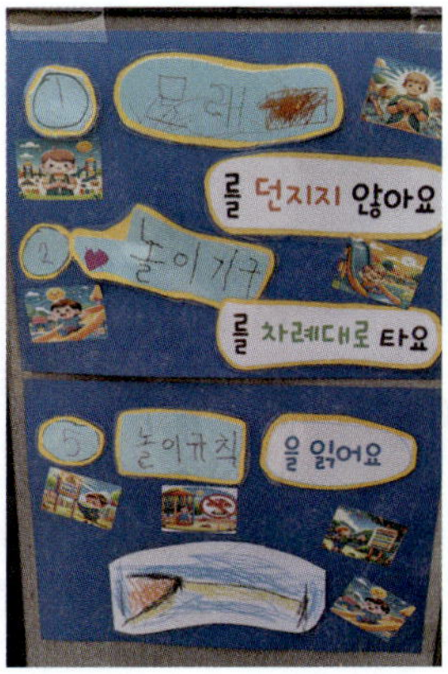

놀이 돌아보기

ChatGPT를 유치원 수업에 활용해 보니 아이들에게 많은 도움이 될 것이라고 생각이 들었습니다. 특히 저는 소인수 학급을 운영하기 때문에 아이들의 상호작용의 기회가 적습니다. 그런데 앱에서 대화형으로 ChatGPT를 사용해 보니 유아들과 ChatGPT가 즉흥적으로 대화를 할 수 있어서 상호작용의 경험이 필요한 유아에게 역할놀이 활동에 대한 지원이 가능할 것 같다는 생각이 들었습니다. 그런데 ChatGPT를 사용해 보니 여러 가지 제한점과 고려할 점들이 있었습니다. 먼저 ChatGPT가 산출하는 말의 속도나 용어가 유아가 이해하기 조금 어렵게 나타나는 경우가 있었습니다. 그래서 교사가 사전에 ChatGPT를 사용해 보고, 유아의 수준과 주제에 맞게 프롬프트를 제작하는 것이 필요하다는 생각이 듭니다. 또한 ChatGPT의 그림 그리기 기능은 ChatGPT 4.0에서만 가능합니다. 하지만 코파일럿에서는 ChatGPT와 같은 DALL·E를 통해 무료로 그림을 그릴 수 있습니다. 현재는 성능이 크게 차이가 나지는 않아 현장에서는 무료로 이용 가능한 코파일럿을 통해 AI드로잉을 이용하는 것이 좋을 것 같습니다. 또한 그림 그리기 활동을 진행할 때도 사전에 유아에게 적합한 그림의 스타일을 찾아 놓는 것이 필요하다는 생각이 들었습니다. 저 또한 수업 중 ChatGPT가 유아들이 이해하기 어려운 그림을 그려주는 경우가 있어 당황했던 순간이 있었습니다. 그래서 그림을 그릴 때 사전에 동화책 스타일, 아이콘 스타일 등 다양한 형식의 그림을 미리 그려보고 적합한 그림의 스타일로 활동에 적용하여 아이들과 그림을 제작하면 좋을 것 같습니다. 마지막으로 ChatGPT로 그린 그림 중 적절한 그림의 시드번호를 파악하여 다른 그림을 그릴 때 활용하면 이전과 비슷한 그림을 그릴 수 있습니다. 이런 점들을 알고 ChatGPT를 활용하면 더욱 적절하게 AI드로잉을 잘 활용할 수 있을 것 같습니다.

교사지원 Tip

① ChatGPT(코파일럿)와 대화하기

• ChatGPT에게 역할 부여하기

ChatGPT에게 활동에 적합한 역할을 부여하자. 놀이터 규칙판 만들기 활동에서 ChatGPT에게 유아들과 상호작용할 수 있도록 '유아들과 함께 상호작용할 수 있는 유아'라는 역할을 부여했다. 이렇게 역할을 부여하면 ChatGPT가 자신에 역할에 맞게 질문에 대한 응답을 할 것이다.

• 미러링 이용하기

ChatGPT를 컴퓨터 화면에 연결해서 유아들과 함께 공유하자. 미러링을 통해 대집단 활동에 활용할 수 있으며, 전체 학급의 유아들이 ChatGPT의 응답하는 모습을 보며 더 집중할 수 있다.

② ChatGPT(코파일럿)와 그림 그리기

그림의 스타일을 제시하자. 3D/평면, 동화 스타일/영화 스타일 등 그림의 스타일과 형식을 제시하면 ChatGPT가 상황에 적절한 그림을 그려준다. 그러나 너무 많은 조건을 제시하면 오히려 ChatGPT가 그림을 잘 그리지 못하는 경우가 있다. 그러므로 적절한 2~3가지의 조건을 제시하면 더 만족스러운 그림을 받을 수 있을 것이다.

(2) AI 놀이 계획 및 실행안(스테이블 두들)

놀이명	낙서 그림을 AI 3D 그림으로 완성해요.	누리과정 영역	의사소통 자연탐구 예술경험
누리과정 범주	• 의사소통 〉 듣기와 말하기 〉 자신의 경험, 느낌, 생각을 말한다. • 자연탐구 〉 생활 속에서 탐구하기 〉 도구와 기계에 관심을 가진다. • 예술경험 〉 창의적으로 표현하기 〉 다양한 미술 재료와 도구로 자신의 생각과 느낌을 표현한다. • 예술경험 〉 예술 감상하기 〉 서로 다른 예술 표현을 존중한다.	연령	3~5세

인공지능 교육내용	• 인공지능 이해교육 〉 인공지능에 관심 가지기 〉 인공지능을 찾아보아요. • 인공지능 활용교육 〉 인공지능으로 창의적으로 표현하기 〉 인공지능과 함께 놀아요.
놀이자료	태블릿 PC, 노트북
App 및 Web	Stable Doodle(스테이블 두들) Web
교사의 기대	• 디지털 기기의 사용법을 알고 웹에 관심을 가지고 활용해 본다. • 디지털 도구 사용능력을 통해 창의적으로 표현하는 과정을 즐긴다. • 자신의 경험, 느낌, 생각을 자유롭게 표현한다.
교사의 지원	• 유아들이 디지털 기기(태블릿 PC, 노트북)를 바르게 사용할 수 있도록 도움을 준다. • Stable Doodle(스테이블 두들)을 활용하며 궁금한 것을 탐구하는 과정에 즐겁게 참여하도록 지원한다.
놀이방법	① Stable Doodle(스테이블 두들)을 소개한다. • 그리고 싶은 그림을 다르게 완성할 수 있는 방법은 뭐가 있을까? • 원하는 그림을 그릴 수 있도록 도와주는 기계가 있다면 어떨 것 같니? ② Stable Doodle(스테이블 두들) 활용방법에 대해 설명해 준다. • 어떻게 사용하는 걸까? 어떤 기능이 있을까? 함께 알아보자. • 어떤 그림을 그리고 싶니? ③ Stable Doodle(스테이블 두들)을 자유롭게 활용하여 그림 그리기 활동을 한다. • 유아 스스로 웹을 활용하며 다양한 그림을 그려본다. • 다른 기능에 대해서도 알아본다. ④ 내가 그린 그림을 친구들에게 소개하고 함께 감상해 본다. • Stable Doodle(스테이블 두들)을 이용해서 그림을 그려보니 어떠니? • 친구들은 어떤 그림을 완성했는지 함께 감상해 보자. • 또 어떤 방법으로 그림을 소개할 수 있을 것 같니?
평 가	• 유아들이 자유롭게 활용할 수 있었는가? • 놀이에 유아들이 즐겁게 참여하였는가? • 디지털 매체의 교육적 활용 가치를 인식하고, 유아의 놀이를 지원하기 위해 적절한 매체를 선정하였는가? • 디지털 매체를 활용하는 과정에서 발생하는 문제나 어려움을 적극적으로 해결하고 유아를 지원하였는가?

Web 알아보기

스테이블 두들(Stable Doodle)은 스태빌리티 AI의 최신 스테이블 디퓨전 모델을 사용하는 이미지 생성 도구이다. 흰 배경에 사용자가 원하는 그림을 대강 그리면 AI가 윤곽을 분석해 이미지를 만들어 준다.
AI 도구에 대한 친숙도나 전문성과 상관없이 누구나 쉽게 웹상에서 이미지를 완성할 수 있다. 스테이블 두들은 PC와 모바일의 웹브라우저에서 간단하게 사용할 수 있다.

Web 사용법

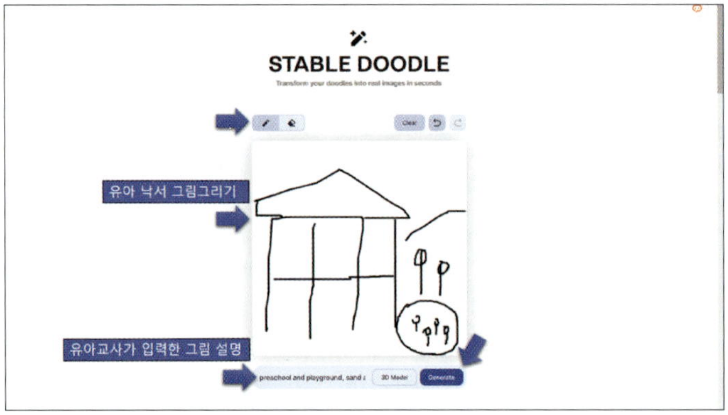

① 빈 캔버스에 낙서를 하듯 유아가 원하는 그림을 그리고 그림의 설명을 교사의 지원으로 입력한 후 생성(창조하기) 버튼을 누른다.

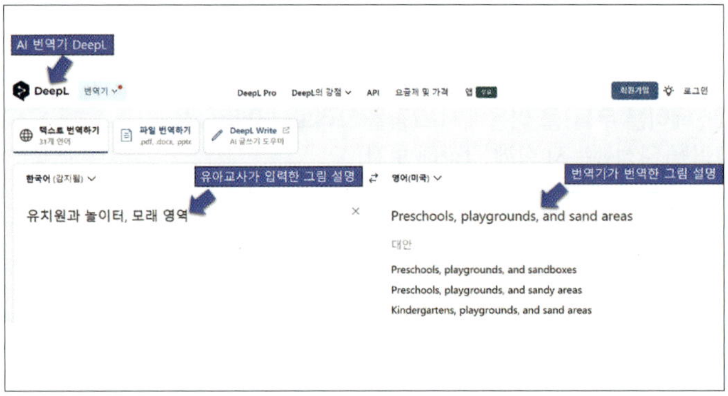

② 유아의 낙서 그림에 대한 설명은 번역기를 이용해 번역한 후 프롬프트에 입력할 수 있다. 이때 교사의 지원이 필요하다.

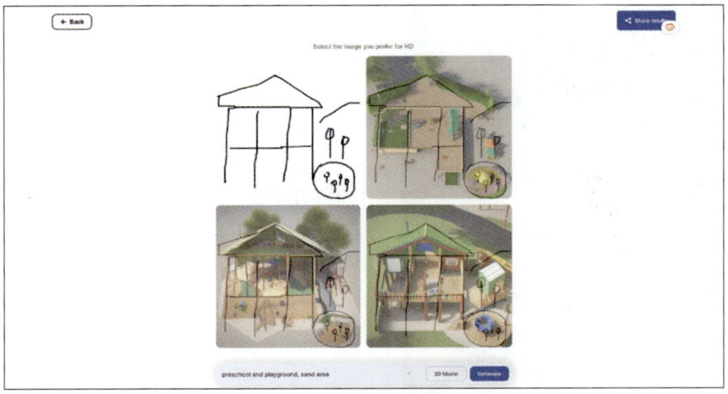

③ 생성(창조하기) 버튼을 클릭하면 유아의 낙서 그림의 내용에 해당되는 이미지가 생성된다.

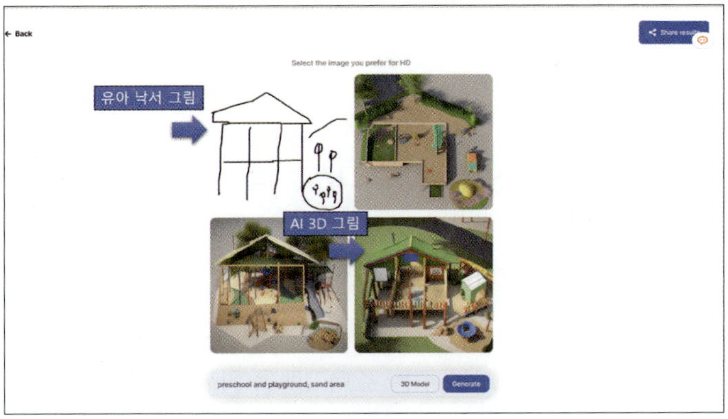

④ 생성된 이미지를 AI 3D 이미지로 변환할 수 있다.

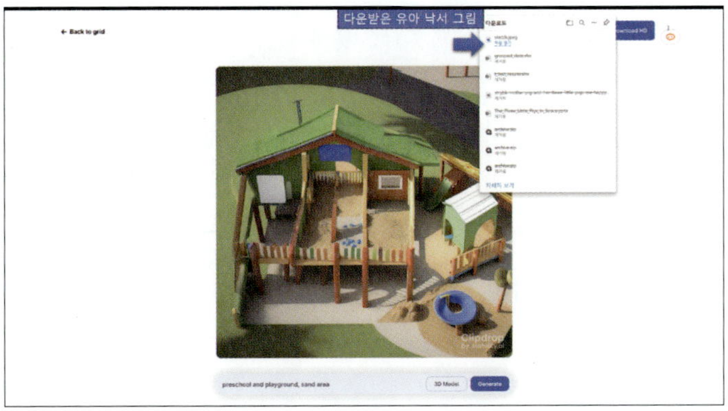

⑤ AI 3D로 변환된 이미지는 다운로드 가능하다.

⑥ 저장한 이미지를 프린트 후 전시하는 활동을 해볼 수 있다.

놀이의 시작은 ……

유아들은 자유놀이 시간에 다양한 그리기 도구를 이용해 그림을 그린다. 최근 유아들이 교사에게 캐릭터를 그려 달라는 표현을 하기도 하고 우주인이나 로켓 등을 그리고 싶다고 이야기하는 모습을 보여 교사는 태블릿 PC와 노트북을 이용해 관련 이미지를 검색하고 그림을 그려주거나 유아가 관찰하며 그릴 수 있도록 지원하였다. 직접 그림을 그리던 유아가 자신의 그림이 로켓과 비슷하지 않다고 이야기하자 유아가 그린 그림을 자동으로 완성시켜 주는 프로그램을 함께 탐색해 보았다.

AI 놀이

자유로운 탐색 지원하기

유아들이 스테이블 두들을 자유롭게 탐색하며 사용방법을 알아볼 수 있도록 교사가 지원한다. 무엇이든 새롭게 알게 된 것을 친구들과 교사와 공유하며 상호작용한다.

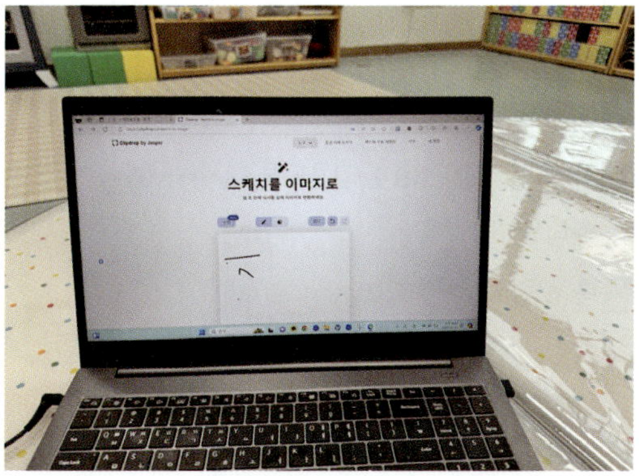

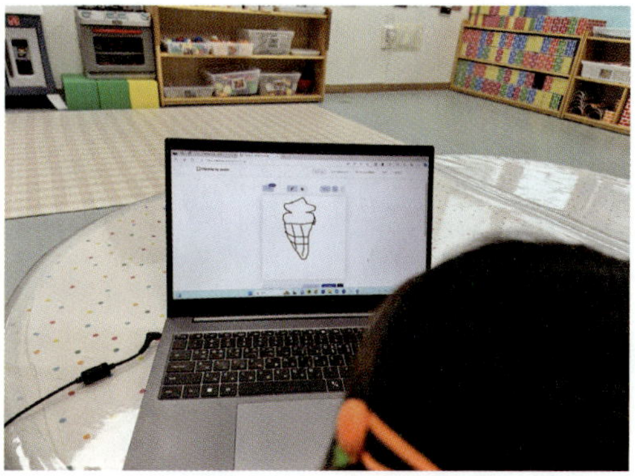

"여기에 그림을 그리면 되는 것 같아요."

"무엇을 그려보고 싶니?"

"아이스크림을 그려볼래요."

"다음엔 어떻게 해야 돼요? 도와주세요."

"어떤 것을 알게 되었니?"

호기심과 흥미 확장하기

그림을 그리고 교사에게 자신이 그린 그림을 설명한다. 교사의 지원을 받아 그림의 설명을 번역하여 프롬프트에 입력한다.

"동그라미를 두 개 그려서 눈사람이라고 했는데 눈사람을 다시 그려줬어요."

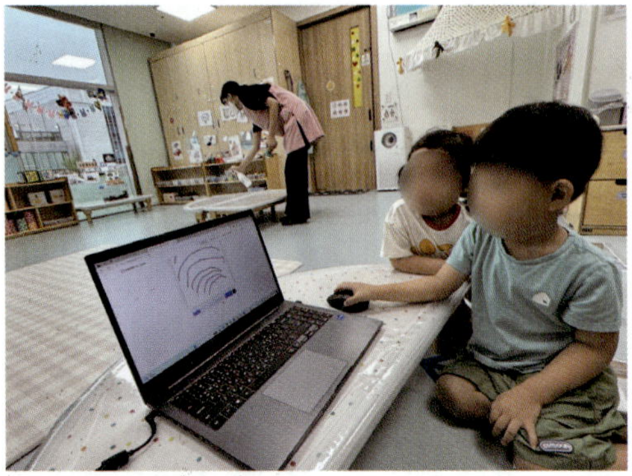

"그럼 이렇게만 그려도 알록달록 나비가 되는 거예요?"

"줄을 이렇게 하면 무지개가 되나?"

"그림이 어떻게 변할 것 같니?"
"그림에서 달라진 것은 무엇이니?"

다양한 생각 표현하기

캔버스에 그린 그림이 변했을 때 어떤 부분이 달라졌는지 생각해 보고 자유롭게 이야기할 수 있다.

"어, 내가 이렇게만 그렸는데 뭘 그렸는지 맞혔어요! 어떻게 알았지?"

"영어도 우리가 할 수 있으면 좋을 것 같아."

"스테이블 두들로 또 무엇을 해보고 싶니?"

놀이와 즐거움을 통한 배움 지원하기

스테이블 두들을 이용해 친구들과 같은 그림을 그리고 유아가 자신의 그림과 다른 사람의 그림을 비교하며 같은 점과 다른 점을 찾아볼 수 있도록 지원한다.

"우리 여기에 똑같은 그림을 그려보자."

"이거 말고 다른 것도 그릴 수 있어요?"

"나는 아이스크림 그렸어, 네가 그린 아이스크림과 내 아이스크림 모양이 비슷한데 달라."

"같은 그림을 그리면 모양과 색깔이 어떨 것 같니?"

놀이 디버깅 하기(문제해결)

유아들은 직접 그린 낙서 그림을 프롬프트에 영어로 입력하는 부분에서는 교사의 도움을 받았지만 놀이가 진행될수록 한 단어 정도의 영어는 교사의 지원 없이 입력하는 모습을 보였다. 이 부분에서 유아들은 영어 단어를 종이에 적어 달라고 하고 자신들이 직접 입력하며 문제를 해결하였다.

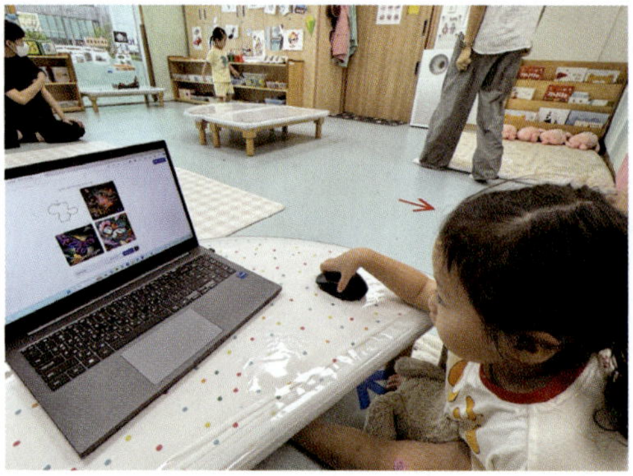

"빨리 그림으로 변하는 것 보고 싶은데, 혼자서 하기 어려워요."

"영어로 하는 건 아직 내가 못 해요."

"놀이하며 어떤 점이 불편했니?"
"어려웠던 부분을 어떻게 하면 좋을지 함께 생각해 보자."

교사지원 Tip

STABLE DOODLE

Clipdrop by Jasper

- 스테이블 두들은 PC와 모바일의 웹브라우저에서 간단하게 사용할 수 있다. 본인의 이메일로 로그인을 하면 무료로 이용할 수 있으나 모든 도구 사용은 유료이다.
- 클립드롭(Clipdrop) 사이트에서도 사용 가능하다.
- AI 이미지를 오른쪽 상단 [Download HD] 버튼을 눌러 저장할 수 있다.
- 기본 기능은 무료이며 이미지를 하루 400장까지 생성할 수 있다.

실물놀이 연계

다양한 방법으로 공유하기

유아들이 그린 그림을 다운로드한 후 프린트해서 교실에 전시하고 내가 그린 그림과 스테이블 두들이 완성해 준 그림을 비교해 보며 이야기한다.

"내가 그린 아이스크림을 선생님이 이렇게 컴퓨터로 뽑았대."
"와, 꼭 아이스크림 나라의 아이스크림 같다."

"내가 그린 아이스크림하고 컴퓨터가 그려준 아이스크림하고 색깔도 모양도 좀 비슷한 거 같아."

"너희들이 직접 그린 그림과 스테이블 두들이 그려준 그림이 어떤 것 같니? 한번 비교해 보자."

놀이 돌아보기

유아들의 낙서를 멋진 AI 그림으로 변환시켜 준다는 것도 흥미로웠지만 가장 좋았던 부분은 유아들이 스스로 놀이할 수 있다는 것이었습니다. 대부분의 AI 프로그램은 영문으로 프롬프트를 입력해야 해서 교사의 지원이 꼭 필요한 부분이 있었으나 스테이블 두들의 경우에는 자세한 이미지를 원한다는 프롬프트를 입력해야 하지만 간단한 영어 단어만으로도 이미지가 완성됩니다. 유아들의 그림을 영어 단어로 알려주고 직접 입력할 수 있도록 사용방법을 알려주었습니다. 교사의 지원 없이도 어렵지 않게 유아가 AI 그림을 생성할 수 있었고 태블릿 PC를 사용하지 않고 노트북을 이용해 마우스로 대강 그림을 그려도 나머지는 스테이블 두들이 알아서 처리해 주는 부분을 유아들은 가장 흥미로워하였습니다.

3) 사회관계

1. AI와 함께 나만의 노래를 만들어요. (Suno AI)
2. 미용실 놀이 (ChatGPT-4o)
3. 커다란 순무와 마법의 정원 (코파일럿, 타입캐스트, 블로)

〈유아 AI 앱, 자료〉

(1) AI 놀이 계획 및 실행안(Suno AI)

놀이명	AI와 함께 나만의 노래를 만들어요.	누리과정 영역	사회관계 신체운동·건강 예술경험
누리과정 범주	• 사회관계 〉 더불어 생활하기 〉 가족의 의미를 알고 화목하게 지낸다. • 신체운동·건강 〉 안전하게 생활하기 〉 TV, 컴퓨터, 스마트폰 등을 바르게 사용한다. • 예술경험 〉 창의적으로 표현하기 〉 노래를 즐겨 부른다.	연령	5세
인공지능 교육내용	• 인공지능 이해교육 〉 인공지능에 관심 가지기 〉 인공지능이 무엇인가요? • 인공지능 활용교육 〉 인공지능으로 창의적으로 표현하기 〉 인공지능과 함께 놀아요.		
놀이자료	노트북, 리듬악기, 마이크, 스크린		
App 및 Web	Suno AI Web(웹)		

교사의 기대	• 디지털 도구 사용능력을 키워가며 AI의 신기술을 경험해 본다. • AI 기술의 융합을 통해 창의성과 자기표현을 능력을 키워간다. • 자신이 창작한 노래를 친구들과 함께 부르며 협력과 공유의 기회를 갖는다. • 음악을 만드는 창의적인 과정에서 리듬, 멜로디, 가사에 대한 이해를 높이며 의사소통 기술을 개발한다.
교사의 지원	• 유아들이 디지털 도구(태블릿 PC, 앱)를 바르게 사용할 수 있도록 도움을 준다. • 정확하게 프롬프트를 입력하도록 도움을 준다. • 다양한 악기를 지원해 주어 창작한 노래를 즐겁게 부를 수 있도록 지원한다.
놀이방법	① 박수를 치며 간단한 노래를 부른다. • 노래를 불러보니 어떠니? 우리가 부른 노래는 누가 만들었을까? • 우리도 노래를 만들 수 있을까? ② Suno AI 플랫폼에 대해 이야기 나눈다. • 우리가 직접 노래를 만들면 어떨까? • Suno AI 음악 창작 기술에 대해 이야기 나눈다. • 대형 화면을 통해 Suno AI 인터페이스를 보여주면서 Suno AI 플랫폼을 설명해 준다. ③ Suno AI 플랫폼을 활용해 직접 노래를 만들어 본다. • 우리가 어떤 주제의 노래를 만들면 좋을까? • 우리가 가사를 만들어 볼까? • 코파일럿에게 가사를 만들어 달라고 요청해 볼까? • 어떤 분위기의 노래를 만들고 싶니? ④ AI가 창작한 노래를 친구들과 함께 부르며 신체 표현을 해본다. • AI가 만들어 준 노래를 친구들과 함께 부르니 어떠니? • 우리 율동도 함께 해보면 어떨까? ⑤ 즐거웠던 점과 어려웠던 점에 대해 이야기 나눈다.
평 가	• 디지털 매체의 교육적 활용 가치를 인식하고, 유아의 놀이를 지원하기 위해 적절한 매체를 선정하였는가? • 디지털 매체를 활용하는 과정에서 발생하는 문제나 어려움을 적극적으로 해결하고 유아를 지원하였는가? • 웹 프로그램을 유아들이 자유롭게 활용할 수 있었는가? • 유아들이 즐겁게 노래 만들기 놀이에 참여하였는가?

교사지원 Tip

Suno AI는 간단한 프롬프트 입력만으로 음악을 만들 수 있는 음악 작곡·생성 인공지능이다. 다양한 장르의 음악과 아티스트를 소개하고 있으며, 사용자들이 음악을 탐색하고 새로운 카테고리를 발견할 수 있는 커뮤니티 플레이리스트 기능도 제공하는 웹 프로그램이다. 자신이 만든 악곡은 mp3, wav, mp4 파일로 다운받을 수 있다.

Suno AI Web 사용법

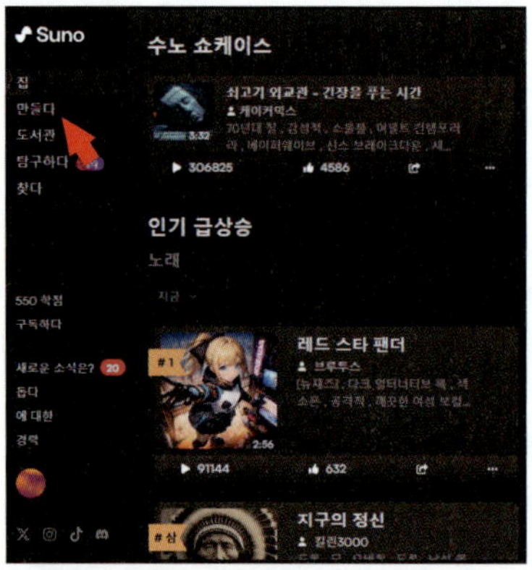

① PC화면에서 'Suno AI'를 검색해서 웹사이트(https://suno.com)에 접속한다. 계정이 없다면 구글 계정으로 로그인한다.
먼저, Suno AI 웹 첫 화면 좌측에 'create(만들다)'를 클릭하면 노래 만들기 창작 페이지로 이동한다.

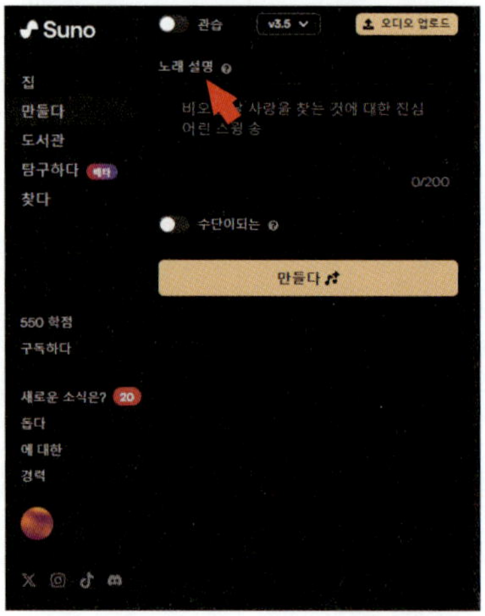

② 다음으로 화면이 전환되면 '노래설명' 박스 안에 원하는 프롬프트를 입력한 후 만들다 를 클릭하면 원하는 노래가 자동으로 생성된다. 이때 박스 안에 프롬프트를 직접 자판으로 입력하거나 음성으로 입력할 수 있다.

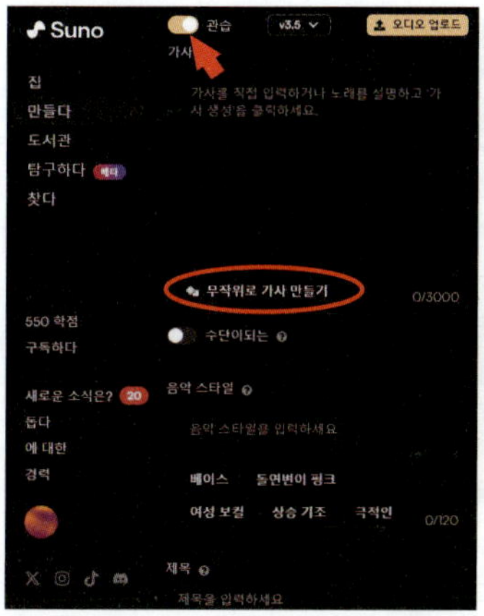

③ 왼쪽 상단의 'Custom(관습)' 모드를 활성화하면 조금 더 구체적인 노래를 창작할 수 있다. 가사를 직접 입력하거나 노래에 대해 설명하고 '무작위로 가사 만들기'(가사 생성)를 클릭하면 가사가 생성된다. 가사가 생성되면 다음으로 '음악 스타일'을 구체적으로 입력하여 원하는 노래를 만들 수 있다.

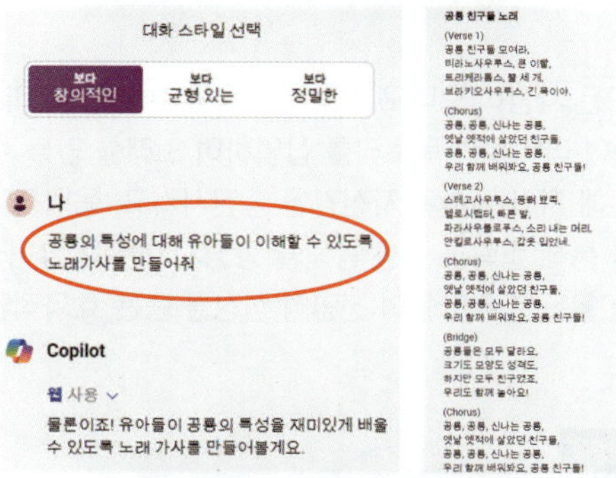

④ 코파일럿이나 ChatGPT로 가사를 생성하여 노래를 만들 수 있다. 코파일럿이나 ChatGPT를 활용하여 만들고 싶은 노래 가사의 프롬프트를 입력한다.

㉠ 공룡의 특성에 대해 유아들이 이해할 수 있도록 노래 가사를 만들어 줘.

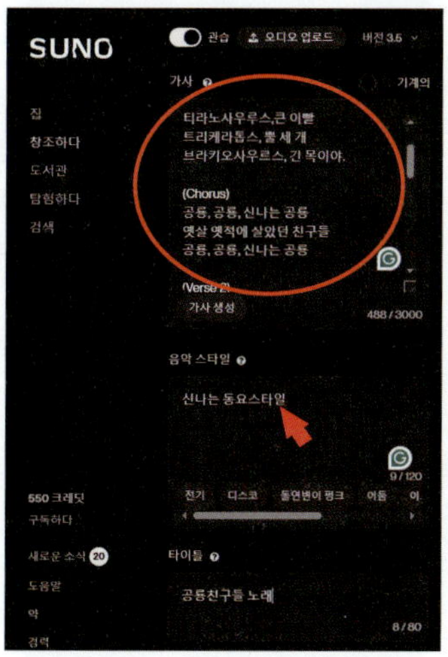

⑤ 왼쪽 상단의 'Custom(관습)' 모드를 활성화하고 코파일럿이 생성해 준 가사를 복사하여 붙여넣기 한다. 다음으로 음악 스타일을 구체적으로 설정해 주면 원하는 음원을 만들 수 있다. 타이틀에서 노래 제목을 설정한다.

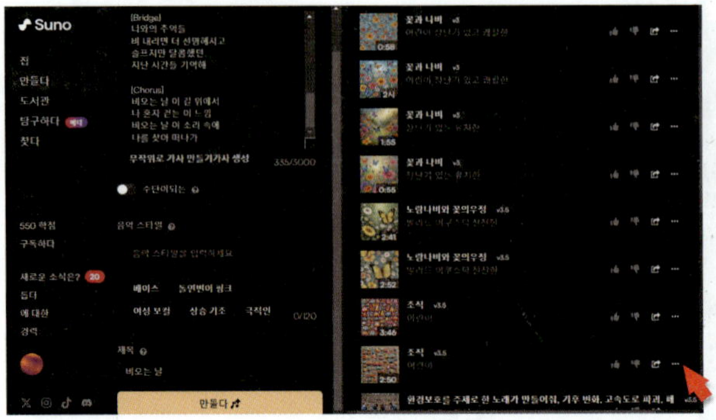

⑥ 가사생성과 음악 스타일을 입력한 후 하단의 만들다 를 클릭하면 오른쪽에 자동으로 음원리스트가 생성된다. 한 주제당 두 곡의 음원리스트가 생성되는데 창작된 음원은 오른쪽의 '...(더보기)'를 탭하여 다운로드하여 활용할 수 있다.

교사지원 Tip

※ 오디오 입력 기능

업그레이드 된 새로운 기능으로 무료 계정을 포함한 모든 사람이 오디오 입력을 사용할 수 있다. 유아교육현장에서는 AI가 창작해 준 음원에 이 기능을 활용하여 아이들의 목소리를 삽입하여 노래를 만들 수 있다. 유아의 목소리가 담긴 음원을 제작하는 경험을 통해 자기 표현과 자신감을 증진시키고, 음악적 표현력과 창의성을 키울 수 있다. 또한 또래들 간의 협업을 통해 협력과 소통 능력을 향상시키는 등 유아들에게 다양한 교육적 가치를 제공할 수 있다. 이러한 창작 활동은 유아들의 전인적 성장을 돕는 효과적인 교육 도구가 될 수 있다.

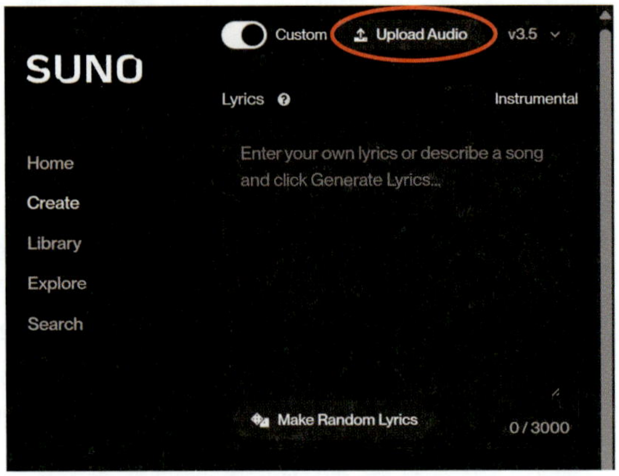

① 먼저 '라이브러리' 또는 '만들기' 페이지로 이동하여 화면 상단의 'Upload Audio(오디오 업로드)'를 클릭한다.

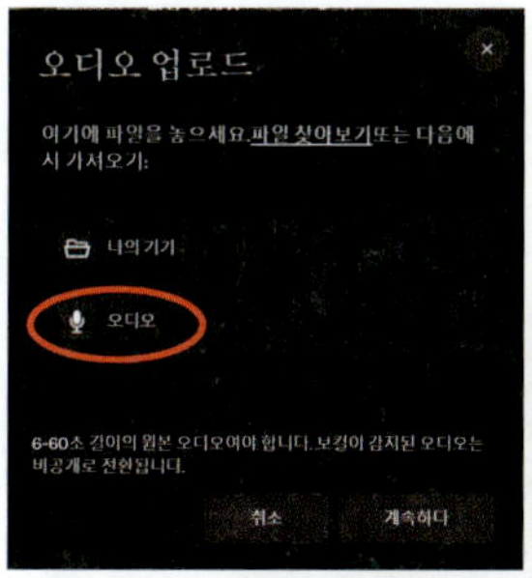

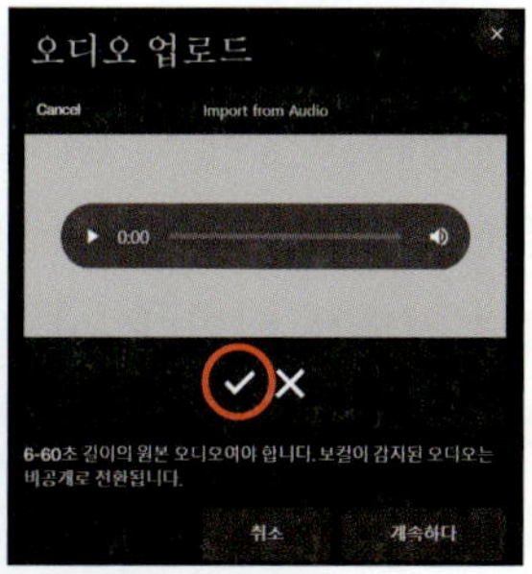

② 오디오를 녹음하거나 오디오/비디오 클립을 업로드할 수 있다. 클립 길이는 6~60초여야 한다.
'오디오'를 클릭하고 유아들의 목소리를 담아 녹음한 후 '✔'를 클릭하면 업로드가 된다.

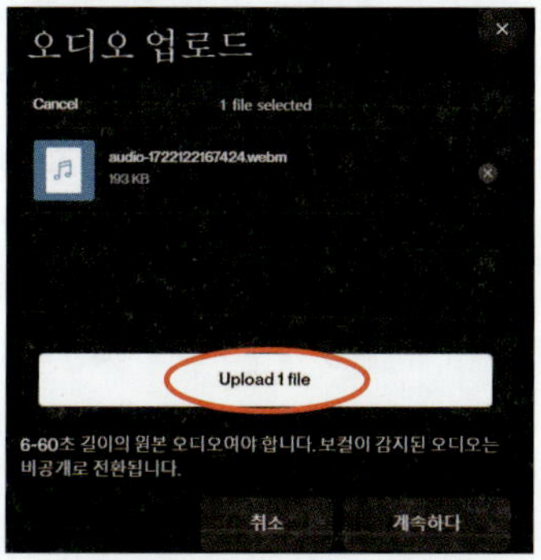

③ 업로드가 완료되면, 하단의 **Upload 1 file** 을 클릭하여야 '음원리스트(도서관)'에 저장된다.

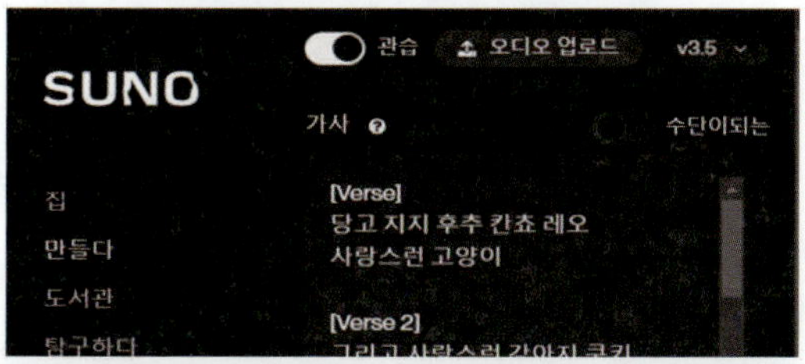

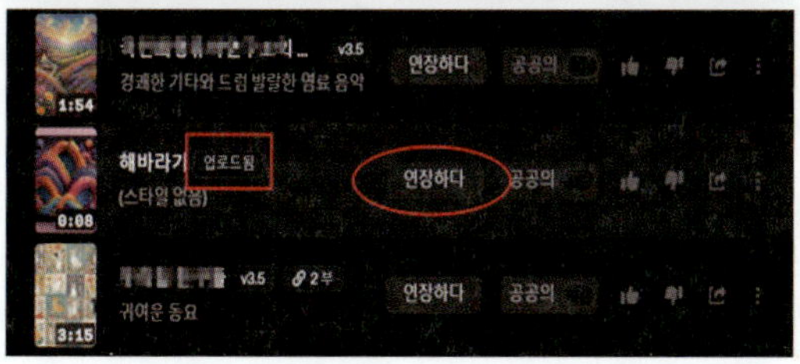

④ 오디오를 녹음한 클립에는 '업로드됨'이 표시된다. 이 클립에서 '연장하다'를 선택하여 가사와 음원을 추가하는 등 편집할 수 있다.
완성된 음원은 '...(더보기)'를 탭한 후, '노래 전체받기'를 클릭하여야 '음원리스트(도서관)'에 저장된다.

놀이의 시작은 ……

최근 유아들이 AI 스피커와 로봇에게 노래를 요청하고, 듣고, 즐겁게 따라 부르는 모습을 자주 볼 수 있었다. 어느 날 교사는 유아들이 박수를 치고 노래 부르기를 좋아하는 것을 보고 "이 노래는 누가 만들었을까?"라고 질문을 하였다. 이 질문에 관심을 보이는 유아에게 교사는 "우리도 노래를 만들어 볼까?"라고 제안하였다. 유아들은 노래 만들기에 흥미를 보이기 시작했고, 교사는 유아들이 노래를 만들 수 있도록 돕기 위해 음악 창작 플랫폼인 Suno AI를 소개했다. 교사는 Suno AI 활용법을 알려주고 시범을 보여주었다. 유아들은 AI가 노래를 척척 만들어 내는 것을 보며 신기해하며 재미를 느껴갔다. 유아들은 Suno AI를 사용하여 자신의 노래를 작곡하는 등 창작 과정에 몰입하기 시작했다. 유아들은 자신만의 음악 장르와 가사를 만들기 시작했고, 자신의 아이디어를 Suno AI에 입력하고 자신의 창작물이 실제로 구현되는 모습을 지켜보면서 즐거워했다.

AI 놀이

호기심과 흥미의 시작

노래를 만들 수 있다는 사실에 흥미를 보이는 유아들에게 교사는 Suno AI를 소개하고 활용법을 알려주었다. 유아들은 바로바로 노래가 만들어지는 과정을 지켜보며 신기해하며 즐거워했다.

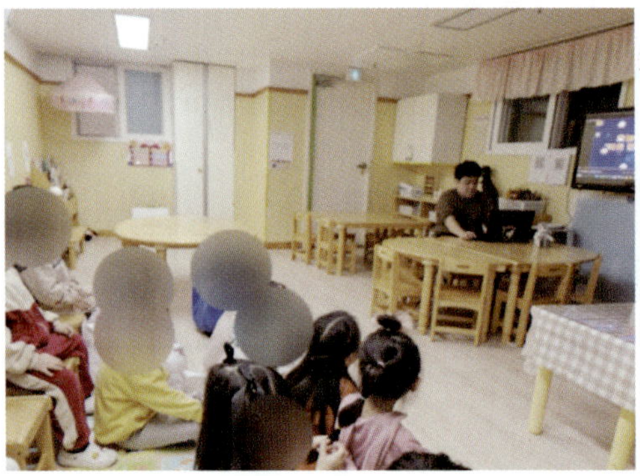

"우리도 노래를 만들어 볼까?"

"우리가 어떻게 노래를 만들어요?"

"우리는 피아노도 못 치고, 어려울 거 같아요."

"AI가 도와주면, 우리도 쉽게 노래를 만들 수 있어."

호기심과 흥미 확장하기

간단한 프롬프트를 입력하자 Suno AI가 노래를 바로 만들어 주는 것을 본 유아들은 신기해하며 호기심을 가진다. “공룡노래 만들어 줘!”, “나비노래 만들어 줘!”, “꽃노래 만들어 줘!” 라고 명령어를 입력하고 반복해서 노래를 창작해 내고 따라 부르기를 즐겨 한다.

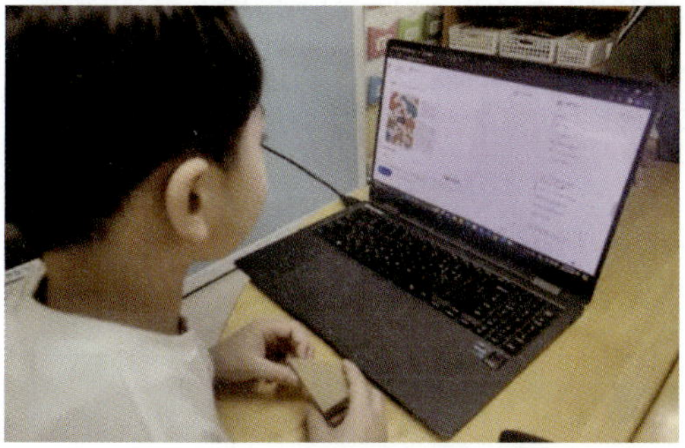

“우리 ‘공룡’ 노래 만들어 달라고 하자.”

“난 꽃이 좋아.”

“우와!! 노래가 만들어졌어.”

“그럼, 우리가 요청한 노래를 들어볼까?”

놀이와 즐거움을 통한 배움 지원하기

유아들은 처음 AI 노래 만들기 놀이를 시작했을 때 단순한 명령어로만 노래를 만들었지만 점차 구체적인 프롬프트를 입력하면 더욱 완성도 높은 노래를 만들 수 있다는 것을 알게 되었다. 다양한 음악 장르와 노래 스타일에 따라 노래 분위기가 달라지는 것을 경험하며 멜로디, 리듬에 대한 관심도 커졌다. 유아들은 다양한 장르와 스타일을 접하면서 음악적 감수성과 표현력을 키워갔다. 자신만의 관심사에 따라 노래를 창작하며 성취감과 문제해결능력을 키워가게 되었다.

“이 노래는 신나는 노래다.”

“우리 슬프게도 만들어 볼까?”

“우리 노래 가사도 직접 만들어 보면 어떨까?”

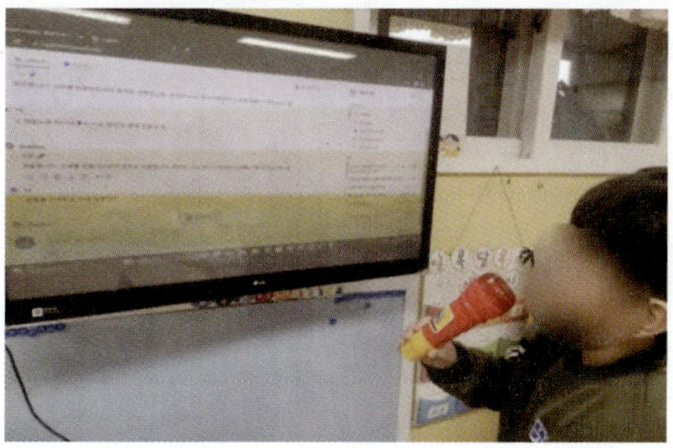

교사지원 Tip

① 프로그램 실행과정에서 활용법을 충분히 익힐 수 있도록 교사는 반복해서 사용법을 알려준다. 이를 통해 유아들이 도구 사용에 자신감을 가질 수 있다.
② Suno AI 활용에 음악을 창작한 것을 실제 놀이 등에 언제든 활용할 수 있도록 다운로드해서 PC에 저장하여 지원한다.
③ 유아들의 관심사나 현재 진행 중인 놀이 주제와 관련하여 필요한 음악을 자유롭게 창작해 볼 수 있도록 지원한다.
④ 유아들이 프로그램을 사용하여 연습할 수 있는 다양한 기회를 제공하여 능숙해질 수 있는 충분한 시간을 갖도록 한다.
⑤ 교사는 유아가 프로그램을 사용하면서 겪는 어려움을 해결할 수 있도록 지속적으로 관찰하고 지원한다. 기능 사용에 어려움을 겪을 때 직접 시범을 보여준다.

실물놀이 연계

놀이시간에 AI와 창작한 음악을 재생하여 유아들은 신나게 춤을 춘다. 교사가 리듬악기와 마이크 등을 추가해서 지원하자 유아들은 춤을 추고 연주하면서 신체표현 놀이로 확장해 가는 모습을 보인다.

"선생님, 공룡노래니까 공룡이랑 같이 춤을 추고 싶어요."

"이것 봐 크왕. 공룡이다."

"와우!! 멋진 공연장이 되었네."

교사지원 Tip

〈가정연계활동 예〉

Suno AI는 간단한 프롬프트 입력만으로 음악을 만들 수 있는 음악 작곡·생성 인공지능으로, 누구나 쉽게 자신만의 음원을 만들 수 있다. 이러한 장점을 활용하여 가정연계 활동으로 '가족 동요제'를 기획할 수 있다. 가족 구성원들이 함께 모여 Suno AI를 통해 자신들만의 동요를 작곡하고 이를 발표하는 시간을 가지면, 창의성과 협동심을 키울 수 있으며 가족 간의 유대감을 강화하는 좋은 기회가 될 것이다. 이를 통해 아이들은 음악적 표현능력을 발달시키고, 부모와 함께하는 즐거운 추억을 쌓을 수 있다.

① 유아들과 교실 속에서 Suno AI를 활용한 놀이를 진행한 후, 가정연계 활동으로 확장한다.

- Suno AI 프로그램 소개와 함께 활용방법 동영상을 제작하여 가정으로 배부한다.

② 학부모의 동요제 참여 동기부여를 위해 시상 내역과 구체적인 심사기준을 안내한다.

- 심사기준 예시 : 프롬프트 입력의 정확성, 가족 구성원 전체 참여도, 가족만의 독창적인 창의성

③ 제출된 동영상은 심사기준에 의해 심사위원이 심사하여 수상 가족을 선정한다.

- 심사위원은 전문가 위원, 학부모대표, 교직원대표 등으로 구성할 수 있다.
- 심사표는 기관에 따라 자유롭게 제작할 수 있다. 예시자료는 구글설문 형식을 활용하여 5점 리커트 척도로 심사표를 작성한 예시이다.

2024년 AI가족 동요제 심사표

안녕하세요.
감사하게 많은 관심과 참여로
AI가족 동요제가 풍성해졌습니다.

이제는 평가의 시간 입니다.
작성 질문에 따라
5점 척도로 점수를 주시면 됩니다.
객관적이고 정확한 평가 부탁드립니다.

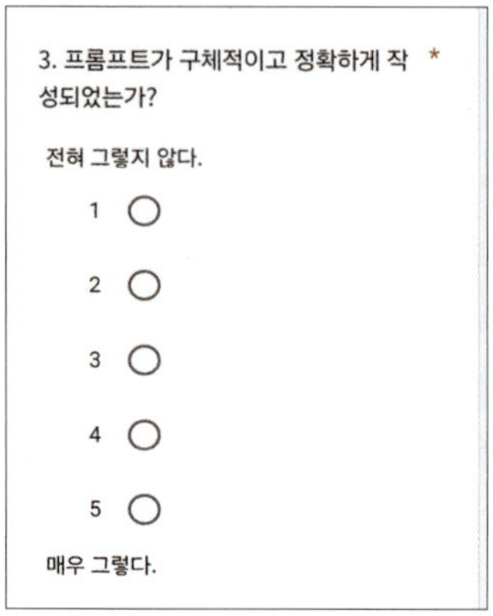

3. 프롬프트가 구체적이고 정확하게 작성되었는가? *

전혀 그렇지 않다.
1 ○
2 ○
3 ○
4 ○
5 ○
매우 그렇다.

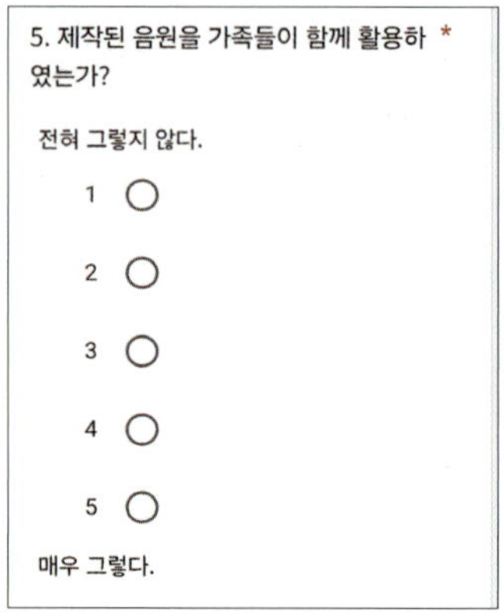

5. 제작된 음원을 가족들이 함께 활용하였는가? *

전혀 그렇지 않다.
1 ○
2 ○
3 ○
4 ○
5 ○
매우 그렇다.

④ 심사위원의 점수를 합산하여 최우수상, 우수상, 장려상의 가족을 선정하고 전체 참여 가족에게 참가상을 수여한다.

출처 : 인천시 Y어린이집 AI 가족동요제 수상자.

이 QR코드는 'AI 가족 동요제' 최우수상과 우수상을 수상한 가족이 제출한 작품이다.

프롬프트 입력과정을 공유하며 가족만의 독창적인 아이디어로 전체 구성원이 함께 참여하여 완성도 있는 작품이 탄생되었다.

놀이 돌아보기

Suno AI로 만든 노래를 통해 유아들은 자신의 생각을 담은 음악을 만들고, 그것을 친구들과 공유하고 이야기하면서 자연스럽게 관심을 확장시킬 수 있었습니다. AI 노래 만들기는 유아들에게 창의력, 기술 이해, 논리적 사고, 협동심, 음악적 감수성, 문제해결능력 등 다양한 학습 기회를 제공했습니다.

유아들은 자신만의 멜로디와 가사를 만들어 창의력을 발휘하고 AI를 통해 기술의 원리와 가능성을 체험해 나갔습니다. 또한 프롬프트를 통해 논리적 사고를 키우고, 협업 작업을 통해 협동심과 소통능력을 향상시킬 수 있었습니다. 다양한 음악 장르를 경험하면서 음악적 감수성을 기르고, 노래를 완성하는 과정에서 문제해결능력을 배워갈 수 있었습니다. 이처럼 AI 노래 만들기 놀이를 통해 유아들은 재미있게 놀이하면서 다양한 학습과 성장을 돕는 교육적 도구로 활용할 수 있었습니다. 유아들은 자신이 만든 음악을 통해 자신의 생각을 표현하고, 이를 친구들과 나누며 상호작용을 강화할 수 있었습니다. 또한 이러한 창작 활동을 통해 자존감과 성취감을 높일 수 있었습니다. 따라서 AI 노래 만들기는 단순한 놀이를 넘어, 아이들의 창의력과 학습능력을 향상시키는 중요한 교육적 활동이라고 할 수 있었습니다.

(2) AI 놀이 계획 및 실행안(ChatGPT-4o)

놀이명	미용실 놀이	누리과정 영역	사회관계 의사소통
누리과정 범주	• 사회관계 〉 더불어 생활하기 〉 서로 다른 감정, 생각, 행동을 존중한다. • 의사소통 〉 듣기와 말하기 〉 상황에 적절한 단어를 사용하여 말한다.	연령	5세
인공지능 교육내용	• 인공지능 이해교육 〉 인공지능으로 생각하기 〉 인공지능은 생각을 해요. • 인공지능 가치교육 〉 인공지능과 더불어 살기 〉 사람과 인공지능이 함께 도와요.		
놀이자료	미용실 놀이 자료		
App 및 Web	ChatGPT-4o App(앱/구글, 애플 폰이나 태블릿 PC에서 모두 가능)		

교사의 기대	• 미용실에서 사용하는 다양한 도구의 종류를 안다. • 미용 도구와 기계를 사용한 경험을 극놀이로 표현한다.
교사의 지원	• ChatGPT-4o를 지원하며 오류 발생 시 도움을 준다. • 유아의 생각을 자유롭게 표현하며 놀이할 수 있도록 지원한다.
놀이방법	① 미용실에 가 본 경험을 이야기 나눈다. • 미용실은 무엇을 하는 곳일까? • 미용실에서 본 도구와 기계에 관해 이야기 나눈다. ② 놀이에 필요한 소품을 준비하고 역할을 정한다. • 미용사와 손님의 역할을 정해볼까? ③ 친구와 함께 미용실 놀이를 한다.
평 가	• 유아들에게 필요한 재료를 충분히 지원하였는가? • 미용실 놀이에 ChatGPT를 어떻게 활용하였는가?

App 알아보기

ChatGPT-4o

ChatGPT-4o는 오픈 AI에서 개발한 인공지능 챗봇이다. ChatGPT-4o를 이용하기 위하여 입력하는 대화문을 ‘프롬프트(Prompt)’라고 하며, 이에 대한 AI의 답변 생성을 두고 ‘응답(Response)’이 생성된다고 표현한다. 현재(2025년 2월 기준) 무료 버전의 경우 최신 버전인 ‘ChatGPT-4o’ 모델을 하루에 5번씩 무료로 사용할 수 있다. 이 놀이에서는 태블릿 PC로 앱 버전을 사용하였다.

App 사용방법

① ChatGPT 앱에서 사이드바 ═ 를 누른 후 ··· 6 더 보기 ⌄ 를 누른다. 본문에 사용한 Lingo Buddy의 경우는 ‘GPT 탐색’을 누르고 검색하여 사용할 수 있으며, 사이드바에 유지할 수도 있다(언어놀이 GPT). Lingo Buddy를 선택하면 유치원에서 역할놀이를 전개할 때 적절하게 활용될 수 있다.

② ChatGPT-4o은 유료 버전과 무료 버전으로 나뉜다. 유료 버전은 'GPT-4o'와 'GPT-4o mini', 'GPT-4'이며, 무료 버전은 'Chat GPT'이다.
본 교사는 ChatGPT-4o의 GPT-4o을 사용하여 활동을 진행하였다.

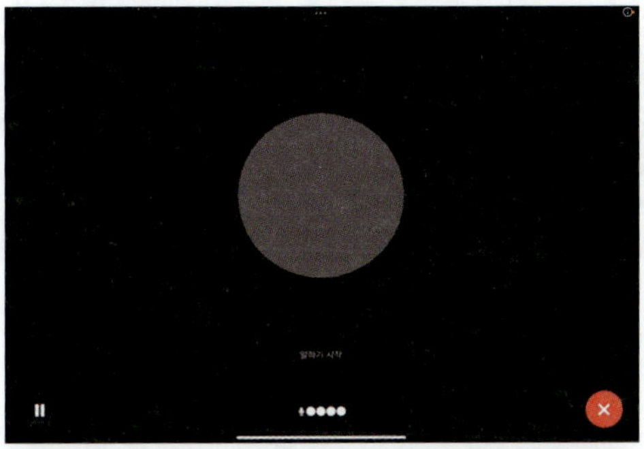

③ 헤드셋 모양을 눌러 ChatGPT와 대화를 할 수 있다. 동그라미 모양이 나오면 대화를 시작하면 된다.

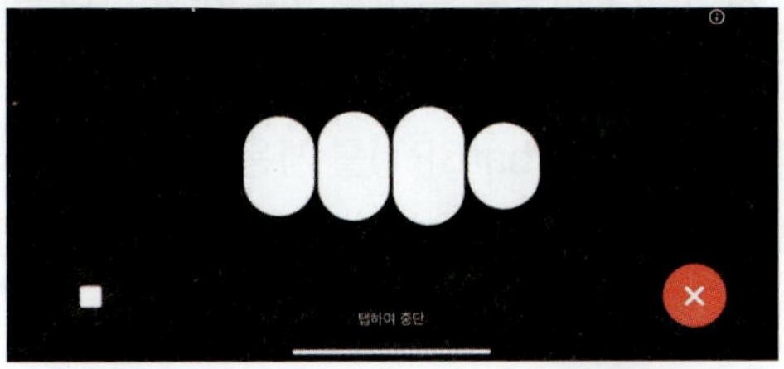

④ 대화를 하고 난 후 구름 모양이 뜬다. 잠시 기다리면 네 개의 이빨 모양이 나와 ChatGPT가 대화를 시작한다.

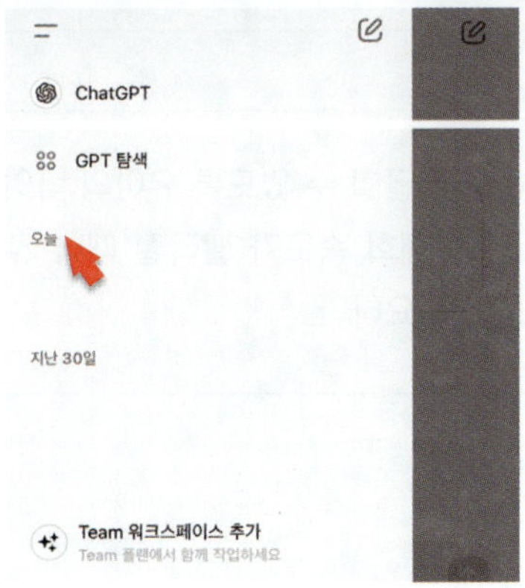

⑤ ChatGPT는 '오늘', '어제', '지난 7일', '지난 30일', '월' 순으로 정리되어 대화 내용이 저장된다.

놀이의 시작은 ……

우리 동네를 주제로 집에서부터 어린이집에서 볼 수 있는 장소를 이야기 나누었다. 소방서, 경찰서, 태권도 학원, 미용실 등 여러 장소를 이야기 나누며 부루마블에 필요한 장소를 만들어 보았다.

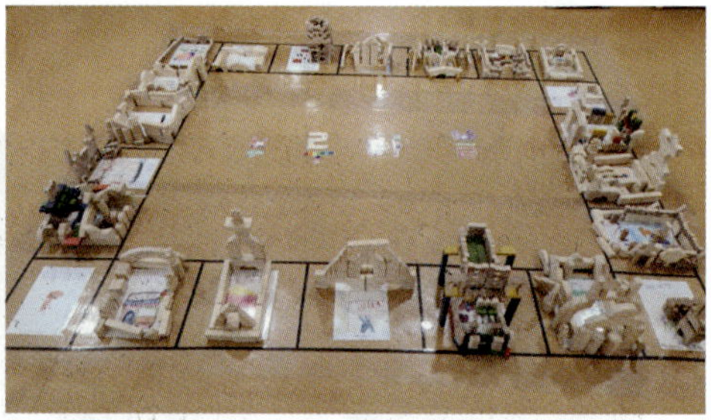

우리 동네 미용실

날이 더워지면서 미용실에 방문한 친구들이 많아 자연스레 미용실 놀이가 이루어졌다. 미용실을 다녀온 친구들은 서로의 머리가 어떻게 달라졌는지 이야기를 나누었고, 교사는 미용실 놀이에 필요한 소품을 지원해 주었다. 유아들이 미용실 놀이를 할 때 AI(ChatGPT)를 사용하고 싶다고 하여 ChatGPT는 미용사가 되었고, 유아들은 손님 역할과 ChatGPT가 설정한 대로 미용사가 되어 놀이가 이루어졌다.

교사지원 Tip

ChatGPT-4o

ChatGPT가 유아의 말에 반응하고 대답할 수 있도록 유아의 나이와 놀이 상황을 설정해 주었다. ChatGPT의 대화 속도가 빨라질 때나 유아의 말을 이해하지 못할 때 교사의 도움이 필요하다.

지금부터 유치원에서 역할놀이 하자. 역할놀이 주제는 미용실 놀이야. 내가 한번 얘기하고, 당신이 한번 얘기하고, 번갈아 가면서 하는 거야. 당신은 미용사고 나는 손님이 될꺼야. 미용실 역할 놀이 지금부터 시작하자. 당신이 먼저 해주세요.

안녕하세요! 환영합니다. 오늘은 어떤 스타일로 머리를 하실 건가요?

저는 파마를 하고 싶어요

"안녕하세요! 환영합니다. 오늘은 어떤 스타일로 머리를 하실 건가요?"

"저는 꼬불꼬불 파마를 하고 싶어요!"

머리 모양의 변화를 원하는 유아가 있어 미용사가 된 유아가 손님으로 방문한 친구의 머리를 파마해주는 모습을 볼 수 있었다. 손님은 ChatGPT에게 원하는 머리 모양을 이야기했고, 미용사가 된 유아는 ChatGPT의 말을 듣고 행동하였다. 미용실 놀이 중 메이크업 도구를 함께 사용하고 싶어하여 지원해 주었고, 유아는 ChatGPT에게 이야기하며 화장 놀이도 함께 이루어졌다. 유아들은 남자도 화장을 할 수 있는지 질문해 보기도 했다.

좋은 선택이시네요! 어떤 스타일의 파마를 원하시나요? 자연스러운 웨이브, 볼륨 있는 컬, 아니면 다른 스타일이 있으신가요?

꼬불꼬불 파마 하고 싶어요

알겠습니다. 꼬불꼬불 파마로 멋지게 만들어 드릴게요. 먼저 머리를 감고 준비해드릴게요. 편하게 앉아 계세요.

자, 이제 머리 감는 중이에요. 물 온도는 괜찮으신가요?

네 이제 머리해주시면 안돼요?

"화장도 할 수 있나요?"

"물론이죠! 어떤 스타일의 화장을 원하시나요?"

"장원영처럼 해주세요."

"남자도 화장할 수 있어요?"

"물론이죠! 남자도 화장할 수 있습니다."

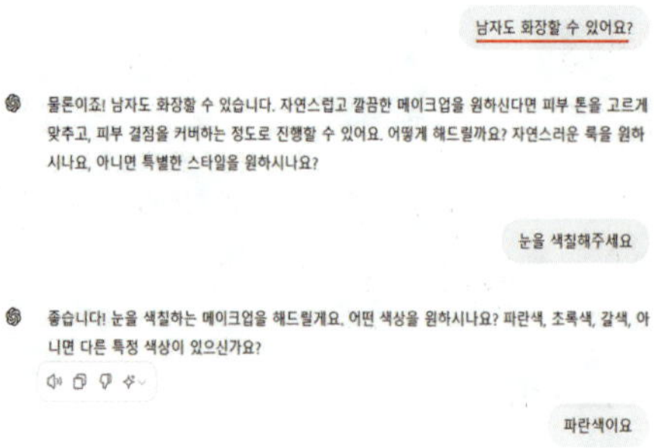

놀이 돌아보기

시작하기 전 유아라는 것을 언급하고 놀이 상황을 설정하여 지원해 주니 ChatGPT가 유아의 대답에 반응을 적절하게 보여주었습니다. 유아는 ChatGPT가 말하는 상황을 손님 역할의 유아에게 행동하며 머리와 화장을 해주는 모습을 보였습니다. 유아들은 ChatGPT가 이야기하는 상황을 즐거워하며 다른 놀이를 할 때도 ChatGPT를 사용하는 모습을 자주 보였습니다.

(3) AI 놀이 계획 및 실행안(코파일럿, 타입캐스트, 블로)

놀이명	**커다란 순무와 마법의 정원**	**누리과정 영역**	예술경험 사회관계 의사소통
누리과정 범주	• 예술경험 〉 창의적으로 표현하기 〉 다양한 미술 재료와 도구로 자신의 생각과 느낌을 표현한다. • 사회관계 〉 더불어 생활하기 〉 서로 다른 감정, 생각, 행동을 존중한다. • 의사소통 〉 책과 이야기 즐기기 〉 책에 관심을 가지고 상상하기를 즐기며, 동화, 동시에서 말의 재미를 느낀다.	**연령**	5세
인공지능 교육내용	• 인공지능 가치교육 〉 인공지능과 더불어 살기 〉 사람과 인공지능 세상을 만들어요		
놀이자료	AI 동화, 커다란 순무와 마법의 정원 그림 자료, 미술 재료 및 쓰기 도구		
App 및 Web	Copilot(코파일럿) App(앱), Typecast(타입캐스트) Web(웹), Vllo(블로) App(앱)		

교사의 기대	• AI 동화에 관심을 가지며 말의 재미를 느낀다. • AI 동화 그림 자료 및 다양한 미술 재료와 도구로 자신의 생각과 느낌을 표현한다. • 자신의 경험, 느낌, 생각을 자유롭게 표현한다.
교사의 지원	• AI 동화와 AI 동화 그림 자료를 지원한다. • 유아의 생각을 자유롭게 표현할 수 있도록 필요한 재료를 지원한다.
놀이방법	① 교사들이 보여주는 커다란 순무(공주 ver.)를 관람한다. • 입학식을 맞이하여 교사들이 원아들에게 동극을 보여준다. ② 코파일럿을 사용한 AI 동화를 시청한다. • AI를 사용한 동화를 설명해 준다. • 동화에 나오는 그림을 누가 그린 것일까? • 동화에 나오는 목소리는 누구의 목소리일까? ③ 커다란 순무와 마법의 정원 내용을 회상하며 자신의 생각을 자유롭게 표현한다. • AI 동화에서 어떤 장면이 기억에 남니? • 커다란 순무와 공주들은 어떻게 됐을까?
평 가	• AI 동화를 유아들이 흥미를 보였는가? • 유아들에게 필요한 재료를 충분히 지원하였는가?

App 및 Web 알아보기

Copilot은 마이크로소프트에서 개발한 인공지능 챗봇이다. ChatGPT와 같이 다양한 요청을 수행하며 DALL·E를 사용하여 그림 그리기와 같은 추가 기능을 무료로 사용할 수 있다.

Typecast는 프롬프트 기능을 활용하여 감정을 입력하거나 선택하여 AI 보이스 생성과 콘텐츠 편집이 가능하다.

Vllo는 음악, 자막, 특수효과, 필터, 보정, 모자이크, 크로마키 등 영상 편집을 할 때 필요한 기능을 가지고 있으며, 편집이 쉽다.

Typecast Web 사용방법

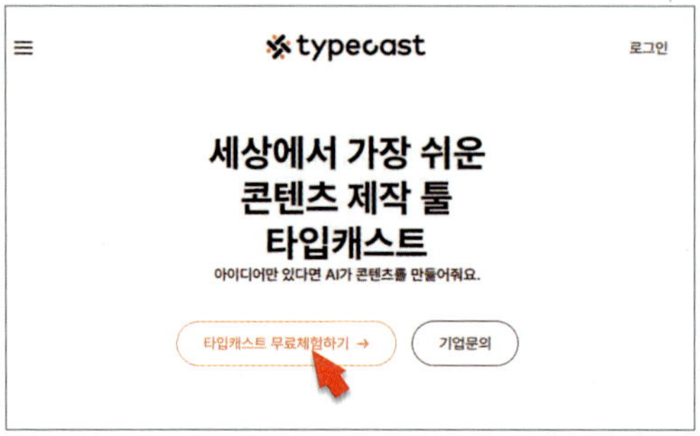

① PC 화면에서 '타입캐스트'를 검색해서 웹사이트에 접속한다. 웹사이트에 접속한 후 타입캐스트 무료체험하기를 선택한다.

② 이름 옆 화살표를 누르면 캐릭터를 추가할 수 있다. 캐릭터 추가하기를 통해 원하는 캐릭터를 선정할 수 있다.

* 자물쇠로 잠겨 있는 표시는 유료 버전이다.

③ 카테고리의 '체험'을 선택하면 무료 버전의 캐릭터를 사용할 수 있다. 캐릭터를 선택하면 주황색 박스로 표시된다.
캐릭터를 선택 후 프로젝트에 추가 를 클릭한다.

* 이미 추가된 캐릭터는 검은색 배경 위에 '이미 추가됨'이라고 표시되어 있다.

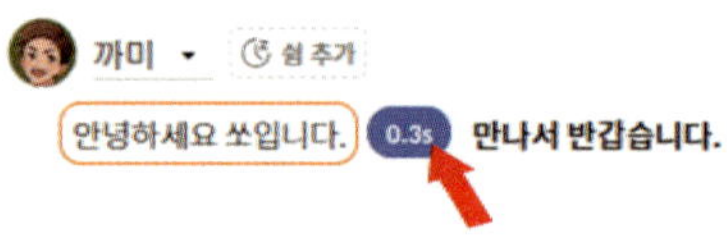

④ 원하는 캐릭터를 선정 후 대화 상자를 클릭하여 언어를 입력한다. Space를 누르면 0.3초의 쉼을 넣을 수 있다. Enter를 누르면 캐릭터를 추가할 수 있다.

⑤ 원하는 문구를 작성한 후 주황색 재생 버튼 을 클릭하면 파일이 만들어진다.

⑥ PRO 유료 버전의 경우 '감정', '읽는 속도', 문장의 끝음을 올리거나 내릴 수 있는 '끝음 조절', '재생 속도', 음성의 높낮이를 조절하는 '피치'를 설정할 수 있다.

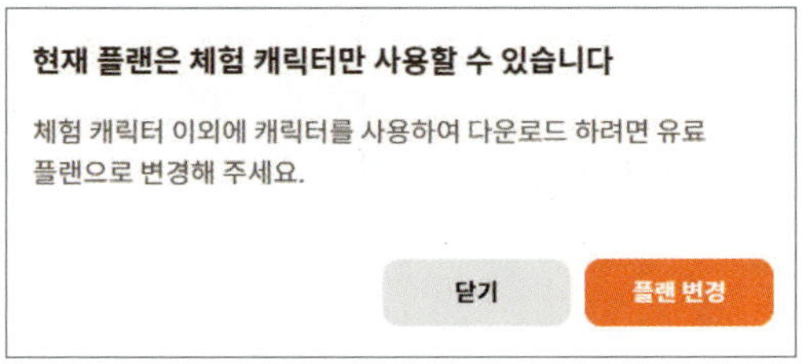

⑦ 무료 버전일 때 유료 버전을 사용할 경우 유료 플랜으로 변경해 달라는 문구가 나온다.

AI 놀이

놀이의 시작은 ……

교사들은 입학식을 맞이하여 영유아들에게 커다란 순무 동극을 보여준다. 동극 관람이 끝난 후 교실에 돌아온 유아들은 커다란 순무에 관심을 보이는 모습이 관찰되었다.

"우리 반에 커다란 순무 동화책 어디 있지?"
"커다란 순무 동화 보고 싶다."

교사는 유아의 흥미를 반영하여 커다란 순무를 각색한 [커다란 순무와 마법의 정원] AI 동화를 보여주었다. 동화를 보기 전 동화에 나오는 그림에 대해 유아들과 이야기를 나눈다. 그림 자료를 보며 AI가 그린 그림이라는 것을 이야기 나눈 후 동화를 보았다.

AI 동화 - 커다란 순무와 마법의 정원

교사지원 Tip

① Copilot을 사용하여 커다란 순무에 공주 버전을 입력하여 각본을 만든다. Copilot이 만든 각본을 사용하여 그림을 제작한다. 그림을 제작할 때는 제작자가 동화의 구체적인 배경과 캐릭터의 머리·옷 등의 색깔, 캐릭터의 행동 등을 구체적으로 작성해 준다.

② Copilot이 그림을 만들어 주면 캐릭터들의 대사를 Typecast에 입력한다. 어울리는 캐릭터를 선정한 후 대사를 입력한다.

③ Vllo에는 Copilot의 그림과 Typecast의 캐릭터 목소리를 넣어준다. 그림에 맞게 캐릭터의 목소리를 입력하면 동화가 완성된다.

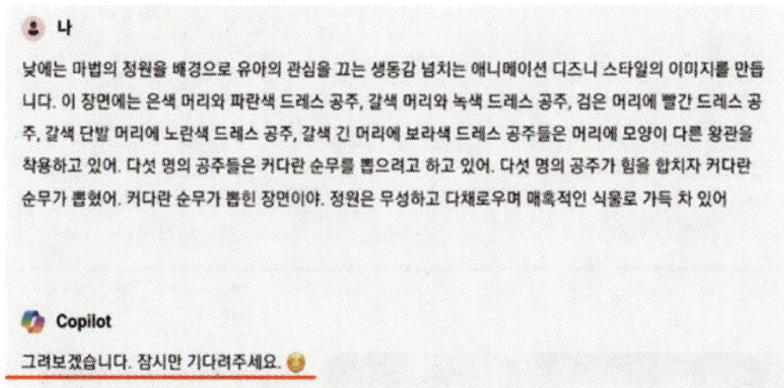

Copilot의 오류로 그림을 그려주지 않을 때가 있다. 이럴 땐 프롬프트를 다시 입력해 준다.

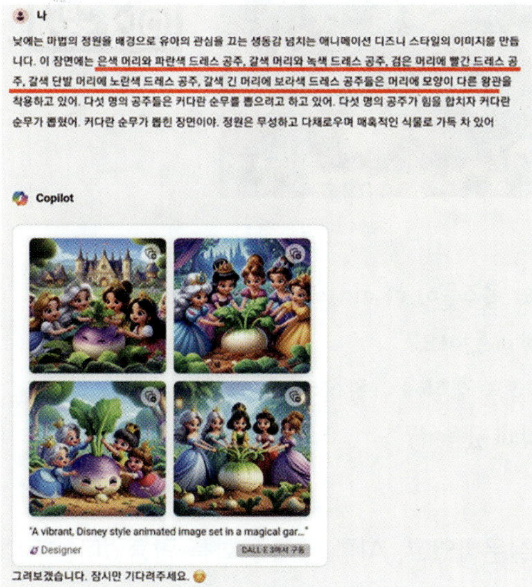

Copilot을 사용하여 프롬프트를 입력할 때 구체적으로 입력해 주어야 한다. 예를 들어, 동화의 낮과 밤 설정, 캐릭터의 머리·옷 등의 색깔, 제작자가 원하는 캐릭터의 행동, 배경의 분위기 및 느낌 등을 상세히 입력한다.

"낮에는 마법의 정원을 배경으로 유아의 관심을 끄는 생동감 넘치는 애니메이션 디즈니 스타일의 이미지를 만듭니다. 은색 머리와 하얀색 드레스 공주, 갈색 머리와 녹색 드레스 공주, 검은 머리에 빨간 드레스 공주, 갈색 단발 머리에 노란색 드레스 공주를 그릴 거야. 공주들은 머리에 모양이 다른 왕관을 착용하고 있어. 다섯 명의 공주들은 커다란 순무를 뽑으려고 하고 있어. 다섯 명의 공주가 힘을 합치자 커다란 순무가 뽑혔어. 커다란 순무가 뽑힌 장면이야. 정원은 무성하고 다채로우며 매혹적인 식물로 가득 차 있어."

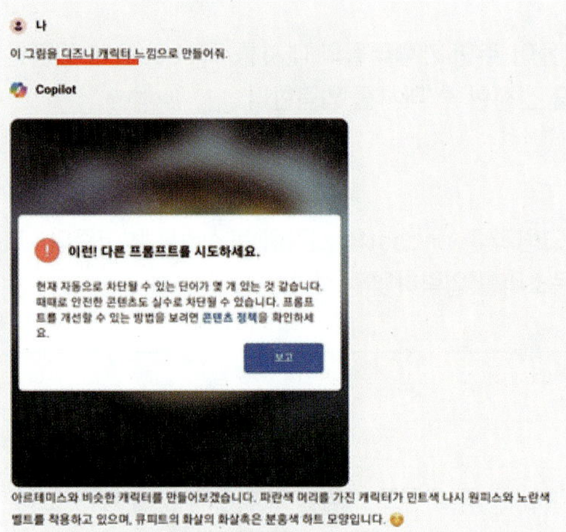

프롬프트를 입력할 때 캐릭터의 저작권을 주의해야 한다. '디즈니'와 같은 저작권에 위반되는 단어를 사용하게 되면 '이런! 다른 프롬프트를 시도하세요'라는 문구가 나온다.

"이거 선생님이 그린 거예요? 왜 공주들이 다 아기예요?"
"선생님 무는 어떻게 됐어요?"
"무는 깍두기 만든 거 아니야? 오늘 점심에 나왔잖아~"
"깍두기랑 또 어떻게 됐을까?"

동화를 감상한 유아가 동화 속 그림을 궁금해하며 질문하였고, AI를 통해 동화를 만들었다는 것을 알려주었다. 유아들이 동화의 뒷이야기를 만들고 싶어 하여 AI 동화에 사용된 그림 자료를 지원해 주었다.

커다란 순무는 어떻게 됐을까?

유아들은 커다란 순무와 마법의 정원 동화의 마지막 장면을 회상하며 자신의 경험과 느낌, 생각을 자유롭게 말하며 미술 재료와 도구를 사용하여 표현해 보았다.

"커다란 순무는 어떻게 되었을까?"

"무로 뭘 할 수 있지? 무로 수프도 만들 수 있나?"

"공주들은 어떤 음식을 만들어 먹었을까?"

"나는 소희 선생님이 무였잖아. 그래서 소희 선생님이 무로 변한 거를 그렸어. 재밌지?"

"소희 선생님은 못 먹잖아. 나는 무로 쇠고기 국을 만들었어. 맛있게 먹었거든."

"나는 무랑 같이 행복하게 사는 거 그림 그렸는데?"

내가 만든 동화에 놀러 와!

"선생님, 재활용품 사용해서 만들기 할래요!"
"저는 공주들 집과 무가 살고 있는 곳을 만들고 싶어요."

"내가 이거(동화책)를 사용해서 만들어 볼게!"
"나도! 나도 동화책으로 새로운 이야기를 만들래!"

유아가 만든 그림책을 보며 그림에 따른 상황에 대해 유아에게 질문을 던지며 동화책을 완성할 수 있도록 도왔다. 또한 유아는 그림 자료와 아이스크림 막대를 사용하여 막대 인형을 만들기도 했다. 유아가 자신이 만든 작품에서 놀이하는 모습과 교구를 사용하여 놀이하는 모습도 볼 수 있었다.

"이것은(빨간색 나무 막대) 미끄럼틀이야.
미끄럼틀을 타고 놀 수도 있지만 탈출할 수 있어!"
"(투명 플라스틱을 가리키며) 이건 뭐야?"
"비 오면 집이 젖으니까 지붕 만들어 줬어."
"나 초대해 줄 수 있어?"
"그럼, 당연하지~"

"나 이렇게 만들었어. 우리 집에서 어떻게 놀 거야?"
"공주가 무 뽑는 거야. (무를 뽑는 흉내를 낸다) 어때?"

놀이 돌아보기

Copilot으로 동화를 만들 때 유아들이 좋아하는 캐릭터에게 옷과 머리 색깔을 입력하여 만드는 것이 재미있었습니다. 오류로 인해 동화 만드는 과정의 시간이 길었지만 어떤 그림이 나올지 기대되기도 했습니다. 유아들에게 Copilot으로 만든 동화를 보여주었을 때 유아가 알고 있던 캐릭터들과 조금 다른 모습이 나왔지만 즐겁게 동화를 감상하는 모습이 보였습니다. 또한 동화에 관심을 보이던 유아들은 Copilot 동화 자료를 교사에게 요청하여 만들기 놀이나 역할놀이로 확장하는 모습이 관찰되었습니다. 유아들이 놀이하는 모습을 보며 Copilot으로 함께 그림을 그려보는 것도 좋을 것 같습니다.

4) 예술경험

1. 우리만의 그림책 만들기 (코파일럿 디자이너, ChatGPT, 파워포인트, 타입캐스트)
2. 신나는 물놀이 (캔바)
3. 내가 명화 속 주인공이 되어요. (구글 아트 셀피)
4. 인공지능과 함께 나만의 음악을 만들어요. (밴드랩)
5. 내가 만든 음악으로 연주해요. (크롬 뮤직랩)

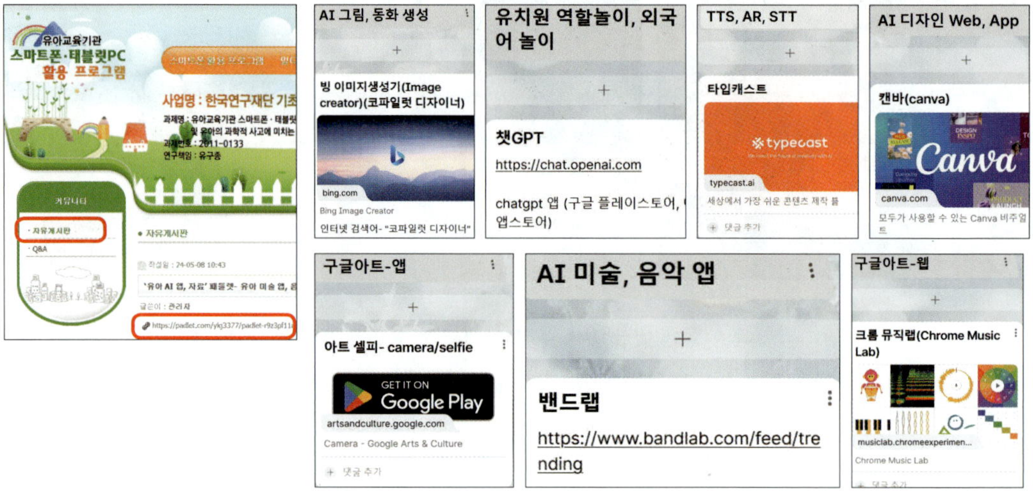

〈유아 AI 앱, 자료〉

(1) AI 놀이 계획 및 실행안(코파일럿 디자이너, ChatGPT, 파워포인트, 타입캐스트)

놀이명	우리만의 그림책 만들기	누리과정 영역	예술경험 의사소통
누리과정 범주	• 예술경험 〉 창의적으로 표현하기 〉 다양한 미술 재료와 도구로 자신의 생각과 느낌을 표현한다. • 예술경험 〉 예술 감상하기 〉 다양한 예술을 감상하며 상상하기를 즐긴다. • 의사소통 〉 책과 이야기 즐기기 〉 책에 관심을 가지고 상상하기를 즐긴다.	연령	5세

인공지능 교육내용	• 인공지능 이해교육 〉 인공지능에 관심 가지기 〉 인공지능이 무엇인가요? • 인공지능 활용교육 〉 인공지능으로 창의적으로 표현하기 〉 인공지능과 함께 놀아요.
놀이자료	노트북, Smart TV(미러링)
App 및 Web	ChatGPT Web(웹), Copilot Designer(코파일럿 디자이너) Web(웹), Powerpoint(파워포인트), Typecast(타입캐스트)
교사의 기대	• 디지털 기기의 사용법을 알고 앱에 관심을 가지고 활용해 본다. • 디지털 도구 사용능력을 통해 창의적으로 표현하는 과정을 즐긴다. • 자신의 경험, 느낌, 생각을 자유롭게 표현한다.
교사의 지원	• 유아들이 디지털 기기(노트북)를 바르게 사용할 수 있도록 도움을 준다. • 코파일럿을 활용하며 구체적 프롬프트를 입력해 창의적 표현을 할 수 있도록 도움을 준다.
놀이방법	① 유아들이 좋아하는 동화에 대해 이야기를 나눈다. • 어떤 동화 이야기를 좋아하는지 이야기해 보자. • 좋아하는 동화 이야기를 감상해 보자. ② ChatGPT Web으로 동화 이야기를 각색해 본다. • ChatGPT를 활용 방법에 대해 설명해 준다. • 어떤 이야기로 바꾸어 볼까? 배경은 어떻게 할까? 문제는 무엇으로 할까? • 프롬프트를 구체적으로 작성하여 본다. ③ ChatGPT Web으로 창작한 이야기를 파워포인트로 다운받는 방법을 이야기 나눈다. • 우리가 만든 이야기를 파일로 받아보자. • 각 장마다 이야기에 그림을 그려보면 어떨까? ④ 코파일럿 디자이너 Web에서 이야기에 맞춘 그림을 창작하여 파워포인트에 삽입하는 방법을 알아본다. • 이 장면에는 어떤 그림이 들어가면 좋을까? • 만들어진 그림을 어떻게 넣어볼 수 있을까? ⑤ 타입캐스트를 활용하여 말소리를 넣는 방법을 알아본다. • 애니메이션처럼 말소리가 나면 어떨까? • 말소리가 난다면 어떤 목소리가 좋을까? ⑥ 완성된 파워포인트를 영상으로 추출하여 감상한다.

평 가	• 유아들이 자유롭게 활용할 수 있었는가? • 디지털 매체의 교육적 활용 가치를 인식하고, 유아의 놀이를 지원하기 위해 적절한 매체를 선정하였는가? • 디지털 매체를 활용하는 과정에서 발생하는 문제나 어려움을 적극적으로 해결하고 유아를 지원하였는가?

Web 알아보기

ChatGPT는 대화를 생성하는 데 특화된 인공지능 모델로, 사전 학습된 트랜스포머를 기반으로 하며 이 모델은 사용자의 질문에 대답하고 다양한 분야에서 활용될 수 있다.

코파일럿 디자이너(Copilot Designer)는 마이크로소프트에서 개발한 인공지능 도우미로 그림을 창작하는 데 특화된 AI이다.

타입캐스트는 음성 및 비디오 콘텐츠 제작을 도와주는 도구이다. 다양한 캐릭터와 목소리를 선택하여 감정과 톤을 조절할 수 있으며, 또한 언어와 성별, 연령층에 맞는 음성을 선택할 수 있고, 배경음악과 자막도 추가할 수 있다.

ChatGPT Web 사용법

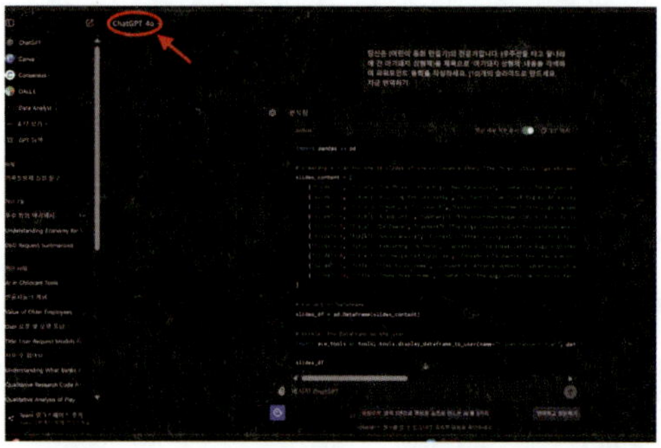

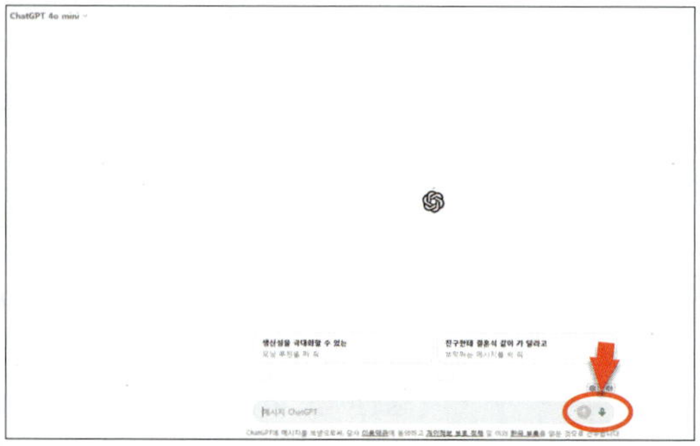

① 프롬프트 입력란에 원하는 명령어를 입력한다. 다만, 유아의 언어적 특성에 따라 프롬프트를 키보드 자판으로 입력하기 어려운 경우 프롬프트 입력란에서 우측 클릭하여 음성입력을 선택해 지원한다.

프롬프트 예시 : "당신은 [어린이 동화 만들기]의 전문가입니다. [우주선을 타고 달나라에 간 아기돼지 삼형제]를 제목으로 '아기돼지 삼형제' 내용을 각색하여 파워포인트 동화를 작성하세요. [10]개의 슬라이드로 만드세요."

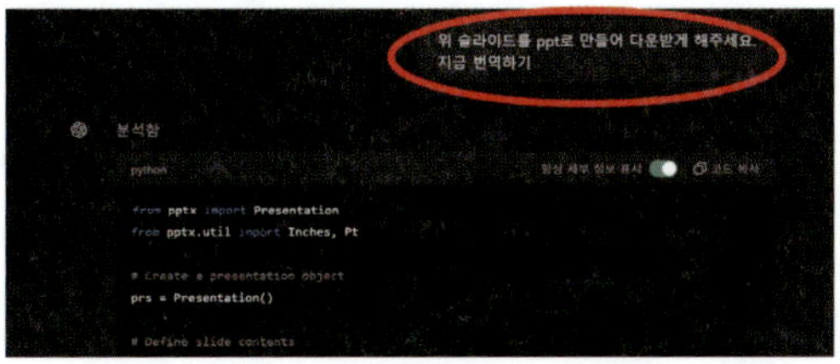

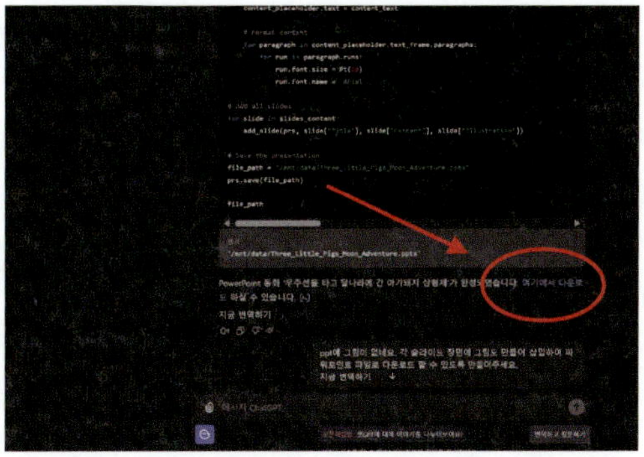

② ChatGPT가 창작한 이야기를 PPT 파일로 다운로드할 수 있도록 요청하면 파이썬 코드들이 나열되고 가장 아래쪽 응답에 '다운로드'라는 파란색 글씨가 생성된다. 클릭 시 다운로드가 진행된다.

프롬프트 예시 : "위 생성해 준 동화를 PPT 파일로 만들어서 다운로드 할 수 있도록 해줘."

코파일럿 디자이너(Copilot Designer) Web 사용법

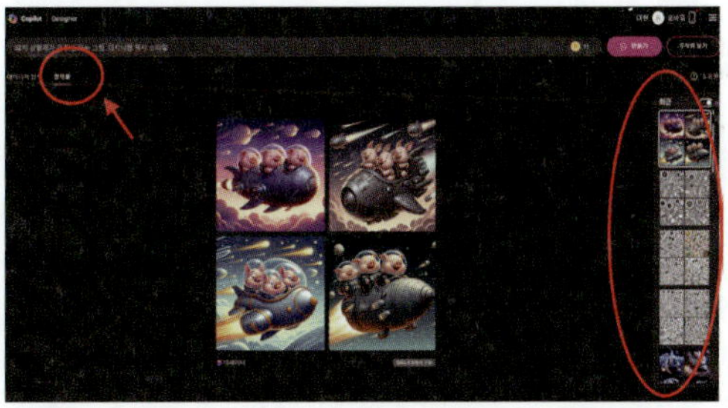

① 상단에 'Designer'를 클릭하여 사용할 수 있다. 프롬프트 입력창 우측에 위치한 마크의 개수만큼 빠른 작업을 할 수 있다. (개수 이외에는 작업 시간이 다소 길어진다)
프롬프트를 구체적으로 입력하며, 마지막에 '디즈니 혹은 픽사 스타일'이라고 입력하면 원하는 스타일로 출력할 수 있다. 창작물은 저장되어 계속 사용할 수 있다.

프롬프트 예시 : "아기돼지 삼형제가 우주 비행선을 만드는 장면, 디즈니 픽사 애니메이션 스타일"

타입캐스트(Typecast) 사용법

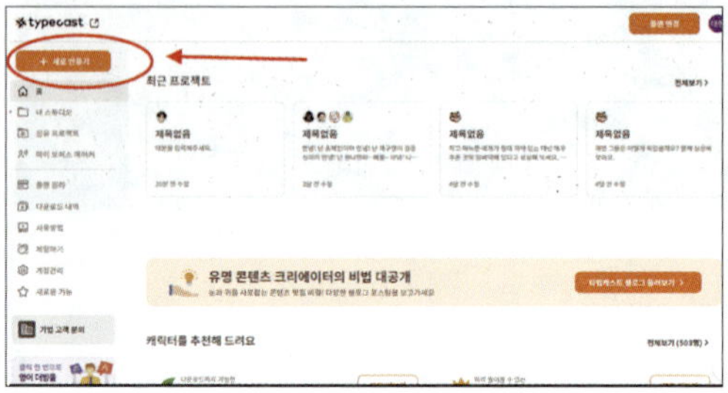

① 타입캐스트는 회원가입 및 로그인을 하여 사용한다. 로그인을 통한 작업은 아이디에 저장되어 다시 불러올 수 있다. '새로 만들기'를 통해 새로운 작업 레이블을 만든다.

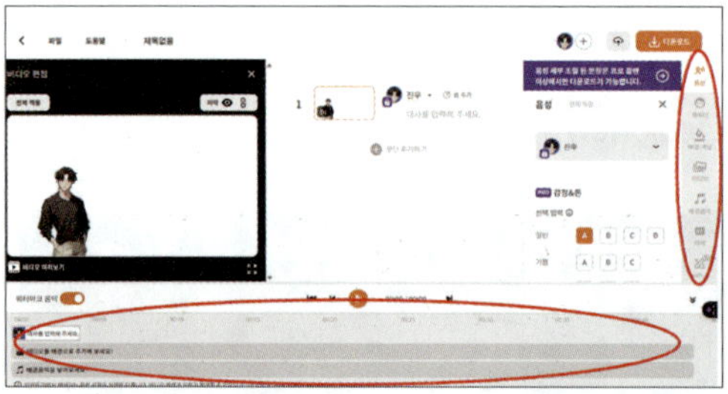

② 하단 타임 테이블을 통해 타이밍 조절을 할 수 있다. 또한 우측 메뉴들을 통해 원하는 내용을 삽입 및 설정할 수 있다. 미디어의 경우 자신의 파일을 업로드해 각 슬라이드로 삽입 가능하나 동영상의 경우 하나만 입력 가능하다.

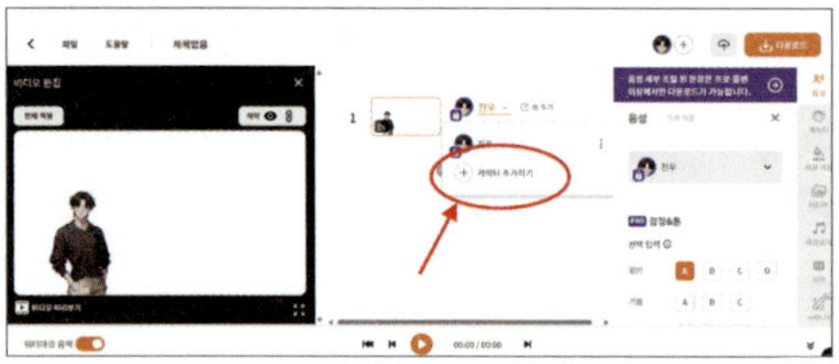

③ 음성에서 '캐릭터 추가하기'를 클릭하여 원하는 목소리로 변경할 수 있다. 좌측 메뉴 중 '체험' 및 '한국어' 메뉴를 선택하면 무료로 사용할 수 있는 한국어에 적합한 스타일을 선택하여 사용할 수 있다.

놀이의 시작은 ……

클로바 램프를 활용해 주도적으로 그림책 읽기를 즐겨 하는 유아들은 그림책을 읽고 나서 그림책의 내용을 바꿔보거나 후속 이야기를 지어내는 창작 놀이에 관심을 보였다. 교사는 ChatGPT와 코파일럿을 활용하여 그림책 내용 바꿔보고 그림책에 어울리는 이미지를 생성하는 AI를 활용하는 방법을 소개하였다.

유아들은 AI가 만들어 준 동화내용을 재미있어하고 생성된 이미지를 신기해하였다. 이러한 유아들의 흥미를 고려하여 교사는 파워포인트와 타입캐스트를 활용해 그림책을 직접 만들어 보는 경험을 지원하게 되었다.

AI 놀이

자유로운 탐색 지원하기

유아들과 그림책을 감상하는 중에 다음에는 자신이 좋아하는 책을 읽자고 제안하면서 좋아하는 그림책에 대해 이야기를 시작한다. 그림책 내용에 대한 이전 경험을 서로 이야기를 나누는 유아들이 동화 내용에 대한 뒷이야기에도 관심을 보인다. 이에 유아들과 동화를 직접 만들어 보면 어떨까 제안하며 ChatGPT로 이야기 만들기를 소개한다.

"우리가 동화를 만들어 볼까?"
"ChatGPT가 만들어 준 이야기 들어보니 어때?"

"우와~ 신기하다."

호기심과 흥미 확장하기

만든 이야기를 PPT로 다운받아 보고 장면마다 그림을 창작할 수 있도록 코파일럿 디자이너를 활용하여 장면에 맞는 그림을 창작해 본다.

"아기돼지가 우주로 여행 간 그림 그려줘."

"우와 우주선이다. 얘들아 이거 봐."

"돼지가 우주선을 타고 여행을 갔어."

"우주선을 타고 돼지 삼형제가 여행을 가네?"

"다음에는 어떤 장면을 그려볼까?"

다양한 생각 표현하기

만든 동화 PPT를 함께 감상하고 타입캐스트를 활용하여 음성을 추가한다. 친구들과 함께 생각을 모아 다양한 성우의 목소리를 삽입하여 실감나는 동화를 제작해 본다.

"우리 책은 여기 고양이가 읽어주면 좋겠다."

"첫째 돼지는 여기 남자 친구는 어때?"

"어떤 목소리가 가장 잘 어울릴까?"

"더 필요한 것이 있을까?"

놀이와 즐거움을 통한 배움 지원하기

함께 새로운 그림책을 창작하기 위해 생각을 모으고 창작할 때 나타나는 문제 상황을 어떻게 해결할지 스스로 생각해 볼 수 있도록 한다.

"그림에 이거는 없었으면 하는데 어떻게 하지?"

"새로운 이야기는 토끼로 해서 우선 만들어 달라고 해볼까?"

"새로운 이야기는 어떤 이야기가 완성될까?"

놀이 디버깅 하기(문제해결)

노트북을 이용해 창작 활동이 이루어지기에 처음에 프롬프트 입력에 있어서 유아들이 서로 하고 싶어 하는 갈등 상황이 나타났다. 또한 원하는 결과물이 아닐 때 어떻게 하면 좋을지에 대한 문제 상황을 나타냈다. 이러한 문제를 해결하기 위해 프롬프트 입력 작업에 대한 순서 정하기 방법을 제시하고 또한 PC 환경을 추가 지원하여 해결하였다. 또한 원하는 결과물을 얻기 위해서 프롬프트를 수정하거나 재차 인공지능에게 수정사항을 요청해 보는 방법으로 해결할 수 있었다.

"나도 나도 할래. 왜 너만 해?"
"이 그림 말고 다른 그림으로 하자."

"놀이과정에서 어떤 점이 불편했니?"
"어떻게 하면 좋을지 함께 생각해 볼까?"

교사지원 Tip

해당 활동을 ChatGPT-4o에서 실행 시 유료 버전에서만 사용할 수 있다는 제한점이 있다. 이에 같은 활동을 코파일럿(Copilot)을 통해 무료로 지원할 수 있다.
음성 입력은 브라우저 확장 프로그램을 설치하면 원활하게 이용할 수 있다.

Microsoft Copilot은 AI의 성능을 활용하여 생산성을 높이고, 창의력을 발휘하며, 간단한 채팅 환경을 통해 정보를 더 잘 이해할 수 있도록 돕는다.

코파일럿(Copilot) Web 사용법

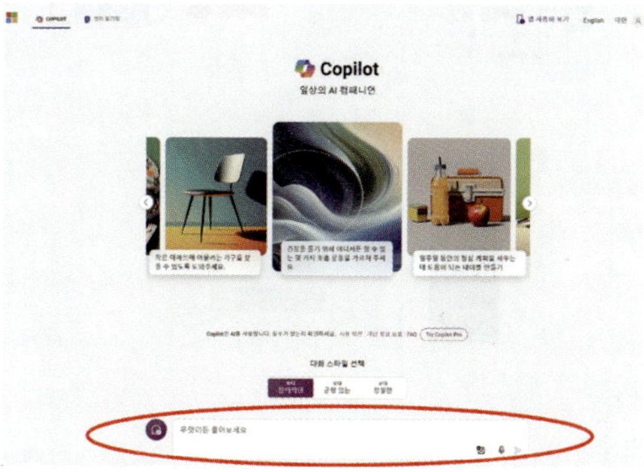

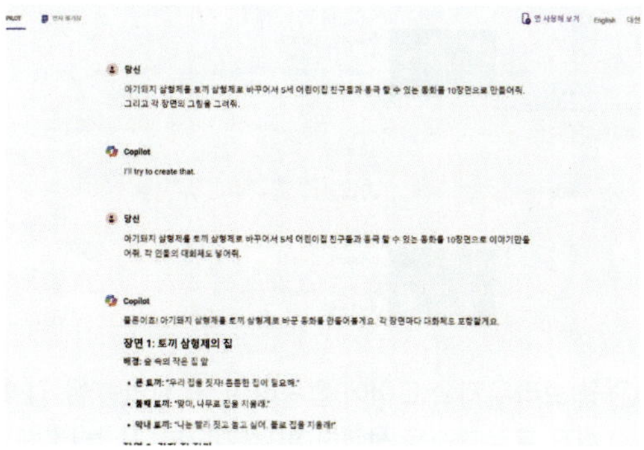

① 프롬프트 입력란에 원하는 명령어를 입력한다.

프롬프트 예시 : "'아기돼지 삼형제'를 '토끼 삼형제'로 바꾸어서 5세 유아들이 친구들과 동극할 수 있는 동화를 10장면으로 이야기 만들어 줘.
주제는 우주로 가는 꿈을 꾸는 토끼 삼형제가 꿈을 이루기 위해 노력하고 꿈을 이루어서 우주 여행을 떠난 거야. 각 인물의 대화체도 넣어줘."

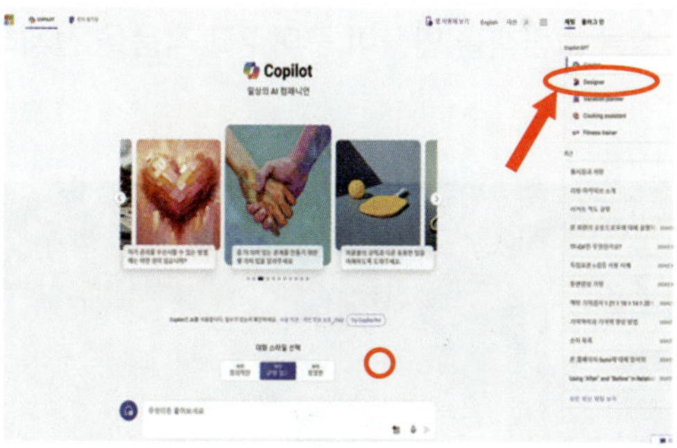

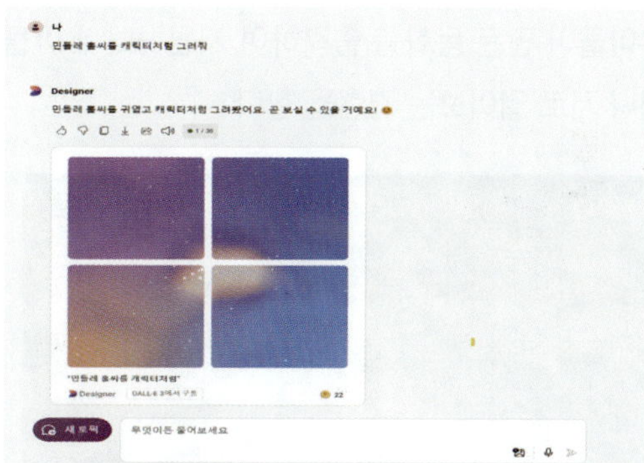

② 이미지 창작 활동 시 우측 상단 메뉴 중 'Designer'를 선택하여 사용하면 이미지 생성에 더욱 최적화된 환경을 지원할 수 있다. 또한 프롬프트 입력창 우측에 마이크 버튼으로 음성입력을 지원할 수 있다. 프롬프트를 입력하면 해당 이미지를 2~4개 정도 기본 생성해 주는 것을 볼 수 있다. 이 중 마음에 드는 그림을 선택하여 활용할 수 있도록 한다.

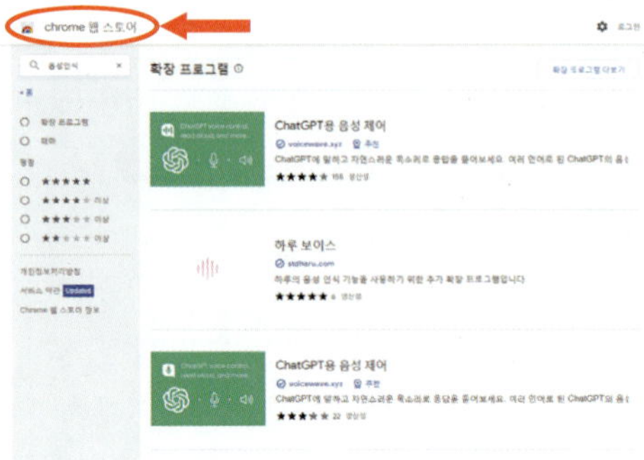

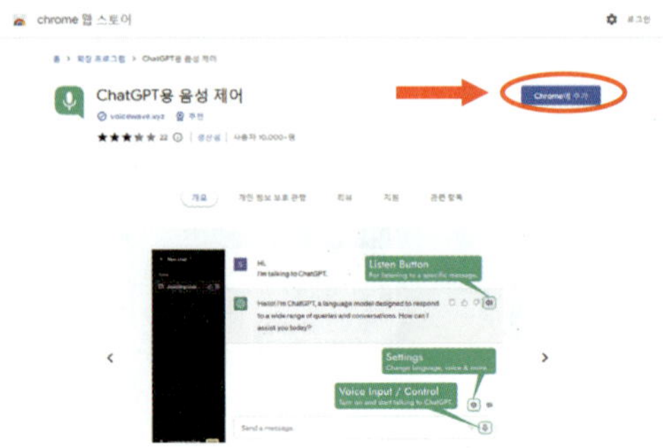

① 웹 브라우저 스토어에 접속하여 '음성입력'을 검색한다.
② 확장 프로그램을 선택하여 '추가' 버튼을 눌러 웹 브라우저에 추가하여 사용한다.

실물놀이 연계

다양한 방법으로 표현하기

유아들이 만든 동화를 출력하여 지원하니 유아들은 실물 그림책을 만들어 꾸며주고 작품을 전시하거나 서로 읽어보는 경험을 한다.

"이것 봐봐, 내 책이다!"

"내가 읽어볼래."

"우리 서로의 작품을 전시해서 읽어볼까?"

놀이 돌아보기

유아들이 흥미를 가지고 그림책을 감상하며 그림책을 통한 글자의 즐거움을 경험할 수 있도록 하는 방법에 대해 교사는 고민을 많이 하게 됩니다. AI 기술을 활용하여 유아들과 상호작용하며 흥미롭게 그림책을 창작해 보면서 유아들이 즐겁게 언어적 탐구를 이루어 가는 것을 볼 수 있었습니다. 구체적 프롬프트를 입력하고 원하는 요청사항을 수정해 가면서 문장을 표현하는 사고가 넓어지고 예술적 창작 활동을 감상하고 표현하면서 다양하게 자신의 생각을 나타내고 타인의 생각을 존중하는 모습도 볼 수 있었습니다. 또한 이를 AI 매체 활동으로 그치지 않고 실물놀이로 확장하면서 유아들에게서 배움이 나타나고 흥미롭게 작품을 창작해 가는 것을 볼 수 있었습니다. 지속적으로 AI를 활용하면서 다양한 방법으로 표현하는 것을 고민하고, 유아들이 활용기술을 확장하여 문제를 스스로 해결해 가는 힘을 길러나갈 수 있게 하는 것이 중요합니다.

(2) AI 놀이 계획 및 실행안(캔바)

Web 알아보기

Canva는 프레젠테이션, 포스터, 문서 및 기타 시각 콘텐츠를 만들기 위해 사용되는 그래픽 디자인 플랫폼이다. Canva는 교사인증을 받으면 무료로 사용이 가능하다. 본문에 사용된 Canva는 교사인증을 받았으며, 어린이집 교사, 유치원 교사 모두 인증받을 수 있다.
Canva의 AI 이미지 생성기에서 간단한 5개 이상의 단어를 입력하는 프롬프트를 사용하여 원하는 이미지를 생성할 수 있다.

놀이명	신나는 물놀이	누리과정 영역	예술경험 의사소통
누리과정 범주	• 예술경험 〉 창의적으로 표현하기 〉 다양한 미술 재료와 도구로 자신의 생각과 느낌을 표현한다. • 의사소통 〉 말하기 〉 자신의 경험, 느낌, 생각을 말한다.	연령	5세
인공지능 교육내용	• 인공지능 이해교육 〉 인공지능에게 알려주기 〉 인공지능에게 자료를 알려줘요. • 인공지능 활용교육 〉 인공지능으로 창의적 표현하기 〉 인공지능과 함께 놀아요.		

놀이자료	태블릿 PC, 전자칠판, 미술 재료 및 쓰기 도구
App 및 Web	Canva(캔바) Web(웹)
교사의 기대	• 물놀이에 대한 생각과 느낌을 포스터로 표현한다. • 서로 다른 표현 방법을 존중하는 태도를 기른다.
교사의 지원	• Canva를 사용할 때 도움이 필요한 유아에게 관심을 가지며 돕는다. • 유아의 생각을 자유롭게 표현할 수 있도록 필요한 재료를 지원한다.
놀이방법	① 물놀이했던 경험을 이야기 나눈다. • 물놀이했을 때 어떤 느낌이 들었니? • 무엇이 가장 기억에 남니? ② 물놀이 포스터를 만든다 • Canva로 물놀이 포스터를 만들 때 어떤 그림을 넣고 싶니? • 포스터에 무엇을 알리고 싶니? ③ 물놀이 포스터를 벽면에 게시하고 친구들에게 소개한다.
평 가	• 유아들에게 필요한 재료를 충분히 지원하였는가? • 물놀이 초대장을 만들 때 Canva를 어떻게 활용하였는가?

Web 사용방법

① PC 화면에서 Canva를 검색해서 웹사이트에 접속한다. 웹사이트에 접속한 후 디자인 만들기 를 클릭한다. 추천에서 '교육 프레젠테이션(16:9)'을 클릭한다.

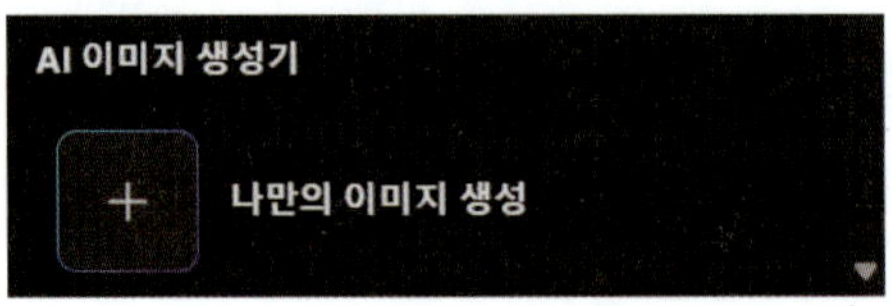

② '요소' 요소 를 클릭한 후 'AI 이미지 생성기'를 클릭한다.

③ 이미지를 클릭한 후 만들고 싶은 이미지를 설명한다. 프롬프트는 5개 이상의 단어를 입력하여 설명해 달라고 하지만 5개 이하의 단어를 작성해도 이미지를 만들어 준다.

㉥ '빨간색', '물고기', '한 마리' 등

④ '빨간색', '물고기', '한 마리' 세 단어를 프롬프트에 입력한 후 이미지-수채화를 선택하여 이미지를 생성해 보았다.

이미지 스타일
- 포토그래피(포토, 필름, 네온, 소프트 포커스, 미니멀리스트, 하이 플래시, 바이브런트, 롱 익스포저, 무디)
- 디지털아트(몽환적인, 일본 애니메이션, 미드센추리, 레트로풍, 3D, 3D 모델, 컨셉 아트, 사이키델릭, 그라데이션, 플레이풀)
- 미술(수채화, 색연필, 페이퍼 컷, 잉크 프린트, 유화-스테인드 글라스)

그래픽 스타일
- 기본(낙서, 스티커, 모노라인, 오가닉, 라인아트, 스케치)
- 예술(빈티지, 핸드드로잉, 리소그래프, 임파스토, 기하학적인)
- 정밀한(3D 크롬, 금색 호일, 달려오기)

* 동영상은 사람이나 동물이 있는 장면이 어색하게 보일 수 있다.

교사지원 Tip

① 교육 프레젠테이션 외 다른 디자인을 사용하고 싶을 때에는 추천 항목 중 '교육 동영상', '교육 인포그래픽', '교실용 포스터', '구글 클래스룸 헤더', '워크시트', '수업 계획', '수업 시간표', '그룹 작업', '이력서', '클래스룸 안내문', '교실 뉴스레터', 'Zoom 가상배경', '브레인스토밍', '마인드 맵', '플래시카드'를 선택한다.

* 각 템플릿은 여러 개의 슬라이드 페이지로 구성되며, 주제에 맞는 템플릿을 선택하여 텍스트와 요소를 수정하여 만들면 된다.

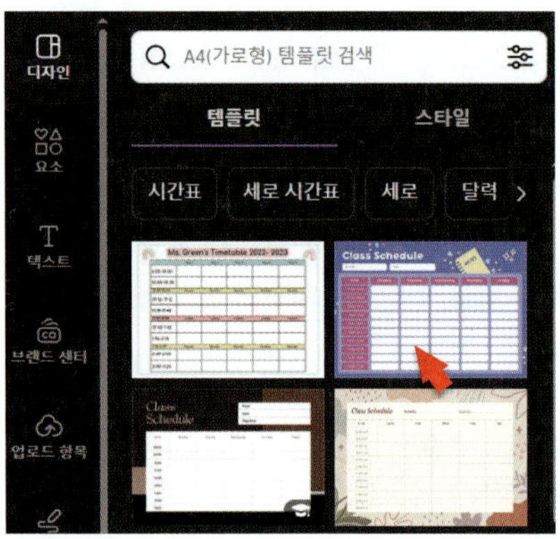

	Day 1	Day 2	Day 3	Day 4	Day 5
9:00-10:00					
10:00-10:30					
10:30-10:45	Recess	Recess	Recess	Recess	Recess
10:45-11:15					
11:15-11:45					
11:45-12:45	Lunch	Lunch	Lunch	Lunch	Lunch
12:45-1:45					
1:45-2:15					
2:15-2:30	Recess	Recess	Recess	Recess	Recess
2:30-3:00					
3:00-3:30					

② 예를 들어 '수업 시간표'를 선택했을 때, 사용할 수 있는 여러 디자인 중 필요한 것을 선택해 준다. 원하는 디자인을 선택하면 하얀색 바탕에 선택한 수업 시간표 디자인이 만들어진다.

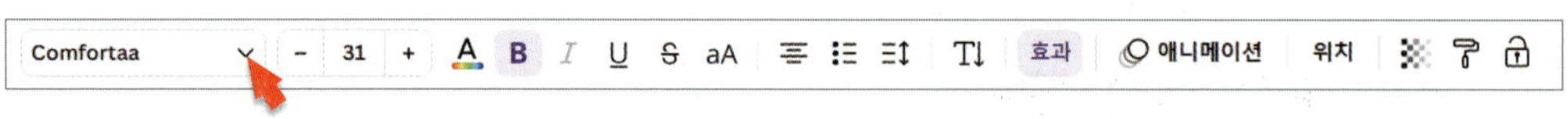

③ 글씨 수정을 원하면 상단의 바를 클릭하여 글자체와 크기, 굵기 등을 선택한다.

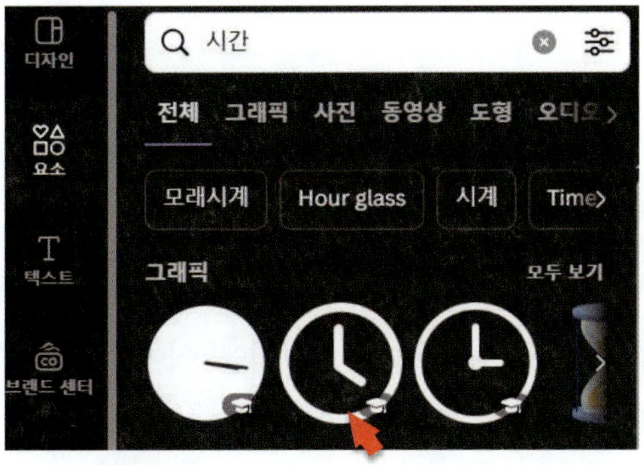

④ '요소'  를 클릭한 후 원하는 디자인을 선택한다. 수업 시간표를 만들기 위해 시간을 입력하였고, 그중 두 번째 이미지를 사용하여 만들어 본다.

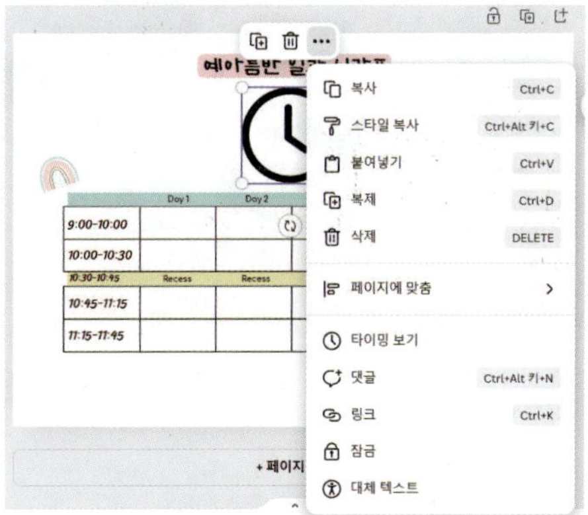

⑤ 선택된 디자인은 ' ••• (더보기)'를 클릭하면 수정할 수 있다. '복사', '스타일 복사' 등 필요한 것을 클릭하여 이미지를 수정한다.

AI 놀이

놀이의 시작은 ……

무더운 어느 날, 어린이집에서 물놀이가 이루어졌다. 유아들은 다음 날에도 물놀이를 하고 싶어 했지만 장마로 물놀이를 하지 못했다. 유아와 물놀이했던 경험을 이야기하던 중 가정체험학습이 끝난 후 8월 중 날짜를 정해 물놀이를 하자는 의견이 나왔다.

"선생님! 날짜를 정해서 물놀이를 해요!"

물놀이 포스터 만들기

유아와 함께 이야기를 나누며 물놀이 날짜는 8월 8일 목요일로 정했다. 하지만 결석한 친구들이 물놀이하는 날짜를 모를 수 있기 때문에 물놀이 포스터를 만들어 벽면에 게시하기로 했다. 교사는 유아에게 Canva를 지원해 주었고, 물놀이 포스터를 만들기 전 유아가 그려보고 싶은 이미지를 만들어 보았다. 유아는 물놀이하는 고양이, 튜브를 사용하는 고양이 등을 입력해 보며 Canva가 그려 준 이미지와 자신의 그림을 비교해 보기도 했다.

"나는 물놀이하는 고양이를 그릴 거야!"
"나도! 나는 고양이가 튜브를 사용했으면 좋겠어!"

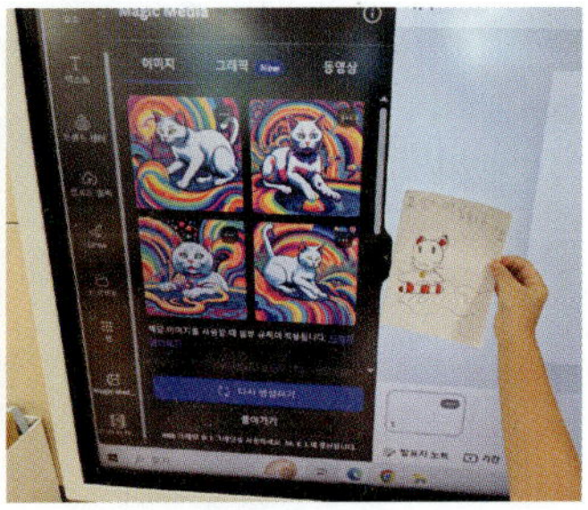

"내 고양이가 이상해!!"

유아는 Canva를 사용하여 그림의 크기를 선택하는 방법과 5개 이상의 단어를 입력하면 원하는 그림이 나온다는 것을 인지하고 물놀이 포스터를 만들어 보았다. 또한 전자칠판으로 그림의 크기를 확대하거나 축소하는 방법도 배울 수 있었다. 유아가 꾸며준 물놀이 포스터는 반 친구들이 모두 볼 수 있는 복도에 전시해 보기로 했다.

"선생님 저는 물고기를 넣어보고 싶어요."
"저는 꽃게를 이거(그래픽-리소그래프)로 만들어 볼래요!"
"선생님 저희가 만든 거에 그림을 그려서 붙여도 돼요?"

"선생님 여기에 붙일래요."
"거기에 붙이면 우리 반 친구들이 모두 볼 수 있겠다!"

놀이 돌아보기

Canva를 사용할 때 한글을 알고 있는 유아들에게는 프롬프트를 입력하는 것이 쉬웠고, 한글을 모르는 유아들은 교사의 도움을 받아 프롬프트를 작성할 수 있었습니다. 물고기 이미지를 생성할 때 '물고기', '빨간색', '한 마리'라고 단어만 입력해도 이미지를 생성해 주기 때문에 유아들이 흥미를 보이며 적극적으로 참여하는 모습을 보였습니다. 이미지를 생성하는 시간 동안 유아들은 어떤 그림이 나올지 기대하는 모습도 보였고, 유아가 원하는 이미지가 생성되지 않았을 때 재밌어하는 반응도 보였습니다.

(3) AI 놀이 계획 및 실행안(구글 아트 셀피)

<table>
<tr><th>놀이명</th><td>내가 명화 속 주인공이 되어요.</td><th>누리과정
영역</th><td>예술경험
신체운동·건강</td></tr>
<tr><th>누리과정
범주</th><td>• 예술경험 〉 예술 감상하기 〉 다양한 예술을 감상하며 상상하기를 즐긴다.
• 신체운동·건강 〉 안전하게 생활하기 〉 TV, 컴퓨터, 스마트폰 등을 바르게 사용한다.</td><th>연령</th><td>3~5세</td></tr>
<tr><th>인공지능
교육내용</th><td colspan="3">• 인공지능 이해교육 〉 인공지능에 관심 가지기 〉 인공지능이 무엇인가요?
• 인공지능 활용교육 〉 인공지능으로 창의적으로 표현하기 〉 인공지능과 함께 놀아요.</td></tr>
<tr><th>놀이자료</th><td colspan="3">태블릿 PC</td></tr>
<tr><th>App 및 Web</th><td colspan="3">구글 아트 앤 컬처(Google Arts & Culture) 아트 셀피(Art Selfie) App(앱)</td></tr>
<tr><th>교사의 기대</th><td colspan="3">• 스마트폰을 바르게 사용하며 교육용 앱에 관심을 갖고 활용해 본다.
• 디지털 도구 사용능력을 키워가며 AI의 신기술을 경험해 본다.
• 다양한 명화에 관심을 갖고 예술적 감수성과 표현력을 키울 수 있다.</td></tr>
<tr><th>교사의 지원</th><td colspan="3">• 유아들이 디지털 도구(태블릿 PC, 앱)를 바르게 사용할 수 있도록 도움을 준다.
• 다양한 명화 작품을 감상하며 명화의 특징에 대해 이해할 수 있도록 지원한다.
• 유아들이 예술작품에 흥미를 느끼고 창의적으로 자신을 표현할 수 있도록 돕는다.</td></tr>
<tr><th>놀이방법</th><td colspan="3">① 다양한 명화와 그 작가들을 유아들에게 소개한다.
• 명화의 특징과 역사적 배경을 설명한다.
• 이 그림 속 인물을 어떤 표정을 짓고 있는 것 같니?
• 왜 이런 표정을 짓고 있을까?

② 아트 셀피에 대해 소개한다.
• 우리 얼굴을 명화 속 주인공으로 변신시켜 보는 '아트 셀피' 놀이를 해볼 거야.
• 어떻게 사용하는 걸까? 어떤 기능일까?

③ 아트 셀피의 기능을 설명해 준다.
• 앱을 실행하고 유아들과 함께 홈 화면에서 재생 버튼을 눌러 '셀카 찍기' 화면으로 이동한다.
• 촬영한 셀카를 수정할 스타일(명화)을 선택한다.</td></tr>
</table>

	④ 명화와 관련된 미술 활동으로 연계한다. • 유아들이 변신한 명화 속 자신의 모습을 보고, 그 모습을 그림으로 그려보는 활동을 진행한다. • 색칠 도구를 활용하여 자신만의 명화 속 주인공을 꾸며본다. ⑤ 유아들이 만든 아트 셀피와 그림들을 교실에 전시하여 작은 '명화 전시회'를 연다. • 우리가 명화 속 주인공이 된 느낌이 어떠니? • 친구들의 작품도 함께 감상해 볼까? • 어떤 부분이 재미있었니? 어떤 명화가 가장 마음에 들었니?
평 가	• 디지털 매체의 교육적 활용 가치를 인식하고, 유아의 놀이를 지원하기 위해 적절한 매체를 선정하였는가? • 디지털 매체를 활용하는 과정에서 발생하는 문제나 어려움을 적극적으로 해결하고 유아를 지원하였는가? • 웹 프로그램을 유아들이 자유롭게 활용할 수 있었는가?

교사지원 Tip

구글 아트 앤 컬처(Google Arts & Culture)는 유아들이 어렵지 않게 활용할 수 있는 유용한 서비스로, 특히 카메라 기능을 활용하여 예술작품을 감상하고 자신만의 예술작품을 창작하거나 유아들이 직접 예술작품의 주인공이 될 수 있는 새로운 경험을 제공하며 상상력과 창의력을 키울 수 있다. 아트 셀피(Art Selfie)는 인공지능을 기반으로 자신의 얼굴과 닮은 명화를 골라주는 기능이다. 앱 실행 후 카메라에 개인 혹은 그룹으로 얼굴을 촬영하여 촬영한 셀카를 수정할 스타일(명화)을 선택하면 명화 속 주인공으로 변신한다.

아트 셀피 앱 사용법

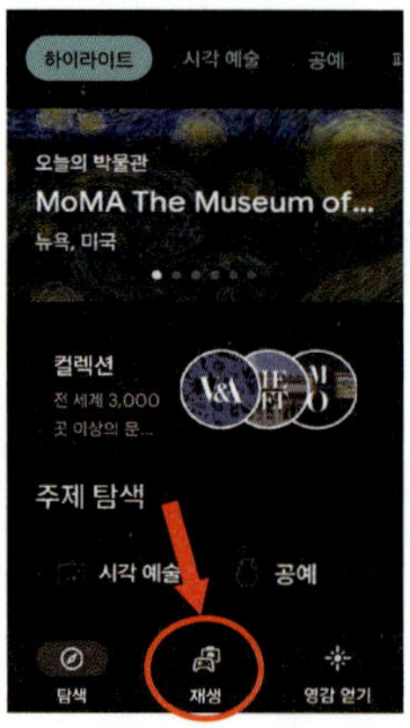

① 앱 실행 후 홈 화면 하단의 '재생' 아이콘을 클릭한다.

② 왼쪽 상단의 하이라이트 를 선택한 후 오른쪽 하단의 '재생' 아이콘을 클릭하면 '셀카 찍기' 화면으로 이동한다. 셀카 찍기 ◯를 클릭하여 셀카를 촬영한다.

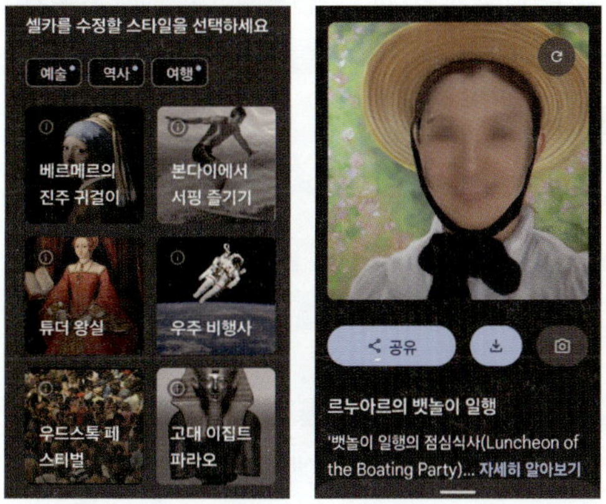

③ 셀카를 촬영하고 난 후 셀카를 수정할 스타일을 선택하면 명화 속 주인공이 된다.
예를 들어, 화면에 나타난 명화 중 '튜더 왕실'을 선택하면 내 모습이 명화 속 주인공의 얼굴로 변한다.

놀이의 시작은 ……

명화를 주제로 한 미술시간에 교사는 모네, 반 고흐, 다 빈치 등 유명 화가들의 작품을 보여주며 명화를 소개했다. 교사는 그림의 색깔, 형태, 그리고 화가가 담고자 했던 이야기를 설명해 주었고, 유아들은 그림 속 인물들과 풍경에 대해 큰 호기심을 보이며 친구들과 함께 명화에 대해 이야기를 나누었다. 명화에 대한 이해로 유아들은 예술작품에 대한 흥미가 한층 더 높아졌다. 유아들이 명화 속 인물에 대한 관심이 커져가던 중, 교사는 유아들이 명화와 더 가까워질 수 있는 특별한 '아트 셀피(Art Selfie)'라는 어플리케이션 놀이를 소개하여 에듀테크 기반의 수업을 진행하고자 하였다. 유아들은 자신들의 얼굴을 명화 속 인물들과 비교하며 더욱 재미있고 흥미롭게 명화를 감상하고, 명화를 보다 친근하게 느끼며, 예술에 대한 창의적이고 깊이 있는 이해를 키워나가며 놀이를 시작하였다.

AI 놀이

자유로운 탐색 지원하기

앱의 기본 기능을 설명한 후, 유아들이 앱을 자유롭게 탐색할 수 있도록 태블릿 PC나 스마트폰을 제공하였다. 앱 실행 후 홈 화면에서 재생 버튼을 누르면 '셀카 찍기' 화면으로 이동하고, 셀카 촬영 후 원하는 명화 스타일을 선택하면 몇 초 후 명화 속 주인공으로 변신할 수 있는 기능으로 사용 방법은 간단하다. 유아들은 셀카를 촬영하며 자유롭게 앱을 탐색하였다.

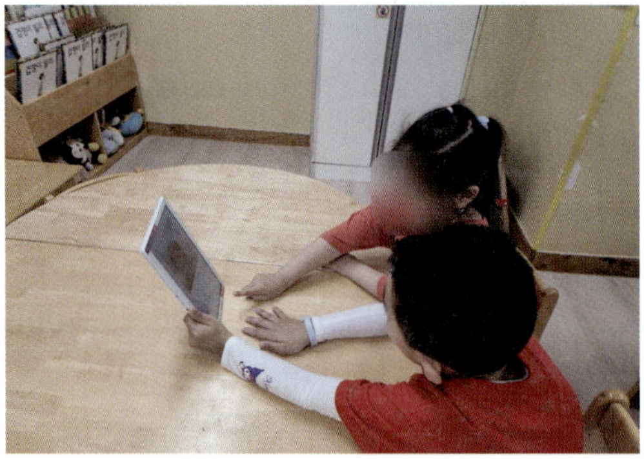

"유명한 화가들의 그림을 감상할 거야.
우리가 직접 이 그림 속에 들어 간다면 어떨까?"

"우와! 우리가 들어갈 수 있어요?"
"카메라에 내 얼굴이 보여. 하나, 둘 사진을 찍어보자."

호기심과 흥미 확장하기

교사는 유아들이 개별적으로 또는 그룹으로 셀카를 촬영하고, 원하는 명화 스타일을 선택하도록 도와주었다. 유아들은 자신이 명화 속 주인공으로 변신한 모습을 함께 감상하며 즐거워했다. 유아들은 자신의 모습이 사진으로 촬영되고 명화 속 주인공으로 변신하는 과정을 관찰하며 흥미를 더해갔다. 교사는 각 명화의 특징과 변신 후의 모습을 비교하며 유아들의 호기심을 자극해 주었다. 또한 명화 속 인물들이 누구인지, 어떤 시대의 작품인지 간단히 설명해 주어 유아들이 작품에 대한 이해를 높일 수 있도록 도왔다.

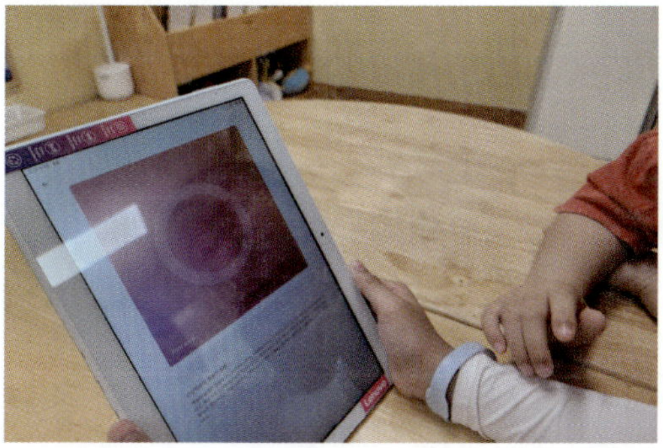
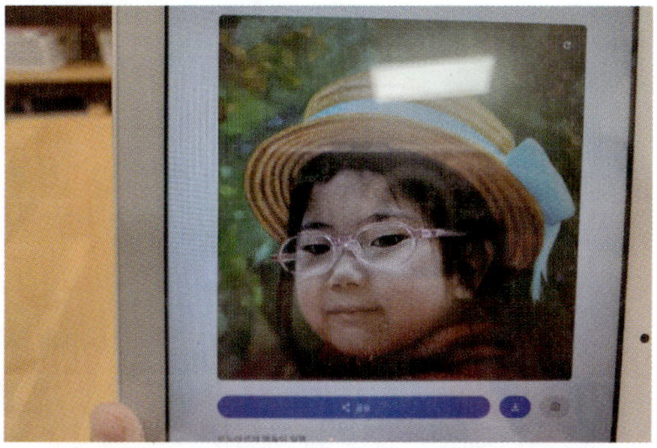

"이것 봐! 조금 기다려야 되나봐."
"하나, 둘, 셋, 넷, 다섯, 됐다!"
"우와! 그림이 변신했어. 신기하다."

놀이와 즐거움을 통한 배움 지원하기

유아들은 예술과 더욱 친숙해졌으며 명화 속 인물들과 자신을 연결 짓는 경험을 통해 창의력과 상상력을 키울 수 있었다. 또한 교사는 유아들이 명화의 역사적·문화적 배경에 대해 자연스럽게 배우도록 유도하며 예술 교육의 깊이를 더했다. 이 과정에서 유아들은 예술적 표현뿐만 아니라 디지털 기술을 활용한 새로운 학습 방법을 경험하게 되었다.

교사는 유아들이 변신한 명화 속 주인공의 모습을 그림으로 그려보도록 유도하고 색칠 도구를 사용하여 자신만의 명화 속 인물을 꾸며보며 창의성을 발휘하도록 지원하였다. 유아들은 자신의 예술적 표현을 발전시키고, 타인의 작품을 감상하며 다양한 시각을 배우게 되었다.

"우리도 명화를 그려보자."

"이렇게 따라 그리니까 어렵지 않지?"

"내가 화가가 된 거 같아."

교사지원 Tip

① 유아들이 프로그램 사용 중에 겪는 어려움을 해결할 수 있도록 교사는 지속적으로 관찰하고 지원한다. 웹사이트 실행과정에서 활용법을 충분히 익힐 수 있도록 교사는 반복해서 사용법을 알려준다.

② 앱이 작동하지 않을 때 해결 방법을 찾거나, 사진이 잘 나오지 않았을 때 촬영 방법을 조언한다.

③ 유아들이 문제를 해결할 때 교사가 직접 개입하기보다는 스스로 해결할 수 있도록 유도하고, 필요한 경우에만 도움을 제공한다.

실물놀이 연계

아트 셀피 놀이를 실제 놀이로 확장하여 유아들의 창의력과 협동심을 기른다.

1. 명화 이야기 만들기

유아들이 변신한 명화 속 주인공이 되어 짧은 이야기를 만들어 본다. 각자 자신의 이야기를 친구들 앞에서 발표하고 함께 이야기 속 장면을 극놀이로 표현해 본다.

2. 명화 전시회

유아들이 만든 아트 셀피와 그림들을 교실에 전시하여 작은 '명화 전시회'를 연다. 전시된 작품을 감상하고, 친구들의 작품에 대해 이야기를 나눈다.

"저건 고흐가 자기 모습을 그린 그림이야."
"난 마리 앙투아네트 왕비 그림이 좋아."
"이렇게 전시해 놓으니 우리 반이 미술관 같다. 멋지다."

놀이 돌아보기

유아들은 아트 셀피 놀이를 통해 자신의 모습을 명화 속 인물로 변신시키는 과정을 통해 디지털 기술에 대한 흥미와 이해를 높일 수 있었습니다. 사진 촬영의 단순한 기능 덕분에 유아들이 어플리케이션을 스스로 사용하는 데 어려움이 없었고 자신감 있게 새로운 기능을 활용하며 놀이에 적극적으로 참여하는 모습을 보여주었습니다. 또한 유아들은 명화 속 인물로 변신한 자신을 그림으로 그리면서 창의력과 상상력을 발휘하고, 다양한 색칠 도구를 사용해 자신만의 명화를 꾸미는 과정을 통해 자기표현능력을 키워갈 수 있었습니다. 또한 다소 어렵고 낯선 명화 속 인물들과 작품의 시대적 배경에 대해 알게 되면서 역사적·문화적 이해를 넓혀가는 기회가 되었습니다. 친구들과 협력하고 작품을 공유하며 사회적 기술을 향상시키는 동시에 교사는 수업 준비와 개별적 지도, 상호작용 촉진의 중요성을 깨닫게 되었습니다. 앞으로 다양한 예술 활동을 도입해 유아들의 흥미를 지속적으로 자극하고 예술적 감각을 더욱 풍부하게 키우기 위해서 교사의 노력이 필요함을 인식하게 되었습니다. 어려운 명화 수업이 아트 셀피 놀이를 통해 유아들의 주도적 참여 속에 즐거운 놀이가 되었습니다.

(4) AI 놀이 계획 및 실행안(밴드랩)

<table>
<tr><td>놀이명</td><td>인공지능과 함께 나만의 음악을 만들어요.</td><td>누리과정
영역</td><td>예술경험
자연탐구</td></tr>
<tr><td>누리과정
범주</td><td>• 예술경험 〉 창의적으로 표현하기 〉 신체, 사물, 악기로 간단한 소리와 리듬을 만들어 본다.
• 예술경험 〉 예술 감상하기 〉 다양한 예술을 감상하며 상상하기를 즐긴다.
• 자연탐구 〉 탐구과정 즐기기 〉 탐구과정에서 서로 다른 생각에 관심을 가진다.
• 자연탐구 〉 생활 속에서 탐구하기 〉 도구와 기계에 관심을 가진다.</td><td>연령</td><td>3~5세</td></tr>
<tr><td>인공지능
교육내용</td><td colspan="3">• 인공지능 이해교육 〉 인공지능에 관심 가지기 〉 인공지능이 무엇인가요?
• 인공지능 활용교육 〉 인공지능으로 창의적으로 표현하기 〉 인공지능과 함께 놀아요.</td></tr>
<tr><td>놀이자료</td><td colspan="3">태블릿 PC, 노트북, Smart TV(미러링), 블루투스 스피커</td></tr>
<tr><td>App 및 Web</td><td colspan="3">BandLab(밴드랩) Web</td></tr>
<tr><td>교사의 기대</td><td colspan="3">• 디지털 기기의 사용법을 알고 앱에 관심을 가지고 활용해 본다.
• 디지털 도구 사용능력을 통해 창의적으로 표현하는 과정을 즐긴다.
• 자신의 경험, 느낌, 생각을 자유롭게 표현한다.</td></tr>
<tr><td>교사의 지원</td><td colspan="3">• 유아들이 디지털 기기(태블릿 PC, 노트북)를 바르게 사용할 수 있도록 도움을 준다.
• BandLab(밴드랩)을 활용하며 궁금한 것을 탐구하는 과정에 즐겁게 참여하도록 지원한다.</td></tr>
<tr><td>놀이방법</td><td colspan="3">① 유아들이 좋아하는 음악에 대해 이야기를 나눈다.
• 어떤 음악을 좋아하는지 이야기해 보자.
• 좋아하는 음악을 인터넷으로 검색해서 함께 들어보자.

② BandLab(밴드랩) 음악 만들기에 대해 이야기 나눈다.
• BandLab 활용방법에 대해 설명해 준다.
• 어떻게 사용하는 걸까? 어떤 기능이 있을까? 함께 알아보자.
• 어떤 악기를 음악에 넣고 싶니?
• 다양한 악기를 음악에 넣는다면 어떨 것 같니?

③ BandLab(밴드랩)을 자유롭게 활용하여 나만의 음악 만들기 활동을 한다.
• 유아 스스로 웹을 활용하며 다양한 악기를 선택하여 본다.</td></tr>
</table>

	• 악기 선택에 따른 음악을 들어보고 다른 기능에 대해서도 알아본다. • 완성된 음악을 친구들과 불러보거나 신체표현 해본다. ④ 내가 만든 음악을 친구들에게 소개하고 함께 감상해 본다. • 내가 좋아하는 음악을 웹을 이용하여 다르게 만들어 보니 어떠니? • 친구들은 어떤 음악을 완성했는지 함께 감상해 보자. • 친구들과 감상하고 신체표현한 음악을 동생들에게도 들려주는 것은 어떠니?
평 가	• 유아들이 자유롭게 활용할 수 있었는가? • 음악 만들기 놀이에 유아들이 즐겁게 참여하였는가? • 디지털 매체의 교육적 활용 가치를 인식하고, 유아의 놀이를 지원하기 위해 적절한 매체를 선정하였는가? • 디지털 매체를 활용하는 과정에서 발생하는 문제나 어려움을 적극적으로 해결하고 유아를 지원하였는가?

Web 알아보기

BandLab

BandLab(밴드랩)은 유아교육기관에서 AI 음악 만들기 놀이를 전개하기 위한 대표적인 앱이다. BandLab(밴드랩)은 사용자가 음악을 만들고 뮤지션 또는 팬과 창작 과정을 공유할 수 있는 소셜 음악 제작 플랫폼으로, 디지털 오디오 워크스테이션(DAW)과 같은 음악 제작 및 공동 작업 도구와 비디오 공유, 메시지 및 검색의 소셜 기능이 결합되어 있어 기술적이면서 창의적인 장벽을 허물 수 있는 커뮤니티 공간으로 유용하다.

Web 사용법

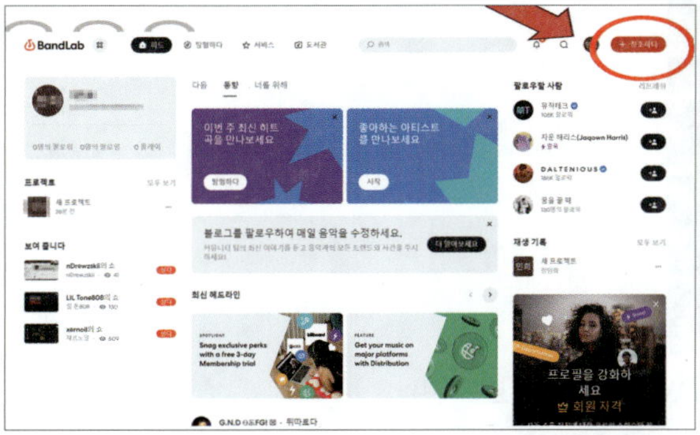

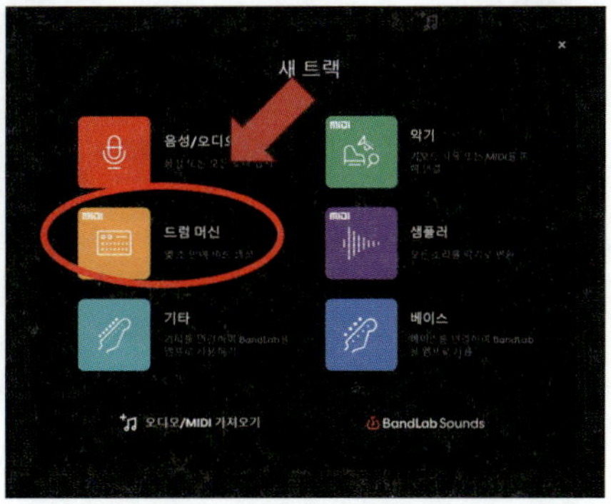

① '+ 창조하기' 버튼을 누르고 음원을 불러온다. (WAV 또는 mp3 파일)
새트랙에서 원하는 옵션을 선택한다. (여기에서는 선택 가능한 악기나 음성 중에서 '드럼머신'을 선택하였다)

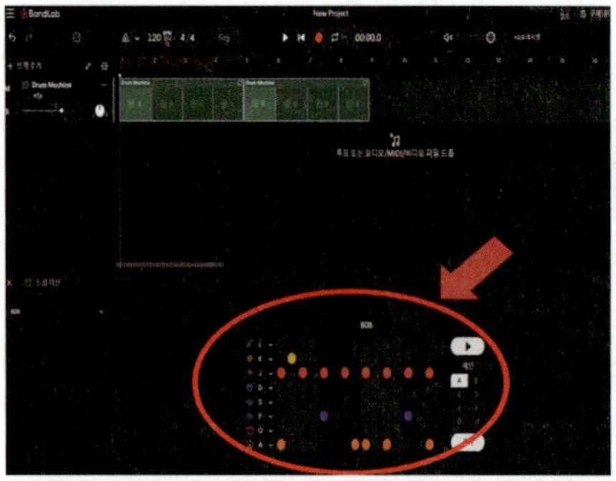

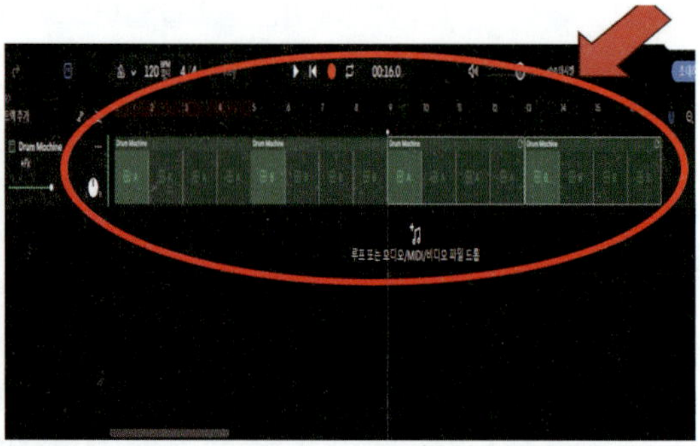

② 불러온 음원에 악기의 패턴을 입력하고 미리듣기를 실행한다.

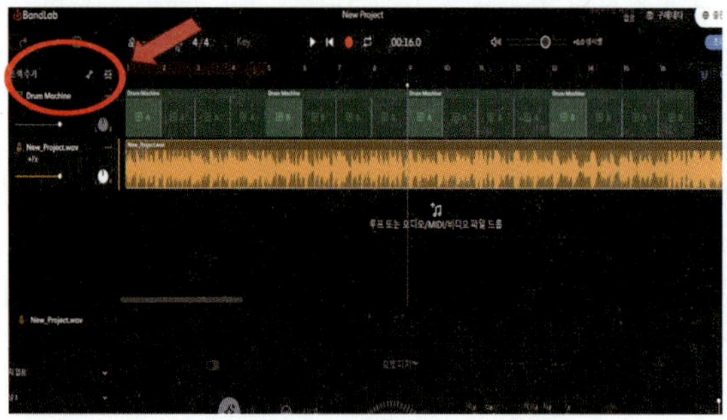

③ 트랙을 추가해서 선택한 악기를 추가한 후 '출판하다' 버튼을 클릭한다.

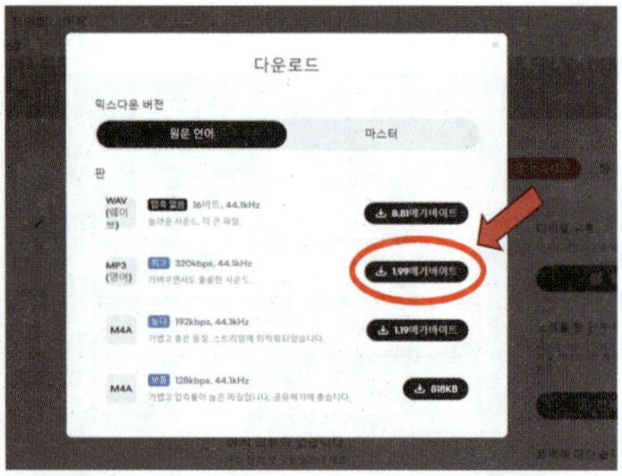

④ Download 버튼을 눌러 다운로드 한다. (WAV로 기본 다운로드 됨)

놀이의 시작은 ……

평소에 유아들은 노래 부르기, 악기연주하기, 율동하기 등 음률활동을 즐겨 한다. 주말을 지내고 온 유아들은 오전 자유놀이 시간에 좋아하는 캐릭터 놀잇감을 구매하기 위해 가족과 함께 마트를 다녀온 경험을 이야기한다. 그리고 친구들과 함께 캐릭터 주제가를 부르고 악기를 연주하는 모습을 보인다. 이러한 유아들의 흥미를 고려하여 교사는 인공지능 밴드랩을 통해 유아들이 음악을 만들어 볼 수 있고 인공지능과 연주하며 상호작용하는 경험을 지원하게 되었다.

AI 놀이

자유로운 탐색 지원하기

유아들은 자신이 좋아하는 캐릭터에 대해 이야기를 하며 노래를 부르기 시작했고 교사와 함께 노래를 검색해서 들어본다. 서로 부르는 노래의 빠르기가 다르다는 의견을 나누던 중 밴드랩을 소개한다.

"음악을 만들어 보는 프로그램이야. 이 프로그램으로 어떤 놀이를 할 수 있을지 생각해 보자."

"너희가 새로 알게 된 내용을 친구들에게도 이야기해 줄 수 있겠니?"

호기심과 흥미 확장하기

피아노 건반 버튼을 눌러 소리를 들어보고 건반 색의 변화에 대해 호기심을 가지며 연주해 본다.

드럼 모양의 버튼을 확인하고 함께 연주를 하면 어떤 소리가 나는지 궁금해하며 다양한 악기를 선택한다.

"나도 피아노 건반을 하나씩 눌러볼게."

"흰색 건반에 분홍색 줄은 왜 생긴 걸까?"
"여기서부터 끝까지 눌러보자."

"이 버튼을 누르면 무슨 소리가 들릴 것 같니?"
"악기의 소리를 직접 내볼 수 있겠니?"

다양한 생각 표현하기

다른 친구들에게도 지금 연주하는 음악을 들려주고 싶은 마음을 표현한다.

"내가 연주한 음악을 녹음해 보고 싶어."
"우리 녹음 버저에 녹음하면 어떨까?"

"밴드랩으로 또 무엇을 해볼 수 있을까?"
"더 필요한 도구가 있니?"

놀이와 즐거움을 통한 배움 지원하기

피아노와 드럼을 같이 연주하려면 어떻게 해야 할지 고민해 보고 드럼을 추가해 음악을 들어본다. 교실 안의 드럼에도 관심을 보이며 같은 소리가 나는지 궁금해한다.

"피아노 말고 여기 드럼 모양 그림도 있어."

"이 버튼을 누르면 드럼 소리가 난다."

"쿵, 쿵, 쿵…"

"밴드랩은 어떻게 우리가 선택한 악기로 음악을 연주하는 걸까?"

놀이 디버깅 하기(문제해결)

유아들은 노트북과 태블릿 PC를 이용해 음악을 만드는 과정에서 친구들과 함께 악기 소리를 들어보고 연주해 보고 싶었지만 화면이 작아서 갈등이 일어나기도 하였다. 이러한 문제를 해결하기 위해 전자 칠판을 이용하여 여러 명의 유아들이 함께 활동할 수 있도록 하여 문제해결을 하였다.

"더 큰 화면으로 보고 싶어, 너무 작아."

"친구들이 하는 동안 난 드럼으로 연주할래."

"인공지능으로 음악 만들기 놀이를 하며 어떤 점이 불편했니?"
"어떻게 하면 좋을지 함께 생각해 볼까?"

교사지원 Tip

BandLab

① 디지털 매체를 이용해 밴드랩을 소개하고 유아들에게 사용방법을 알려준다.
② 평소 노래 부르기와 악기연주를 즐겨 하는 유아들에게 다양한 악기 소리를 들을 수 있는 방법과 삽입하는 방법을 알려준다.
③ 유아들이 좋아하는 노래를 선택하고 밴드랩에서 유아들이 직접 노래를 만들 수 있도록 지원해 준다.

실물놀이 연계

다양한 방법으로 공유하기

유아들은 자신이 만든 음악을 친구들과 함께 감상해 보고 동생들에게도 소개하기를 원한다. 동생들에게 음악을 들려주고 함께 악기 연주와 신체표현을 한다.

"동생들아 우리가 만든 음악 감상해 볼래?"

"우리 같이 악기 연주하고 아기상어 체조하자."

교사지원 Tip

① 디지털 기기를 사용하는 것에 어려움이 있는 유아들은 교사의 도움을 받아 경험해 볼 수 있도록 한다.

② 유아들이 디지털 기기를 활용한 콘텐츠 이용 시에도 적절한 상호작용을 통해 유아가 다양하게 생각하고 소통할 수 있도록 지원한다.

놀이 돌아보기

AI 놀이에 대해 알게 되면서 교사의 놀이 지원에 대한 생각과 태도를 바꾸는 것이 가장 중요하다는 생각이 들었습니다. 무엇보다 교사 스스로 다양한 AI 매체와 활용 방법들에 대해 알고 익숙해지는 시간이 필요했습니다. 교사가 AI 프로그램들의 기능과 활용 방법을 점차 이해하게 되면서 재미를 느끼게 되었고, 유아들과 놀이 시 적용하면 어떨지 기대감도 갖게 되었습니다. AI 교육에 있어 많은 고민과 시행착오가 있었던 것에 반해, 유아들은 교사의 우려와는 달리 너무나 익숙하게 AI 매체들을 활용하였습니다. 그리고 상상과 요구를 현실로 만들어 주는 AI 매체들은 유아들이 놀이에 더욱 몰입하게 만들고, 놀이에 대한 흥미를 지속하는 데에도 효과가 있었습니다. 이번 놀이에서 가장 중점을 두었던 사항은 유아들이 놀이 시 AI 매체 및 프로그램을 일상에서 자연스럽게 사용할 수 있도록 지원하는 것이었습니다. 이 과정에서 시행착오도 있었지만, 유아들이 흥미로워하고 몰입하는 모습을 보면서 교사로서 자부심도 갖게 되었습니다. 또한 교사는 유아들이 놀이하는 동안 함께 모니터링하고, 과몰입하지 않도록 이에 대해 유아들에게도 안내해 주어야겠다고 생각했습니다.

(5) AI 놀이 계획 및 실행안(크롬 뮤직 랩)

<table>
<tr><th>놀이명</th><th>내가 만든 음악으로 연주해요.</th><th>누리과정
영역</th><td>예술경험
의사소통
자연탐구</td></tr>
<tr><th>누리과정
범주</th><td>• 예술경험 〉 창의적으로 표현하기 〉 신체, 사물, 악기로 간단한 소리와 리듬을 만들어 본다.
• 예술경험 〉 예술 감상하기 〉 다양한 예술을 감상하며 상상하기를 즐긴다.
• 의사소통 〉 듣기와 말하기 〉 자신의 경험, 느낌, 생각을 말한다.
• 자연탐구 〉 생활 속에서 탐구하기 〉 도구와 기계에 관심을 가진다.</td><th>연령</th><td>3~5세</td></tr>
<tr><th>인공지능
교육내용</th><td colspan="3">• 인공지능 이해교육 〉 인공지능에 관심 가지기 〉 인공지능이 무엇인가요?
• 인공지능 활용교육 〉 인공지능으로 창의적으로 표현하기 〉 인공지능과 함께 놀아요.</td></tr>
<tr><th>놀이자료</th><td colspan="3">태블릿 PC, 노트북, 전자 칠판(미러링)</td></tr>
<tr><th>App 및 Web</th><td colspan="3">Chrome Music Lab(크롬 뮤직 랩) Web</td></tr>
<tr><th>교사의 기대</th><td colspan="3">• 디지털 기기의 사용법을 알고 웹에 관심을 가지고 활용해 본다.
• 디지털 도구 사용능력을 통해 창의적으로 표현하는 과정을 즐긴다.
• 자신의 경험, 느낌, 생각을 자유롭게 표현한다.</td></tr>
<tr><th>교사의 지원</th><td colspan="3">• 유아들이 디지털 기기(태블릿 PC, 노트북)를 바르게 사용할 수 있도록 도움을 준다.
• Chrome Music Lab(크롬 뮤직 랩)을 활용하며 궁금한 것을 탐구하는 과정에 즐겁게 참여하도록 지원한다.</td></tr>
<tr><th>놀이방법</th><td colspan="3">① 우리 주변에서 들을 수 있는 소리에 대해 이야기를 나눈다.
• 우리 주변에서는 어떤 소리가 날까?
• 우리 주변의 소리와 비슷한 소리를 우리가 만들어 볼 수 있을까?

② Chrome Music Lab(크롬 뮤직 랩) 음악 만들기에 대해 이야기 나눈다.
• Chrome Music Lab(크롬 뮤직 랩) 활용방법에 대해 설명해 준다.
• 어떻게 사용하는 걸까? 어떤 기능이 있을까? 함께 알아보자.
• 어떤 악기 소리가 궁금하니?
• 다양한 악기를 음악에 넣는다면 어떨 것 같니?</td></tr>
</table>

	③ Chrome Music Lab(크롬 뮤직 랩)을 자유롭게 활용하여 나만의 음악 만들기 활동을 한다. • 유아 스스로 웹을 활용하며 다양한 악기를 선택하여 본다. • 악기 선택에 따른 음악을 들어보고 다른 기능에 대해서도 알아본다. • 완성된 음악을 친구들과 불러보거나 느낌을 자유롭게 표현한다. ④ 내가 만든 음악과 우리 주변의 소리를 비교하며 감상해 본다. • 친구들은 어떤 음악을 완성했는지 함께 감상해 보자. • 내가 만든 음악과 주변의 소리를 상상하여 이야기해 본다. • 친구들과 감상하고 음악을 동생들에게도 들려주는 것은 어떠니?
평 가	• 유아들이 자유롭게 활용할 수 있었는가? • 음악 만들기 놀이에 유아들이 즐겁게 참여하였는가? • 디지털 매체의 교육적 활용 가치를 인식하고, 유아의 놀이를 지원하기 위해 적절한 매체를 선정하였는가? • 디지털 매체를 활용하는 과정에서 발생하는 문제나 어려움을 적극적으로 해결하고 유아를 지원하였는가?

Web 알아보기

구글 크롬에서 제공하는 Chrome Music Lab(크롬 뮤직 랩)에서는 음악과 관련된 다양한 도구들을 사용하여 음악 작업을 할 수 있다. Chrome Music Lab(크롬 뮤직 랩)은 비교적 쉽게 접근할 수 있고 사용 방법이 어렵지 않은 것이 장점이다.

- 어플리케이션이 아닌 웹사이트이며 로그인이 필요하지 않다.
- 음악을 만들 수 있는 도구를 무료로 제공한다.
- 제작 방법이 매우 간단하다.

Web 사용법

- Chrome Music Lab(크롬 뮤직 랩)에서 사용할 수 있는 기능 중 아이들이 가장 관심을 보이는 것은 Song Maker라는 도구이다.
- 이 도구는 이름 그대로 노래를 만드는 도구이다.

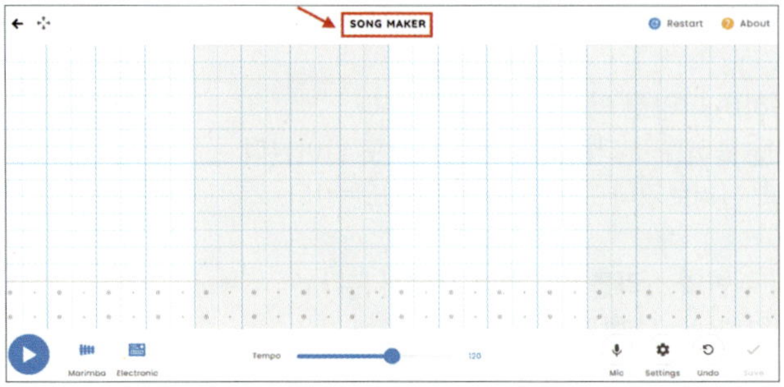

① Song Maker 초기화면

Song Maker에서는 오선지에 악보를 그리지 않고 Song Maker만의 악보에 음표 대신 색색깔의 도형을 넣을 수 있다.

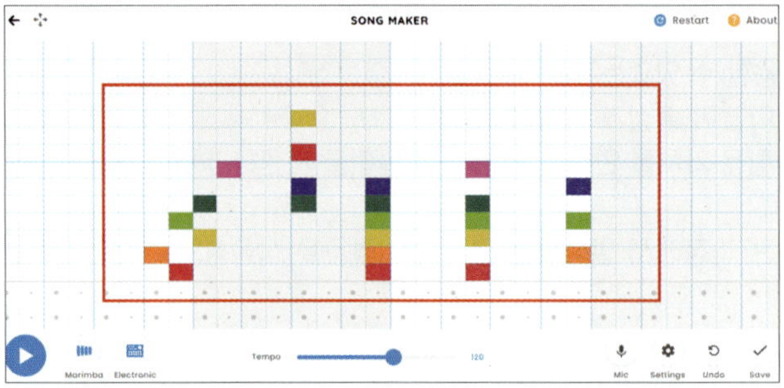

② 클릭으로 음 넣기

컴퓨터로는 클릭, 태블릿 PC나 스마트폰으로는 터치 방법으로 음을 만들 수 있다. 가장 아랫부분이 '도'가 된다.

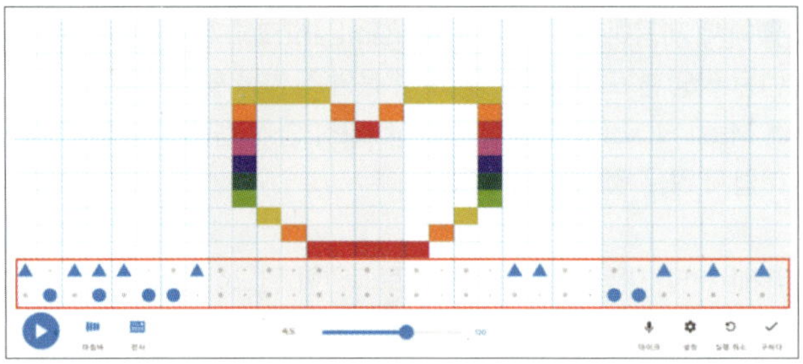

③ 클릭으로 비트 넣기

Song Maker의 기본 화면의 하단부에는 푸른색의 삼각형과 동그라미가 있다. 이것은 비트를 입력하는 기능이며 클릭으로 비트를 입력한 후 하단에서 악기의 종류를 변경하면 자동으로 소리가 변한다.

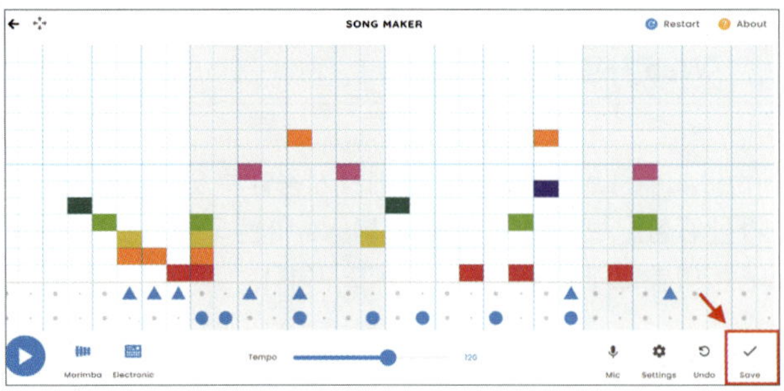

④ 완성된 음악을 공유하기

우측 하단의 Save 버튼을 누르면 완성한 음악을 저장하거나 공유할 수 있다. 크롬 뮤직 랩 자체가 어플리케이션이 아닌 웹사이트이기 때문에 링크만 있으면 어떤 기기에서나 음악을 들을 수 있다.

놀이의 시작은 ……

자유놀이 시간에 유아들은 악기를 연주하고 소리를 탐색하는 것을 즐겨 하였다. 정리 시간에 교사가 우쿨렐레로 연주하며 정리 노래를 부르면 유아들은 음악 소리에 맞춰 다양한 악기를 연주하고 신체표현을 하였다. 최근 유아들의 흥미와 관심이 동물로 이어지며 동물의 울음소리나 동물의 이름이 들어간 노래, 동물의 움직임 등을 악기와 신체를 이용하여 표현하여 이러한 놀이를 다양한 방법으로 지원하기 위해 크롬 뮤직 랩을 소개하게 되었다.

AI 놀이

크롬 뮤직 랩의 14종류의 활동 중에 아이들에게 음악 관련 요소를 알려주기 용이한 '송메이커', '리듬', '스펙트로그램', '칸딘스키', '멜로디메이커'를 선택하여 안내한다.

자유로운 탐색 지원하기

유아들은 크롬 뮤직 랩을 활용하여 자유롭게 음악을 만들며 그에 담긴 음악적 요소를 느끼며 경험한다. 음, 셈여림, 빠르기, 리듬 등을 탐색하고, 크롬 뮤직 랩 속 색, 모양, 공간 등에 관심을 두고 탐색한다.

"네모 칸을 누르면 소리가 나는데?"

"시작 버튼을 누르면 여러 가지 이상한 소리들이 같이 난다."

"어! 보라색이 되니까 실로폰 같은 소리가 나요."

호기심과 흥미 확장하기

교실에서는 음악 만들기와 더불어 블록을 이용한 동물 만들기, 동물 소리 흉내 내기 등의 놀이가 이어지고 있었으며, 소리를 듣고 언어로 모방하는 과정에서 비슷한 단어를 이야기하기도 하며 음악과 언어의 통합적 경험을 한다.

"이 로봇은 드럼을 가지고 있네. 우리 악기연주 할 때 해봤는데."

"이거 둥둥둥둥 소리가 나는데?"

"또로로롱 소리도 나는 거 같지 않아?"

"띠리리릭 또로로록 소리가 나는 거 같아."

다양한 생각 표현하기

유아들은 다양한 소리를 탐색하며 자유놀이 시간에 인상 깊었던 음악을 놀이로 표현해 본다.

"아까 들었던 삐리리릭 소리는 늑대 소리 같았어."

"둥둥둥둥, 쿵쿵쿵쿵…
이런 소리가 났었어."

"선생님, 어제 녹음했던 노래 틀어주세요.
오늘 다시 부를 거예요."

놀이와 즐거움을 통한 배움 지원하기

유아들이 친구들과 함께 놀이하는 과정에서 자연스럽게 크롬 뮤직 랩의 다른 활동에도 관심을 가지며 스스로 탐색한다.

"어, 이건 그림을 그리면 소리가 나는 건가 봐."
"길게 그리고 동그라미를 그리면 다른 소리가 난다."

놀이 디버깅 하기(문제해결)

유아들은 지난 시간에 만들었던 음악을 다시 듣고 싶거나 같은 악기를 사용해서 음악을 만들고 싶어 하였으나 기억이 나지 않는다고 이야기를 하였다. 그래서 유아들이 만든 음악을 녹음해서 이후에도 들을 수 있는 사용방법에 대해 설명하고 사용한 악기에 대해서는 그림이나 글자로 기록해 두는 것이 좋다고 이야기하며 문제해결을 하였다.

"선생님, 어제와 같은 악기 소리를 넣었는데 다른 소리가 나요!"

"인공지능으로 음악 만들기 놀이를 하며 어떤 점이 불편했니?"
"어떻게 하면 좋을지 함께 생각해 볼까?"

교사지원 Tip

① 디지털 매체를 이용해 크롬 뮤직 랩을 소개하고 유아들에게 사용 방법을 알려준다.
② 크롬 뮤직 랩의 여러 기능 중에 유아에게 적합한 기능을 교사가 분류하여 제공한다.
③ 유아들이 자유롭게 음악을 만들 수 있도록 지원해 준다.

실물놀이 연계

다양한 방법으로 공유하기

우리 교실에서 하루 일과 중 들을 수 있는 음악 소리에 관심을 가지며 주변의 다양한 사물, 상황에서의 소리에 관심을 가진다.

"너희들이 놀이하는 사진을 보면 무슨 소리가 나는 것 같아?"
"우리반에서 놀이할 때 나는 소리와 동생들이 놀이할 때
나는 소리는 같을 것 같니? 다를 것 같니?"

"이 사진은 상자에서 스스슥 소리가 나는 것 같아요."
"뿌지직하면서 밟을 때 소리가 나요."

"컵을 놓을 때 탁, 탁, 톡, 톡."

"동생들은 딸랑딸랑 방울을 흔들고 있어요."
"매직 보드에서 쿵쿵 소리가 날 것 같아요."

교사지원 Tip

① 디지털 기기를 사용하는 것에 어려움을 가진 유아들은 교사의 도움을 받아 경험해 볼 수 있도록 한다.
② 다양한 디지털 놀이 사례를 살펴보고 싶다면 아이누리 사이트(www.i-nuri.go.kr)의 디지털 교육 적용 사례를 살펴보는 것도 도움이 될 수 있다.

놀이 생각 넓히기

① 유아가 놀이에 필요한 자료를 디지털 자원과 아날로그 자원 중에서 자유롭게 선택할 수 있도록 지원해야 하며, 놀이 과정에서 어려움이 있는 유아에게 동기를 부여하고 탐구를 장려하는 교사의 상호작용 지원이 필요하다.

② 유아가 탐색하고 탐구할 수 있는 시간을 충분히 주어 자유롭게 선택하고 창의적으로 활용할 수 있도록 하는 것이 필요하다.

놀이 돌아보기

AI 놀이에 대해 알게 되면서 교사의 놀이 지원에 대한 생각과 태도를 바꾸는 것이 가장 중요하다고 생각했습니다. 무엇보다도 교사 스스로 다양한 매체와 활용 방법들에 대해 알고 익숙해지는 시간이 필요했습니다.

또한 AI 놀이는 현재의 유아의 놀이와 동떨어진 것이 아닌 일상에서 유아들의 놀이와 연계성을 가지고 계획하고 지원을 한다면 유아들이 좀 더 거부감 없이 자연스럽게 접근할 것 같다는 생각을 하였습니다. 유아가 하고자 하는 놀이를 지원할 때 활용할 수 있는 AI 기술은 무엇인지 생각하고 현재의 놀이에서 AI 놀이 지원이 필요한지 아닌지에 대한 교사의 성찰이 필요할 것 같습니다.

5) 자연탐구

1. 네이버 클로바 스마트 렌즈와 놀아요. (네이버 스마트 렌즈)
2. 병아리 박사가 되어요. (ChatGPT, 북크리에이터)
3. 우리 반에 공룡이 나타났어요. (네이버 앱, 구글 앱)

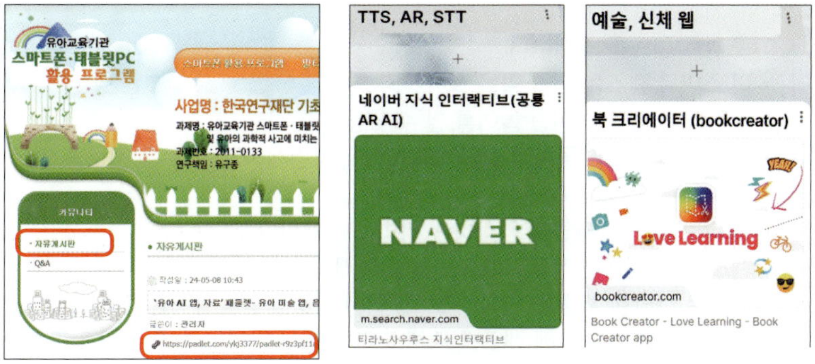

〈유아 AI 앱, 자료〉

(1) AI 놀이 계획 및 실행안(네이버 스마트 렌즈)

<table>
<tr><td>놀이명</td><td>네이버 클로바 스마트 렌즈와 놀아요.</td><td>누리과정 영역</td><td>자연탐구</td></tr>
<tr><td>누리과정 범주</td><td>• 자연탐구 〉 생활 속에서 탐구하기 〉 도구와 기계에 관심을 가진다.
• 자연탐구 〉 탐구과정 즐기기 〉 궁금한 것을 탐구하는 과정에서 즐겁게 참여한다.</td><td>연령</td><td>3~5세</td></tr>
<tr><td>인공지능 교육내용</td><td colspan="3">• 인공지능 이해교육 〉 인공지능에 관심 가지기 〉 인공지능이 무엇인가요?
• 인공지능 이해교육 〉 인공지능으로 생각하기 〉 인공지능은 생각을 해요.
• 인공지능 활용교육 〉 인공지능으로 창의적으로 표현하기 〉 인공지능과 함께 놀아요.</td></tr>
<tr><td>놀이자료</td><td colspan="3">태블릿 PC, 네이버 스마트 렌즈</td></tr>
<tr><td>App 및 Web</td><td colspan="3">네이버 App(앱)</td></tr>
<tr><td>교사의 기대</td><td colspan="3">• 스마트 렌즈를 활용한 놀이를 통해 유아들이 언어능력과 탐구 태도를 향상시킨다.
• 유아들이 주변 환경에 대해 호기심을 가지고 탐구하는 태도를 기른다.
• 유아들이 다양한 물체의 이름과 특성을 인식하고 학습한다.
• 유아들이 스마트 기기를 활용하여 정보 탐색 능력을 기른다.</td></tr>
<tr><td>교사의 지원</td><td colspan="3">• 교사는 유아들에게 스마트 렌즈의 사용 방법을 시범 보이고, 처음 사용하는 유아들에게 친절히 안내한다.
• 유아들이 자유롭게 질문하고 대화할 수 있도록 격려하며, 놀이 활동 중 어려움을 겪는 유아들에게는 적절한 피드백과 도움을 제공한다.</td></tr>
</table>

놀이방법	① 스마트 렌즈를 소개한다 • 이 스마트 렌즈는 어떤 일을 할까? • 우리가 이 렌즈와 어떤 놀이를 할 수 있을까? • 렌즈를 사용해 사물이나 그림책의 이미지를 인식하고, 새로운 정보를 얻을 수 있어요. ② 스마트 렌즈로 사물을 인식하는 방법을 소개한다. • 렌즈를 통해 주변 사물이나 그림을 이렇게 인식하면 된단다. • 렌즈로 다양한 사물을 인식해 보고, 어떤 정보를 얻을 수 있는지 알아보자. • 주변의 다양한 사물에 렌즈를 대보고 어떤 정보를 얻을 수 있는지 탐구해 보자. ③ 스마트 렌즈를 활용한 탐구 활동을 소개한다. • 렌즈를 통해 어떤 새로운 정보를 얻을 수 있을까? • 렌즈로 사물을 인식하면 그에 대한 새로운 단어와 개념을 알 수 있어. ④ 스마트 렌즈를 하고 기본 동작을 시연한다. • 유아들은 교실 속에서 관심 있는 물체를 찾아 스마트 렌즈로 스캔한다. • 스캔한 물체에 대한 정보를 유아들끼리 공유하며 토론한다.
평 가	• 유아들이 자유놀이 시간 동안 스마트 렌즈를 얼마나 자주 사용하며, 새로운 정보에 얼마나 흥미를 보이는가? • 유아들이 스스로 질문을 만들고 답을 찾는 과정을 통해 탐구하는 태도가 향상되었는가? • 유아들이 스마트 렌즈를 통해 얻은 정보를 얼마나 잘 이해하고 활용했는가? • 유아들 간의 의사소통과 협력이 잘 이루어졌는가?

교사지원 Tip

네이버 스마트 렌즈

네이버 스마트 렌즈는 이미지로 네이버에 있는 모든 정보를 검색한다. 상품을 인식하여 쇼핑, 리뷰 정보로 연결하거나, 외국어를 자동으로 인식하여 번역하는 등 다양한 이미지 검색 경험을 제공한다. 검색하고자 하는 것을 사진 촬영하면 자동검색이 되고 여기서 쇼핑 검색이나 QR코드, 네이버 주문 등으로 이동이 가능하다.

스마트 렌즈를 활용하여 유아들은 주변의 환경의 즉각적인 정보를 얻을 수 있고 학습의 동기유발과 만족감을 얻을 수 있다. 또한 실시간으로 정보를 획득하는 과정에서 더욱 적극적으로 활동에 몰입하며 탐구하는 태도를 기르게 된다.

네이버 스마트 렌즈 활용방법

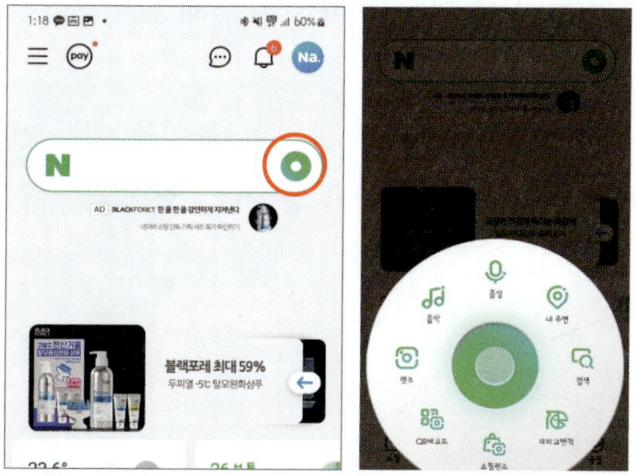

① 네이버 앱을 실행하면 오른쪽 상단의 '네이버 그린닷'이 보인다. 그린닷을 클릭하면 스마트 렌즈가 나타난다.

파파고번역을 실행하여 자동 번역까지 가능하다. 음성 버튼을 누르고, 예를 들어 '근처 유치원 찾아줘'라고 명령하면 주변의 유치원을 검색해서 보여준다.

② 검색하고자 하는 것을 사진 촬영하면 자동검색이 되고, 쇼핑 검색이나 QR코드, 네이버 주문으로 이동이 가능하다.

③ 스마트 렌즈로 식물 사진을 촬영하면 식물의 정보가 검색되어 나타난다.

놀이의 시작은 ……

숲 체험에서 만난 꽃과 식물의 이름을 알고 싶어 하는 유아들을 위해 교사는 스마트 렌즈를 소개하였다.

"얘들아, 오늘은 우리 주변의 것들을 스마트 렌즈로 검색해 보는 놀이를 해볼 거야. 이 렌즈로 사진을 찍으면 바로바로 정보를 얻을 수 있단다!"라고 말한다. 유아들은 "우와! 스마트 렌즈가 뭐예요?"라고 궁금해한다.

AI 놀이

호기심과 흥미의 시작

교사는 스마트 렌즈로 꽃을 촬영하고, 스마트 렌즈가 꽃의 이름과 특징을 바로 알려주는 모습을 보여준다. 유아들은 "진짜로 꽃 이름이 나오네! 우리도 해보고 싶어요!"라고 흥미를 보인다. 각자 스마트 렌즈로 다양한 물건을 촬영해 본다.

"이 렌즈로 사진을 찍으면 바로바로 알고 싶은 정보를 얻을 수 있단다."

"진짜로 꽃 이름이 나오네!"

"우리도 해보고 싶어요!"

호기심과 흥미 확장하기

유아들은 스마트 렌즈를 사용하여 교실 안의 여러 물건들을 찍으며 그 정보를 확인해 본다. "이건 뭐예요?", "저건 어떤 정보가 나와요?"라고 묻고, 서로의 결과를 비교하며 놀이를 이어간다. 스마트 렌즈가 외국어도 번역해 준다는 사실을 알고, 영어책을 찾아 촬영해 보기도 한다.

"이것도 찍어보자! 어떤 정보가 나올까?"

"영어가 우리말로 바뀐다."

"우와! 신기해."

놀이와 즐거움을 통한 배움 지원하기

유아들은 스마트 렌즈를 사용하여 그림책의 페이지를 촬영해 보고, 스마트 렌즈가 알려주는 단어의 뜻과 발음을 듣는다. "이 단어는 무슨 뜻일까?", "이 그림은 어떤 이야기를 말해줄까?"라며 즐거운 학습을 이어간다. 교사는 유아들에게 "잘했어! 정말 똑똑한 탐험가들이구나!"라고 칭찬하며 학습 동기를 북돋운다. 스마트 렌즈를 통해 제공되는 새로운 정보는 유아들이 새로운 단어와 개념을 자연스럽게 습득하게 하며 더욱 풍부하고 다채로운 놀이환경을 제공할 수 있다,

"이 그림은 어떤 이야기를 말해줄까?"

"잘했어! 정말 똑똑한 모험가들이구나."

교사지원 Tip

① 스마트 렌즈가 제대로 인식하지 못하는 그림이나 물건이 발견될 때 적절한 도움을 주어 문제를 해결할 수 있도록 돕는다.
② 유아들이 스마트 렌즈를 다루면서 떨어뜨리거나 손상시킬 위험이 있을 수 있음을 인지하고 안전하게 사용할 수 있도록 돕는다.
③ 유아들이 스마트 렌즈로 찍은 결과에 대한 관심이 떨어지거나 놀이에 흥미를 잃을 때, 적절하게 개입하여 흥미를 유도한다.

놀이 돌아보기

스마트 렌즈를 활용한 놀이 활동은 유아들에게 매우 유익하고 흥미로운 경험을 제공했습니다. 스마트 렌즈를 사용해 물건과 식물을 검색하고 번역 기능을 활용하면서 기술 활용능력과 정보탐색능력을 배울 수 있었습니다. 이러한 활동을 통해 유아들은 새로운 단어를 배우고 발음 연습을 하며 의사소통능력을 키울 수 있었습니다. 다만, 기술적 문제와 집중력 유지의 어려움이 있었으나, 이는 유아들이 문제를 해결하는 능력을 함께 기를 수 있는 기회가 되었습니다. 앞으로도 이러한 놀이를 지속적으로 활용하여 유아들의 학습과 성장을 지원할 계획입니다.

(2) AI 놀이 계획 및 실행안(ChatGPT, 북크리에이터)

놀이명	병아리 박사가 되어요.	누리과정 영역	자연탐구 의사소통 예술경험
누리과정 범주	• 자연탐구 〉 탐구과정 즐기기 〉 궁금한 것을 탐구하는 과정에 즐겁게 참여한다. • 자연탐구 〉 자연과 더불어 살기 〉 주변의 동식물에 관심을 가진다. • 의사소통 〉 듣기와 말하기 〉 자신의 경험, 느낌, 생각을 말한다. • 예술경험 〉 창의적으로 표현하기 〉 다양한 미술 재료와 도구로 자신의 생각과 느낌을 표현한다.	연령	3~5세 혼합

인공지능 교육내용	• 인공지능 이해교육 〉 인공지능으로 생각하기 〉 인공지능은 생각을 해요. • 인공지능 가치교육 〉 인공지능과 더불어 살기 〉 사람과 인공지능이 함께 도와요.
놀이자료	태블릿 PC, Smart TV(미러링)
App 및 Web	ChatGPT App(앱), Book Creator(북크리에이터) Web(웹), App(앱)
교사의 기대	• ChatGPT를 활용하여 병아리의 특징에 대해 알 수 있다. • 유아들이 ChatGPT를 활용하여 궁금한 점을 해결한다. • 북크리에이터를 통해 병아리 박사 책을 만들 수 있다.
교사의 지원	• 유아들이 ChatGPT에 친근감을 느끼게 하도록 사전 활동을 지원한다. • 유아들이 자신이 알고 있는 정보를 표상할 수 있도록 책 만들기 활동을 지원한다.
놀이방법	① 병아리 부화 및 관찰하기 • 병아리가 부화하는 과정에 대해 알아본다. • 달걀을 관찰하고 달걀에 이름을 지어준다. • 부화한 병아리를 관찰하고 탐구한다. ② 병아리 집 만들기 • 유아들과 부화한 병아리를 위해 다양한 재료를 이용하여 병아리 집을 만든다. ③ 병아리 도우미 활동 • 병아리를 도우미를 정한다. • 병아리 도우미의 역할에 대해서 친구들과 이야기 나눈다. • ChatGPT를 이용하여 병아리를 어떻게 돌봐야 할지 물어보는 활동을 한다. • 병아리 산책 등 다양한 병아리 도우미 활동을 한다. ④ 병아리 박사 활동 • 병아리에 대해서 탐색한다. • 병아리에 대한 궁금증을 다양한 방법으로 해결한다. • 병아리에 대한 책을 만든다.
평 가	• 유아-유아, 교사-유아 간 상호작용이 원활하게 이루어졌는가? • 병아리 박사 활동에 유아들이 즐겁게 참여하였는가?

Web, App 알아보기

BOOK CREATOR

북크리에이터는 디지털 형식의 책을 만들 수 있는 교육용 프로그램이다. 북크리에이터는 앱과 웹 모두를 이용하여 활용할 수 있으며, 웹과 앱상에서 그림, 글씨, 음성 지원 등 다양한 형식을 활용하여 책을 만들 수 있다.

Web, App 사용법

① 북크리에이터 앱 혹은 웹사이트에 로그인한다.

② 로그인 후 나타나는 라이브러리(Library) 상단의 'New Book'을 누른다.

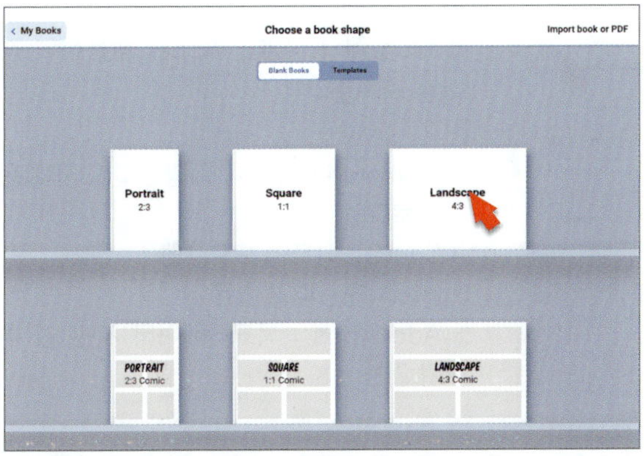

③ 북크리에이터로 구성할 책의 디자인과 형식을 정한다.

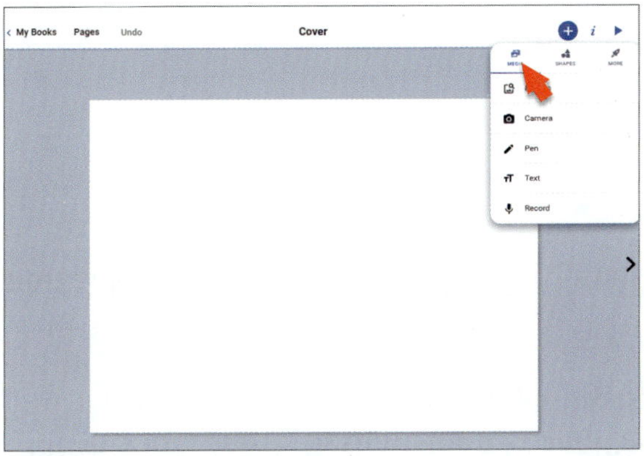

④ 미디어 기능으로 책을 꾸며준다.

* 미디어 탭의 기능

- Images : 이미지 첨부
- Camera : 사진 찍어 넣기
- Pen : 그림 직접 그리기
- Text : 글자 넣기
- Record : 음성녹음

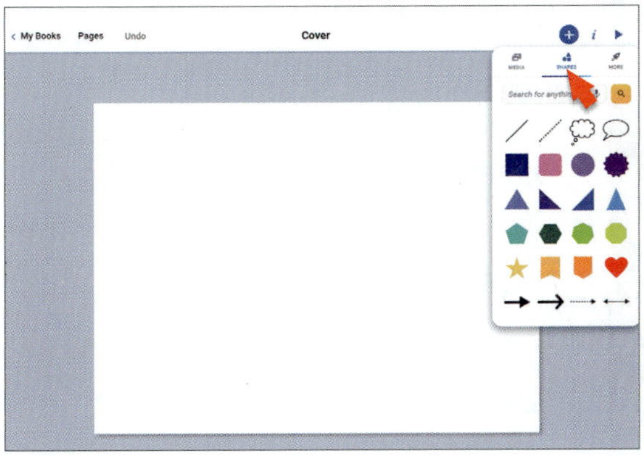

⑤ Shapes 기능으로 책을 꾸며준다.

* Shapes 탭의 기능 : 다양한 모양 넣기

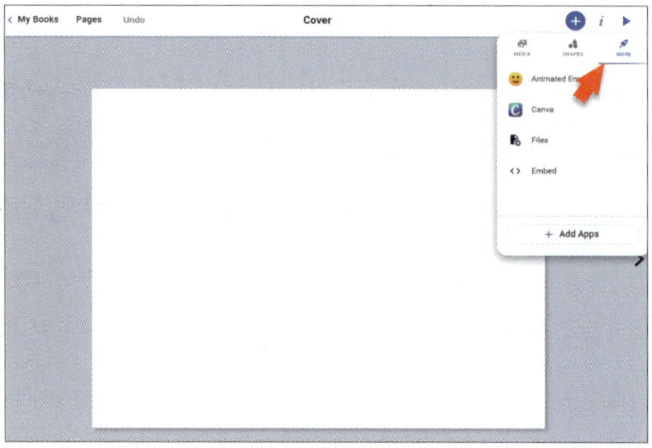

⑥ More에서 다양한 App을 활용하여 책을 꾸며준다.

- Animated Emojis : 다양한 이모지 활용 프로그램
- Canva : 디자인 프로그램
- File : 개인 파일 활용
- Add Apps : 북크리에이터 지원 앱 추가 기능

AI 놀이

새로운 친구 병아리

가정의 달 5월 유치원에도 새로운 가족이 생겼다. 그것은 바로 교사가 가지고 온 8개의 달걀이다. 유아들은 달걀이 부화기에서 돌아가는 모습을 보고 병아리가 언제 태어나는지 궁금증을 갖기 시작하였다. 그리고 교실에 온 달걀로부터 점차 병아리에 대한 유아들의 관심이 증대되었다. 유아들은 교사와 달걀을 닦아주고 부화기에 물을 넣어주며 달걀들을 아기처럼 정성을 다해 돌보았다. 또한 교사와 유아들은 곧 태어날 병아리들에게 여러 가지 이름을 지었다.

"병아리의 이름은 무엇으로 하면 좋을까요?"

"하츄핑이요!"

"자동차요!"

"노랑이요!"

병아리의 탄생

약 3주간의 시간이 흐르고 몇몇 알들이 움직이기 시작하였다. 유아들은 움직이는 알들을 보며 생명의 신비함을 느낄 수 있었다. 그렇게 콕콕콕! 알을 깨고 4마리의 병아리가 세상 밖으로 나왔다. 유치원에 새로운 가족이 생기게 된 것이다. 병아리의 탄생은 아이들이 병아리에 더 많은 관심을 갖게 하였다. 그리고 교사는 병아리를 돌보아 줄 병아리 도우미 활동을 제안하였다.

"알이 움직여요."

"자동차는 더 빠르게 움직이는 것 같아요."

"오! 병아리들이 태어났어요."

"우리가 병아리 도우미를 하는 건 어떨까?"

병아리 도우미가 되어요

유치원에 새로운 가족인 병아리들을 위해서 병아리 도우미 활동이 시작되었다. 병아리 도우미 활동은 교사와 함께 병아리에게 먹이를 주고, 병아리의 배변을 처리하는 등 병아리를 돌봐주는 도우미 활동이다. 병아리 도우미 활동을 통해 유아들은 병아리에 관심을 가지며 교사와 함께 병아리를 키우기 시작하였다. 그런데 병아리 도우미 활동을 진행하다 보니 유아들이 병아리를 키우는 환경과 방법에 대해서 궁금증을 갖게 되었고, 이를 인지한 교사가 평소에 우리를 도와주는 ChatGPT '도우미'에게 도움을 요청하자고 제안하였다.

"병아리 도우미는 무엇을 하면 좋을까?"

"우리가 밥을 줘요."

"똥을 치워 줘요."

병아리를 어떻게 키울까?

교사는 ChatGPT에게 '병아리 박사'로 역할을 부여하여 유아들에게 제공하였고, ChatGPT '병아리 박사'에게 병아리 키우는 방법에 대해서 물어보았다. ChatGPT '병아리 박사'는 어린이들이 궁금해하는 병아리를 키우는 환경과 방법에 대해서 자세하게 안내했다. ChatGPT '병아리 박사'의 도움을 받은 유아들은 왜 병아리의 집에는 전등이 있는지, 우리가 왜 배변을 처리해 줘야 하는지 등에 대해서 알아가며 더 적극적으로 병아리 도우미 활동에 참여하였다. ChatGPT '병아리 박사'가 알려준 병아리를 잘 키우는 방법 중에는 병아리와 함께 놀이를 해주면 병아리에게 좋다는 내용이 있었다. 그래서 놀이를 확장하여 유아들과 어떤 놀이를 해주면 좋을지 이야기 나누기를 진행하였고, 유아들과 함께 병아리 놀이터 만들기를 진행하기로 하였다.

물론이죠! 병아리는 어린 닭으로, 부화 후 약 6주 동안 어린 시절을 보냅니다. 이 시기에 병아리는 빠르게 성장하며, 올바른 영양 공급과 적절한 환경이 중요합니다. 병아리 활동은 아이들이 생명의 주기를 이해하고, 책임감을 기르며, 자연과의 상호작용을 배울 수 있는 좋은 기회입니다.

병아리 돌보기 활동에서는 다음과 같은 점들을 기억하면 좋습니다:

1. **사료와 물 공급**: 병아리에게는 신선한 물과 영양가 있는 사료를 꾸준히 공급해야 합니다. 어린 병아리에게는 특히 단백질이 많이 포함된 사료가 필요합니다.
2. **온도 조절**: 병아리는 체온 조절이 미숙하기 때문에 부화 후 처음 몇 주 동안은 따뜻한 환경이 필요합니다. 보통 35도 정도의 온도를 유지해주는 것이 좋습니다.
3. **깨끗한 환경**: 병아리가 자라는 공간은 청결을 유지해야 합니다. 배설물을 정기적으로 치우고, 깨끗한 깔짚을 제공하여 병아리가 건강하게 자랄 수 있도록 해야 합니다.
4. **사회화와 놀이**: 병아리는 호기심이 많고 사교적인 동물입니다. 여러 마리의 병아리를 함께 키우면 사회적 행동을 배우는 데 도움이 됩니다. 다양한 놀이 도구를 제공해주면 병아리의 발달에 좋습니다.

〈ChatGPT가 인출한 병아리 키우는 방법〉

1. 사료와 물 공급
2. 온도 조절
3. 깨끗한 환경
4. 사회화와 놀이

교사지원 Tip

ChatGPT를 사용할 때 각 주제나 활동에 맞게 ChatGPT에게 필요한 역할을 부여할 수 있다. ChatGPT에 역할을 부여하면 ChatGPT가 그 역할에 맞게 응답을 하며, 유아들도 ChatGPT를 어렵게 생각하지 않고 재미있게 ChatGPT와 상호작용을 할 수 있다.

실물놀이 연계

병아리 놀이터 만들기

유아들은 병아리와 함께 놀아줄 놀이터를 만들기 위해서 놀이터를 구상하는 활동을 진행하였다. 이후 교사가 제공한 다양한 재료로 병아리 놀이터를 만들었고, 유치원 놀이터에 있는 기구들을 생각하며 시소, 그네, 미끄럼틀 등 다양한 놀이 기구가 있는 놀이터를 완성하였다. 그리고 완성된 놀이터에 병아리를 초대하여 함께 놀이하며 신나는 시간을 보냈다. 그렇게 놀이터 활동을 한 후 평가 시간에 한 유아가 병아리와 함께 유치원 실외 놀이터에서 놀이하는 것을 제안하였다. 그렇게 놀이터 만들기 후속 활동으로 병아리 산책을 진행하게 되었다.

병아리 산책

병아리 산책은 병아리들이 견딜 수 있을 정도로 실외 온도가 올라간 5월 말에 진행하였다. 유아들은 그동안 더욱 성장한 병아리들과 함께 유치원 놀이터 옆 풀밭에서 함께 놀이하는 시간을 가졌다. 그런데 병아리 산책을 하는 동안에 유아들에게 또 다른 궁금증을 갖게 하는 사건이 발생했다. 그것은 바로 병아리가 땅바닥에 있는 벌레를 쪼는 것이었다. 이 모습을 본 유아들은 서로 자신의 의견을 이야기하였고, 병아리가 정말로 벌레를 먹는지 먹지 않는지 궁금증을 갖게 되었다.

"병아리가 벌레를 먹는다."

"아니야, 장난치는 거야."

"먹는 거 맞아!"

병아리에게 궁금한 것을 물어봐요.

유아들은 병아리 산책을 통해서 생긴 궁금증을 해결하기 위해서 ChatGPT '병아리 박사'를 다시 부르기로 하였다. 병아리 박사를 부르기 전 교사는 유아들에게 다른 궁금한 점에 대한 이야기 나누기를 활동을 진행하여 질문 목록을 완성하였다. 그렇게 완성된 질문 목록을 준비하여 ChatGPT '병아리 박사'를 불렀다. '병아리 박사'는 유아들의 질문에 척척 대답을 해주었고 유아들의 병아리에 대한 궁금증을 해소해 주었다.

"병아리가 거미를 먹을 수 있어요?"

"무지개색 병아리가 있나요?"

"병아리는 언제 닭장으로 갈 수 있어요?"

"병아리는 초콜릿을 먹을 수 있어요?"

"안녕하세요! 네 저는 영유아 교육에 관심이 많은 병아리 박사입니다. 무엇을 도와드릴까요?"

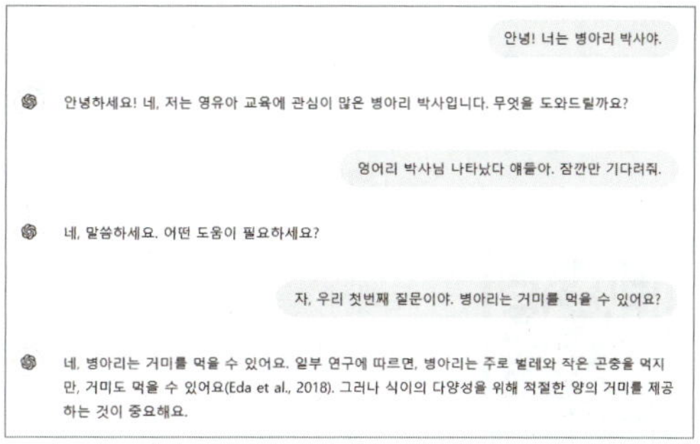

안녕! 너는 병아리 박사야.

안녕하세요! 네, 저는 영유아 교육에 관심이 많은 병아리 박사입니다. 무엇을 도와드릴까요?

영어리 박사님 나타났다 얘들아. 잠깐만 기다려줘.

네, 말씀하세요. 어떤 도움이 필요하세요?

자, 우리 첫번째 질문이야. 병아리는 거미를 먹을 수 있어요?

네, 병아리는 거미를 먹을 수 있어요. 일부 연구에 따르면, 병아리는 주로 벌레와 작은 곤충을 먹지만, 거미도 먹을 수 있어요(Eda et al., 2018). 그러나 식이의 다양성을 위해 적절한 양의 거미를 제공하는 것이 중요해요.

놀이 생각 넓히기

놀이 속에서 유아들의 이야기를 듣고 민감하게 반응하면 유아가 자신의 의견을 적극적으로 이야기할 수 있다. 또한 한 가지의 질문만 해결하는 것이 아닌 같은 주제로 다른 것에 대해서 물어보면 유아들은 더 재미있고 기발한 아이디어를 만들어 낸다.

병아리 박사 책 만들기 활동

유아들이 병아리에 대한 여러 궁금증을 해소한 것을 놀이로 확장하기 위해서 병아리 박사 책 만들기 활동을 계획하였다. 그것은 우리가 해결한 질문 목록을 단서로 책을 만드는 것이었다. 교사는 북크리에이터를 이용하여 질문 목록의 질문 키워드에 해당하는 아이콘을 각 장에 배치한 그림책을 제공하였다. 그리고 이러한 미완성의 그림책을 병아리에 대한 정보로 채워진 그림책으로 완성하는 활동을 진행하였다.

교사지원 Tip

① 연령에 맞는 활동 계획 및 운영하기

북크리에이터 앱은 태블릿 PC에서 사용 가능하며, PC에서 이용할 때에는 다음 사이트에서 활용 가능하다(https://bookcreator.com). 또한 북크리에이터는 태블릿 PC를 통한 플러그드 활동과 프린트를 이용한 실물 자료 활용의 언플러그드 활동이 모두 가능하다. 그래서 활동을 계획할 때 어린 연령 혹은 북크리에이터를 이용해 보지 못한 유아들은 사용에 어려움이 있을 수 있다. 그러므로 연령 및 수준에 맞게 태블릿 PC를 활용하거나 인쇄를 해서 실물 자료를 제공하는 것을 제안한다.

북크리에이터 웹사이트

② 북크리에이터의 다양한 기능을 활용하여 책 만들기

- **오토드로우 활용하기**

북크리에이터에는 오토드로우 기능이 탑재되어 있다. 그래서 그림 그리기에 자신이 없거나 서투른 유아는 오토드로우를 통해서 자신감을 가지고 활동에 참여할 수 있다.

- **캔바 활용하기**

북크리에이터에서는 캔바를 책 만들기에 바로 활용할 수 있다. 유아들을 위한 학습자료를 만들 때 책을 디자인할 수 있는 툴인 캔바를 활용하면 더 양질의 자료를 만들 수 있다.

- **텍스트, 사진, 음성 등 다양한 콘텐츠를 활용하기**

북크리에이터는 텍스트, 사진, 음성 등 다양한 콘텐츠를 활용하여 책을 구성할 수 있다. 그러므로 연령 및 수준에 따라 다양한 콘텐츠를 적절히 활용하면 더 다채로운 수업을 운영할 수 있다.

놀이 돌아보기

처음에는 병아리와 관련된 활동을 진행하면서 교사가 병아리에 관련된 내용을 준비하고 준비한 내용을 알려주는 방식으로 수업을 진행하려고 하였습니다. 하지만 수업 중에 유아로부터 나온 몇몇 질문을 통해 교사가 미처 생각하지 못한 부분에 대해서 알 수 있었습니다. 만약 유아가 병아리가 벌레를 쪼는 모습에 대해서 단순한 장면으로 치부하고 넘어갔다면 병아리 산책은 유아들과의 바깥 활동에서 끝이 났을 수 있었습니다. 하지만 유아의 질문에 예민하게 반응하고, 함께 알아보고자 하는 마음은 놀이를 더욱 확장하는 데에 도움을 주었습니다. 그렇게 진행된 병아리 박사 활동을 통해서 유아의 다양하고 색다른 질문들을 접하고, 그것을 해결하면서 병아리에 대해서 더 심층적으로 알 수 있었습니다. 병아리 활동을 통해서 유아들의 목소리에 귀를 기울이는 경청의 자세가 중요하다는 걸 다시 한번 느낄 수 있었습니다. 또한 활동을 도와주는 ChatGPT와도 점차 가까워지는 것을 느꼈습니다. 처음 ChatGPT를 접했을 때는 거부감이 컸지만 지속적인 활동을 통해서 익숙해지고 있으며, 교사가 '병아리 박사'라는 역할을 부여하고, 그것에 맞게 응답을 하자 아이들이 더욱 활동에 집중하는 모습을 보았습니다. 그러므로 교실에서의 점진적인 인공지능과 디지털 프로그램 활용을 통해 유아들과의 친밀감을 키워나가는 것도 중요하다는 생각이 들었습니다.

(3) AI 놀이 계획 및 실행안(네이버 앱, 구글 앱)

<table>
<tr><th>놀이명</th><td>우리 반에 공룡이 나타났어요.</td><th>누리과정
영역</th><td>자연탐구
신체운동·건강</td></tr>
<tr><th>누리과정
범주</th><td>• 자연탐구 〉 탐구과정 즐기기 〉 궁금한 것을 탐구하는 과정에 즐겁게 참여한다.
• 자연탐구 〉 자연과 더불어 살기 〉 주변의 동식물에 관심을 가진다.
• 신체운동·건강 〉 안전하게 생활하기 〉 TV, 컴퓨터, 스마트폰 등을 바르게 사용한다.</td><th>연령</th><td>3~5세</td></tr>
<tr><th>인공지능
교육내용</th><td colspan="3">• 인공지능 이해교육 〉 인공지능에 관심 가지기 〉 인공지능이 무엇인가요?
• 인공지능 이해교육 〉 인공지능으로 생각하기 〉 인공지능은 생각을 해요.
• 인공지능 활용교육 〉 인공지능으로 창의적으로 표현하기 〉 인공지능과 함께 놀아요.</td></tr>
<tr><th>놀이자료</th><td colspan="3">태블릿 PC, 스마트폰</td></tr>
<tr><th>App 및 Web</th><td colspan="3">네이버 App(앱) 인터랙티브 검색 서비스, 구글 App(앱)</td></tr>
<tr><th>교사의 기대</th><td colspan="3">• AR 기술을 통해 동물을 3D로 관찰하며 실제로 동물을 만나는 것과 유사한 경험을 해 본다.
• 디지털 기기를 활용법을 자연스럽게 익히고, 정보검색능력과 문제해결능력을 향상시킨다.
• AR 동물 검색은 유아의 언어 발달과 상상력을 자극하여 다양한 표현 활동의 기회를 제공한다.</td></tr>
<tr><th>교사의 지원</th><td colspan="3">• 유아들이 디지털 도구(태블릿 PC, 앱)를 효과적으로 활용할 수 있도록 지원한다.
• 구체적인 동물에 대한 질문을 유도하거나, 관련 그림책과 자료를 제공하여 학습을 확장할 수 있도록 지원한다.
• 유아가 디지털 기기를 안전하게 사용하도록 지도하고, 기술 사용에 대한 규칙을 명확히 하여, 유아의 디지털 리터러시를 향상시키는 데 도움을 준다.</td></tr>
<tr><th>놀이방법</th><td colspan="3">① 공룡의 사진 자료나 그림책을 활용하여 공룡 이야기를 나눈다.
• 이 공룡의 이름은 무엇일까?
• 공룡은 언제 살았을까? 공룡은 무얼 먹고 살까?

② 네이버 지식 인터랙티브 검색 서비스를 소개한다.
• 우리 교실에 공룡이 찾아온다면 어떨까?</td></tr>
</table>

	• 공룡은 어떤 모습일까? • 공룡이 화면에 나타났어! ③ AR 탐색으로 공룡과 놀이한다. • 화면을 돌려서 공룡을 360도로 볼 수 있어. 공룡처럼 걸어보자! • 공룡의 크기를 조절할 수 있어. • 공룡의 이름은 무엇이니? 어떤 특징이 있니? ④ 사후 확장 활동으로 공룡 만들기, 화석 만들기, 공룡 그림책 만들기, 공룡 일기 쓰기 등을 연계한다. • 가상 공룡과 놀이해 보니 기분이 어떠니? ⑤ 유아들이 공룡에 대해 어떤 정보를 기억하고 있는지, AR 기술을 통해 얼마나 흥미를 느꼈는지 이야기 나눈다.
평 가	• 디지털 매체의 교육적 활용 가치를 인식하고, 유아의 놀이를 지원하기 위해 적절한 매체를 선정하였는가? • 디지털 매체를 활용하는 과정에서 발생하는 문제나 어려움을 적극적으로 해결하고 유아를 지원하였는가? • 유아가 공룡에 대해 친구들과 적극적으로 이야기하고 의견을 나누었는가? • 유아가 AR 기기를 활용하여 공룡을 관찰하는 데 적극적으로 참여했는가?

교사지원 Tip

인터랙티브 검색 서비스는 네이버 검색과 통합되어 있으며 현재는 네이버에서 '티라노사우루스'와 같은 공룡을 검색하면 인터랙티브 검색 서비스로 연결된다. 현재는 공룡 종류를 AI와 AR로 구현하고 있는데, 앞으로는 다양한 동물이나 사물 구현으로 확장될 것으로 보인다. 데스크톱이나 노트북에서 검색할 경우 AI 기능은 사용할 수 있으나 카메라 기능의 제한으로 AR 기능의 사용은 어려울 수 있다.

네이버(Naver) 지식 인터랙티브 검색 서비스 Web 사용법

① '네이버' 웹사이트에 접속해 검색창에 '티라노사우루스' 등의 공룡 이름을 입력하면 바로 하단에 티라노사우루스의 공룡 정보가 나타난다.
화면 왼쪽의 '대화하기'를 클릭하면 AR로 나타난 티라노사우루스 AI와 대화하고, 명령하면서 정보를 알아가는 AI 이야기 나누기 놀이가 통합될 수 있다.

② 마이크 아이콘을 누르고 음성을 입력하면 AI와 자유롭게 대화할 수 있다. 공룡의 특성과 관련하여 궁금한 것들을 질문하면 대화할 수 있다.

③ 화면 오른쪽 '　'를 클릭하면 AR로 공룡 보기가 가능하다. 내가 있는 공간에 공룡이 나타난다. 이때 카메라의 접근을 반드시 '허용'으로 설정해야 한다.

교사지원 Tip

스마트 기기의 구글(Google)에서 '공룡'을 입력하고 검색하면 티라노사우루스와 같은 해당 공룡 AR을 볼 수 있고, '펭귄'이나 '상어'와 같은 동물을 입력하고 검색하면 해당 동물 AR을 볼 수 있는데, 데스크톱이나 노트북에서 검색할 경우는 카메라 기능의 제한으로 AR 기능의 사용이 어려울 수 있다. 컴퓨터나 스마트 기기 모두에서 카메라 기능을 허용해 주어야 하는데 '카메라의 접근' 대화상자에서 반드시 '허용'을 해주어야 한다.

구글(Google)검색 사이트 Web 사용법

① '구글' 웹사이트에 접속해 검색창에 '공룡', '펭귄', '상어', '코알라'와 같은 동물을 입력하면 바로 하단에 동물정보가 검색된다.
화면 하단 왼쪽의 ' 3D' 아이콘을 클릭하면, 화면이 전환되고 살아있는 공룡이 등장한다.

② AR 기능을 위해서 [내가 있는 공간에서 보기]를 누르면 AR로 나타난 티라노사우루스와 상호작용하는 이야기 나누기, 극놀이 동영상 녹화 놀이가 가능하다.

놀이의 시작은 ……

유아들은 최근 공룡에 대해 큰 관심을 보이고 있다. 교실에서는 공룡 그림책을 읽거나, 공룡 장난감을 가지고 놀며 공룡에 대해 이야기 나누는 시간이 많아졌다. 일부 유아들은 공룡 이름을 외우거나, 공룡이 살았던 시대에 대해 궁금해하며 질문을 많이 한다. 이러한 유아들의 관심과 호기심을 반영해 교사는 유아들이 공룡에 대해 특별한 경험을 할 수 있도록 AR 체험 놀이를 소개하기로 하였다.

AI 놀이

호기심과 흥미의 시작

공룡이 우리 교실에 직접 나타날 수 있다는 교사의 이야기에 유아들은 관심을 보였다. 교사는 네이버 지식 인터랙티브 검색 서비스를 소개하고 공룡과 대화하고 공룡을 교실에 초대했다. 유아들은 스마트 기기에 나타난 공룡을 보고 신기해하고 즐거워하며 공룡에게 질문을 시작했다.

"AR이라는 기술을 들어본 적 있니?
공룡이 우리 교실에 찾아오면 어떨까?"

"와, 정말 재미있겠어요! 언제 해볼 수 있어요?"

"선생님! 티라노사우루스가 정말 무서웠어요!"

"스마트기기를 사용해서 공룡을 찾아보고, 우리가
그 공룡처럼 움직여 보기도 할 거야. 모두 준비됐지?"

호기심과 흥미 확장하기

유아들은 스마트 기기에 나타난 공룡에게 "네 이름은 뭐야?", "넌 어디서 살아?", "넌 뭘 좋아해?" 등의 질문을 하며 공룡이 대답하는 이야기를 듣고 즐거워한다. AR로 공룡 보기를 통해 교실 안에 공룡을 불러오고 신기해한다. 교실에 비치된 실제 공룡 놀잇감과 함께 화면에 나타난 공룡과 놀이를 시작한다.

"와! 공룡이 나타났어."

"진짜, 티라노사우루스야."

"공룡 친구들과 함께 사진 찍어볼까?"

"펭귄이 나타났어."

"나도 펭귄 같아?"

"내가 펭귄이랑 함께 사진 찍어줄게."

"우와 ~ 펭귄이랑 함께 사진을 찍었구나! 멋진걸."

놀이와 즐거움을 통한 배움 지원하기

유아들은 공룡과 펭귄과 같은 동물을 검색하고 궁금한 것들을 질문하고 대답을 듣는 과정에서 동물의 특성에 대해 알아가게 되었다. 검색한 동물의 울음소리와 걸음걸이를 따라 하며 신체활동으로 연계하기도 하고 극놀이로 표현해 가며 동물의 특징에 대해 이야기하는 모습을 보였다. 또한 유아들은 AR 기술에 관심을 보이며 기술의 원리에 대해서도 궁금해하는 모습을 보였다.

"호랑이도 나타났어."

"우리 교실이 동물원 같다."

"선생님 너무 신기해요! 그런데 어떻게 보이는 거예요?"

"AR이 증강현실이라는 뜻인데 이 기술을 사용하면 우리가 진짜로 눈앞에서 보는 것처럼 볼 수 있어요."

교사지원 Tip

① 유아들이 AR 기기를 사용할 때 화면이 잘 보이지 않거나 작동이 원활하지 않을 경우, 교사가 기기를 점검해 문제를 해결해 준다. 예를 들어, 기기 재부팅, 화면 밝기 조절, 인터넷 연결 확인 등을 통해 기기의 상태를 최적화한다.
② 유아들이 AR로 본 동물에 대해 잘 이해하지 못할 때, 교사가 추가 정보를 제공하고 설명해 준다. 동물의 특징, 생태, 서식지 등에 대해 구체적인 설명을 덧붙여 이해를 돕는다.
③ 유아들의 관심사나 현재 진행 중인 놀이 주제와 관련하여 필요한 음악을 자유롭게 창작해 볼 수 있도록 지원한다.
④ 유아들이 놀이 중에 서로 충돌하거나 갈등을 겪을 때, 교사가 중재한다. 유아들이 서로 협력하고 차례를 지키며 놀이할 수 있도록 지원한다.
⑤ 교사는 유아가 프로그램 사용하면서 겪는 어려움을 해결할 수 있도록 지속적으로 관찰하고 지원한다. 기능사용에 어려움을 겪을 때 직접 시범을 보여준다.

실물놀이 연계

가상으로 나타난 공룡과 실제 놀잇감 공룡으로 함께 놀이하기도 하며 공룡의 특징에 대해 알게 된 유아들은 공룡 만들어 보기, 공룡 화석 만들어 보기 등의 활동으로 연계할 수 있다.

"공룡이 우리에게 어떻게 알려지게 되었는지 궁금하지 않니?"

"네, 어떻게 알게 됐어요?"

"과학자들이 땅속에서 공룡의 뼈를 발견했기 때문이야."

"와 ! 우리도 공룡 화석을 만들 수 있어요?"

놀이 돌아보기

유아들과 함께한 증강현실(AR) 공룡 및 다양한 동물 검색 놀이는 매우 흥미로웠습니다. 유아들은 AR 기술을 통해 생생한 공룡과 동물을 만나며 신기함과 호기심을 표출하였습니다. 스마트기기를 사용해 동물을 360도로 회전시켜 관찰하고, 각 동물의 특성에 대해 AI에게 질문하며 학습하는 과정에서 유아들은 적극적으로 참여했습니다. 이 활동은 유아들에게 단순히 새로운 기술을 경험하게 하는 것 이상의 교육적 효과를 제공하였습니다. 유아들은 AR 기술을 통해 학습 동기를 자극받았으며, AI와의 상호작용을 통해 질문하는 능력과 정보탐색능력을 키워갈 수 있었습니다. 또한 공룡과 동물의 생태와 특징에 대해 깊이 있게 이해할 수 있는 기회가 되었습니다. 일부 유아들이 기기 사용에 어려움을 겪었을 때 교사는 즉각적인 지원을 충분하게 제공해야 함을 다시 한번 깨닫게 되었습니다. 증강현실로 동물을 불러오는 과정에 일부 유아들이 어려움을 겪기도 했지만 반복적인 활용을 통해 점차 극복할 수 있었습니다.

전반적으로 이번 놀이 활동은 유아들의 기술활용능력과 학습 흥미를 높이는 데 큰 성과를 거두었으며, 앞으로도 다양한 AR 기술을 활용한 놀이를 통해 유아들의 창의성과 탐구능력을 더욱 증진시킬 수 있도록 노력해야겠습니다.

CHAPTER
04

유아 AI 놀이

Chapter | 04

유아 AI 놀이

유아용 AI 앱이나 매체들은 유아들에게 AI를 경험하고 AI의 원리를 경험할 수 있게 한다는 측면에서 인공지능 시대의 놀이로 적합하다. 이러한 AI 놀이 앱으로는 네이버 인터랙티브, 구글 아트, 오토드로우 등을 예로 들 수 있으며, AI 놀이 매체로는 클로바램프와 같은 TTS 매체, 알파미니와 같은 AI 로봇을 예로 들 수 있다. 이 장에서는 유아교육 현장에서의 유아 중심 AI 이야기 나누기, AI 놀이의 실제 사례와 AI 챗봇 활용 놀이 실행안 작성 방법을 제시할 것이다.

이 책에 수록된 AI 앱, 자료 링크 패들렛 안내

이 장에서 설명하는 저자의 패들렛 링크는 네이버에서 '유구종 태블릿'을 검색 후 '유아교육기관 스마트폰·태블릿 PC활용 프로그램' 사이트의 '커뮤니티 〉 자유게시판'에서 70번 자료 '유아 AI 앱, 자료' 링크를 누르면 접근할 수 있다.

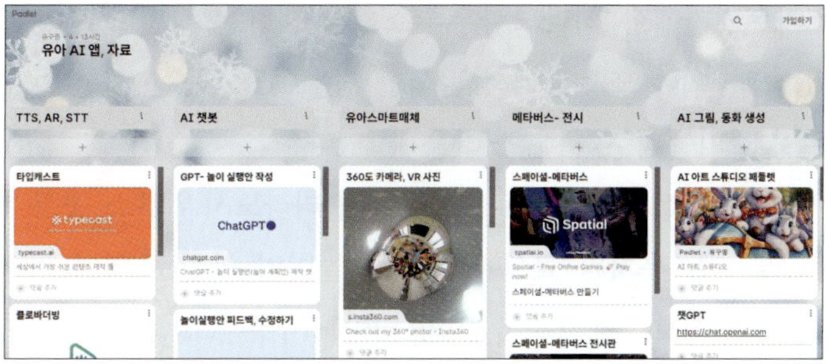

QR을 스캔해 주세요.

1. 네이버 지식 인터랙티브와 구글 동물 검색

미래 시대에는 AI를 중심으로 VR·AR과 메타버스가 통합되는 가상 환경에 대한 관심이 증가될 것으로 보인다. 이에 유아교육에서는 현실에서의 놀이와 AI와 VR·AR을 통합하려는 노력이 필요한데, 대표적인 유아 놀이로 '네이버(Naver)'의 '지식 인터랙티브' 검색 서비스를 들 수 있다. 인터랙티브 검색 서비스는 네이버 검색과 통합되어 있으며 현재는 네이버에서 '티라노사우루스'와 같은 공룡을 검색하면 인터랙티브 검색 서비스로 연결된다. 현재는 공룡 종류를 AI와 AR로 구현하고 있는데, 앞으로는 다양한 동물이나 사물 구현으로 확장될 것으로 보인다.

유아교육기관에서의 '네이버(Naver) App', '구글(Google) App' 활용 증강현실 놀이 실행안의 예는 이 책의 제3장 2. AI 놀이 계획 및 실행안(자연탐구)의 '(3) AI 놀이 계획 및 실행안(네이버 앱, 구글 앱)'을 참고하기 바란다(200쪽).

| 그림 4-1 |의 화면은 스마트기기에서 '티라노사우루스'를 검색하는 장면으로, AI와 AR 기능을 사용할 수 있다. 데스크톱이나 노트북에서 검색할 경우 AI 기능은 사용할 수 있으나 카메라 기능의 제한으로 AR 기능의 사용은 어려울 수 있다.

| 그림 4-1 |의 첫 번째 장면은 AR 기능의 예로, 연구실에 티라노사우루스 공룡이 증강현실로 나타난 것을 볼 수 있는데, 유치원 교실에서 실제 놀이와 통합 운영이 가능하다. AR로 나타난 티라노사우루스와 상호작용하는 놀이와 티라노사우루스 AI와 대화하고 명령하면서 정보를 알아가는 AI 이야기 나누기 놀이가 통합될 수 있다. | 그림 4-1 |의 두 번째 장면은 티라노사우루스 이외의 다른 종류의 공룡을 선택할 수 있는 장면을 볼 수 있다. 또한 유아의 "네가 등장하는 영화는 뭐가 있어?"라는 질문에 티라노사우루스가 답변하는 장면이다. 세 번째 장면은 교실로 찾아온 프테라노돈을 아이들이 AR로 경험하면서 이야기 만들기 놀이하는 장면과 유아 교실로 찾아온 티라노사우루스 때문에 유아들이 깜짝 놀라 공룡 놀이터가 되어버린 장면이다. 네이버 인터랙티브의 장점은 유아들이 네이버의 검색을 통해 나타난 AI와 음성으로 대화가 가능할 뿐 아니라 증강현실로 나타난 대상과 유치원 교실에서 놀이할 수 있다는 점이다.

| 그림 4-1 | 네이버 지식 인터랙티브 AI와 유치원 증강현실 활동

출처 : 네이버 지식 인터랙티브, W시 P유치원 제공.

스마트기기의 '구글(Google)' 검색 사이트에서 '공룡'을 입력하고 검색하면 티라노사우루스와 같은 해당 공룡 AR을 볼 수 있고, '펭귄'이나 '상어'와 같은 동물을 입력하고 검색하면 해당 동물 AR을 볼 수 있는데, 데스크톱이나 노트북에서 검색할 경우 카메라 기능의 제한으로 AR 기능의 사용이 어려울 수 있다. 컴퓨터나 스마트기기 모두에서 카메라 기능을 허용해 주어야 하는데, '카메라의 접근' 대화상자에서 반드시 '허용'을 선택해야 한다. VR 기능을 위해서는 구글(Google) 검색에서 공룡(티라노사우루스)이나 동물들(펭귄, 상어)을 검색하고 '3D로 보기' 아이콘을 누른다. AR 기능을 위해서 [내가 있는 공간에서 보기]를 누르면 유아교육기관에 AR로 나타난 티라노사우루스와 상호작용하는 이야기 나누기, 극놀이 동영상 녹화 놀이가 가능하다.

| 그림 4-2 |에서 이러한 과정을 볼 수 있다. 구글의 장점은 유아들이 구글 검색을 통해 증강현실로 나타난 대상과 유치원 교실에서 놀이할 수 있을 뿐 아니라 유아가 공룡이나 동물들과 상호작용하는 동영상을 녹화할 수 있다는 점이다. 유아들이 공룡 주제나 동물 주제에 따라 해당 주제의 AR 캐릭터와 이야기 나누기나 극놀이 활동을 전개하면서 동영상으로 녹화할 수 있다. 동영상 녹화를 위해서는 [내가 있는 공간에서 보기] 화면 하단의 흰색 원을 계속해서 누르면 된다. 누르는 동안의 AR 캐릭터와의 놀이 장면은 동영상 파일(MP4)로 저장되며, 스마트기기의 '갤러리' 앱에서 저장된 동영상을 볼 수 있다(그림 4-2의 셋째 장면 참조). 물론 이러한 동영상 파일은 카카오톡과 같은 SNS로 공유할 수 있으며, 유아교육기관 대형 TV나 프로젝터로 미러링하여 이야기 나누기나 집단 활동에 활용할 수 있다.

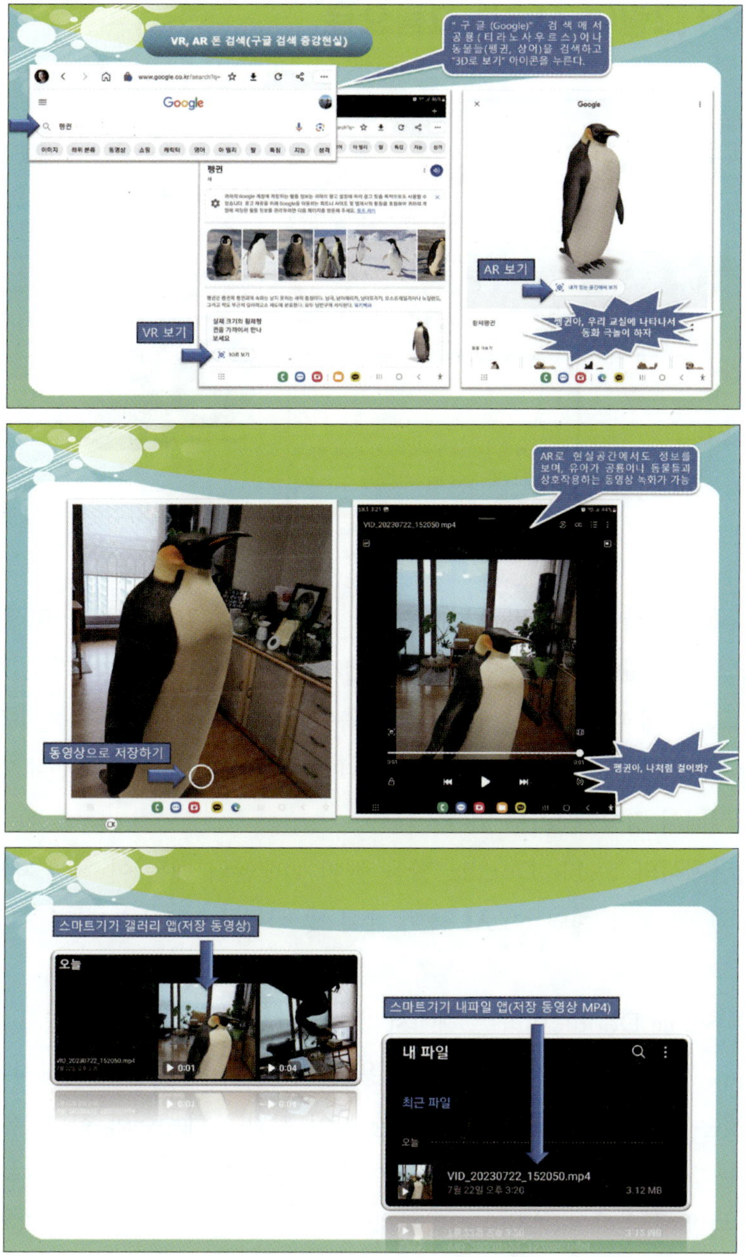

| 그림 4-2 | 구글(Google) AR 동물 검색

출처 : 구글(Google) 검색.

2. 유아 낙서 그림이 AI 3D 그림으로

'Stable Doodle' 앱을 사용하면 AI가 유아가 낙서하듯이 그린 그림을 멋진 실물 그림이나 3D 그림으로 바꿔준다. 이런 경험은 유아에게 그림 그리기에 대한 자신감을 높여주어 앞으로 그림 그리기에 대한 능력감을 준다는 측면에서 중요하다. 또한 종이에서의 끼적이기나 낙서와 같은 실물 쓰기, 그리기 놀이가 AI 놀이로 이어진다는 측면에서 유아에게는 훌륭한 AI 리터러시 경험이 될 수 있다.

유아교육기관에서의 'Stable Doodle' 활용 놀이 실행안의 예는 이 책의 제3장 2. AI 놀이 계획 및 실행안(의사소통)의 '(2) AI 놀이 계획 및 실행안(스테이블 두들)'을 참고하기 바란다(104쪽).

여기에서는 'Stable Doodle'이라는 웹에서 유아교사가 유아들과 함께 낙서 그림을 AI 그림으로 전환하는 놀이의 예와 더불어 웹 사용 방법을 볼 수 있다. 유아교사는 유아들 혼자 놀이하기에는 어려움이 많은 만큼 적절한 놀이 지원을 해주어야 한다. 유아들이 끼적인 그림에 맞는 그림 설명을 AI 번역기에 넣어서 영어로 바꾸어 입력해 준 다음 단추를 눌러준다. 그런 다음에 유아의 끼적인 그림에 맞도록 AI가 만들어 준 4개의 3D 그림 중에서 선택하여 그림파일로 내려받으면 된다.

3. Living Archive-내 동작 인식 동작 만들기

'Living Archive'는 AI 기계학습 모델을 적용하여 유아들의 동작을 그대로 인식하여 동작으로 만들 수 있는 웹사이트이다. 춤의 자세나 동작을 클릭하면 연속동작으로 만들어 주며, 유아들의 동작을 인식시키면 그대로 연속동작으로 만들어 준다.

유아교육기관에서의 'Living Archive' 활용 놀이의 예는 이 책의 제3장 2. AI 놀이 계획 및 실행안(신체운동·건강)의 '(1) AI 놀이 계획 및 실행안(Living Archive)'을 참고하기 바란다 (65쪽).

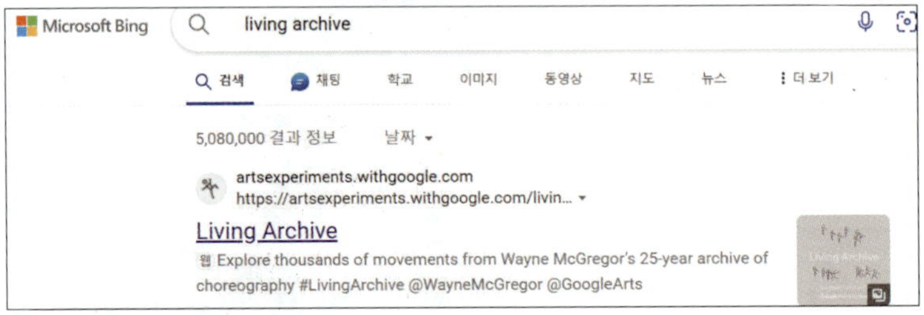

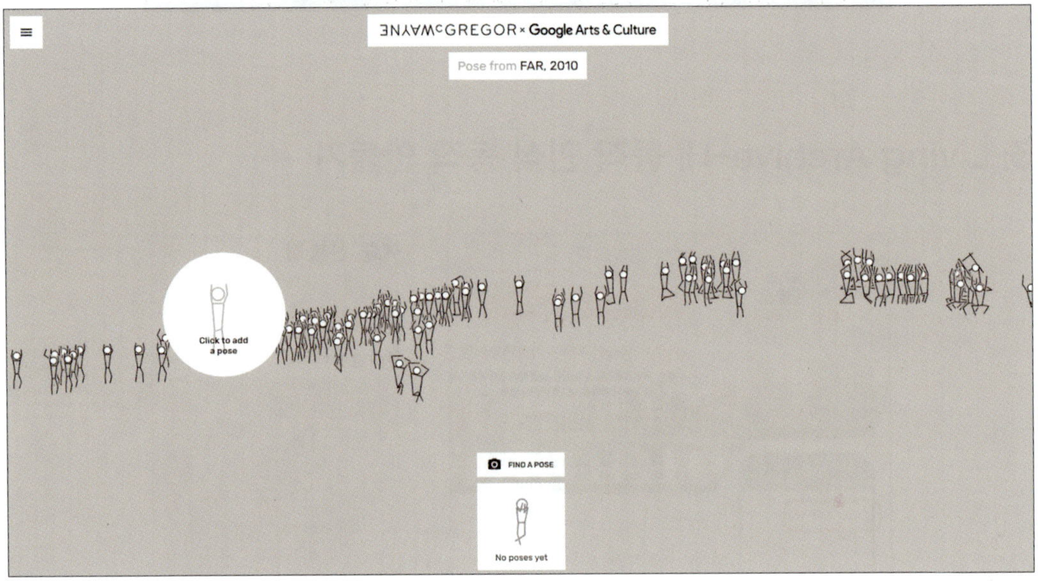

4. 네이버 클로바 램프와 스마트 렌즈

네이버 클로바 램프는 네이버에서 개발한 인공지능 스피커이다. 특히 클로바 램프는 '책 읽어주는 AI 조명'으로 램프가 그림책을 스캔하는 시스템을 통해 글 읽기가 가능하다. 또한 네이버 파파고를 기반으로 하여 음성으로 단어나 문자에 대한 번역뿐만 아니라 글자를 한글에서 영어, 영어에서 한글로 번역이 자유롭다. 이 때문에 유아교육기관에서 유아들에게 AI 기기를 경험하고 책 읽기 활동과 연결할 수 있는 훌륭한 기기라 할 수 있다.

네이버 스마트 렌즈는 구글렌즈와 유사한 기능을 하는데, QR코드를 스캔하고 그림에 포함된 글자를 인식해 주며 관련 정보를 검색해 주기 때문에 유아교육기관에서 유용하게 활용될 수 있다. 특히 숲 활동 등에서 꽃이나 식물 등을 검색해서 정보를 제공해 주기 때문에 유용하게 사용될 수 있다. 유아교육기관에서의 '스마트 렌즈' 활용 놀이 실행안의 예는 이 책의 제3장 2. AI 놀이 계획 및 실행안(자연탐구)의 '(1) AI 놀이 계획 및 실행안(네이버 스마트 렌즈)'을 참고하기 바란다(183쪽).

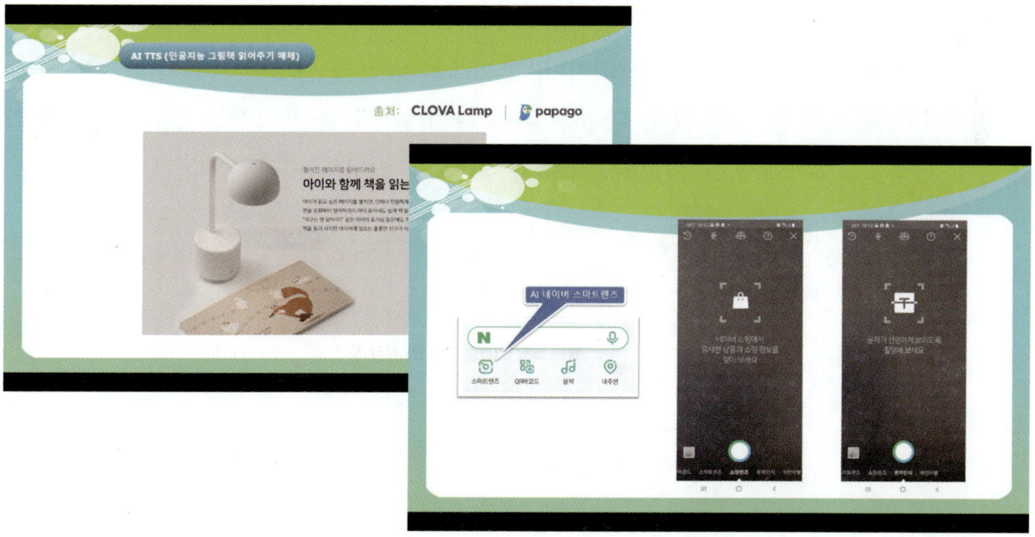

그림 4-3 | 네이버 클로바 램프와 스마트 렌즈

출처 : 네이버 클로바 램프, 네이버 앱.

5. 놀이 실행안(놀이 계획안) 제작 챗봇 활용 놀이안 작성 및 피드백

'놀이 실행안 작성' 챗봇은 영유아교육기관에서 유아교사가 놀이 실행안(놀이 계획안)을 작성할 때 활용할 수 있는 챗봇이다. 저자가 만든 ChatGPT 챗봇으로 유아교사가 놀이안을 작성하거나 기존의 작성한 놀이안의 피드백을 받고 수정 보완할 수 있도록 설계되었다.

다음은 '놀이 실행안 작성' 챗봇에 기존 작성한 놀이 실행안을 업로드하고 프로젝트 교수법 절차에 따라 수정하게 하는 사례이다. 프롬프트 공란에 작성하기 원하는 놀이 주제를 입력하고 '엔터' 키를 치면 된다. 다음은 기존 놀이 실행안을 프로젝트 접근법을 적용하여 수정하게 하고 AI 매체 활용 실행안으로 수정하도록 요구하는 장면이다.

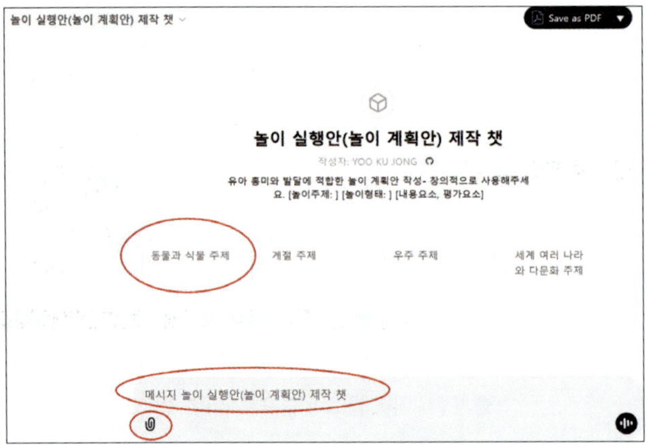

놀이 실행안(놀이 계획안) 제작 챗

달력프로젝트 월간.pdf
PDF

놀이 실행안(놀이 계획안) 제작 챗

업로드한 놀이실행안을 프로젝트 교수법 절차에 따라 글머리 기호를 사용하여 수정해주세요

놀이 실행안(놀이 계획안) 제작 챗

다음은 프로젝트 교수법 절차에 따라 수정된 "달력 프로젝트" 놀이 실행안입니다:

놀이 계획안: AI 통합 달력 프로젝트 (프로젝트 교수법 적용)

1. **놀이 이름**: AI 통합 달력 프로젝트
2. **놀이 목표**:
   - **시간과 달력 이해**: 유아들에게 달력, 날짜, 계절 및 문화적 행사를 소개한다.
   - **AI 도구 활용**: AI를 활용해 동적인 달력 탐색을 통해 유아들이 숫자, 시간, 문화적 맥락을 상호작용으로 이해하도록 돕는다.
   - **창의적 및 문화적 발달**: 손으로 만드는 활동(예: 계절을 주제로 한 공예)을 통해 창의성과 문화 인식을 높이고, AI를 활용해 이야기와 문화 행사를 심화 학습한다.
3. **놀이 유형**: 탐구 기반 학습, AI 보조 탐색, 그룹 활동
4. **놀이 지원 및 교사 역할**:
   - **계획 단계**:
     - **AI 도구 소개**: 유아들이 AI로 구동되는 달력과 상호작용하는 방법을 보여주어 달, 계절, 중요한 날짜 등을 탐색하도록 한다.

놀이 실행안(놀이 계획안) 제작 챗

7. **교사와 유아의 상호작용 예시**:
   - **교사**: "겨울에는 무슨 일이 일어나는지 AI에게 물어볼까요?"
   - **유아**: "AI, 겨울이 뭐예요?"
   - **AI**: "겨울은 추운 계절로, 종종 눈이 내립니다. 사람들은 따뜻한 옷을 입고 새해를 축하하기도 해요."
   - **교사**: "눈에서 뭐 하는 걸 좋아하나요?"
   - **유아**: "눈사람 만드는 게 좋아요! 눈사람을 그릴 수 있어요?"

이 수정된 놀이 실행안은 프로젝트 기반 접근법을 적용하여 유아들이 달력 개념을 탐구할 수 있는 유연한 학습 기회를 제공하며, AI 도구를 활용하여 학습 경험을 더욱 풍부하게 만듭니다.

CHAPTER

05

영유아교육기관 AI 그림책과 수업자료 제작 및 활용

Chapter | 05

영유아교육기관 AI 그림책과 수업자료 제작 및 활용

AI 시대에 있어 영유아교육기관 AI 자료 제작과 활용 방법은 영유아 교사를 위한 필수 역량이 되었다. 이 장에서는 이러한 AI 자료 제작을 AI 동화, AI 동화 동영상, AI 아바타 이야기 나누기, AI PPT 자료, AI 수업 자료와 같은 동화와 이야기 나누기 자료 제작 방법을 중심으로 기술한다.

영유아교육기관에서 활용할 수 있는 대표적인 생성형 AI로는 대표적으로 'ChatGPT'와 'Copilot'을 들 수 있는데, 영유아교육기관에서의 'ChatGPT'와 'Copilot' 활용 그림책과 수업자료 제작 관련 놀이의 예는 이 책의 제3장 2. AI 놀이 계획 및 실행안(의사소통)의 '(1) AI 놀이 계획 및 실행안(ChatGPT, Copilot)'을 참고하면 된다(90쪽).

이 책에 수록된 AI 앱, 자료 링크 패들렛 안내

이 장에서 설명하는 저자의 패들렛 링크는 네이버에서 '유구종 태블릿'을 검색 후 '유아교육기관 스마트폰·태블릿 PC활용 프로그램' 사이트의 '커뮤니티 〉 자유게시판'에서 70번 자료 '유아 AI 앱, 자료' 링크를 누르면 접근할 수 있다.

QR을 스캔해 주세요.

1. AI 그림책 제작(ChatGPT)

1) 생성형 AI와 동화 제작

ChatGPT와 같은 생성형 AI의 동화 내용 생성 기능은 기존 동화 내용을 유아들에게 생성해 주고 이야기 나누기 활동으로 전개할 수 있도록 도움을 줄 수 있다는 측면에서 활용도가 높다. 유아들이 그림책을 통해서, 혹은 유치원 선생님에게 들었던 동화 내용을 AI를 통해 다시 듣고, 이러한 AI가 전달하는 동화에 관하여 이야기 나누는 과정은 유아들에게 동화 내용에 대한 회상 활동으로 이어져 새로운 개념 형성으로 연결될 수 있다. 동화 내용에 대하여 컴퓨터나 스마트기기를 통해서 음성으로 이어지는 AI와의 대화는 뒷이야기 꾸미기나 이야기 내용 각색하기 활동 등으로 확장될 수 있다. 아기돼지 삼형제 이야기에서의 아기돼지들은 유아들과 AI에 의해서 로봇 삼형제 이야기로 각색되고 변형될 수 있다.

2) ChatGPT 동화 제작의 실제 - 각색하기, 그림 장면 프롬프트 제작

아기돼지 삼형제 이야기에서의 아기돼지들은 유아들과 AI에 의해서 로봇 삼형제 이야기로 각색될 수도 있는데, 다음은 착한 일을 많이 하는 로봇을 주인공으로 하여 아기돼지 삼형제 이야기 내용을 각색한 예이다. ChatGPT에게 착한 일을 많이 하는 주인공 로봇이 아기돼지 삼형제와 사이좋게 지내는 이야기를 만들어 달라고 지시하였다. 지시한 프롬프트의 내용은 다음 화면을 참고하기 바란다.

그 뒤에는 ChatGPT가 작성해 준 내용으로 8페이지 정도 분량으로 동화책을 제작하기 위해서 각 장면에 들어갈 그림 제작을 위한 프롬프트를 작성하게 하였다. ChatGPT가 AI 그림 제작 툴에 입력할 각 장면의 프롬프트 내용들을 다음과 같이 제시해 주었다.

아기돼지 삼형제 이야기 알지요? 아기돼지 삼형제와 로봇을 주인공으로 이야기를 만들어주세요. 착한 일을 많이 하는 주인공 로봇이 아기돼지 삼형제와 사이좋게 지내는 이야기입니다.
지금 번역하기

로봇과 아기돼지 삼형제의 특별한 우정 이야기

옛날 옛적, 숲 속 마을에 아기돼지 삼형제가 살고 있었습니다. 첫째는 게으르고 둘째는 조금 엉뚱했지만, 셋째는 부지런하고 똑똑했습니다. 형제들은 각자 집을 지었는데 첫째는 짚으로, 둘째는 나무로, 셋째는 튼튼한 벽돌로 집을 지었습니다.

그러던 어느 날, 숲에 로봇이 나타났습니다. 이 로봇은 오래된 공장에서 버려졌다가 스스로를 고쳐가며 숲 속으로 온 착한 로봇이었습니다. 로봇은 남을 돕는 걸 좋아해 마을의 동물들이 부탁하면 항상 기쁜 마음으로 도와주곤 했습니다.

첫 만남

로봇이 처음 삼형제를 만난 건 어느 따뜻한 봄날이었습니다. 첫째 돼지의 짚집이 바람에 흔들리던 것을 보고 로봇은 그 집을 고쳐주기로 했습니다.

"도와줘서 고마워요, 로봇!" 첫째 돼지가 말했습니다.

"뭐든지 말해요! 친구가 되어줄게요." 로봇이 웃으며 대답했습니다.

둘째 돼지는 로봇을 보고 집 안의 망가진 물건들을 가져와 고쳐달라고 했습니다. 로봇은 기계 팔을 사용해 빠르게 문제를 해결했고, 둘째 돼지는 로봇을 아주 좋아하게 되었습니다.

셋째 돼지와의 협력

하지만 셋째 돼지는 처음엔 로봇을 경계했습니다. "네가 정말 착한 로봇인지 지켜볼 거야." 셋째 돼지가 말했습니다.

그러던 중, 숲 속에 큰 폭풍우가 몰아치기 시작했습니다. 첫째와 둘째 돼지의 집이 위험해지자 로봇은 형제들을 데리고 셋째 돼지의 벽돌집으로 달려갔습니다.

이 내용으로 8페이지 정도 분량으로 동화책을 제작하려고 해. 동화 책의 각 장면에 들어갈 그림
을 AI 그림 제작 툴로 제작하려고 해. 각 장면의 그림 제작을 위한 AI 그림 제작 툴에 입력할 프롬
프트를 한국어로 작성해줘. 글머리표를 만들어서 작성해줘.
지금 번역하기

동화책의 각 장면에 들어갈 그림 제작 프롬프트

1. **숲 속 마을과 아기돼지 삼형제의 집**
   - "푸른 숲 속 마을, 세 가지 형태의 집(짚으로 만든 첫째의 집, 나무로 만든 둘째의 집, 벽돌로 만든 셋째의 집)이 서로 가까이 서 있다. 각 집 주변에서 첫째 돼지는 누워 있고, 둘째 돼지는 나무를 만지며 놀고, 셋째 돼지는 집 앞에서 벽돌을 정리하고 있다. 따뜻한 햇살이 비치고 평화로운 분위기."
2. **로봇이 숲에 등장하는 장면**
   - "숲의 나무들 사이로 로봇이 천천히 걸어온다. 로봇은 은빛 금속 몸체에 친근한 표정을 짓고 있다. 주변에는 작은 동물들이 로봇을 놀란 듯 쳐다보고, 로봇은 미소를 띈 눈 모양으로 상냥한 분위기를 풍긴다."
3. **로봇이 첫째 돼지의 집을 고쳐주는 장면**
   - "첫째 돼지의 짚집이 흔들리는 가운데 로봇이 자신의 팔을 변형해 망치와 못을 사용하는 모습. 첫째 돼지가 옆에서 감탄하며 로봇을 바라보고 있다. 집 주변에는 바람에 날린 짚이 흩어져 있다."
4. **둘째 돼지의 집에서 망가진 물건을 고치는 장면**
   - "로봇이 둘째 돼지의 나무집 안에서 망가진 의자와 시계를 수리하고 있다. 둘째 돼지가 신난 표정으로 로봇 옆에서 지켜보며 박수를 치는 모습. 나무로 된 집 내부가 아늑하고 따뜻한 느낌을 준다."

3) ChatGPT 동화 제작의 실제 - 뒷이야기 꾸미기, 그림 장면 프롬프트 제작

아기돼지 삼형제 이야기는 유아교사들이 유아들과 함께 뒷이야기 꾸미기 형태로 각색할 수 있는데, 다음은 유아교사가 이야기 나누기에 활용할 수 있는 AI가 생성한 뒷이야기의 예이다. 이 내용에서 ChatGPT는 아기돼지 삼형제가 우주선을 타고 우주여행을 가는 내용의 동화 내용으로 뒷이야기를 꾸몄다. 또 엄마가 돌아가시면서 유언으로 남기신 우주여행을 하는 내용의 프롬프트 내용대로 이야기를 작성하였다. 어머니의 유언에 따라 아기돼지 삼형제가 우주여행을 하는 내용의 뒷이야기 꾸미기 작성을 지시한 프롬프트 내용은 다음 화면을 참고하기 바란다.

그 뒤에는 ChatGPT가 작성해 준 내용으로 8페이지 정도 분량으로 동화책을 제작하기 위해서 각 장면에 들어갈 그림 제작을 위한 프롬프트를 작성하게 하였다(지면 관계상 일부 프롬프트만 제시함).

아기돼지 삼형제 이야기 알죠? 아기돼지 삼형제가 우주선을 타고 우주여행을 가는 내용의 동화 내용으로 뒷이야기를 꾸며주세요. 우주로 여행을 떠나라는 어머니의 유언에 따라 아기 돼지 삼형제가 우주여행을 하게 되는 내용입니다.
지금 번역하기

아기돼지 삼형제가 어머니의 유언에 따라 우주로 여행을 떠나는 이야기를 재미있게 풀어보겠습니다.

우주로 떠나는 아기돼지 삼형제

옛날 옛날, 숲속 작은 오두막에서 아기돼지 삼형제가 살고 있었어요. 장남 큰돌이는 책임감 있고 똑똑한 돼지였고, 둘째 둘이는 활발하고 발명품 만드는 것을 좋아했으며, 막내는 호기심 많고 상상력이 풍부했답니다.

어느 날, 삼형제는 아프셨던 어머니 돼지의 마지막 말씀을 듣게 되었어요.

"얘들아, 넓은 세상을 보고 더 큰 꿈을 꾸렴. 특히 우주에는 너희가 상상도 못 할 모험과 기회가 있단다. 어머니는 너희가 멋진 우주여행을 떠나길 바란다."

어머니의 말씀을 가슴에 새긴 삼형제는 함께 우주로 떠나기로 결심했어요.

우주선을 짓다

첫 번째로 해야 할 일은 우주선을 만드는 것이었죠. 큰돌이는 튼튼한 설계도를 만들고, 둘이는 필요한 부품을 모아 발명품을 조립했어요. 막내는 우주선에 필요한 식량과 물건들을 챙겼답니다.

"우리 집처럼 튼튼한 우주선을 만들어야 해요!" 큰돌이가 말했어요.

둘이는 낡은 로봇 부품을 모아 에너지 효율이 높은 엔진을 만들었어요. 막내는 우주선 내부를 편안한 소파와 재미있는 장난감들로 꾸몄죠.

몇 달 동안의 노력 끝에, 반짝이는 우주선 **'꿈의 별호'**가 완성되었어요.

첫 번째 행성: 초록빛 나뭇잎 별

삼형제는 드디어 우주로 출발했어요. 첫 번째로 도착한 곳은 **초록빛 나뭇잎 별**이라는 행성이었답니다. 이곳은 온통 커다란 나무로 뒤덮인 아름다운 별이었어요.

"와, 여긴 정말 멋져요!" 막내가 감탄했어요.

하지만 곧 커다란 외계 늑대가 나타나 이렇게 말했죠.
"내가 너희 우주선을 부숴버리겠다!"

삼형제는 힘을 합쳐 우주선을 지키기 위해 늑대에게 맞섰어요. 큰돌이는 튼튼한 방어막을 작동시키고, 둘이는 레이저 장치를 사용해 늑대를 겁주었어요. 막내는 늑대와 대화하며 평화를 제안했답니다.

결국, 늑대는 삼형제와 친구가 되어 초록빛 나뭇잎 별의 비밀을 알려주었어요. 그곳에는 우주에서 자라는 특별한 나뭇잎으로 만든 에너지원이 있었어요. 삼형제는 그 나뭇잎을 얻어 우주선을 더 강력하게 업그레이드했죠.

두 번째 행성: 별사탕 별

다음으로 도착한 곳은 **별사탕 별**이었어요. 이곳은 모든 것이 달콤한 별사탕으로 이루어진 곳이었답니다.

이 내용으로 8페이지 정도 분량으로 동화책을 제작하려고 해. 동화 책의 각 장면에 들어갈 그림
을 AI 그림 제작 툴로 제작하려고 해. 각 장면의 그림 제작을 위한 AI 그림 제작 툴에 입력할 프롬
프트를 한국어로 작성해줘. 글머리표를 만들어서 작성해줘.
지금 번역하기

동화책 각 장면에 맞는 AI 그림 제작 프롬프트

1. **숲 속 마을과 삼형제의 집**
   - "푸른 숲 속의 작은 마을. 짚으로 지어진 집, 나무로 지어진 집, 벽돌로 지어진 집이 나란히 서 있다. 첫째 돼지는 짚집 앞에서 누워 쉬고, 둘째 돼지는 나무집 옆에서 나무 막대를 들고 놀고 있으며, 셋째 돼지는 벽돌집 앞에서 벽돌을 정리하고 있다. 밝은 햇살이 내리쬐고, 나비가 날아다니며 평화로운 분위기가 감돈다."
2. **로봇이 숲에 도착하는 장면**
   - "푸른 나무들 사이로 등장하는 로봇. 로봇은 은빛 금속 몸체에 동그란 눈과 부드러운 미소를 짓고 있다. 작은 동물들이 로봇 주위에서 호기심 어린 눈으로 쳐다보고 있으며, 주변엔 부드러운 잔디와 나무, 야생화가 보인다. 햇빛이 나무 사이로 비치며 따뜻한 분위기를 연출한다."
3. **첫째 돼지의 집을 고쳐주는 로봇**
   - "첫째 돼지의 짚집이 흔들리는 상황에서 로봇이 집을 고치고 있다. 로봇의 팔이 망치와 못으로 변형되어 작업 중이며, 첫째 돼지는 옆에서 놀란 표정으로 바라보고 있다. 바람에 흔들리는 짚이 배경으로 보이고, 로봇은 집중한 표정을 짓고 있다."
4. **둘째 돼지의 집에서 고장난 물건을 고치는 로봇**
   - "로봇이 둘째 돼지의 나무집 안에서 망가진 시계와 의자를 수리 중이다. 로봇의 손에서 작은 도구들이 나와 작동 중이며, 둘째 돼지는 옆에서 로봇을 보며 환하게 웃고 있다. 나무집 내부는 따뜻하고 아늑하며, 배경에는 벽에 걸린 그림과 작은 창문을 통해 숲이 보인다."
5. **셋째 돼지와 처음 만나는 장면**

2. AI 동화 및 이야기 나누기 PPT 자료 제작

ChatGPT-4o을 이용하면[1] ChatGPT가 작성해 준 파워포인트의 페이지별 내용에 따라 파워포인트로 동화 가본을 작성할 수 있어서 유아 교사들의 파워포인트 수업자료 제작에 큰 도움이 될 수 있다. ChatGPT-4o가 뒷이야기로 꾸민 이야기는 파워포인트로 불러들여져서 파워포인트 동화의 기본 틀이 되어 사진을 넣고 수정하면 된다. 다음은 ChatGPT-4o가 동화의 기본 틀을 작성해 주고, 유아 교사가 Copilot이나 그림 생성 AI(Play ground)로 바탕 그림을 넣고 수정하는 내용을 설명한 것이다.

먼저 AI 파워포인트로 동화를 제작하기 위하여 ChatGPT에게 입력할 동화 극본 제작을 위한 텍스트 생성 프롬프트 내용과 그림 생성 프롬프트 내용은 **유아 AI 앱, 자료** 패들렛의 링크들을 참고한다.

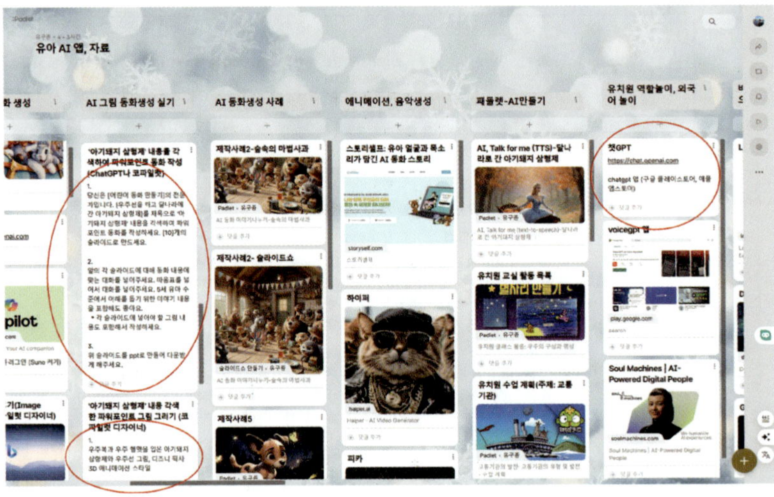

---

1) 2024년 12월 27일 기준 ChatGPT-4o를 사용하려면 월 정기 결제를 통한 유료 사용자는 대체로 큰 제약 없이 사용이 가능하고, 무료 사용자는 4시간 5~15회 정도의 사용 제한이 있다. 무료 사용자는 매일 사용량에 따라 최소한 5회 이상은 사용 가능하니 이 기능을 적절히 사용하면 된다.

1) ChatGPT-4o로 파워포인트 기본 틀 만들어서 다운받기

다음의 예는 앞부분에서 ChatGPT가 뒷이야기로 꾸민 '우주로 간 아기돼지 삼형제' 이야기를 파워포인트로 제작하는 장면이다. 여기에서는 ChatGPT-4o에게 10페이지의 파워포인트 동화를 만들려고 하는데, 파워포인트 제작에 사용할 동화책 각 페이지의 장면별 동화 내용 문구를 한글로 작성하게 한다. 또 동화 콘텐츠에는 등장인물에 따른 대화를 포함하도록 하고, 페이지별로 확인하기 쉽게 하도록 글머리 기호를 만들어서 작성하게 한다.

다음과 같이 ChatGPT가 뒷이야기 꾸미기 내용을 작성한 다음에 "위 동화 내용을 pptx로 출력해 줘"라고 지시하면 ChatGPT-4o가 동화의 기본 틀에 동화 내용을 넣어서 pptx 파일로 내려받을 수 있게 링크를 제공해 준다. 이 파일을 내려받아서 수정하면 된다.

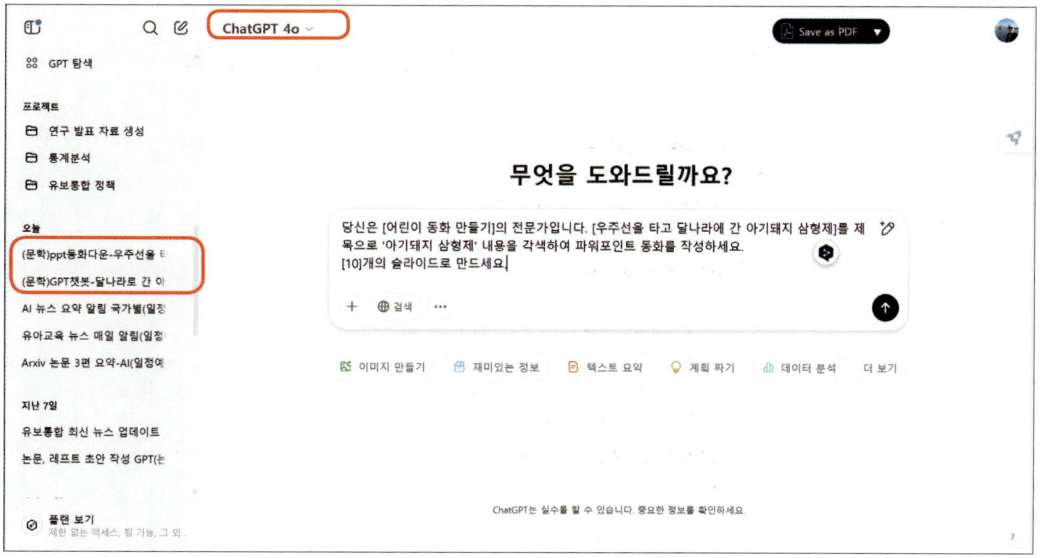

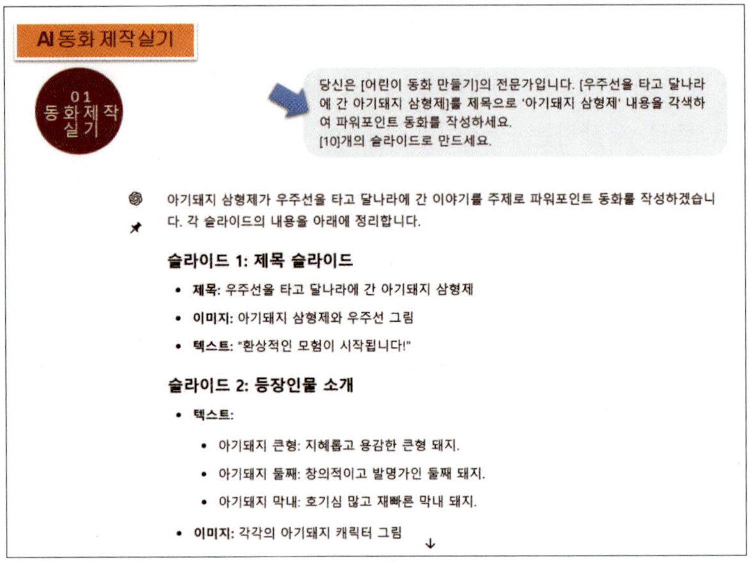
AI동화 제작실기

01 동화제작 실기

당신은 [어린이 동화 만들기]의 전문가입니다. [우주선을 타고 달나라에 간 아기돼지 삼형제]를 제목으로 '아기돼지 삼형제' 내용을 각색하여 파워포인트 동화를 작성하세요.
[10]개의 슬라이드로 만드세요.

아기돼지 삼형제가 우주선을 타고 달나라에 간 이야기를 주제로 파워포인트 동화를 작성하겠습니다. 각 슬라이드의 내용을 아래에 정리합니다.

슬라이드 1: 제목 슬라이드

- **제목:** 우주선을 타고 달나라에 간 아기돼지 삼형제
- **이미지:** 아기돼지 삼형제와 우주선 그림
- **텍스트:** "환상적인 모험이 시작됩니다!"

슬라이드 2: 등장인물 소개

- **텍스트:**
  - 아기돼지 큰형: 지혜롭고 용감한 큰형 돼지.
  - 아기돼지 둘째: 창의적이고 발명가인 둘째 돼지.
  - 아기돼지 막내: 호기심 많고 재빠른 막내 돼지.
- **이미지:** 각각의 아기돼지 캐릭터 그림

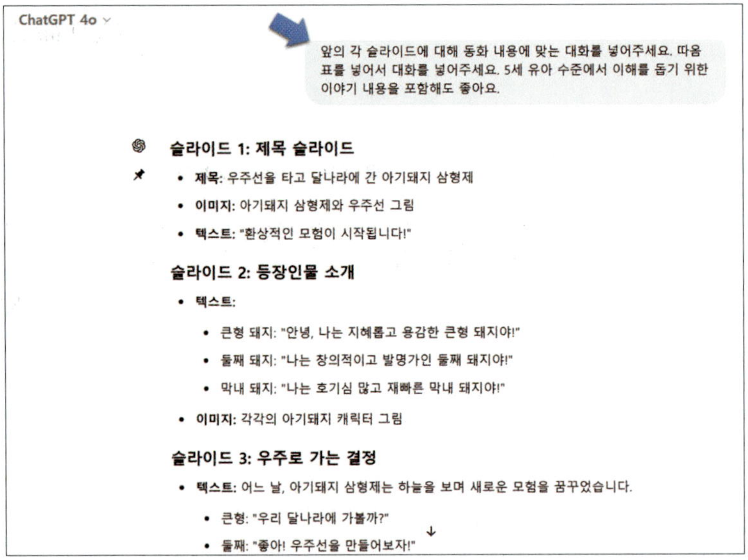
ChatGPT 4o

앞의 각 슬라이드에 대해 동화 내용에 맞는 대화를 넣어주세요. 따옴표를 넣어서 대화를 넣어주세요. 5세 유아 수준에서 이해를 돕기 위한 이야기 내용을 포함해도 좋아요.

슬라이드 1: 제목 슬라이드

- **제목:** 우주선을 타고 달나라에 간 아기돼지 삼형제
- **이미지:** 아기돼지 삼형제와 우주선 그림
- **텍스트:** "환상적인 모험이 시작됩니다!"

슬라이드 2: 등장인물 소개

- **텍스트:**
  - 큰형 돼지: "안녕, 나는 지혜롭고 용감한 큰형 돼지야!"
  - 둘째 돼지: "나는 창의적이고 발명가인 둘째 돼지야!"
  - 막내 돼지: "나는 호기심 많고 재빠른 막내 돼지야!"
- **이미지:** 각각의 아기돼지 캐릭터 그림

슬라이드 3: 우주로 가는 결정

- **텍스트:** 어느 날, 아기돼지 삼형제는 하늘을 보며 새로운 모험을 꿈꾸었습니다.
  - 큰형: "우리 달나라에 가볼까?"
  - 둘째: "좋아! 우주선을 만들어보자!"

ChatGPT-4o에게 "위 슬라이드를 ppt로 만들어 주세요"라고 하면 다음과 같이 동화의 기본 틀에 동화 내용을 넣은 pptx 파일을 내려받을 수 있는 링크를 제공해 준다.

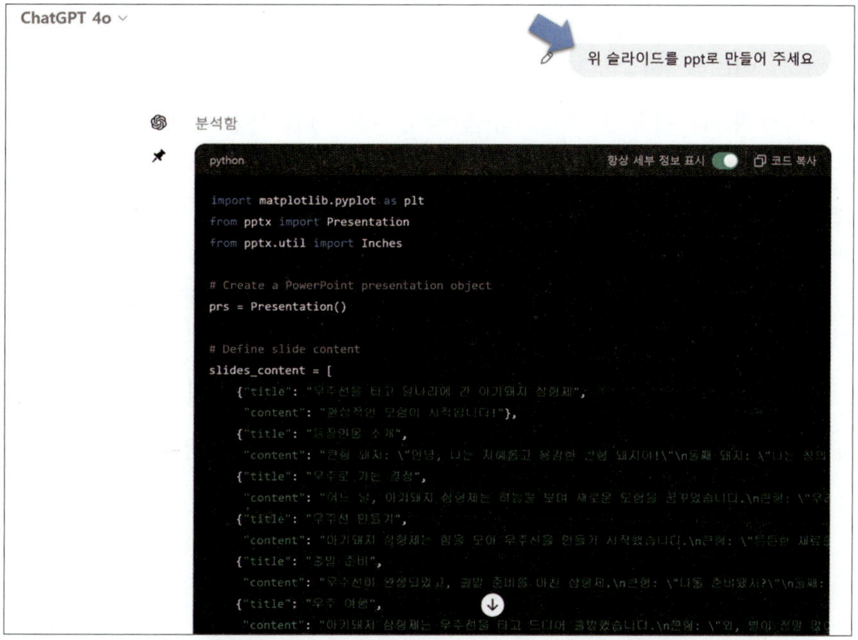
ChatGPT 4o
위 슬라이드를 ppt로 만들어 주세요
분석함
python
항상 세부 정보 표시
코드 복사
import matplotlib.pyplot as plt
from pptx import Presentation
from pptx.util import Inches
# Create a PowerPoint presentation object
prs = Presentation()
# Define slide content
slides_content = [

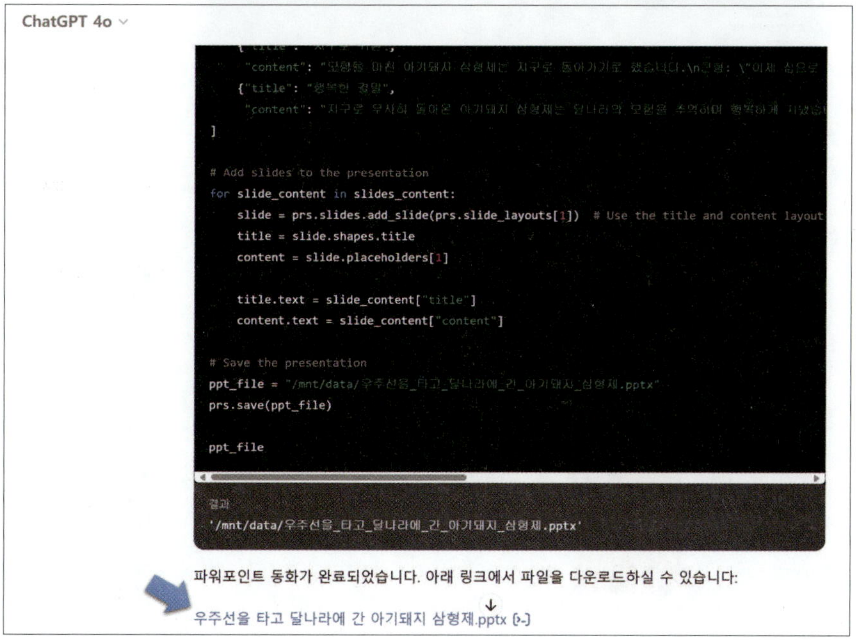
ChatGPT 4o
]
# Add slides to the presentation
for slide_content in slides_content:
slide = prs.slides.add_slide(prs.slide_layouts[1]) # Use the title and content layout
title = slide.shapes.title
content = slide.placeholders[1]
title.text = slide_content["title"]
content.text = slide_content["content"]
# Save the presentation
prs.save(ppt_file)
ppt_file
결과
'/mnt/data/우주선을_타고_달나라에_간_아기돼지_삼형제.pptx'
파워포인트 동화가 완료되었습니다. 아래 링크에서 파일을 다운로드하실 수 있습니다:
우주선을 타고 달나라에 간 아기돼지 삼형제.pptx

ChatGPT-4o는 이와 같은 절차로 파워포인트 동화의 기본 틀을 제작하고 '다운로드 링크'를 제공한다. 이러한 '다운로드 링크'를 클릭하고 다음과 같이 상단의 편집 사용(E) 단추를 눌러 파워포인트의 AI 기능인 디자이너 기능을 중심으로 편집하여 파워포인트 동화를 완성한다. 다음은 ChatGPT가 제공한 '다운로드 링크'를 유아 교사가 클릭하여 파워포인트에 나타난 동화 기본 틀을 편집하는 절차이다.

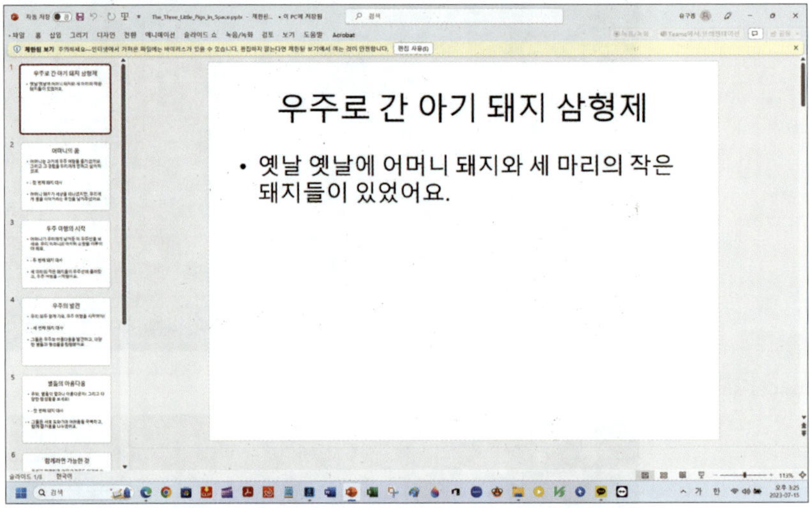

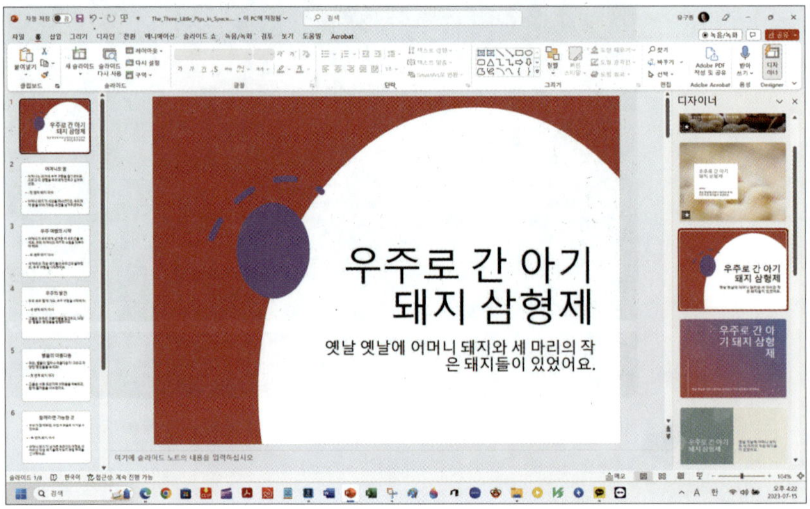

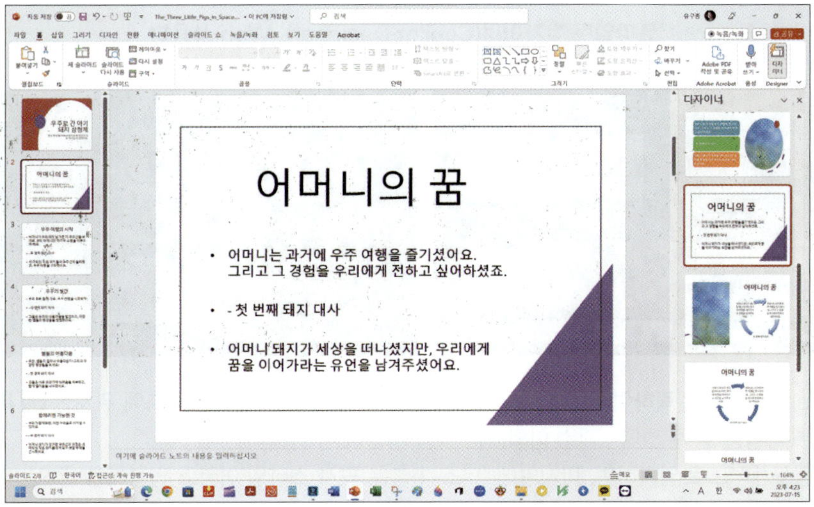

2) Copilot Designer로 그림 그려서 삽입하기

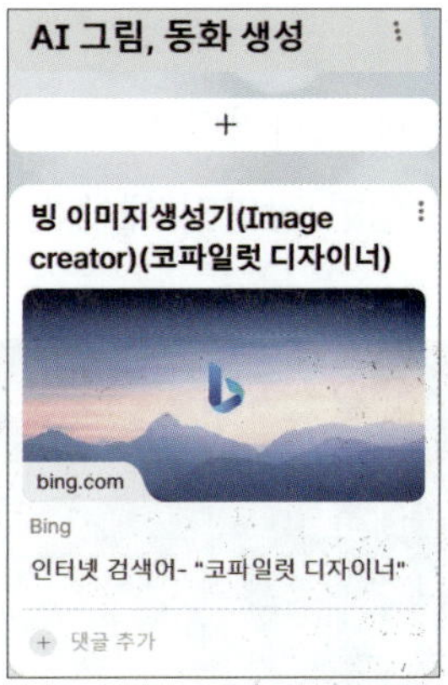

파워포인트에 나타난 동화 기본 틀을 편집 시 배경 그림을 생성하기 위해서는 그림 생성 AI를 사용하면 되는데, 여기에서는 마이크로소프트의 생성형 AI 도구인 코파일럿(Copilot)을 사용한다. 정확하게는 코파일럿의 그림 생성 전문 AI인 '코파일럿 디자이너(Copilot Designer)'에서 제작한다. 패들렛 링크(225쪽)의 'AI 그림, 동화 생성' 탭을 참고한다.

'코파일럿 디자이너(Copilot Designer)' Web 사용법

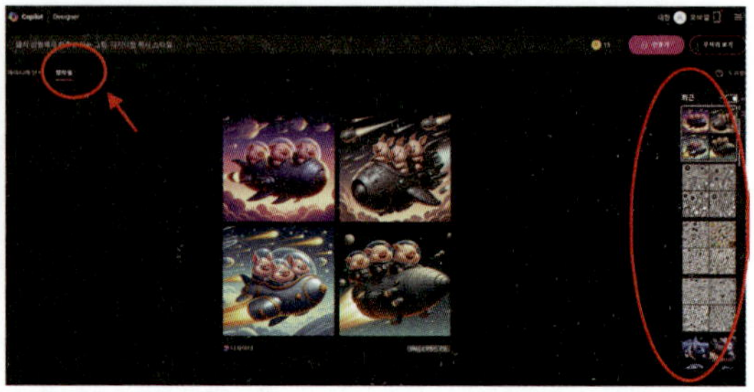

상단의 'Designer'를 클릭하여 AI 그림을 생성할 수 있다. 프롬프트 입력창 우측에 위치한 마크의 개수만큼 빠른 작업을 할 수 있다. (개수 이외에는 작업 시간이 다소 길어진다)
프롬프트를 구체적으로 입력하며, 마지막에 '디즈니 혹은 픽사 스타일'이라고 입력하면 원하는 스타일로 출력할 수 있다. 창작물은 저장되어 계속 사용할 수 있다.

프롬프트 예시 : '아기돼지 삼형제가 우주 비행선을 만드는 장면, 디즈니 픽사 3D애니메이션 스타일'

다음은 이렇게 코파일럿 디자이너(Copilot Desinger)를 사용하여 그린 그림을 다운받은 pptx 파일에 삽입한 장면의 예이다.

코파일럿(Copilot)에서도 10쪽의 이야기 생성은 가능하지만 ChatGPT-4o에서와 같이 ppt 파일로 다운로드할 수는 없다. 따라서 여기에서는 다음과 같이 다섯 개 이야기 장면으로 만들어 달라고 해서 각 장면의 그림을 그리기 위한 그림 그리기 프롬프트로 사용하였다.

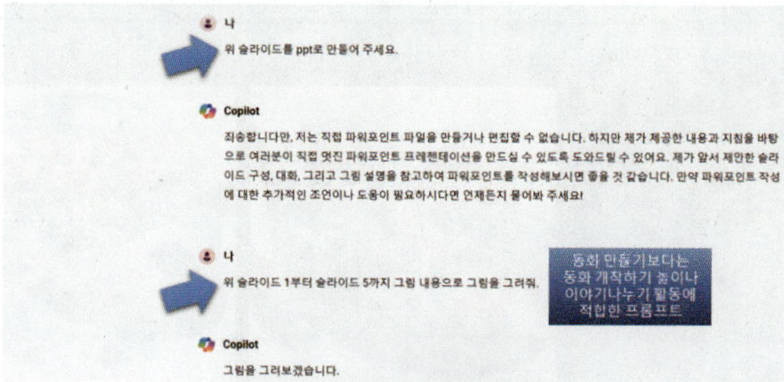

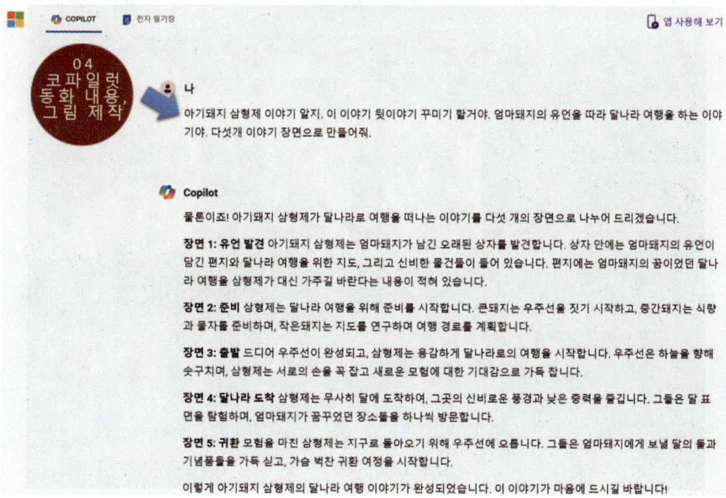

다음은 각 장면의 그림을 그리기 위해서 코파일럿 디자이너(Copilot Desinger)에서 ppt에 삽입할 그림을 그리고 있는 장면이다. 코파일럿에서 다섯 개 이야기 장면으로 만들어 달라고 하여 각 그림 그리기 프롬프트로 사용하고 있다.

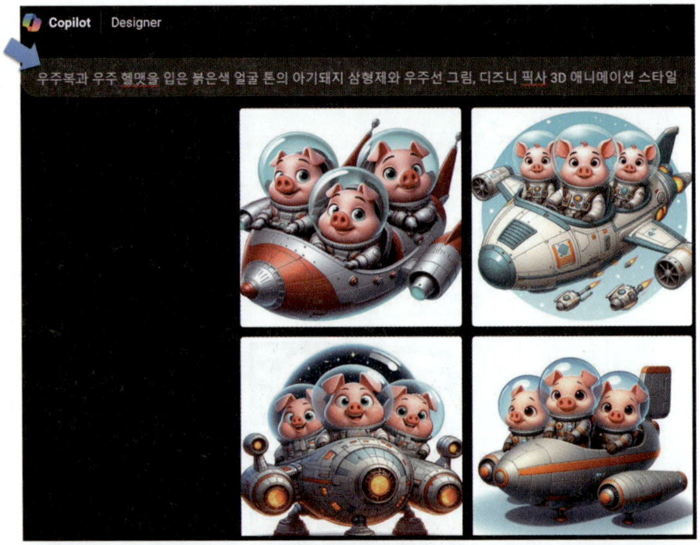

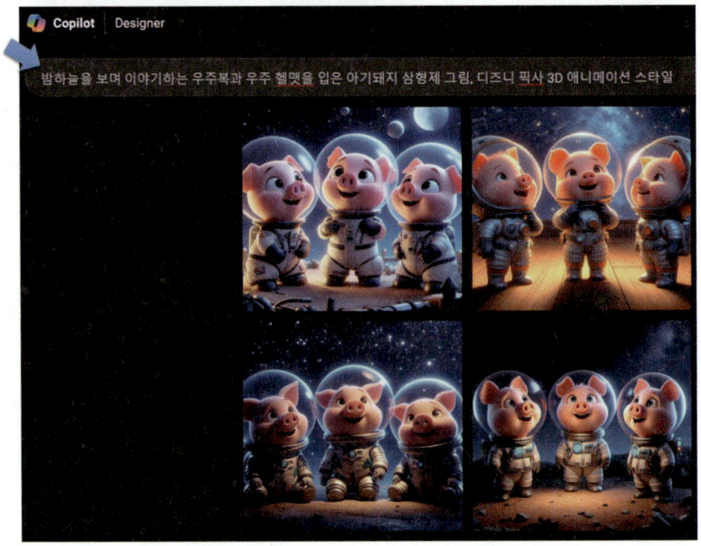

3) Copilot Designer 놀이 사례[2)]

놀이의 시작은 ……

유아들은 애니메이션에 나오는 캐릭터에 대한 흥미가 높고, 놀이에서 "나는 로이", "나는 하츄핑", "나는 기쁨이" 등 다양한 캐릭터 역할을 맡아 극놀이를 즐긴다. 또 내가 좋아하는 캐릭터 그림 그리기를 좋아한다. 한 유아가 '캐치! 티니핑'에 나오는 여러 가지 '핑'을 그리다 주사핑, 왕관핑, 우산핑 등 새로운 캐릭터를 만들어 그린다. "날개를 그리고 싶은데 못 그리겠어"라고 말하며 새로운 캐릭터를 만들고 싶지만 그림으로 표현하기를 어려워하여 교사는 'AI로 그림 그리기'를 지원하기로 하였다.

AI 놀이

호기심과 흥미의 시작

유아는 자신이 그리고 싶은 캐릭터의 모양, 색 등을 상상하여 말하였고, 교사는 '코파일럿 디자이너'와 '코파일럿'을 이용하여 유아가 원하는 그림을 생성될 수 있도록 지원하였다. 노트북으로 유아들이 이야기한 캐릭터의 내용을 AI에게 전달하여 그림을 창작해 보았다. 유아들은 그림이 만들어지는 몇 초의 시간을 매우 설레여 하였고, 생성된 그림을 보며 어떤 부분을 더 수정하고 싶은지 이야기하며 자신의 그림을 반복적으로 수정하여 마음에 드는 그림을 완성하였다.

2) 사진과 자료는 원주 소방어린이집에서 제공함(자료를 수정함).

사용 프롬프트	
	치마 무늬는 장미 모양, 머리는 발레리나처럼 묶고 있어. 무대에서 발레하고 있는 5살 여자아이가 웃고 있어. 3D 디즈니 픽사 스타일
	마이멜로디 2명 5살 여자아이가 손을 잡고 있어. 둘이 키는 똑같고, 요술봉을 들고 요술하는 모습, 웃는 얼굴, 3D 디즈니 픽사 스타일
	아빠가 아이를 안아주고 있어. 아빠는 하얀색 상의와 회색 바지를 입고 있고, 키가 크고 멋지고 웃는 표정이야. 아이는 5살 남자아이고 회색 옷에 청바지를 입고 있어. 3D 디즈니 픽사 스타일

" 바닷속에서 탐험선을 타고 있어.
탐험선은 파란색이야."

호기심과 흥미 확장하기

유아들이 그린 그림을 인쇄하여 제공해 주었고, 유아들은 자신이 만든 캐릭터를 따라 그리며 그림 그리기를 반복하였다. 이야기 나누기를 통해 그림을 만드는 방법, 과정을 자세하게 말해보며 자신의 생각을 표현해 보았다. 이후 유아들은 상상한 캐릭터에서 나로 관심이 변화되었다.

“나는 정리핑이야”라고 말하며 자신의 별명을 말해보고, 내가 생각하는 나의 모습을 말해보며 자신의 캐릭터를 만들어 보았다.

“나는 세하랑 무대에서 울랄라 춤추는 모습을 그려보고 싶어”라며 유아들은 움직이는 그림을 만들어 보고 싶어 하였다. 유아들은 자신의 캐릭터에 이름을 만들어 어린이집 복도 벽면에 전시하였고, 부모 참여 수업하는 날 부모님들에게 자신이 만든 캐릭터를 소개해 주었다.

부모 참여 수업 시간 부모님과 함께 만들고 싶은 캐릭터를 적어보고 코파일럿 디자인을 이용하여 그림을 생성해 보았다. 그동안 유아들에게 듣기만 하던 캐릭터 만들기를 직접 부모님과 해보니 부모님들도 신기하다며 유아들보다 더 흥미로워하셨다.

실물놀이 연계

유아들은 부모님과 만든 AI 캐릭터에 이름을 붙인 후 즉흥적으로 노래를 만들었다. 'Suno' 앱을 이용하여 유아들과 노래를 만들어 보고, 노래에 맞춰 노래하고 춤추는 음악회 놀이로 확장되었다.

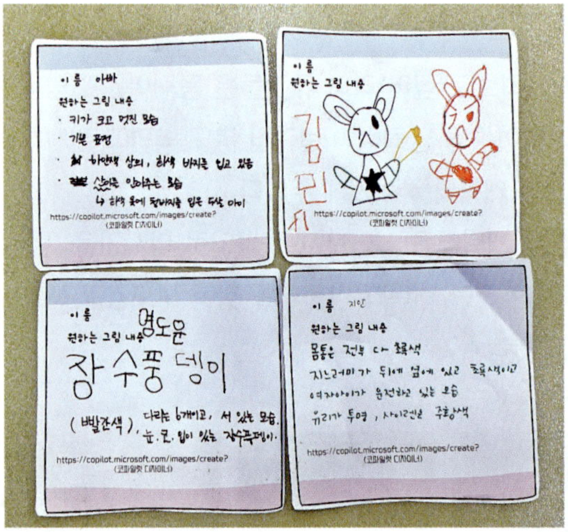

3. AI 동화 제작(AI 디자인 플랫폼 Web과 App)

AI 디자인 플랫폼의 Web과 App을 통하여 AI 동화를 제작하면 유아들의 언어 놀이나 교사의 이야기 나누기, 언어교육 활동에 효과적으로 적용될 수 있다. 패들렛 링크(225쪽 참조) 'AI 디자인 Web, App' 탭을 참고한다. AI 디자인 플랫폼의 Web과 App을 통한 AI 동화 제작의 예를 제시하면 다음과 같다.

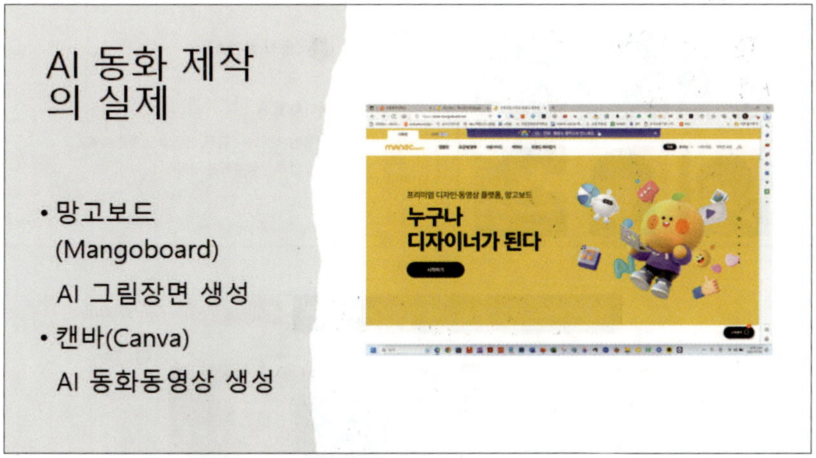

1) 망고보드 Web을 활용한 AI 동화 제작

망고보드의 최신 버전은 AI 그림과 배경장면을 제작하는 기능이 포함되어 있다. 이러한 기능을 활용할 경우 유아교사들이 놀이 주제별로 유아를 위한 동화를 제작할 수 있는데, 특히 기존 상업용 동화뿐 아니라 놀이 주제에 맞게 각색한 동화, 동화 등장인물을 수정한 동화, 동화 주인공을 바꾼 동화 등의 제작이 가능하여 다양한 활동으로 전개가 가능한 장점이 있다. 또한 무료 사용자도 사용에 큰 제한이 없는 것도 장점이다. 다음은 데스크톱이나 노트북에서 AI 그림과 배경 장면을 생성하는 방법의 설명이다. 다음 화면에서 보듯이 AI 그림을 생성하기 위해서는 왼쪽 메뉴바에서 AI 아이콘을 누른 다음 **AI 이미지 만들기**에서 AI 그림과 배경 장면을 생성하면 된다. 여기에서는 동화를 제작할 것이기 때문에 첫째 페이지에서는 다음과 같이 동화 일러스트를 선택하고 '이미지 묘사' 부분에 [엄마와 아기 돼지 3마리가 집 안에 있는 장면]이라고 적고 AI 이미지를 생성하였다.

mangoboard
파일
다운로드
공유
인쇄
템플릿과 디자인요소 바로 찾기...
상세
검색
템플릿
그래픽
AI
텍스트
배경
데이터
업로드
AI 갤러리
AI 이미지 만들기
AI 모델사진
남은 횟수
20/20
만들고 싶은 이미지를 클릭해보세요.
20대 여성프로필
20대 남성프로필
동화 일러스트

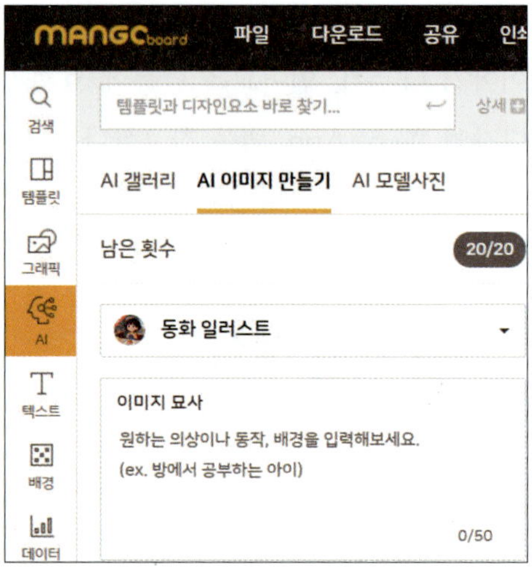

mangoboard
파일
다운로드
공유
템플릿과 디자인요소 바로 찾기...
상세
검색
템플릿
그래픽
AI
텍스트
배경
데이터
AI 갤러리
AI 이미지 만들기
AI 모델사진
남은 횟수
20/20
동화 일러스트
이미지 묘사
원하는 의상이나 동작, 배경을 입력해보세요.
(ex. 방에서 공부하는 아이)
0/50

스마트기기
AI 그림 장면 생성
mangoboard
파일
다운로드
공유
인쇄
동영상/모션 설정
24%
1920 x 1080 px
13
고객센터

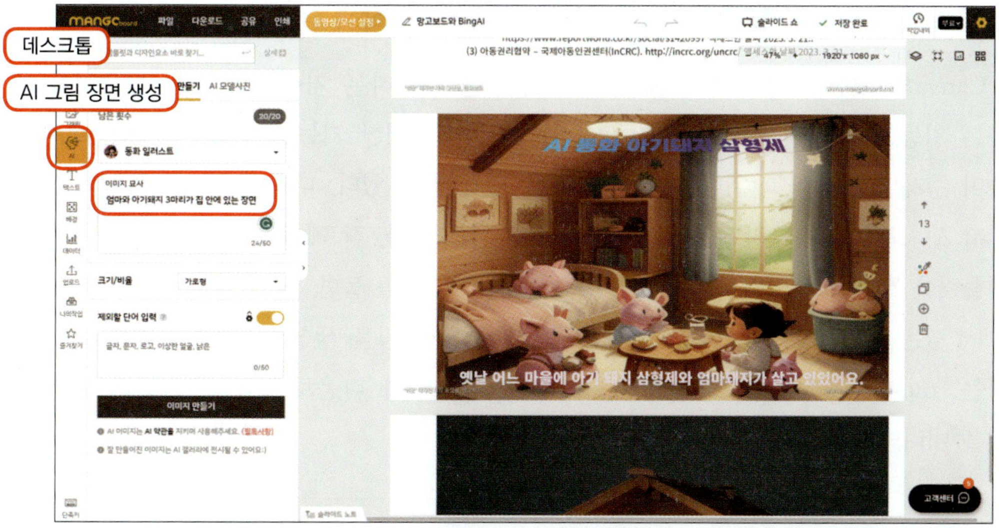
데스크톱
AI 그림 장면 생성
이미지 묘사
엄마와 아기돼지 3마리가 집 안에 있는 장면
AI 동화 아기돼지 삼형제
옛날 어느 마을에 아기 돼지 삼형제와 엄마돼지가 살고 있었어요.

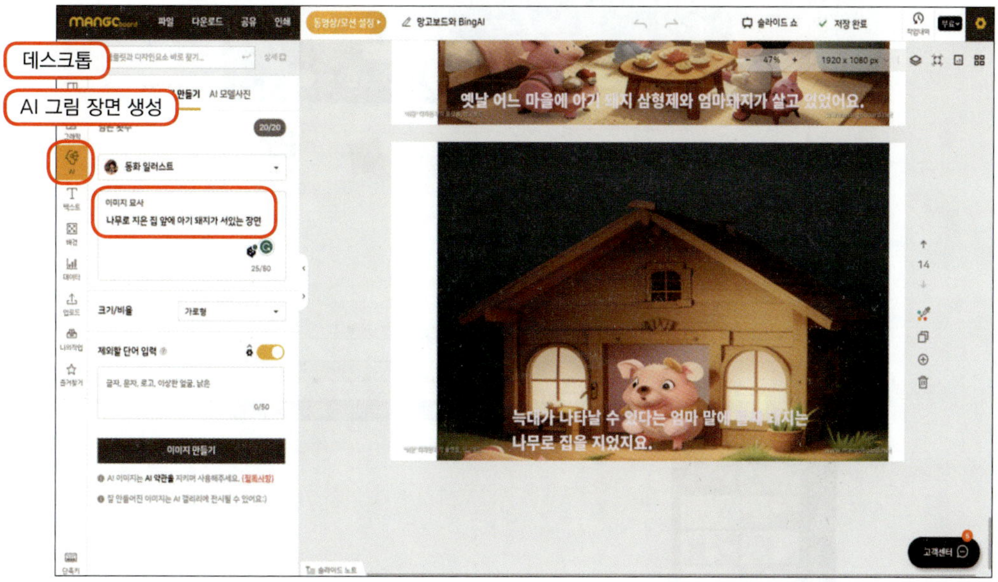
데스크톱
AI 그림 장면 생성
이미지 묘사
나무로 지은 집 앞에 아기 돼지가 서있는 장면
옛날 어느 마을에 아기 돼지 삼형제와 엄마돼지가 살고 있었어요.

2) Canva Web을 활용한 AI 동화, 동화 동영상 제작

Canva의 최신 버전은 AI 그림과 배경 장면을 제작하는 기능과 텍스트로 음성을 제작하는 기능, 애니메이션 기능 등이 포함되어 있다. 이러한 기능을 활용하면 유아교사들이 놀이 주제별로 유아를 위한 동영상 동화를 제작할 수 있다. 다음은 데스크톱이나 노트북에서 AI 그림과 배경 장면을 생성하는 방법의 설명이다. 각 페이지에서 Canva가 제공하는 템플릿을 선택하고 이미지를 생성할 프롬프트 내용(예를 들면, 짚으로 지은 집 앞에 아기돼지가 서 있는 장면, 만화 형태로 그려줘)을 입력하여 AI 그림을 생성하면 된다. 최종 제작한 동화는 '.mp4' 동영상 형식으로 파일 형식을 지정한 후에 '다운로드' 단추를 눌러 동영상 파일을 내려받으면 된다.

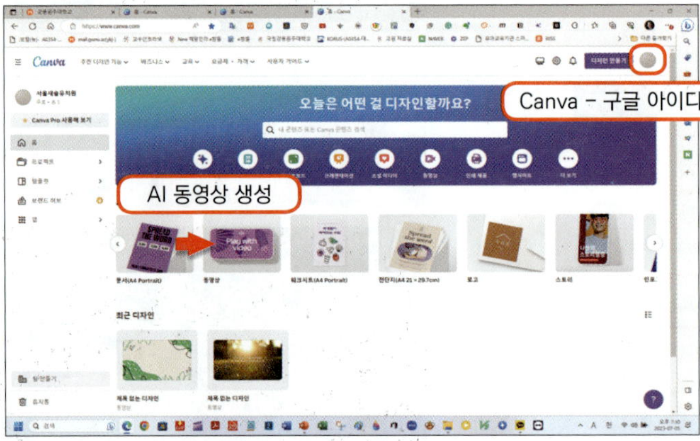

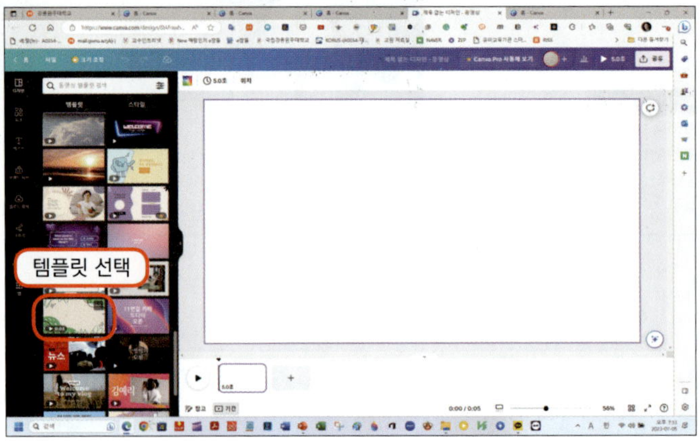

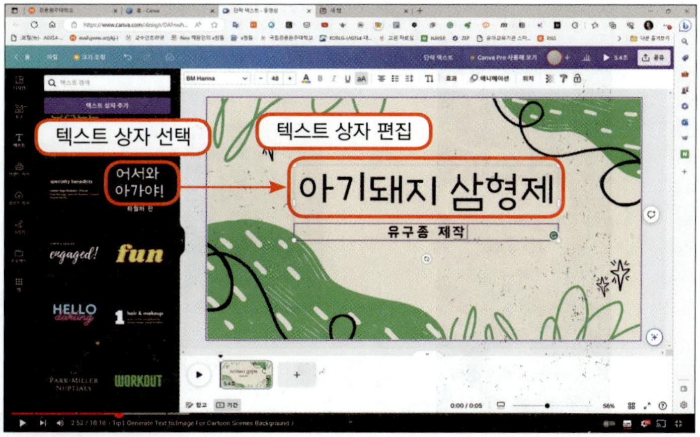
텍스트 상자 선택
텍스트 상자 편집
어서와 아가야!
아기돼지 삼형제
유구종 제작

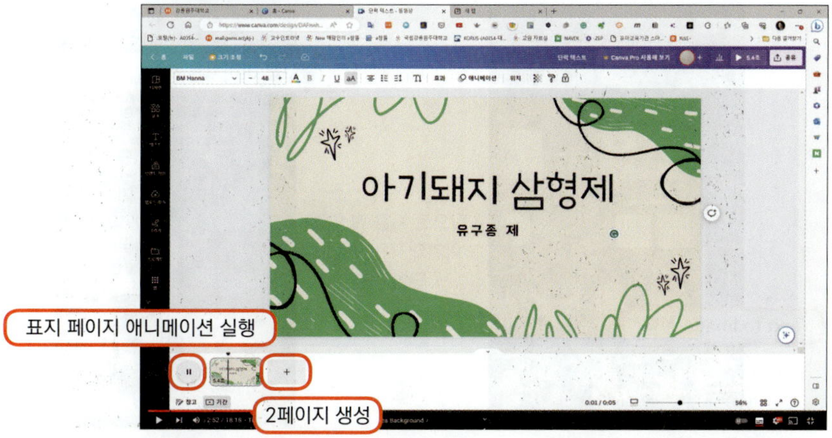
아기돼지 삼형제
유구종 제
표지 페이지 애니메이션 실행
2페이지 생성

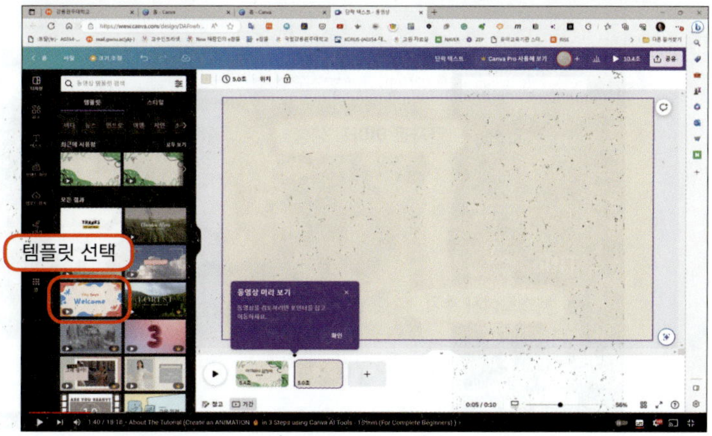
템플릿 선택

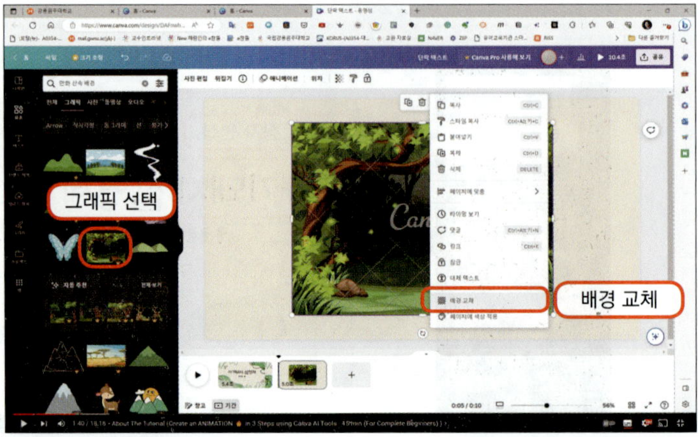
그래픽 선택
배경 교체

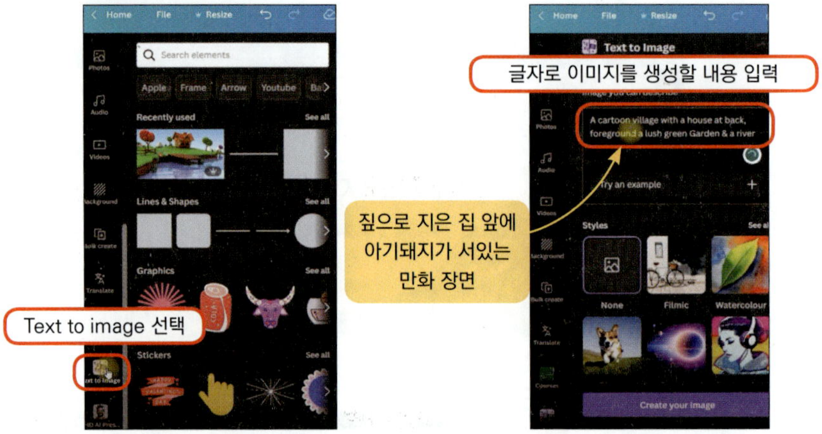
Text to image 선택
짚으로 지은 집 앞에
아기돼지가 서있는
만화 장면
글자로 이미지를 생성할 내용 입력
Text to Image
A cartoon village with a house at back, foreground a lush green Garden & a river
Create your image

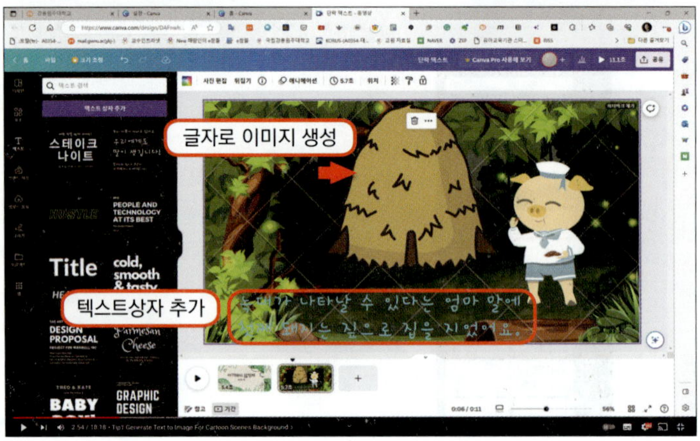
글자로 이미지 생성
텍스트상자 추가

다음과 같이 '다운로드' 단추를 눌러 동영상 파일(.mp4)을 내려받고 동영상 재생기에서 실행하거나 파워포인트에 삽입하면 애니메이션 동화를 시청할 수 있다.

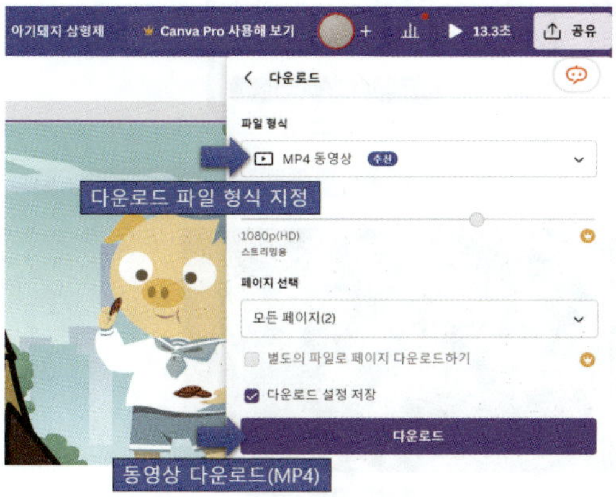

3) Canva Web 활용 애니메이션 놀이 사례[3)]

1. 캔바 내에 있는 앱 활용

2. 캔바 내에 있는 앱 활용 선택

→ AI기반 → 텍스트를 이미지로 변환

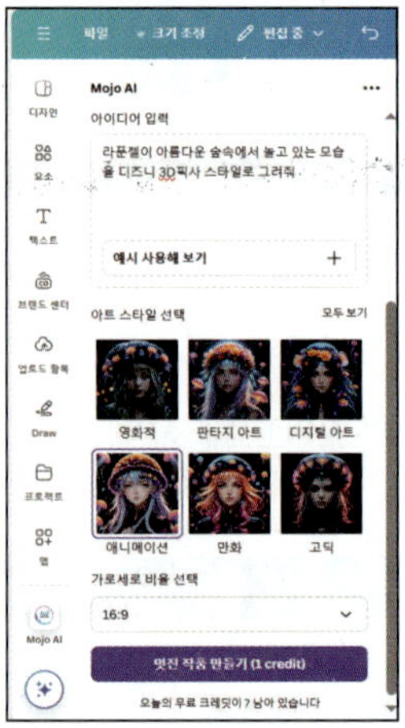

〈프롬프트 1〉

라푼젤이 아름다운 숲속에서 행복해하는 모습을 디즈니 3D 픽사 스타일로 그려줘

3) 사진과 자료는 W시의 S유치원에서 제공함(자료를 수정함).

〈프롬프트 2〉

라푼젤이 나무꼭대기 오두막집에서 아래를 내려다보고 아래에는 멋진 남자가 위를 쳐다보는 모습을 디즈니 3D 픽사 스타일로 그려줘

요소에서 동화 속 숲속의 배경 동영상 클릭

〈프롬프트 3〉

갑자기 마녀가 나타나서 라푼젤이 놀라는 모습을 디즈니 3D 픽사 스타일로 그려줘

〈프롬프트 4〉

숲속을 배경으로 라푼젤과 왕자가 달리고 그 뒤에 마녀가 따라가는 장면을 디즈니 3D 픽사 스타일로 그려줘

배경음악

목소리 삽입

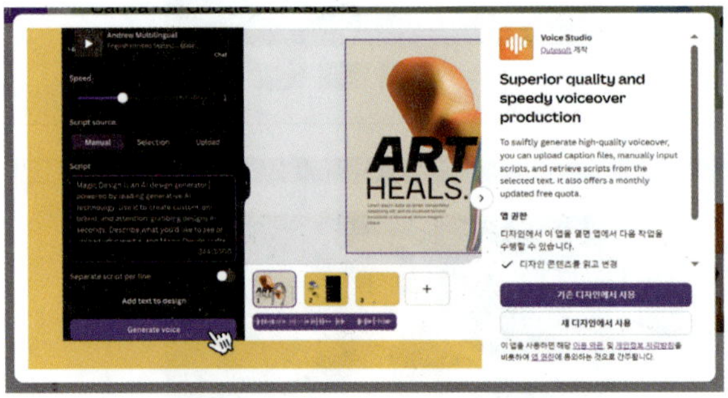

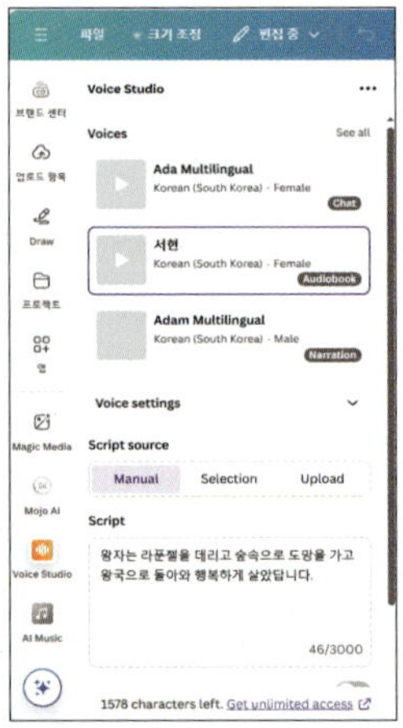

캔바 요소에서 사과, 새, 달 등 검색하여 움직이는 이미지로 선택한 후 적용하여 완성!

〈유아와 함께 하는 캔바 애니메이션 활동〉

교실에서 적용하기 - 대집단활동, 자유놀이 시간에 자유롭게 사용하기

4. 영유아교육기관 AI 챗봇 활용 동화 뒷이야기 꾸미기와 사례

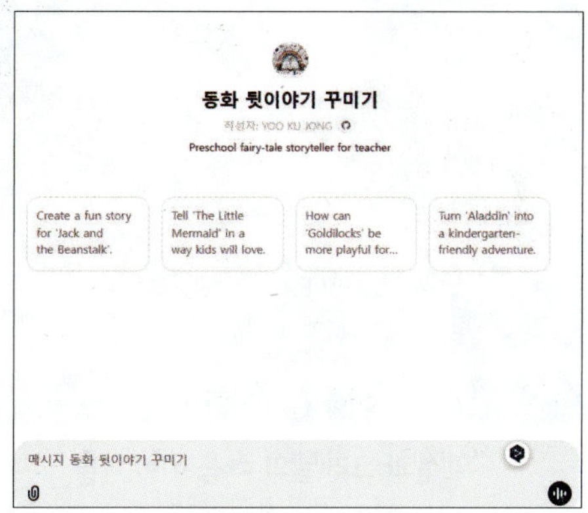

영유아교육기관에서 동화 들려주기 활동의 확장 활동으로 동화 뒷이야기 꾸미기 활동을 시행할 때 사용할 수 있는 '동화 뒷이야기 꾸미기' 앱이다. 패들렛 링크(225쪽)의 'AI 챗봇' 탭의 'GPT-동화 뒷이야기 꾸미기'를 참고한다. ChatGPT 챗봇으로 동화 제목을 입력하고 보내기만 하면 해당 동화의 뒷이야기를 창의적으로 작성해 준다. 다음은 이러한 놀이의 예이다.

놀이의 시작은 …… [4)]

동화읽기를 좋아하는 영아반 친구들과 동화를 읽다가 다른 이미지로 보여주면 좋을 것 같아 다른 이미지를 검색하여 보여주게 되었다. 영아들이 처음에는 교사가 찾아주는 이미지로 보다가 직접 좋아하는 동물 이미지를 넣어 만들어 보기 시작하였다.

AI 놀이

호기심과 흥미의 시작

AI가 만들어 준 고양이 모습의 헨젤과 그레텔을 보기도 하고, 동화의 뒷이야기를 교사와 함께 자유롭게 감상해 볼 수 있도록 지원하였다.

"헨젤과 그레텔의 다음 이야기를 함께 들어볼까요?"

"네! 고양이가 마법으로 눈을 내렸어요!"
"헨젤과 그레텔이랑 동물 친구들이 사이좋게 지내기로 했어요!"
"전 이 그림 색칠해 보고 싶어요."

---

4) 사진과 자료는 W시의 H어린이집에서 제공함(수업자료를 수정함).

호기심과 흥미 확장하기

만들어진 동화를 들어보더니 영아들이 다른 동화도 만들어 달라고 이야기한다. 영아들이 원하는 동화를 선택하고 동화의 장면 중 좋아하는 장면의 그림을 다양하게 만들어 보여주자 영아들이 신기해하며 예쁘다고 좋아하는 모습을 보인다. 그리고 그림 중 좋아하는 그림을 색칠해 보고 싶다고 하여 색칠해 볼 수 있도록 지원해 주었고, 영아들이 자유롭게 색칠해 볼 수 있도록 하였다.

"선생님! 헨젤과 그레텔은 마법을 풀어서 행복했어요!"
"다른 동화도 만들 수 있어요?"
"헨젤과 그레텔이 마법을 풀고 행복하게 살았대요!"
"다른 동화도 함께 만들어 보자!"

교사 지원 Tip(동화 뒷이야기 꾸미기 챗봇 사용법)

① '유아 AI 앱, 자료' 패들렛에서 'GPT - 동화 뒷이야기 꾸미기'를 클릭한다.

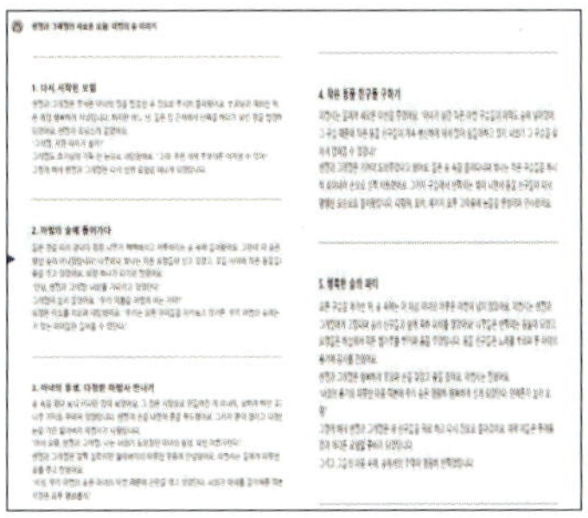

② 검색창에 "헨젤과 그레텔 동화 뒷이야기 5장으로 만들어줘"라고 입력한다. 챗봇은 뒷이야기를 5장으로 생성해 준다.

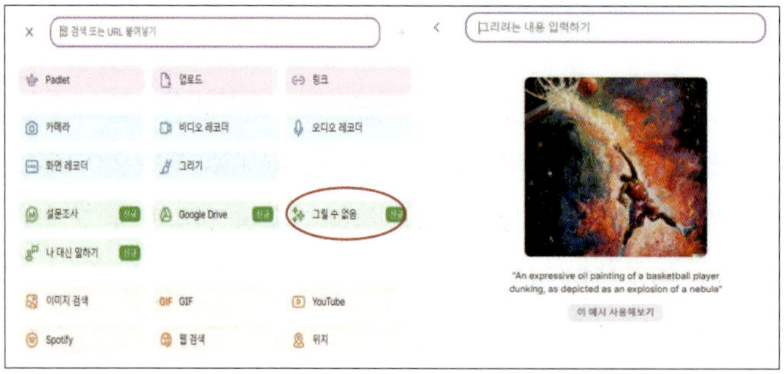

③ 동화 뒷이야기에 맞는 그림을 찾아보기 위해 패들렛의 새 페이지에서 + 버튼을 누른 후 '그릴 수 없음'을 클릭한 후, 원하는 그림을 찾는다.

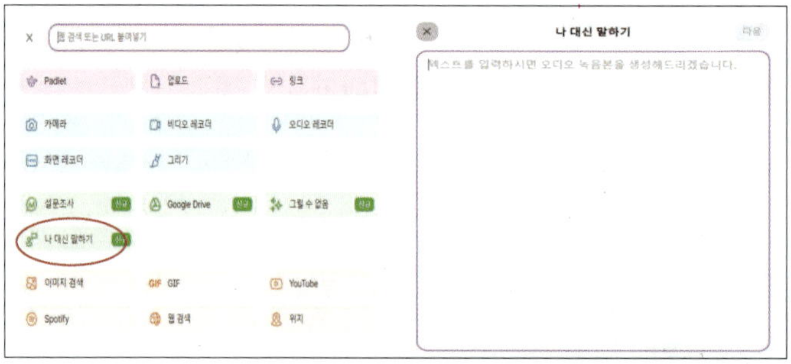

④ + 버튼을 누른 후 '나 대신 말하기'를 클릭 후 동화 내용을 입력하여 소리를 만든다.

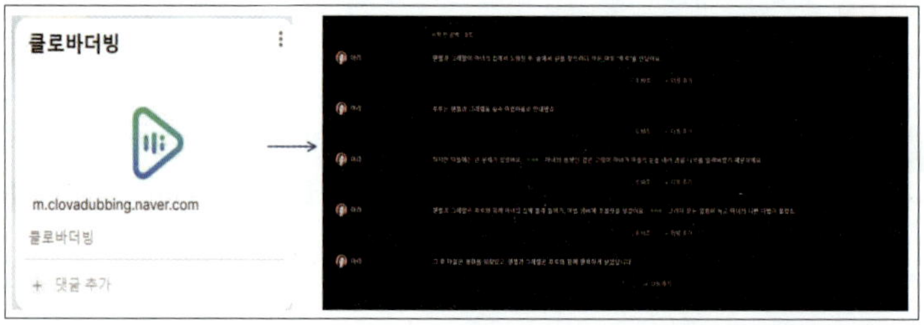

⑤ 목소리를 바꾸고 싶으면 '클로바 더빙', '타입캐스트'에서 다양한 목소리로 바꿀 수 있으며, 동화 내용을 넣어 목소리를 만든다.

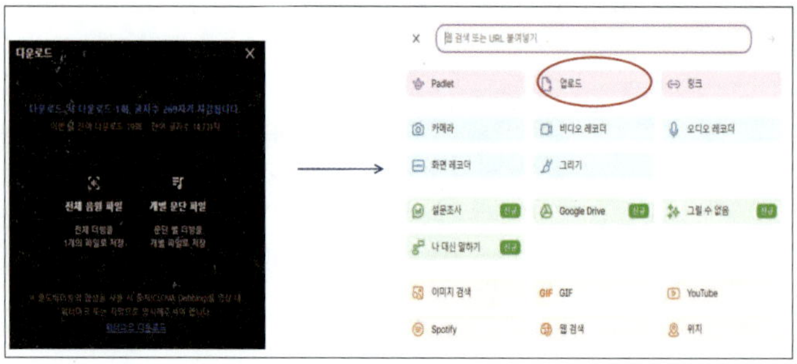

⑥ 만든 목소리를 다운받은 후 패들렛에서 + 버튼을 누른 후, 목소리를 업로드 한다.

⑦ 만들어진 그림과 목소리를 함께 PPT에 넣어 이야기하는 동화를 만든다.

놀이 돌아보기

동화 만들기를 통해 영아들이 AI를 처음 접해보았지만, 교사와 함께 알아보고 경험해 보는 시간을 가졌습니다. 원래 동화의 그림과 만들어진 그림의 다른 점을 찾아보고, 달라진 그림을 보며 영아들이 흥미를 느끼는 모습을 보였습니다. 헨젤과 그레텔뿐 아니라 다양한 동화를 만들어 보기도 하였고, 영아들이 좋아하는 캐릭터로 그림을 만들어 주자 영아들이 다양한 이미지를 보고 예쁘다고 좋아하는 모습을 보였습니다. 만든 그림을 뽑아달라고 하여 교실에 붙여 주었습니다.

헨젤과 그레텔의 뒷이야기를 가정에 보내주자 학부모님들이 이미지나 내용에 관심을 보이셨고, 다른 동화도 만들어 달라고 하여 가정과 연계하는 계기가 되었습니다.

5. 영유아교육기관 패들렛 AI 수업자료 활용

1) 영유아교육기관 패들렛 AI 수업자료 만들기

패들렛(Padlet)은 영유아교육기관에서 영유아 교사가 수업 자료를 제작하고 협력 작업을 수행할 수 있는 협업 도구이다. 동화 자료, 그림 자료, 이야기 나누기 자료 등을 교류하고 이야기 나누기나 토론 활동 등에 활용하기에 최적의 도구라 할 수 있다.

이러한 패들렛(Padlet)은 최근에 업그레이드되어 AI 기능이 다수 보완되었는데, 다음은 이러한 AI 기능들이 제공되는 'AI 레시피' 선택 화면이다. 이 화면에서 **+ 만들기** 를 누르면 나타나는 'Padlet 만들기' 화면에서 'AI 레시피' 중에서 선택하여 제작하면 된다.

해당 'AI 레시피'의 링크를 눌러 옵션들을 채운 다음 제작하면 되는데, 다음 화면은 '수업 플랜' 레시피를 선택한 화면이다. '수업 플랜' 레시피를 선택한 다음 수업계획의 '제목', '학년(유아, 1학년)', '주제와 수업목표' 등을 입력하고 '만들기'를 누르면 AI가 최적의 수업계획안을 작성해 준다. 작성된 수업계획안은 패들렛 링크들로 작성되며 해당 패들렛 링크를 누르면 '목표, 사전활동, 본활동, 사후활동' 등과 같이 수업계획 자료 활용이 가능하다. 해당 자료는 텍스트, 그림, 사진, 동영상 등의 자료로 이루어져서 효과적인 수업과 놀이 활용이 가능하다.

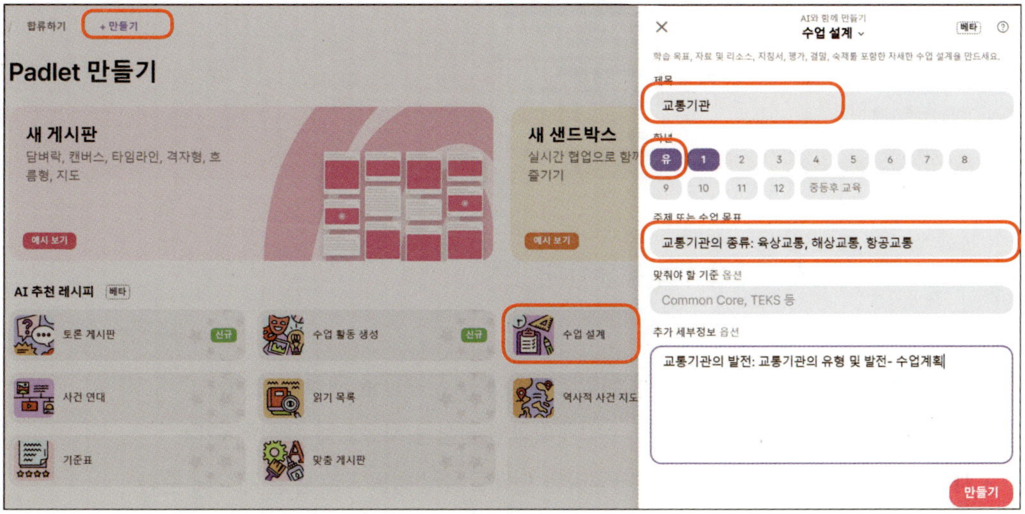

다음은 'AI 레시피' 중에서 '수업 플랜'을 선택하여 제작한 영유아교육기관 수업 계획의 실제 예이다. AI가 놀이 중심 영유아교육기관 수업이나 놀이를 완전히 이해하지 못하는 관계로 미흡한 점이 있으나 영유아 교사가 적절히 수정할 경우 기초 자료로는 사용할 수 있다. 무엇보다도 30초 만에 기초 자료를 제작해 준다는 것이 장점이다.

다음은 대표적인 'AI 레시피'의 종류이다.

- **수업활동 제작자 :** 각 학년 수준에 적합한 수업활동 자료들을 제작해 준다.
- **수업플랜 :** 각 학년 수준에 적합한 수업계획과 수업활동 자료들을 제작해 준다.
- **사건타임라인 :** 연도별, 역사별로 타임라인 형태로 수업활동 자료들을 제작해 준다.
- **읽기 목록 :** 각 학년 수준에 적합한 읽기 활동 자료들을 제작해 준다.
- **역사적 사건지도 :** 지도(세계지도)상에 역사적인 사건을 자료로 제작해서 지도상의 콘텐츠를 활용할 수 있다.

'AI 레시피'의 이러한 각 기능은 저자의 '유아 AI 앱, 자료' 패들렛(225쪽 참고)에서 볼 수 있으니 다음의 각 링크를 클릭하여 사례를 살펴보기 바란다.

2) 영유아교육기관 패들렛 AI 수업자료 놀이[5)]

놀이의 시작은 ……

여름이 지나 가을이 되면서 주변의 환경이 변화된 모습에 유아들이 관심을 보이기 시작하였다. 엄마와 함께 오는 등원길, 등원버스를 타고 오고 가는 길에 보았던 나무의 모습과 노랑, 빨강 나뭇잎을 봤던 다양한 경험들을 이야기하며 계절의 변화에 호기심과 관심을 보이는 유아들에게 가을에만 볼 수 있는 계절적인 특성을 살려 다양한 놀이들을 지원해 주기로 하였다.

나뭇잎 놀이

호기심과 흥미의 시작

(사전에 유아들과 미리 찾았던 가을 색을 책으로 만들어 제공) 산책하다 공원 주변에 떨어진 나뭇잎과 솔방울, 나뭇가지를 유아들과 함께 담아와 교실에서 자연물 놀이가 이어질 수 있게 지원하였다.

5) 사진과 자료는 C시의 H어린이집에서 제공함(자료를 수정함).

"우리가 모아온 나뭇잎을 관찰해 볼까?"

"이거 우리가 산책해서 주웠잖아요."
"나 이거로 뭐 만들고 싶어요."

호기심과 흥미 확장하기

나뭇잎을 관찰하면서 나뭇잎이 가진 고유한 특성들을 섬세하게 관찰하는 모습을 보인다. 나뭇잎에 어떤 그림(잎맥)이 그려져 있다며 흥미를 보이는 유아들에게 잎맥을 더 자세히 관찰할 수 있도록 돋보기를 지원해 주고 그리기 도구로 잎맥을 따라 그려본다. 그러던 중 나뭇잎을 같은 색으로 분류하는 모습을 보여 같은 색 액자를 만들 수 있도록 지원해 주고, 얼굴도 그려보기 시작하여 인형을 만들 수 있도록 지원해 주었다.

"선생님 나뭇잎에 누가 그림을 그렸어요."
"여기 줄 같은 게 보여요."
"다른 나뭇잎에도 이런 줄 그림이 있는지 살펴볼까?"

(패들렛의 '이미지 검색' 기능을 사용하여 잎맥 사진을 찾아 유아들과 함께 관찰해 보고 패들렛의 '그릴 수 없음' 기능을 사용하여 그림을 그려보는 시간을 가져봄)

(TV 모니터에 나타난 잎맥 사진을 보며) **"우와~ 엄청 잘 보여."**
"나도 그릴래요."

인형, 액자 만들기 시작

교사지원 Tip

① 나뭇잎을 관찰할 수 있도록 돋보기, 다양한 질감의 종이, 가위, 풀 등 미술도구를 지원한다.
  - AI를 활용하여 잎맥을 자세히 볼 수 있도록 매체를 활용하여 잎맥 그리기 활동을 함

② 나뭇잎을 사용하여 만들 수 있는 놀이를 생각해 보는 유아들과 지속적인 상호작용을 통하여 유아들의 생각을 자유롭게 표현할 수 있도록 돕는다.
  - 'AI 레시피'에서 수업 아이디어를 활용해 나뭇잎과 관련된 다양한 놀이 정보를 얻음

③ 한정된 공간이 아닌 교실 활동과 바깥놀이 활동을 이어서도 연계할 수 있도록 지원한다.

④ 유아들이 만든 작품들을 게시해 주어 다른 유아들도 함께 보며 친구의 작품을 감상하고, 칭찬, 격려하는 모습을 관찰할 수 있었다.

⑤ 나뭇잎을 하나씩 모아 유아들과 함께 협동작품도 완성하고 매체 지원 활용으로 놀이의 즐거움을 경험하는 시간이 되었다.

패들렛의 '이미지 검색' 기능을 통한 나뭇잎 검색과 '대신 그려줘' 기능을 통한 나뭇잎 그리기

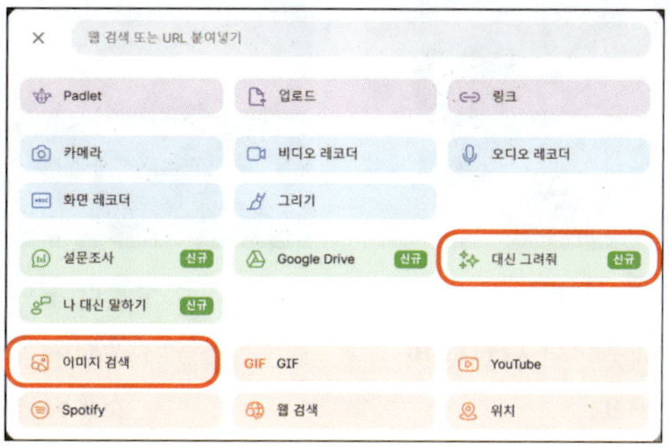

실물놀이 연계

나뭇잎 인형으로 극놀이 확장 활동이 이루어진다. 극놀이에 필요한 다양한 소품들을 미술과 연계하여 만들 수 있도록 자료를 제공해 주었다. 인형들이 소풍을 간다고 하여 소풍을 떠난 장소를 만들어 볼 수 있게 제안하자 유아들이 자연물로 놀이 공간을 만드는 모습을 볼 수 있었다.

"선생님 인형들이 소풍 간대요."
"워터파크에 갔는데 물이 따뜻해서 시원하게 만들어 주고 싶어요."

"인형들과 같이 소풍을 떠나볼까?"
"물놀이 공원에 뭐가 있으면 더 재미있는 소풍이 될 수 있을까?"

놀이 돌아보기

계절의 변화를 유아들이 몸소 체험할 수 있는 시간이 되었습니다. 나뭇잎으로 인형을 만들어 다양한 놀이를 구상하며 유아들이 직접 경험하였던 장소를 떠올리며 인형 놀이의 장소를 만들어 놀이할 수 있었습니다. 또한 나뭇잎을 관찰하며 색과 모양이 다르다는 것을 알게 되고 분류를 통하여 호기심 있게 자연을 탐구하는 과정을 지원해 주며 관찰할 수 있는 능력을 기를 수 있는 시간이 되었습니다. 미술 놀이가 다양하게 이루어지면서 여러 가지 재료를 사용하며 재료의 특성을 파악하고 만들기를 하며 적절한 재료들을 찾아서 사용할 수 있었고 유아들이 완성한 작품들을 친구들과 함께 감상하는 시간을 가져보았습니다.
'AI 레시피'에서 수업의 아이디어를 얻고 잎맥에 관심을 가진 유아들에게 사진 자료를 보여주며 관찰 및 탐구학습이 일어날 수 있도록 지원하는 과정은 매우 흥미로웠습니다. '패들렛 AI'를 활용한 수업 방식은 실물 자료의 한계를 극복하는 훌륭한 연구 방법이 되었습니다.

6. AI 아바타 이야기 나누기, 동화 제작

AI의 기능은 나만의 아바타를 캐릭터로 하여 동영상을 제작할 수 있게 해주는데, AI TTS(텍스트를 음성으로 변환하는 AI 기능)와 AI TTV(텍스트를 동영상으로 변환하는 AI 기능)를 이용할 수 있다. 패들렛 링크(225쪽 참조)의 'AI 디자인, Web, App' 탭을 참고한다.

여기서 활용한 'DeepBrain AI Studio'는 AI 아바타 캐릭터를 활용하여 이야기 나누기나 동화를 제작할 수 있는 사이트이다. 미리 준비된 주인공 아바타가 포함된 AI 템플릿을 선택하고 AI 생성 프롬프트를 입력한 다음 Create Your Free AI Video 단추를 누르면 슬라이드 화면들이 자동 생성된다. 이렇게 자동 생성된 슬라이드 화면들에는 자동 생성된 아바타 캐릭터와 아바타 음성이 포함되어 있는데, 다음과 같이 하단의 텍스트 박스에서 텍스트를 수정하면 아바타 캐릭터의 음성 내용과 몸짓, 표정이 AI에 의하여 자동 변환된다. 이러한 기능이 AI TTS, AI TTV 기능이라고 할 수 있다.

다음에서는 '유아 AI 교육'이라는 AI 생성 프롬프트를 입력해서 4개의 화면(페이지) 내용이 AI에 의해서 자동 생성된 것을 볼 수 있다. 화면을 새로 생성한 다음에 하단의 텍스트 상자에 아바타 음성 내용을 입력하면 된다. 다음과 같이 **AI Models**에서 아바타를 변경할 수 있으며 **Select Voice**에서 AI 목소리 변경이 가능하다. **AI Models**의 아바타와 **Select Voice**의 AI 목소리 둘 다 한국 캐릭터와 목소리를 선택할 수 있다.

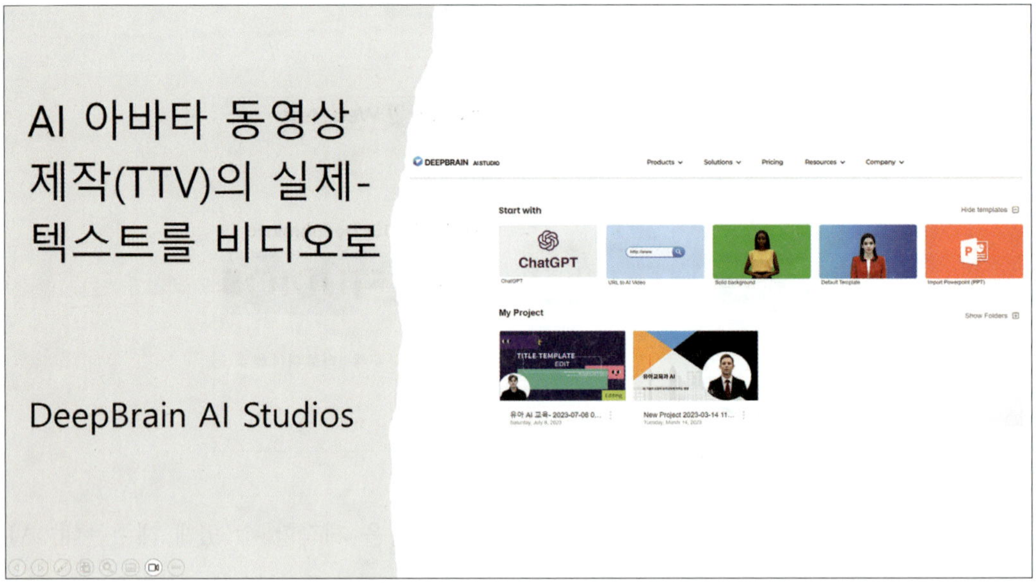

DEEPBRAIN AI STUDIOS
#1 Best AI Video Generator
Best AI Powered
text-to-video editor
Text to video in minutes
Photo-realistic AI avatars
Cut your time and costs by 80%
Create a Free AI Video
No credit card required
AI 아바타 동영상 생성 시작하기

AI 생성 프롬프트(주제) 입력
1. Write a topic or question
유아 AI 교육
2. Select Template
AI 템플릿 선택
Create Your Free AI Video

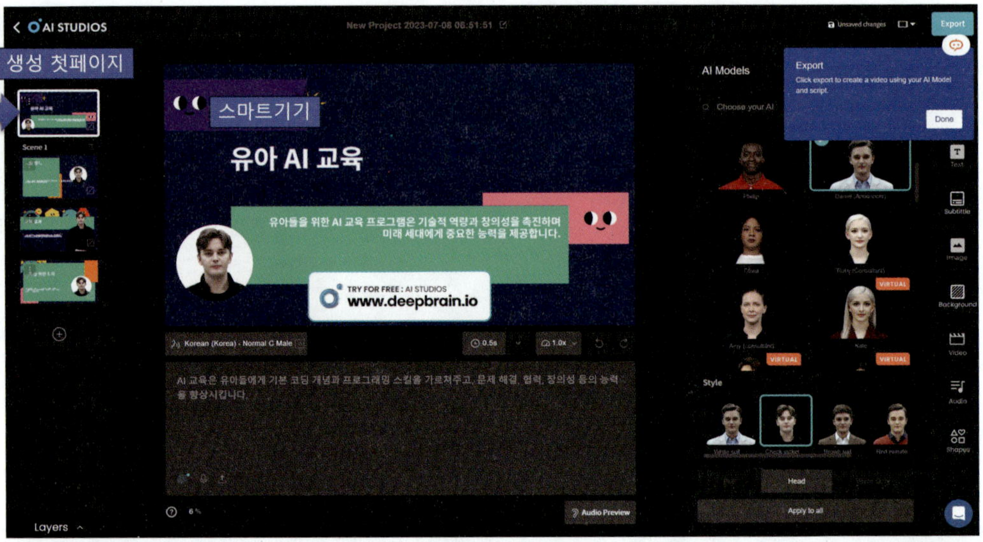

7. 영유아교육기관 메타버스 공간, 전시관 만들기

1) 유아교육에서의 메타버스 활용과 유의점

코로나19 팬데믹 이후 비대면, 가상현실, 증강현실, 메타버스 등 인터넷 기반 플랫폼에 관한 관심이 증가하고 있다. 또한 4차 산업혁명 시대를 살아가고 있는 우리의 삶에는 교육, 산업, 의료 등 산업계 전반에 4차 산업혁명 기술이 도입될 것으로 예측되며, 메타버스 또한 머지않은 미래에 교육 현장에서 일반적으로 사용되는 매체로 자리매김할 가능성이 있다.

이러한 메타버스는 교육적 활용 가능성과 동시에 문제점을 내포하고 있다. 현실 세계에서의 법질서를 가상세계에 동일하게 적용해야 하는지 또는 가상세계만의 새로운 기준이 필요한 것인지 사회적 합의가 필요한 상황이며, 법제화가 시급하다. 특히 유아를 대상으로 메타버스를 교육적 매체로 사용할 경우 부모나 교사의 보호와 지도가 필수적으로 요구된다.

2) 스페이셜(Spatial)

스페이셜(Spatial)은 스마트폰 앱과 PC Web을 지원하는 메타버스 플랫폼이다. 스페이셜은 PC Web을 이용할 경우 별도의 프로그램 설치가 필요하지 않으며, 메타버스를 구축함에 있어 별도의 프로그램을 요구하지 않는 장점이 있다.

| 그림 5-1 | 스페이셜 메인 홈페이지

출처 : https://spatial.io

스페이셜을 활용한 메타버스 구현의 방법은 다음과 같다. 먼저, 스페이셜 메인 홈페이지(spatial.io) 접속 후 회원가입을 한다. 회원가입 후 로그인을 하게 되면 바로 메타버스 구현이 가능하다. 현재 스페이셜에서는 약 14개의 기구축된 맵을 제공하고 있으며, 이를 활용하여 나만의 메타버스 구현이 가능하다(그림 5-2 참조).

| 그림 5-2 | 스페이셜 스페이스

출처 : https://spatial.io

| 그림 5-3 | 스페이셜 메타버스 예시(미디어 안전교육 전시)

출처 : https://spatial.io, 저자 제작

스페이셜은 메타버스에 사진을 전시하는 기능 외에도 음성채팅 및 카메라 기능을 제공하며, 이용자 간 화면을 공유할 수 있다. 또한 별도의 링크를 통해 링크를 보유한 사용자만 접속이 가능한 점 등 보안 측면의 장점이 있다.

스페이셜 메타버스를 만들기 위해서는 다음과 같이 로그인 후 새로운 공간을 만들고

(New Space), 액자틀을 선택한 다음 컴퓨터에 저장된 사진 파일들이나 동영상 파일들을 올리면 작품 전시가 완성된다.

다음 첫 번째 그림과 같이 스페이셜 사이트에 로그인하여 새로운 메타버스 공간을 만들기 위해 **+ Create for Free** 단추를 누른 후, **+ New Space**를 선택한다. 그러면 두 번째 장면과 같이 **Create New Space**(새로운 공간 만들기) 창이 나타난다. 여기에서 원하는 템플릿을 선택하여 메타버스 틀 공간을 선택하거나 **Create a blank space**를 선택하여 메타버스 빈 공간에서 시작할 수 있다. 여기에서는 선택할 수 있는 템플릿 중에서 **Obsidian Gallery**를 선택하여 전시관 템플릿으로 제작하였다.

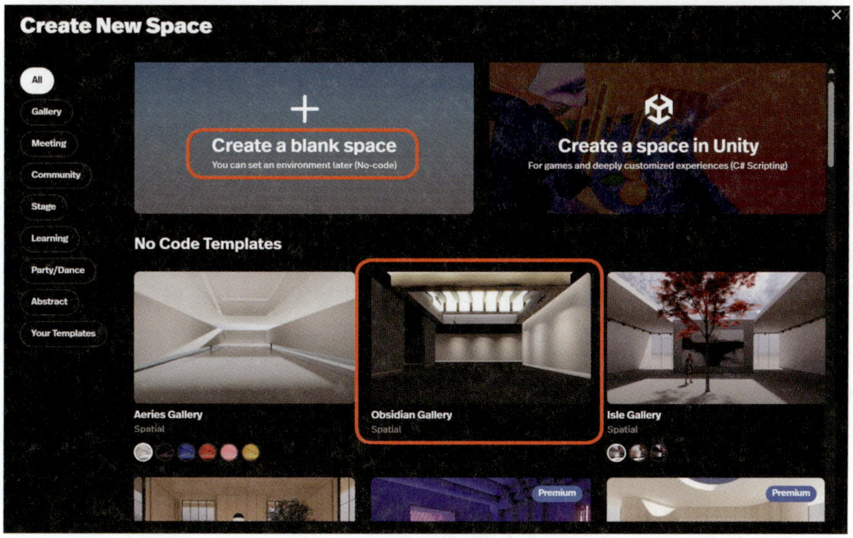

스페이셜(Spatial) 메타버스 놀이[6]

호기심과 흥미의 시작

가을 예술제에 전시되었던 유아들의 작품을 자유롭게 감상해 볼 수 있도록 스페이셜(Spatial) 메타버스로 전시회를 열어 가상공간을 경험해 볼 수 있게 태블릿 PC를 지원한다.

"메타버스가 무엇일까?"
"메타버스 속 내 작품을 감상해 볼까?"

"우와 사람이 움직여요?"

호기심과 흥미 확장하기

태블릿 PC를 지원하여 영아들이 교사의 도움을 자신의 작품을 찾아보고, 메타버스 안의 아바타를 만들어 보며 전시 공간을 이동하는 경험을 해보았다. 영아들은 자신의 실제 작품이 메타버스라는 가상의 공간에 전시되어 있는 것을 경험하고 가상 세계에 몰입하는 모습을 보였다.

6) 사진과 자료는 W시의 M어린이집에서 제공함(수업자료를 수정함).

"나는 검은 옷은 입은 사람을 만들래요."
"우와 앞으로 뛰어가요."

"우리가 만든 아바타를 움직여 볼까?"
"친구들의 작품을 찾아보자."
"다람쥐 얼굴 찾아주세요."
"나는 바람개비 사진이요."

가정과의 연계

가정으로 스페이셜(Spatial) 메타버스 설치 방법과 링크를 공유하였다. 가정에서 아이와 함께 작품을 감상하며 가을 예술제를 회상하기도 하고, 행사 날 참여하지 못한 가정은 메타버스 전시회를 통해 작품 전시회를 볼 수 있는 기회를 제공하였다. 스마트기기 활용법을 어려워하는 가정을 위해 초대장에 QR코드를 첨부하여 함께 참여할 수 있게 하였다.

"선생님 가상공간 재미있네요."
"아이들이 참 사랑스러워요."

"가을 예술제 너무 예쁘네요."
"이런 기회를 자주 만들어 주세요."

CHAPTER
06
유아를 위한 음악 제작

Chapter | 06

유아를 위한 음악 제작

인공지능 시대에 있어 유아용 AI 자료 제작은 유아교사를 위한 필수 역량이 되었다. 이 장에서는 이러한 AI 자료 제작 방법 중에서 AI 음악 제작 방법을 중심으로 기술한다. 그동안 유아교육 분야에서의 음악 활동은 타악기 중심의 리듬 활동 위주로 전개되었지만, ChatGPT 등의 생성형 AI와 음악 제작 AI 앱의 등장으로 이러한 AI의 도움을 받아 교사가 제작하는 음악 활동이 가능하게 되었다. 이제는 영유아교육기관의 낮잠 시간에서의 자장가나 놀이에 어울리는 배경음악을 교사가 제작하는 것이 AI 교사 역량의 일부라고 할 수 있다.

이 책에 수록된 AI 앱, 자료 링크 패들렛 안내

이 장에서 설명하는 저자의 패들렛 링크는 네이버에서 '유구종 태블릿'을 검색 후 '유아교육기관 스마트폰·태블릿 PC활용 프로그램' 사이트의 '커뮤니티 〉 자유게시판'에서 70번 자료 '유아 AI 앱, 자료' 링크를 누르면 접근할 수 있다.

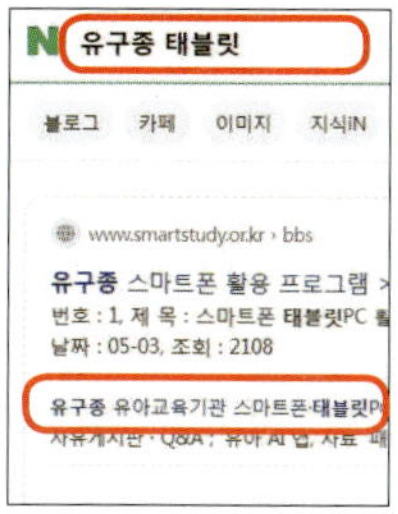

QR을 스캔해 주세요.

1. Suno AI, Udio AI, Chrome Music Lab을 활용한 노래 만들기

'Suno AI'를 활용한 음악 만들기를 위해서는 '코파일럿(Copilot)'에서 플러그인을 이용하는 방법과 Suno AI 사이트에서 제작하여 다운로드 받는 방법 2가지가 있다. AI를 사용하면 유아교육기관에 필요한 동요를 작사, 작곡할 수 있을 뿐 아니라 유치원 원가도 제작할 수 있다. 유아교육기관에서의 '밴드랩' 활용 음악 놀이의 예는 이 책의 제3장 2. AI 놀이 계획 및 실행안(예술경험)의 '(4) AI 놀이 계획 및 실행안(밴드랩)'을 참고하기 바란다(166쪽).

'Udio AI'의 경우 Suno AI 활용 방법과 유사하게 사용할 수 있는데, 가사를 직접 입력해서 음악을 생성할 수도 있고(custom 기능), AI에게 가사를 생성하게 할 수도 있는 점이(auto 기능) Suno AI와 유사하다.

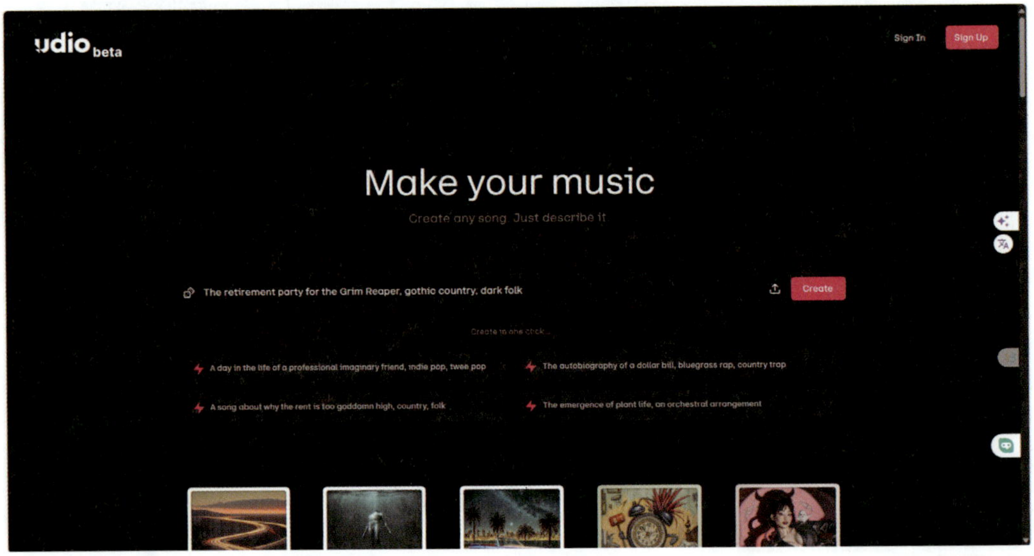

1) MS 코파일럿(Copilot)의 Suno 플러그인과 Suno 활용 동요 만들기

다음은 마이크로소프트 '코파일럿(Copilot)'에서 플러그인으로 Suno를 설치한 후 '코파일럿(Copilot)'의 Suno 플러그인으로 음악을 만드는 예이다. 여기에서는 유치원에서 아기들에게 들려줄 수 있는 자장가 음악을 만들어서 mp3 음악파일로 내려받는 예이다.

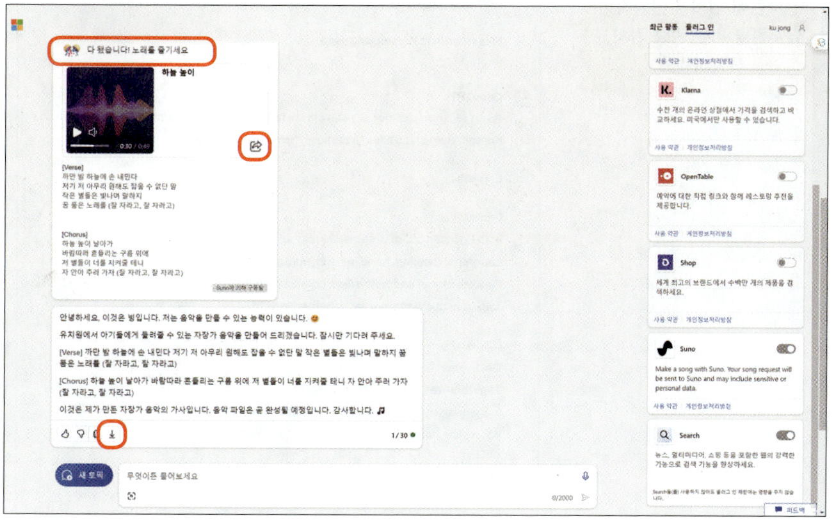

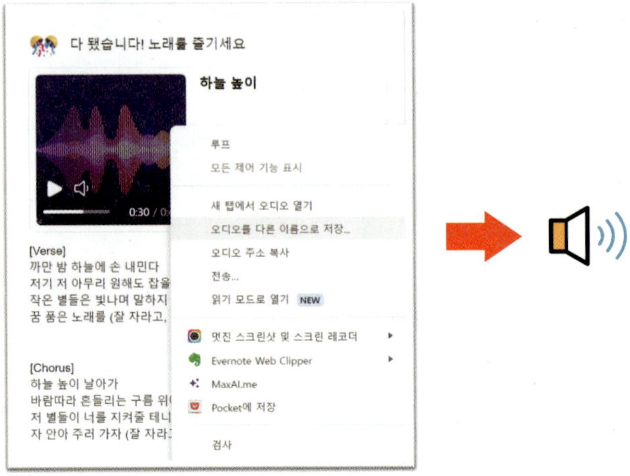

다음과 같이 영어 동요를 만들어서 mp3 파일(음악파일)이나 mp4 파일(동영상 파일)로 다운받을 수 있다. ChatGPT에서 영어 동화 가사를 만들어서 Suno에서 가사를 넣고 음악형태를 선택한 후 음악파일을 제작하여 내려받는다.

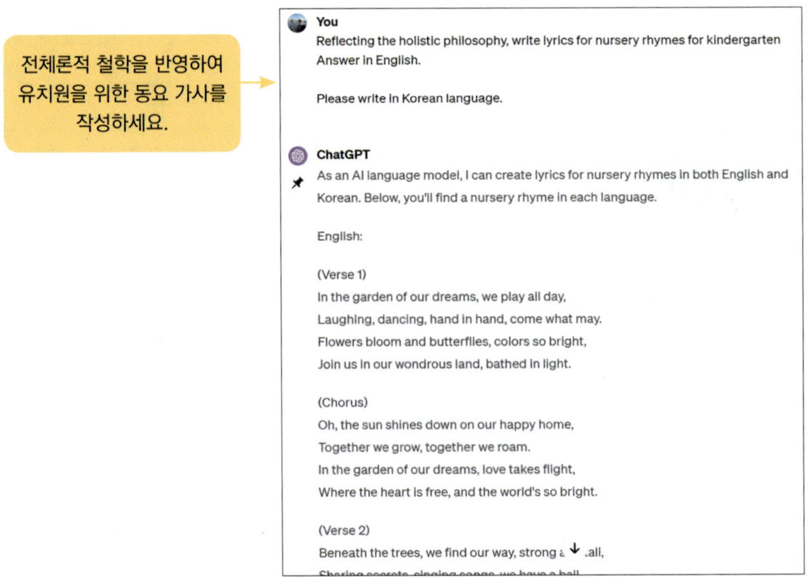

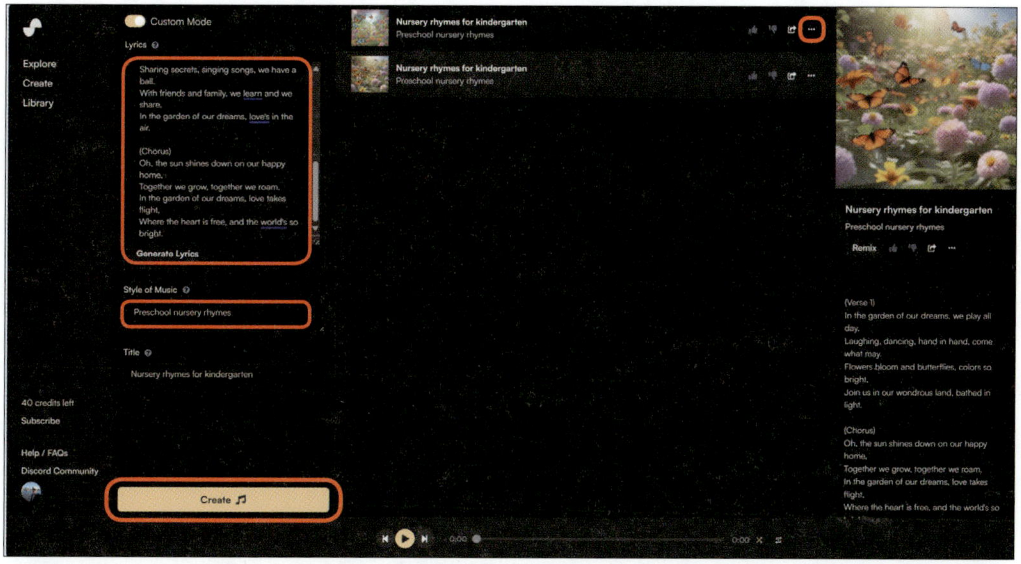

다음과 같이 한국어 동요를 만들어서 mp3 파일(음악파일)이나 mp4 파일(동영상 파일)로 다운받을 수 있다. ChatGPT에서 한국어 동화 가사를 만들어서 Suno에서 가사를 넣고 음악형태를 선택한 후 음악파일을 제작하여 내려받는다. 여기에서는 음악파일을 동영상 파일(mp4)로 내려받는다. 이렇게 내려받은 동영상 파일은 추가로 편집이 가능하다.

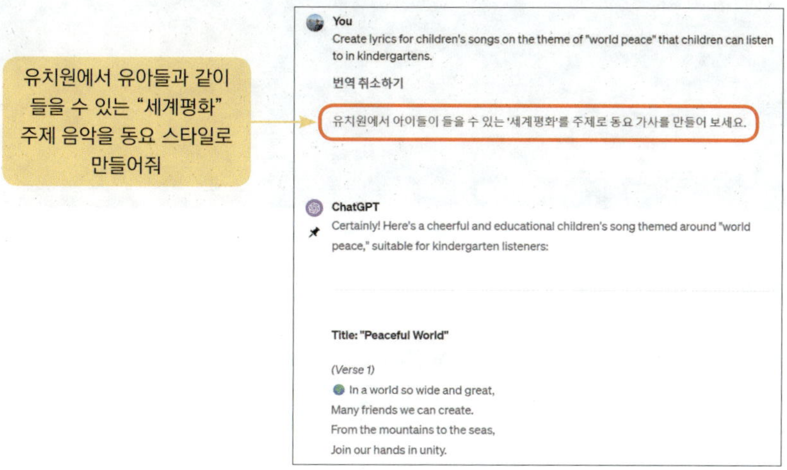

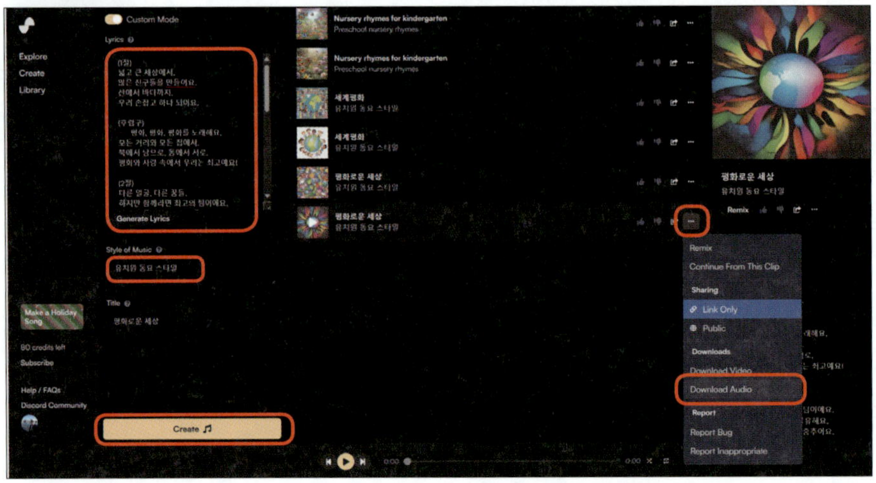

2) Suno 활용 놀이의 실제 사례

다음은 유아교육기관에서의 'Suno' 활용 놀이의 실제 예[1]이다.

1) 사진과 자료는 경기도 Y시 YJ어린이집에서 제공함(자료를 수정함).

'SUNO AI' 노래 만들기

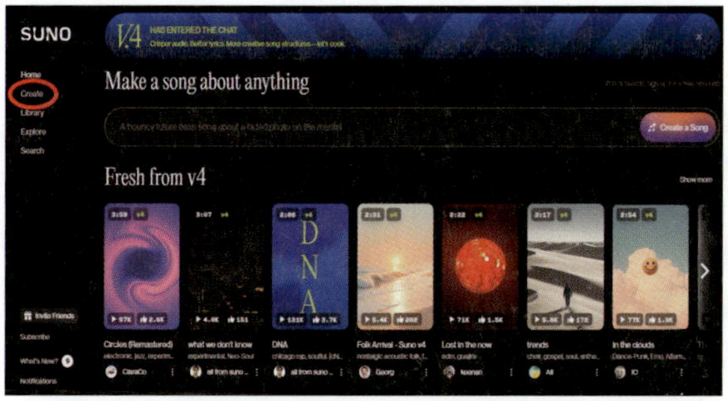

① 'SUNO AI(https://suno.com)'에 방문하여 "Create"를 누르고 노래 만들기를 시작한다.

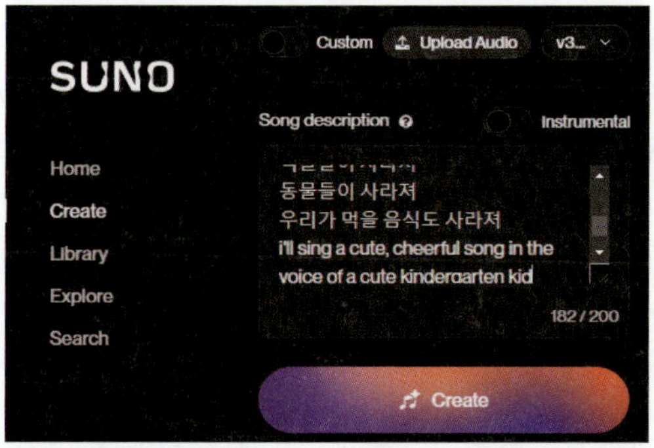

② 만들고자 하는 노래에 대한 설명(프롬프트)을 넣거나 내가 부르고자 하는 노래의 가사를 넣는다. 가사를 넣고 원하는 스타일(예를 들면, 영어로 'kindergarten playful song')을 넣거나 다음과 같이 넣는 것이 좋다.

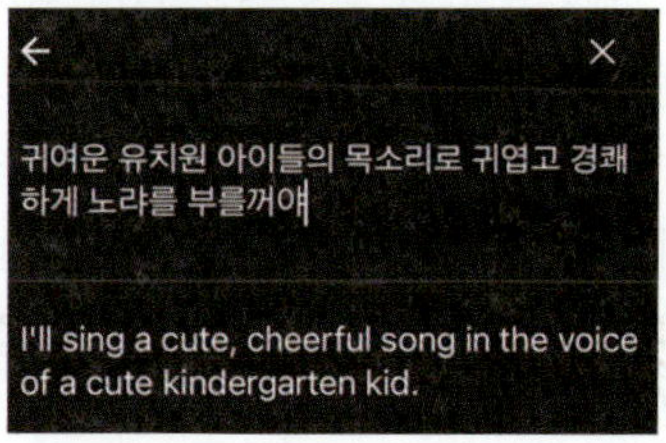

③ 내가 원하는 노래가 만들어질 때까지 여러 번 만들 수 있다.

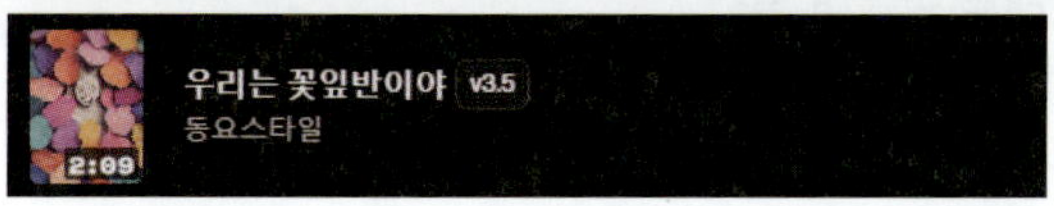

④ 내가 원하는 노래 완성

'SUNO AI' 놀이

〈놀이의 시작〉

열매반(5세) 아이들이 '지구를 살리자'라는 노래를 만들어 듣는 모습을 본 후 꽃잎반(4세) 아이들도 해보고 싶다는 의사를 보였다. 꽃잎반 교사는 통합보육 시간에 열매반 아이들이 만든 노래를 들려주었다.

반별 놀이시간에 교사가 아이들과 꽃잎반 아이들의 서로에 대한 느낌을 이야기하였고, 이야기한 느낌을 모아 'SUNO'에 가사를 넣고 노래를 만들어 주자 아이들은 자신의 이름이 나오는 것을 신기해하며 즐거워하였다.

〈가사 만들기와 호기심과 흥미 유지하기〉

꽃잎반 아이들은 친구들에 대한 서로의 느낌을 이야기하며 가사를 만들었다.

같은 노랫말이지만 창조하기를 누를 때마다 다른 곡의 노래가 만들어지는 것을 관찰하며 한 번에 두 가지 버전의 음악이 만들어지는 것을 재미있어하였다. 두세 번 정도 같은 가사를 가지고 노래를 만들어 주었다. 아이들은 각자 각각 자기가 원하는 노래가 다르다는 것을 알았다.

〈놀이 지원하기〉

4세반 아이들은 노래 만드는 것을 즐거워했으나 글을 쓰지 못해 교사가 노래 가사를 적어주어야 했다. 아이들에게 노래를 만들고 싶을 때 교사에게 말하면 함께 만들어 주겠다고 하였다.

〈놀이 돌아보기〉

4세 아이들은 노래 만드는 것을 즐거워하며 한동안 놀이를 지속하였다. 우리 반 노래, 내가 좋아하는 놀잇감 노래를 만들었다. 단순히 가사를 쓰고 만드는 것이라 어려운 점은 없었다. 아이들의 흥미가 떨어지지 않도록 다양한 놀이 활동과 연계하였다.

〈추후 노래 만들기 확장 활동〉

- 매월 책 읽기 활동 후 뒷이야기 만들기 활동을 하고 노래로 만들어 본다.
- 나의 느낌을 노래로 만들어 본다.
- 실외 놀이 후 즐거웠던 시간을 회상하며 노래로 만들어 본다.
- 우리 가족 노래를 만들어 본다.

〈스마트 알림장을 통한 가정과의 소통 – 가정 연계〉

3) Chrome Music Lab(음악, 리듬 만들기 놀이)

'Chrome Music Lab'에서는 Shared Piano, Song Maker, Sound Waves 등의 다양한 AI 음악 놀이들을 즐길 수 있다. 유아들은 교사의 도움을 받을 경우 큰 북, 드럼, 트라이앵글 등 다양한 악기를 선택하여 리듬 놀이와 박자 놀이를 다양하게 전개할 수 있다. 이 중 'Song Maker'의 경우 악기를 선택한 다음 컴퓨터로는 클릭, 스마트 패드나 스마트폰으로는 터치 방법으로 음을 만들어 가면서 놀이하는 음악 만들기 앱이다.

유아교육기관에서의 'Chrome Music Lab 앱 / Song Maker' 활용 놀이의 예는 이 책의 제3장 2. AI 놀이 계획 및 실행안(예술경험)의 '(5) AI 놀이 계획 및 실행안(크롬 뮤직 랩)'을 참고하기 바란다(174쪽).

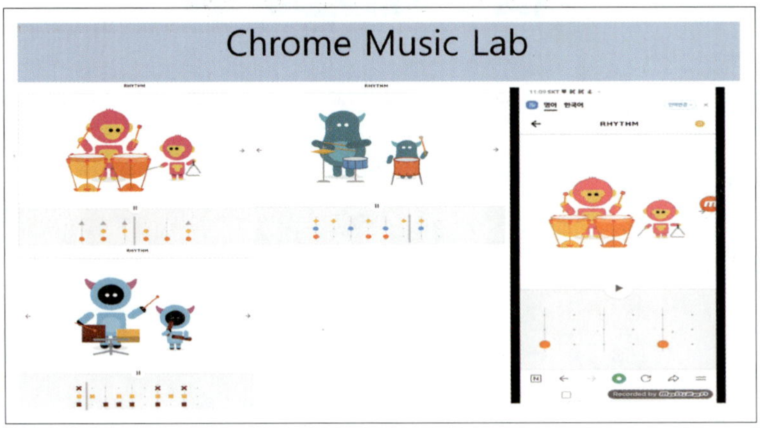

2. 음악 제작(ChatGPT의 가사, 악보, 음악 트랙 생성)

ChatGPT는 텍스트 생성 AI이기 때문에 가사를 제작하기에 적합하지만 적절한 프롬프트로 지시하면 음악 코드와 멜로디 생성도 가능하기 때문에 유아교육기관에서 AI 음악을 작사, 작곡할 수 있게 해준다. 또한 AI가 놀이나 활동에 어울리는 노래를 검색해 주기도 하는데, 다음은 홀리스틱 감성을 담고 있는 유아들의 노래를 AI가 추천해 주고(BingAI 앱), 사용자의 프롬프트에 의하여 가사와 악보를 자동으로 제작해 주는(ChatGPT 4.0) 절차이다.

ChatGPT 4.0에게 전체론적(holistic) 철학을 반영한 유치원 동요를 작사해 달라고 하고, 이 가사에 맞는 코드 진행도 작성해 달라고 하였으며, VIRTUAL PIANO에서 연주하기 위한 2분 동안 유아를 위한 일련의 음표를 써달라고 하였다. 그런 다음 이러한 코드와 멜로디를 VIRTUAL PIANO 사이트에서 복사해 넣고 연주하는 절차이다.

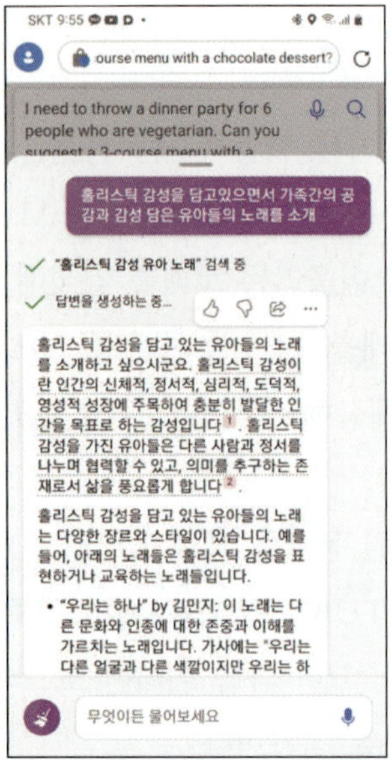

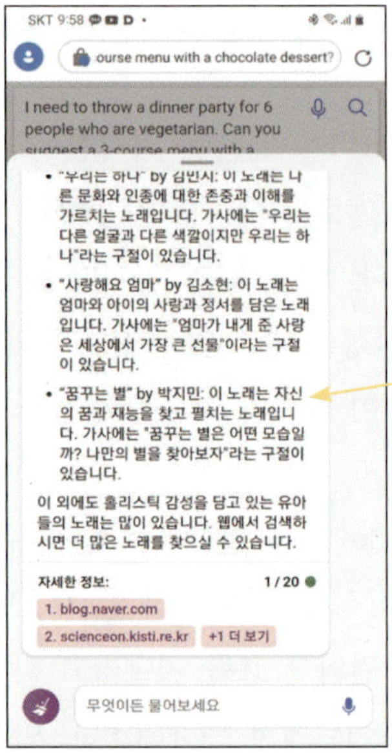

기계화되고 삭막해질 수 있는 미래 사회에서 인간적이고 영적인 삶을 영위하기 위해서는 AI에 지배되는 것이 아니라 AI와 공존하고 협력하며 교감하는 작업이 도움이 됩니다.

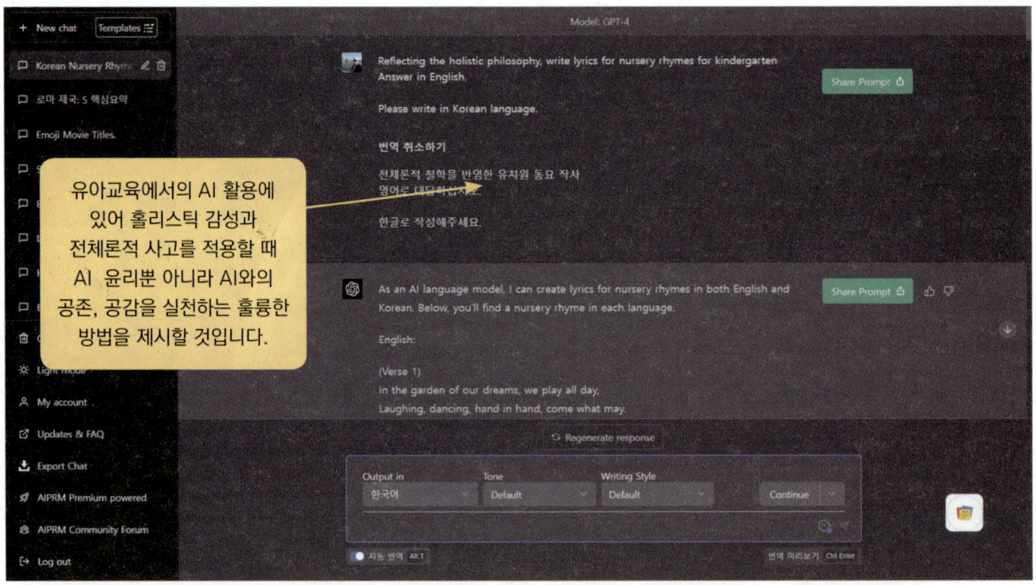

유아교육에서의 AI 활용에 있어 홀리스틱 감성과 전체론적 사고를 적용할 때 AI 윤리뿐 아니라 AI와의 공존, 공감을 실천하는 훌륭한 방법을 제시할 것입니다.

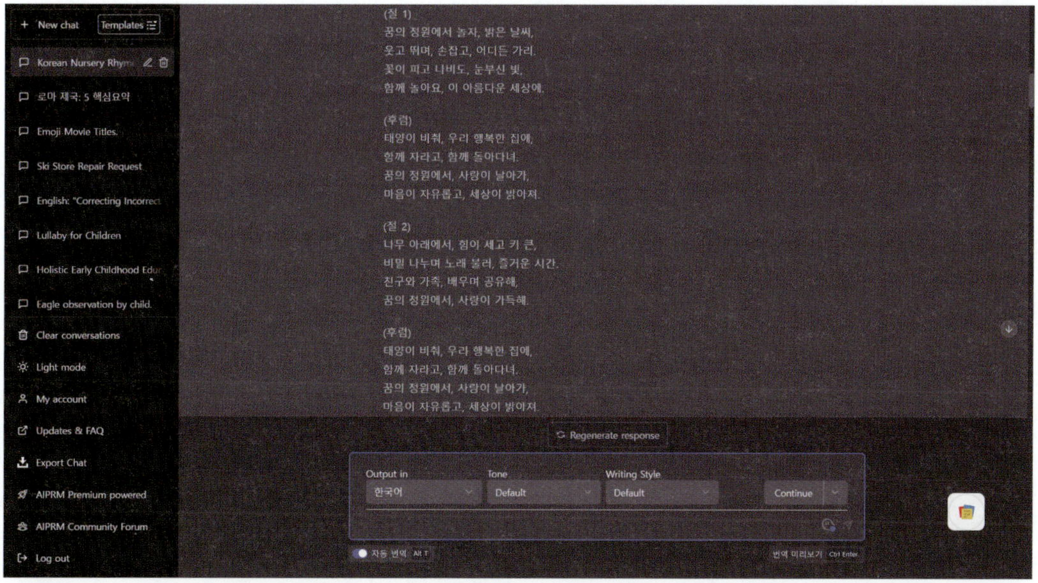
New chat
Templates
Korean Nursery Rhym
로마 제국: 5 핵심요약
Emoji Movie Titles.
Ski Store Repair Request
English: "Correcting Incorrect
Lullaby for Children
Holistic Early Childhood Edu
Eagle observation by child.
Clear conversations
Light mode
My account
Updates & FAQ
Export Chat
AIPRM Premium powered
AIPRM Community Forum
Log out
(절 1)
꿈의 정원에서 놀자, 밝은 날씨,
웃고 뛰며, 손잡고, 어디든 가리.
꽃이 피고 나비도, 눈부신 빛,
함께 놀아요, 이 아름다운 세상에.
(후렴)
태양이 비춰, 우리 행복한 집에,
함께 자라고, 함께 돌아다녀.
꿈의 정원에서, 사랑이 날아가,
마음이 자유롭고, 세상이 밝아져.
(절 2)
나무 아래에서, 힘이 세고 키 큰,
비밀 나누며 노래 불러, 즐거운 시간.
친구와 가족, 배우며 공유해,
꿈의 정원에서, 사랑이 가득해.
(후렴)
태양이 비춰, 우리 행복한 집에,
함께 자라고, 함께 돌아다녀.
꿈의 정원에서, 사랑이 날아가,
마음이 자유롭고, 세상이 밝아져.
Regenerate response
Output in
한국어
Tone
Default
Writing Style
Default
Continue

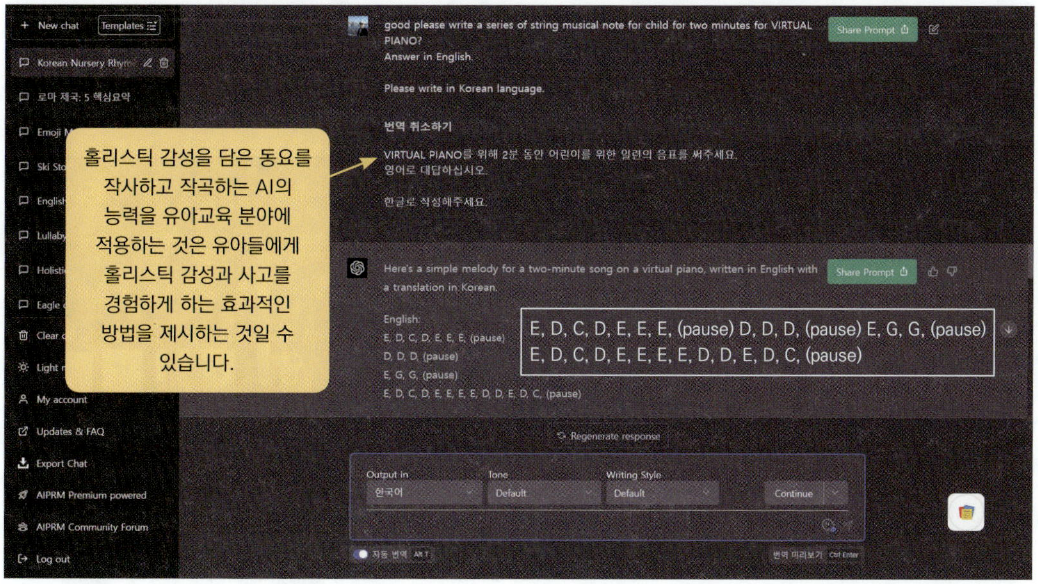
New chat
Templates
Korean Nursery Rhym
로마 제국: 5 핵심요약
good please write a series of string musical note for child for two minutes for VIRTUAL PIANO?
Answer in English.
Please write in Korean language.
Share Prompt
번역 취소하기
VIRTUAL PIANO를 위해 2분 동안 어린이를 위한 일련의 음표를 써주세요.
영어로 대답하십시오.
한글로 작성해주세요.
홀리스틱 감성을 담은 동요를 작사하고 작곡하는 AI의 능력을 유아교육 분야에 적용하는 것은 유아들에게 홀리스틱 감성과 사고를 경험하게 하는 효과적인 방법을 제시하는 것일 수 있습니다.
Here's a simple melody for a two-minute song on a virtual piano, written in English with a translation in Korean.
English:
E, D, C, D, E, E, E, (pause)
D, D, D, (pause)
E, G, G, (pause)
E, D, C, D, E, E, E, E, D, D, E, D, C, (pause)
E, D, C, D, E, E, E, (pause) D, D, D, (pause) E, G, G, (pause)
E, D, C, D, E, E, E, E, D, D, E, D, C, (pause)
My account
Updates & FAQ
Export Chat
AIPRM Premium powered
AIPRM Community Forum
Log out
Regenerate response
Output in
한국어
Tone
Default
Writing Style
Default
Continue

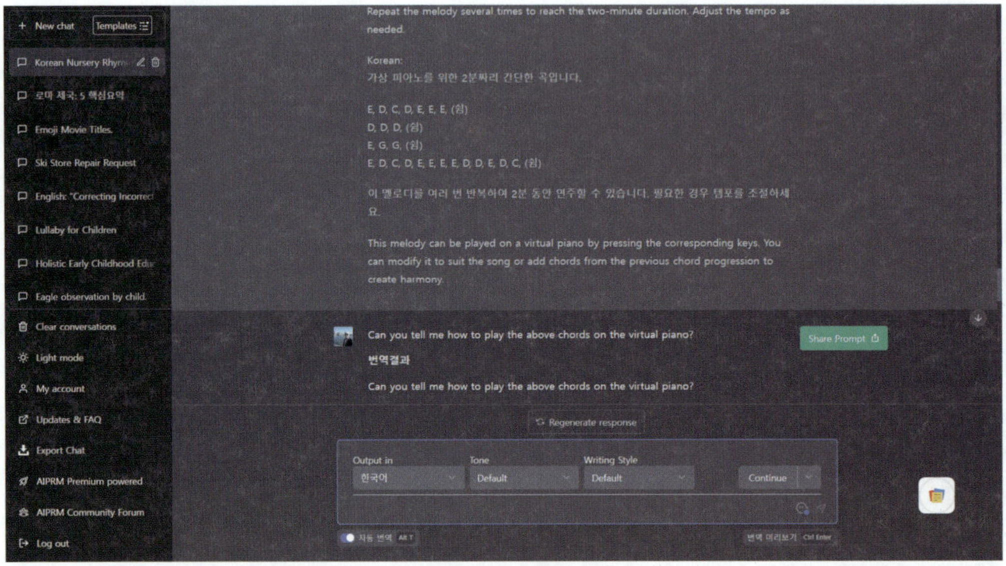

ChatGPT가 만들어 준 영어 문자들(멜로디 음표)을 VIRTUAL PIANO 사이트(virtualpiano.net)에서 다음과 같이 코드 상자에 복사해 넣고 GO! 단추를 누르면 연주할 수 있다.

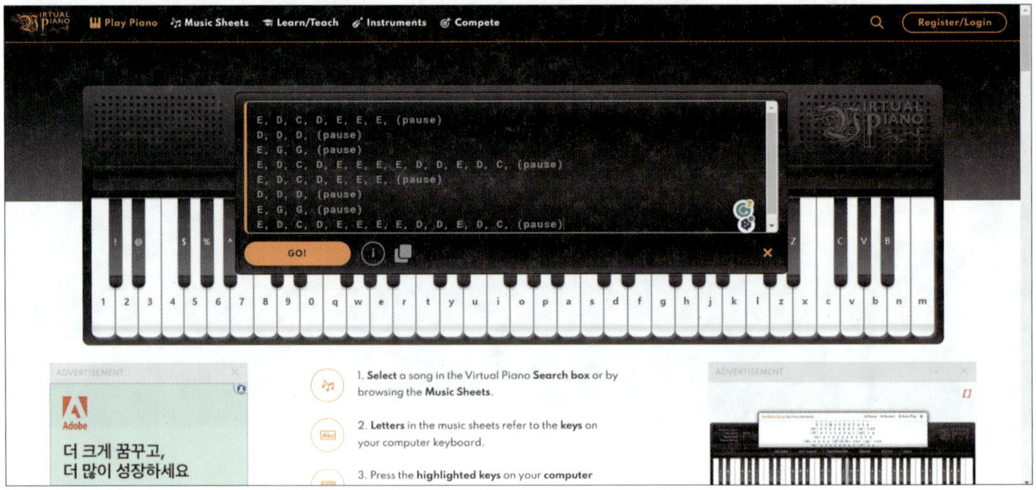

3. 음악 제작('Tracksy', 'Beatoven')

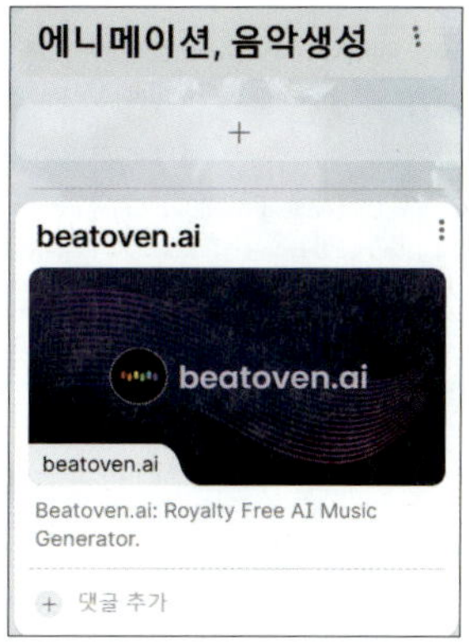

Web이나 App으로 AI 음악 제작 툴을 사용하면 음악 제작에 관한 지식 없이도 손쉽게 고품질의 음악을 제작할 수 있다. 여기에서는 'Tracksy'라는 웹사이트에서 장르와 길이를 선택하여 음악 트랙을 작성하고 mp3 음악파일로 다운로드 받는다. 또 'Beatoven'이라는 웹사이트에서 길이와 템포, 장르, 기분 옵션을 선택하여 작성된 음악 트랙을 작성하고 mp3 음악파일로 다운로드 받는다. 이 두 개의 AI 음악 제작 툴을 사용하면 유아교사들이 유아들과 함께 유아교육기관의 놀이나 분위기에 맞는 노래를 AI에게 만들게 하고 음악 파일로 내려받는 활동을 전개할 수 있다.

사이트 검색

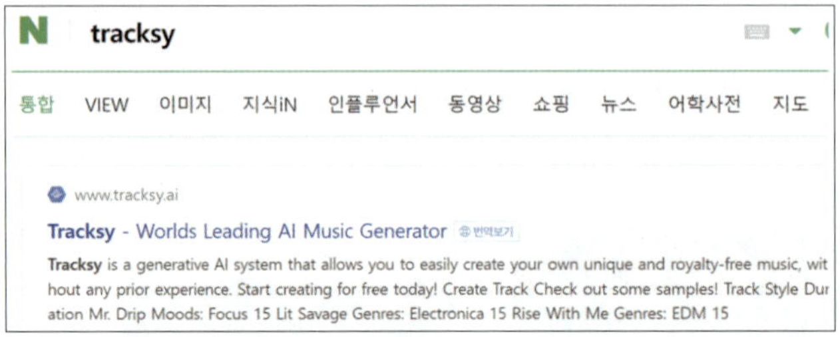

가입, 혹은 구글로 가입

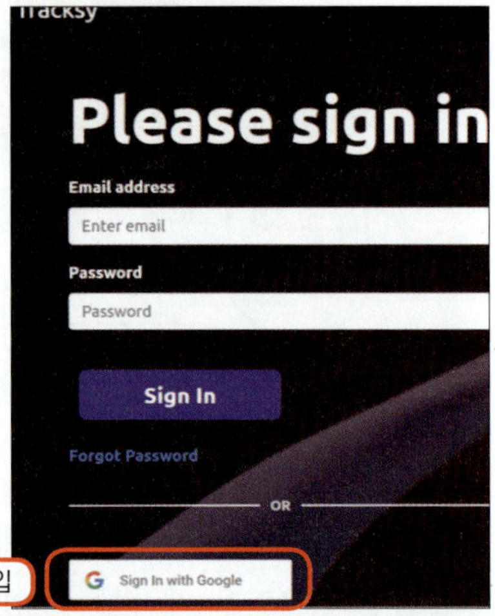

구글로 가입

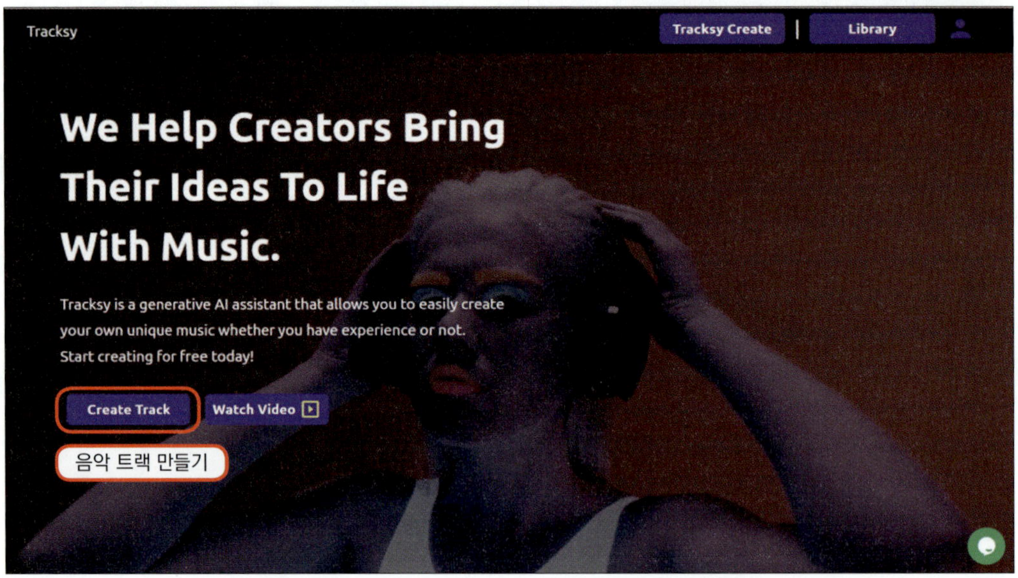

다음 화면에서 ◉ **With Text To Music** 단추를 누르면 사용자가 입력한 텍스트에 따라 AI가 음악 트랙을 제작해 준다. 이 책에서는 이러한 텍스트에 의한 음악 제작 기능은 'Suno AI'를 활용하기 때문에, 여기에서는 ○ **With Genre/Mood** 단추를 눌러 음악 장르나 길이, 음악 트랙 형식 등을 선택하여 제작하는 방법을 제시한다.

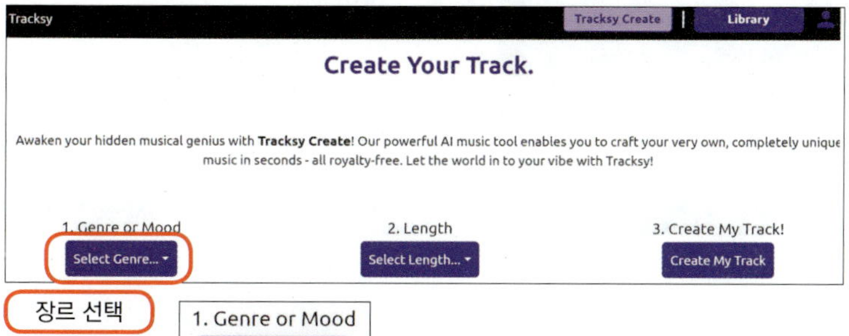

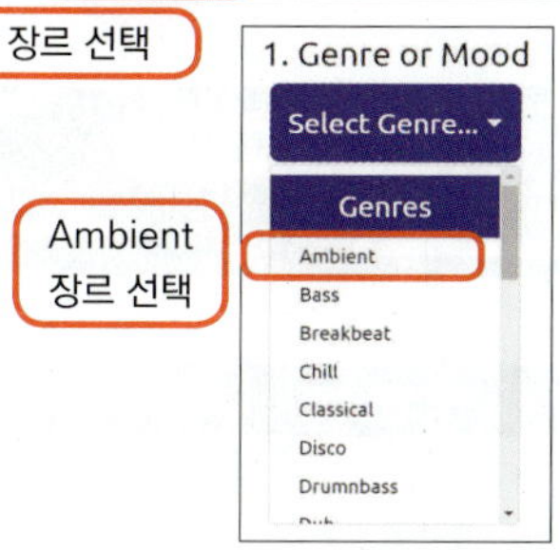

Ambient 장르

반복적이면서 마음을 편안하게 하는 멜로디 구조를 부각하는 인스트루멘틀 음악을 의미한다. 피아노, 신시사이저, 현악기를 주로 사용하여 특유의 잔잔하고 사색적인 '분위기(Atmosphere)'를 조성하는 데 주력하는 장르이다.

– 출처: 네이버 지식백과

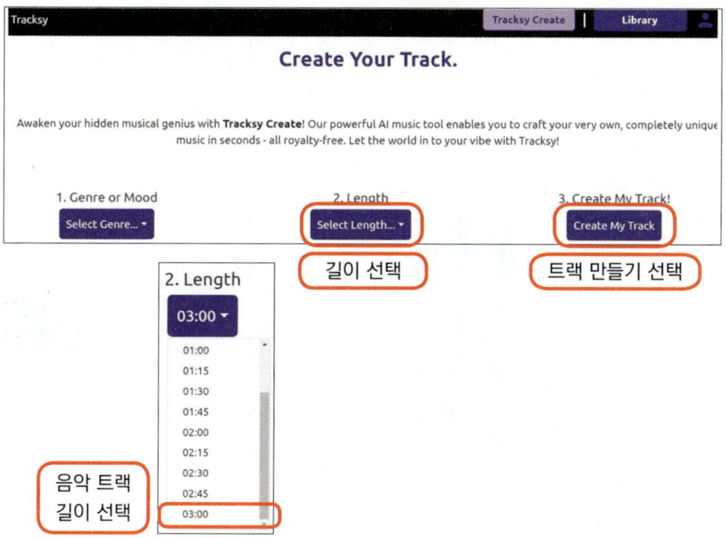

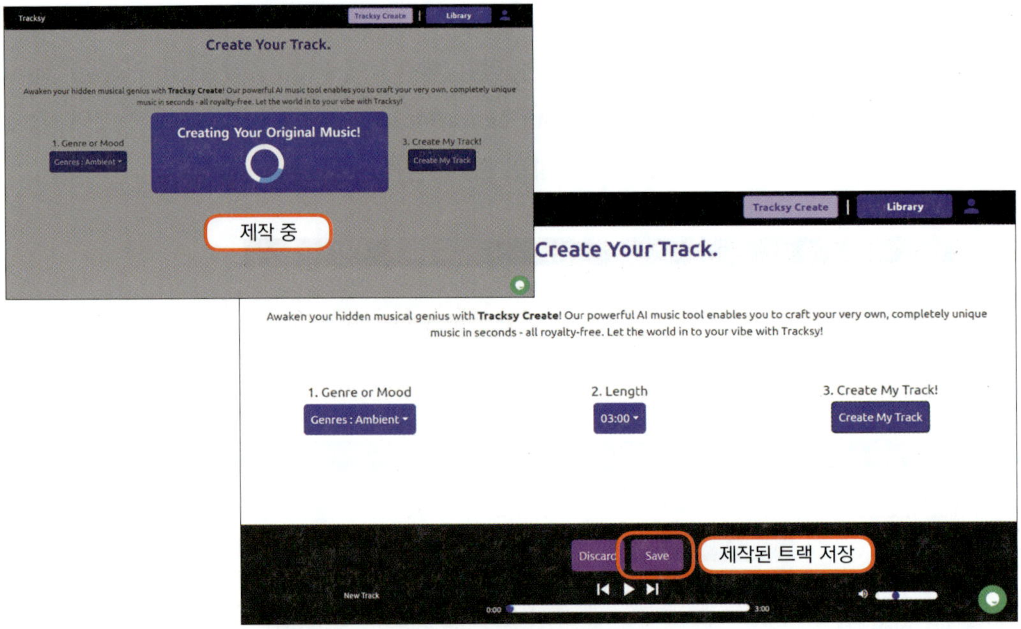
Tracksy
Tracksy Create
Library
Create Your Track.
Creating Your Original Music!
1. Genre or Mood
Genres : Ambient
3. Create My Track!
Create My Track
제작 중
Awaken your hidden musical genius with Tracksy Create! Our powerful AI music tool enables you to craft your very own, completely unique music in seconds - all royalty-free. Let the world in to your vibe with Tracksy!
2. Length
03:00
Save
제작된 트랙 저장
New Track

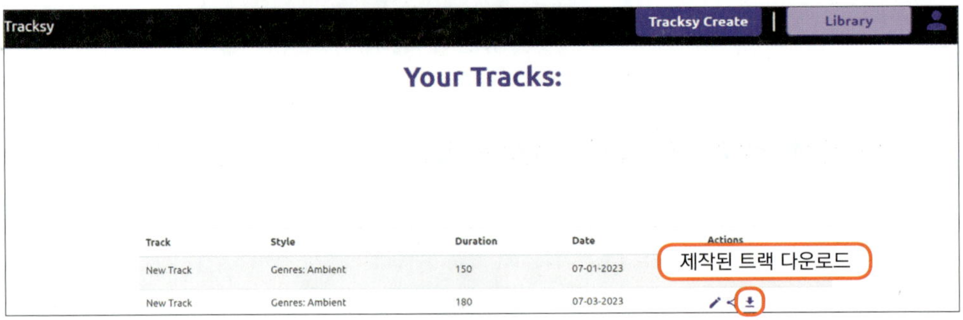
Tracksy
Tracksy Create
Library
Your Tracks:
Track
Style
Duration
Date
Actions
제작된 트랙 다운로드
New Track
Genres: Ambient
150
07-01-2023
New Track
Genres: Ambient
180
07-03-2023

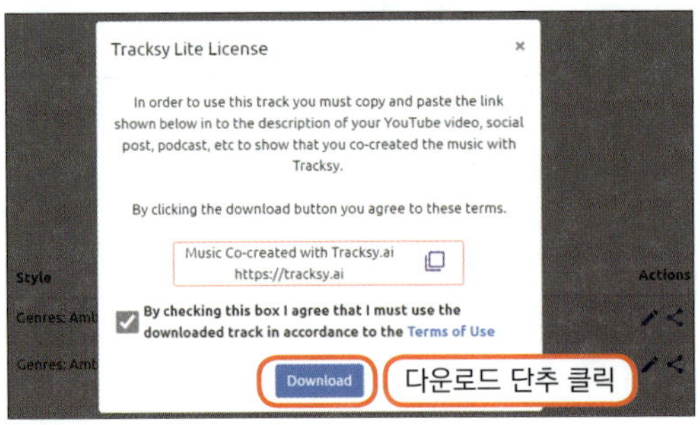
Tracksy Lite License
In order to use this track you must copy and paste the link shown below in to the description of your YouTube video, social post, podcast, etc to show that you co-created the music with Tracksy.
By clicking the download button you agree to these terms.
Music Co-created with Tracksy.ai
https://tracksy.ai
By checking this box I agree that I must use the downloaded track in accordance to the Terms of Use
Download
다운로드 단추 클릭

다운로드된 mp3 음악
tracksy-download-New Track-20230703-080146.mp3
파일 열기
다른 즐겨

'Beatoven'이라는 웹 사이트에서는 다음과 같이 AI가 입력한 텍스트에 따라 음악 트랙을 제작해 줄 뿐 아니라 동영상에 음악을 입혀주는 기능을 제공하고 있다. 다음 화면 상단 공란에서 제작하고자 하는 음악의 프롬프트를 입력하고 COMPOSE MUSIC → 단추를 누르면 음악을 만들 수 있다.

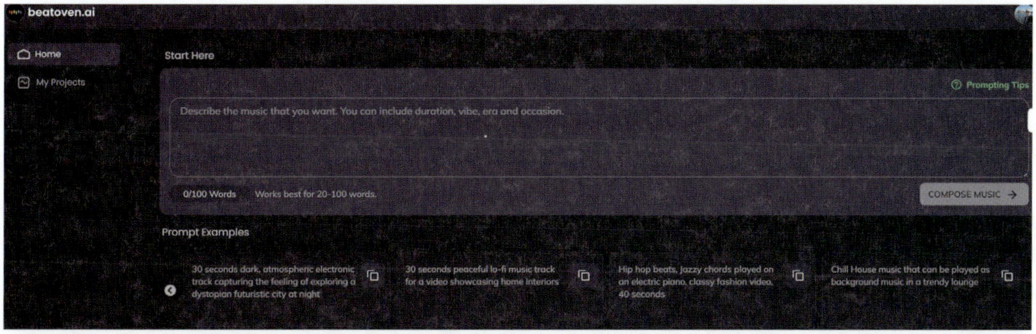

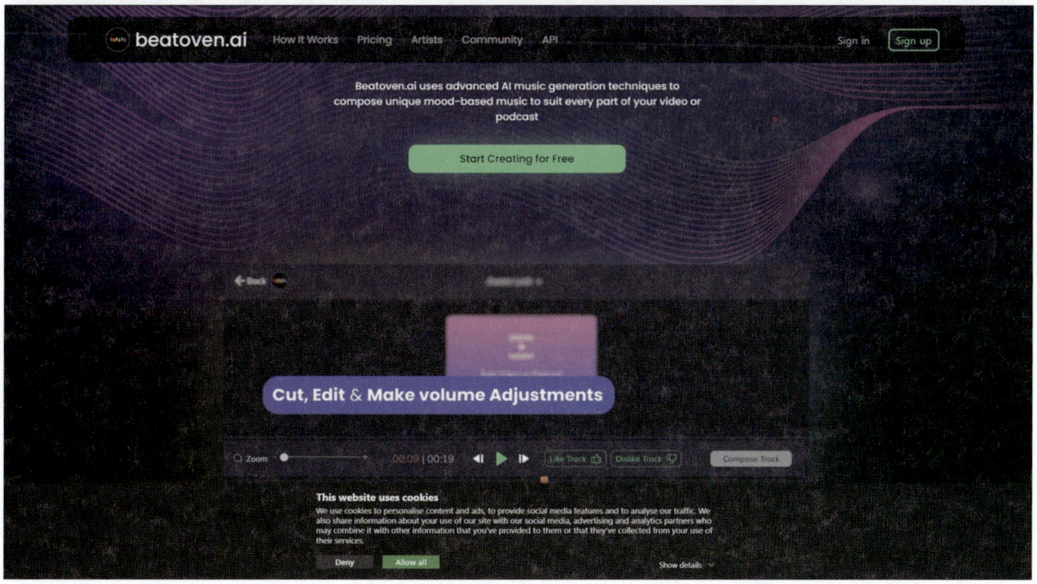

CHAPTER

07

영유아교육에서의 AI 그림 생성, 텍스트 생성, 이야기 나누기

Chapter | 07

영유아교육에서의 AI 그림 생성, 텍스트 생성, 이야기 나누기

영유아 교육에서 ChatGPT와 같은 생성형 AI의 유아 놀이 사례 생성과 같은 텍스트 생성 능력, 놀이 자료와 같은 그림 생성 능력, 메타버스와 같은 VR 놀이 환경 생성 능력, 이야기 나누기와 같은 음성 대화 능력은 영유아들에게 AI 기초소양(AI Literacy) 능력을 발현적으로 형성할 수 있게 도와준다. 또한 영유아 교사들의 AI 관련 기초소양 능력 증진으로 이어져서 유아 놀이 지원에 있어서의 AI 활용 방안의 대표적인 예가 될 수 있다. AI는 이제 영유아 교사 역량 강화를 위한 활동 피드백이나 반성 활동, 교육자료 제작, 기록화 등에 있어 필수적일 뿐 아니라 유아들의 언어발달을 비롯한 발달에 있어서의 기초능력과 AI와의 발현적 경험, 능력에 필수적인 요소이다.

이 책에 수록된 AI 앱, 자료 링크 패들렛 안내

이 장에서 설명하는 저자의 패들렛 링크는 네이버에서 '유구종 태블릿'을 검색 후 '유아교육기관 스마트폰·태블릿 PC활용 프로그램' 사이트의 '커뮤니티 〉 자유게시판'에서 70번 자료 '유아 AI 앱, 자료' 링크를 누르면 접근할 수 있다.

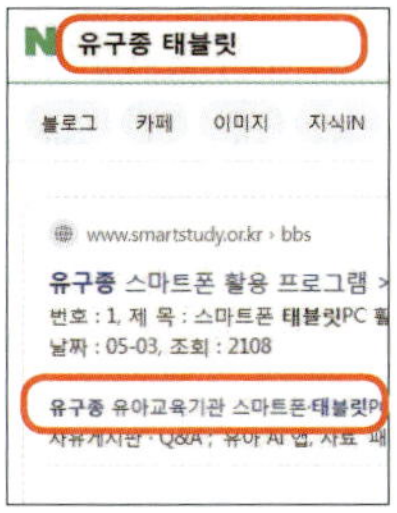

QR을 스캔해 주세요.

1. AI 그림 검색(Lummi)

AI 그림 검색은 포털 검색에 비하여 여러 가지 장점이 있는데, 특히 영유아교육기관에서 이미지를 검색하여 사용하기에 적합하다. 영유아교육기관의 경우 이미지의 라이센스를 확인하지 않고 서류나 교육자료에 사용할 경우 저작권 등에 저촉될 수 있어 주의가 필요하다. AI 그림 검색은 라이센스가 확인된 이미지만 검색할 수 있어 저작권에 위배될 걱정 없이 사용할 수 있다는 장점이 있다. 또 검색 이미지의 라이센스 주체를 확인할 수 있어서 출처를 제시할 수 있다는 것도 장점이다. 또한 교육자료에 이미지를 사용하기 위해서는 이미지의 해상도가 중요한데, AI 그림 검색은 고해상도 이미지 검색에 한정하여 검색과 다운로드가 가능하다.

다음은 'Lummi' 웹을 활용한 AI 그림 검색, 다운로드 방법의 실제이다. 생성형 AI가 제작한 이미지이기 때문에 저작권자가 명시되어 있으며, 이미지의 해상도 등을 확인해 주기 때문에 영유아교육기관의 자료 제작이나 활용에 유용하게 사용될 수 있다. 'www.lummi.ai' 웹에 접속하여 별도의 가입절차 없이 사용 가능하다. 다음 각각의 그림은 사이트 상단의 검색창에 '유치원'을 입력할 경우 검색된 AI가 그린 유치원 사진(Photo), 유치원 삽화(Illustration), 유치원 3D 그림(3D)이다.

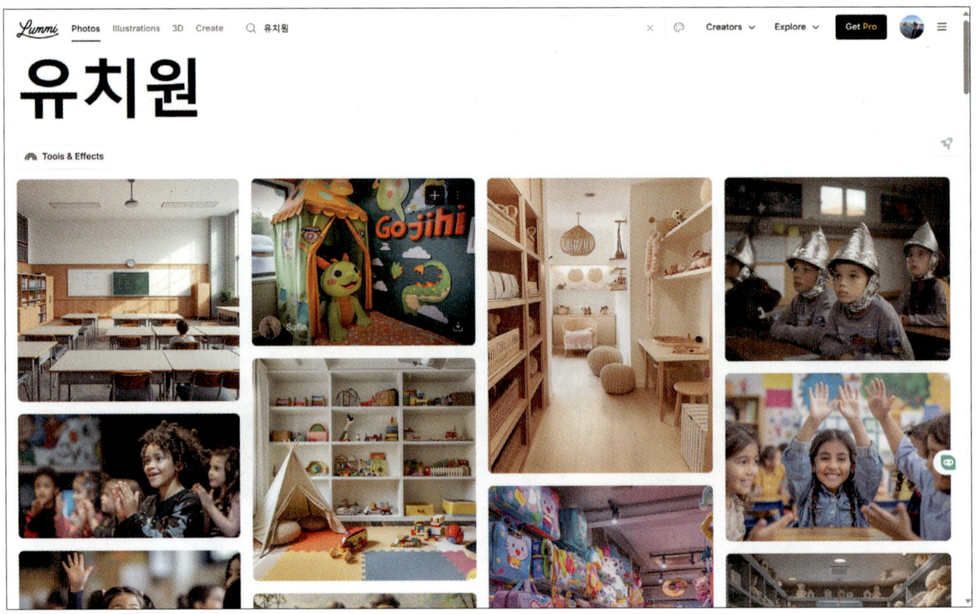

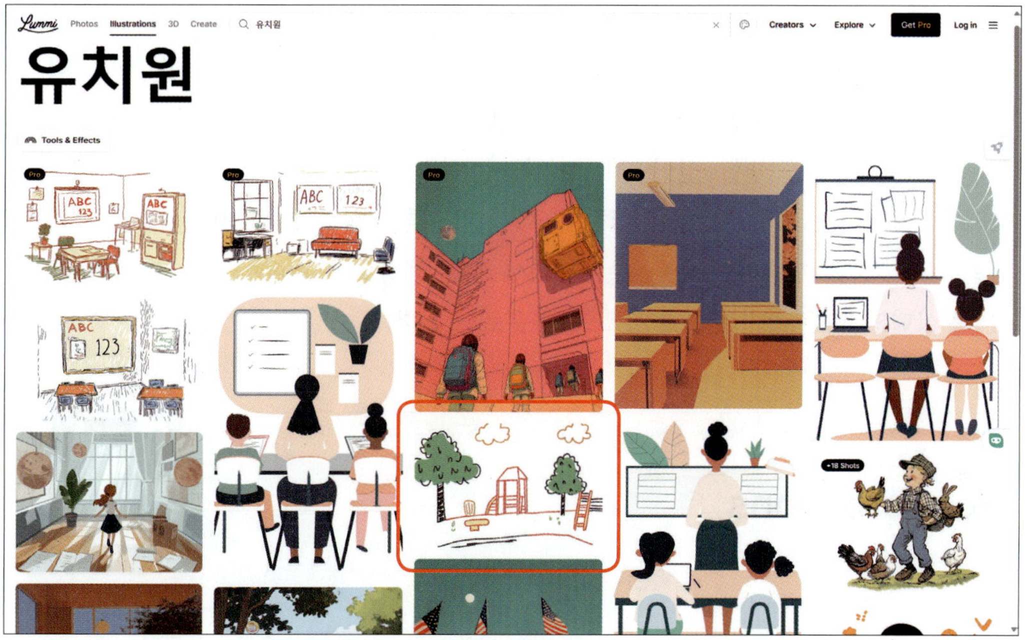
Photos
Illustrations
3D
Create
유치원
Creators
Explore
Get Pro
Log in
유치원
Tools & Effects

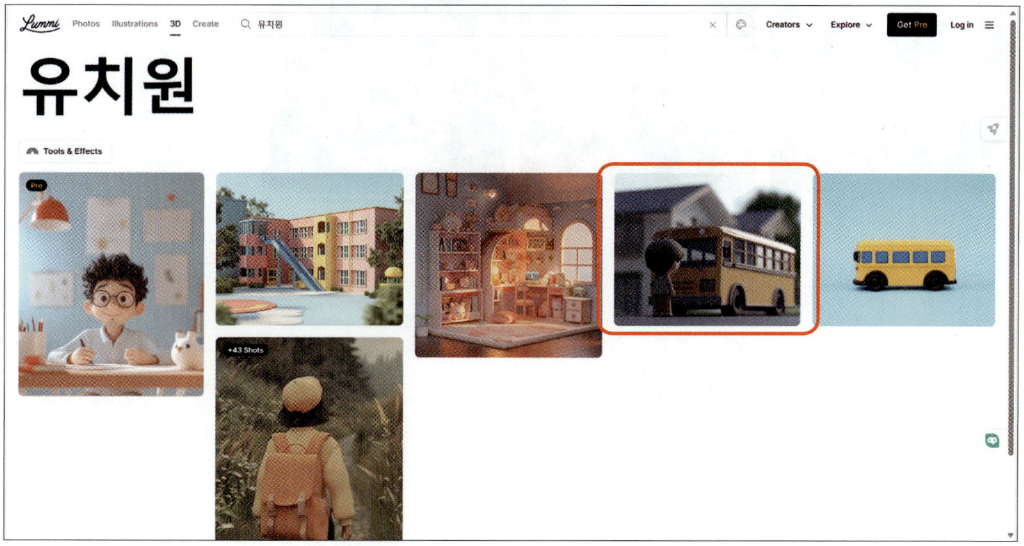
Photos
Illustrations
3D
Create
유치원
Creators
Explore
Get Pro
Log in
유치원
Tools & Effects

AI 생성 이미지 검색과 다운로드와 더불어 Lummi 웹의 경우는 프롬프트를 입력하여 그림 생성이 가능한데, 이를 위해서는 사이트에 접속하여 가입해야 사용이 가능하다. 구글 아이디로 간단히 가입할 수 있다. 다음 장면은 사이트 상단에서 'Create'를 선택하고 그림을 그려서 다운로드 받는 장면이다. 여기에서는 '우주복을 입고 우주선을 타고 있는 아기돼지 삼형제'라는 프롬프트를 입력하여 AI 이미지를 생성하였다. 생성된 3개 그림 중에서 원하는 그림을 선택하면 나타나는 창에서 그림 해상도(800×600px 등)를 선택한 다음 오른쪽 상단의 '다운로드' 단추를 누르고 다운로드 한다.

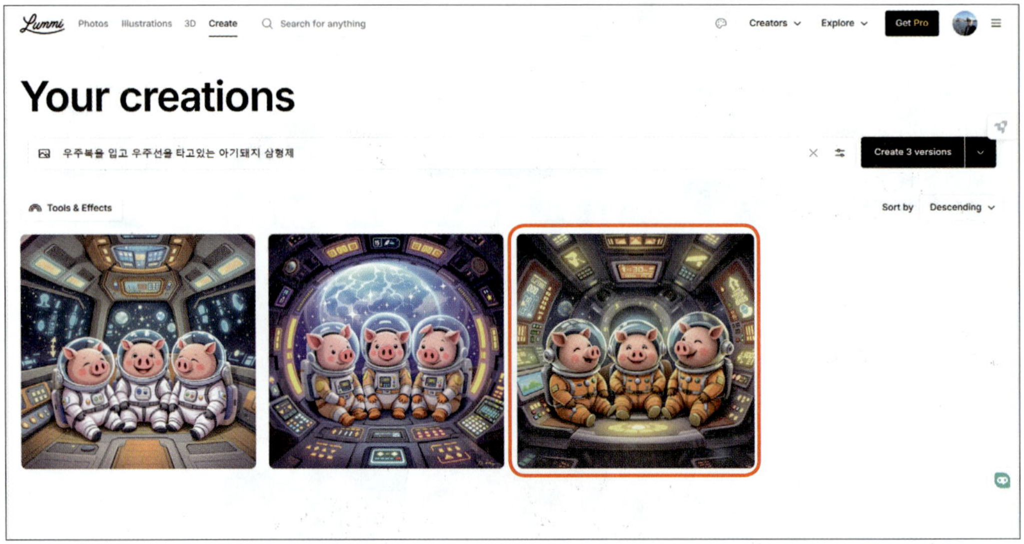

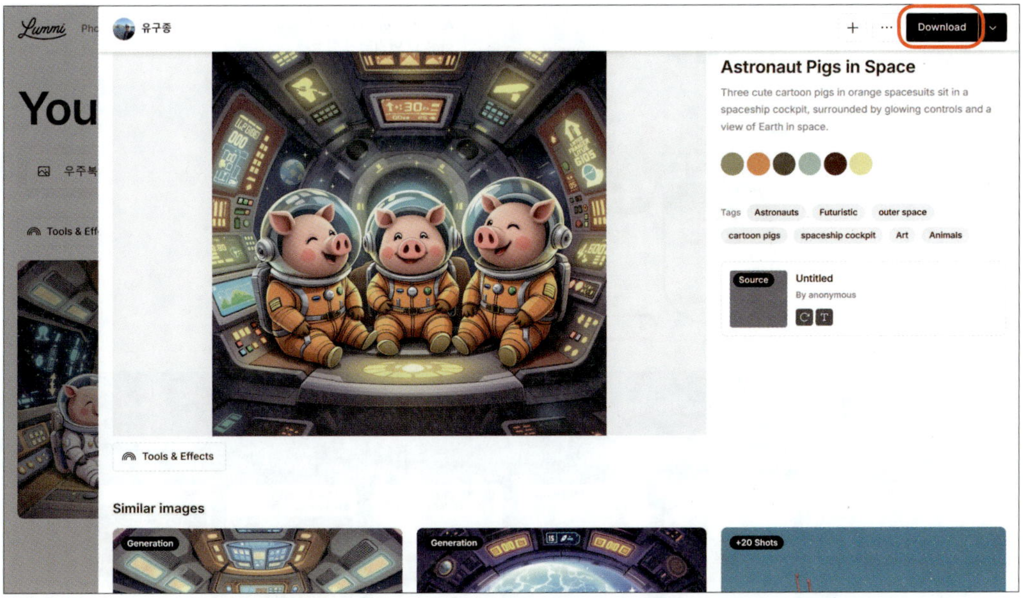

2. 그림 생성 및 AI 수업자료 생성, AI 놀이교구 생성(패들렛)

1) Padlet AI 그림, 음성(TTS) 생성

패들렛(Padlet)은 영유아교육기관에서 영유아교사가 수업자료를 제작하고 협력 작업을 수행할 수 있는 협업 도구로, 패들렛 수업자료 제작 관련 내용은 이 책 제5장의 5. 영유아교육기관 패들렛 AI 수업자료 활용'(257쪽)을 참고하기 바란다. 패들렛에서 AI 그림 그리기나 음성(TTS) 생성 기능을 참고하기 위해서는 다음 사이트의 '패들렛–AI만들기 / AI, Talk for me (TTS)–달나라로 간 아기돼지 삼형제' 패들렛을 살펴보기 바란다. 이 패들렛에서는 '달나라로 간 아기돼지 삼형제'를 주제로 패들렛 AI 기능을 활용하여 만든 동화책 그림과 음성, 음악 등을 볼 수 있다. 음악 동영상은 'Suno AI'를 사용하여 어울리는 주제가 음악을 생성한 것이다(이 책의 제6장, 279쪽 참조).

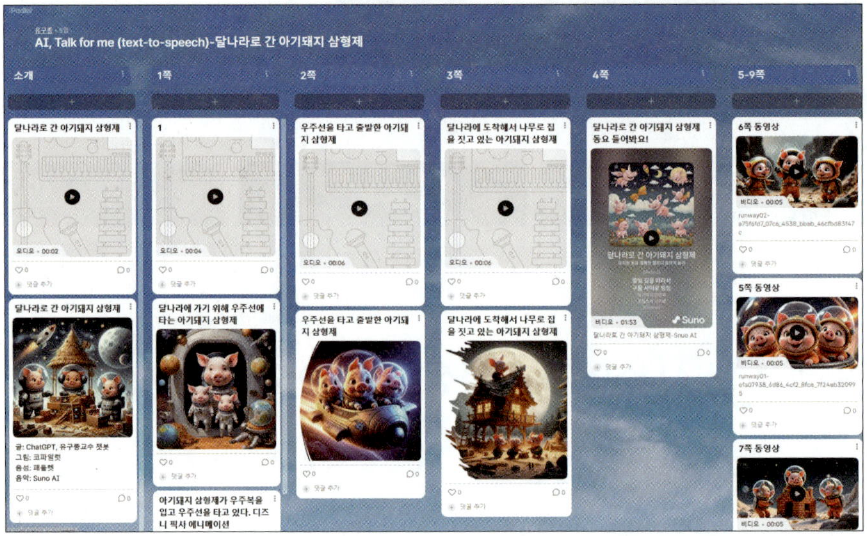

이 패들렛은 'TTS(Text-to-Speech)' 기능을 사용하여 글자 입력을 통하여 목소리를 패들렛에 녹음하는 기능과 AI 그림 생성 기능을 포함하고 있다. '달나라로 간 아기돼지 삼형제'를 주제로 ChatGPT에게 뒷이야기를 꾸며달라고 하여 생성한 이야기에 기반하여 동화 뒷이야기의 AI 목소리를 생성하고, AI 그림을 그리고, AI 음악을 생성한 내용이다. 동화 뒷이야기의 AI 목소리를 생성하기 위해서는 다음 그림에서 나 대신 말하기 신규 를 선택하고 글자 입력을 통해서 페이지 전개에 따라 차례로 목소리를 만든다(TTS 기능). 예를 들어, '아기돼지 삼형제는 엄마의 유언에 따라 달나라로 가기 위해서 우주선을 만들기로 했어요'와 같이 글자를 입력하면 나 대신 말하기 신규 기능이 목소리를 생성해 준다. 동화 뒷이야기의 그림을 생성하기 위해서는 다음 그림에서 AI 이미지 신규 을 선택하고 그림 프롬프트 입력을 통해서 페이지 전개에 따라 차례로 그림을 만든다(AI 그림 생성 기능). 예를 들어, '달나라로 가기 위해서 우주선을 만드는 아기돼지 삼형제'와 같이 글자를 입력하면 AI 이미지 신규 기능이 AI 그림을 생성해 준다.

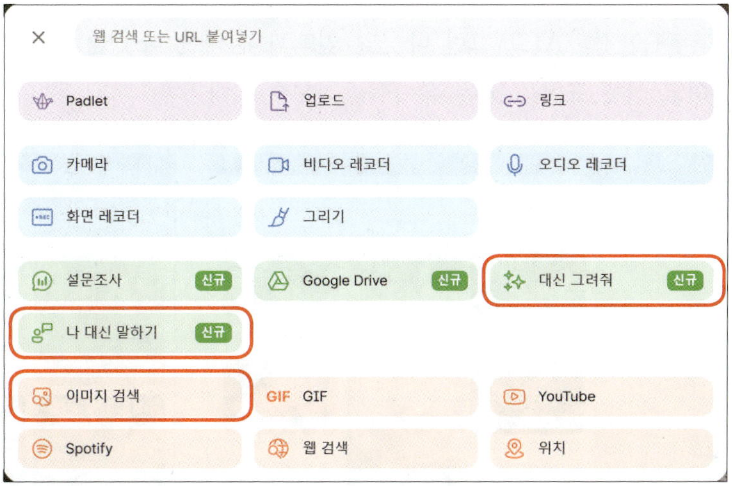

2) Padlet AI 그림, 음성(TTS) 생성 놀이 사례

다음 그림은 '나뭇잎(단풍)'을 주제로 놀이를 전개하는 과정에서 유아들이 교사의 도움을 받아 그림을 생성하기 위해서 AI 이미지 신규 을 선택하고 그림 프롬프트 입력을 통해서 그림을 만든 사례이다(AI 그림 생성 기능). 오른쪽 화면은 유아 교사와 유아가 협력하여 AI 이미지 신규 기능으로 '단풍잎 잎맥'을 입력하여 AI 그림을 그린 예이다. 왼쪽 화면은 패들렛에서 '단풍잎 잎맥'을 입력하여 그림을 검색하고 있는 장면이다. 다음 화면에서는 이렇게 패들렛의 AI 이미지 신규 AI로 그린 나뭇잎 잎맥과 검색한 나뭇잎 잎맥 이미지를 인쇄하여 머리띠를 하고 신체 표현을 하는 유아들을 볼 수 있다.

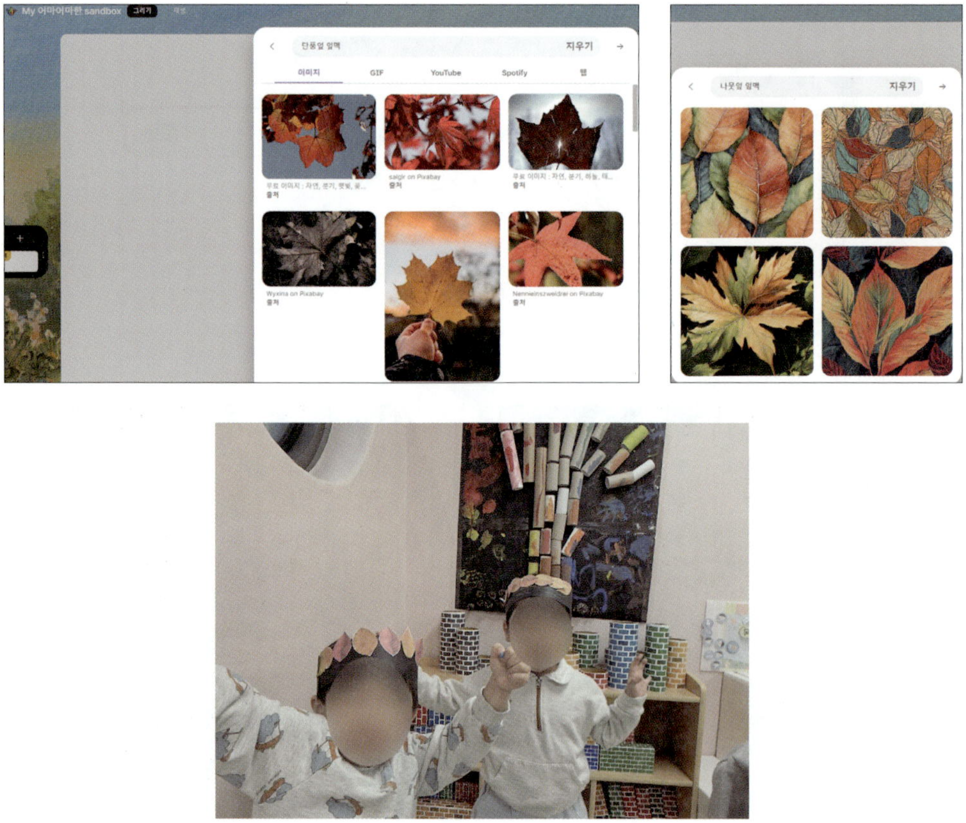

출처 : W시 T어린이집.

3. 그림 생성(ChatGPT, Copilot Designer, 뤼튼 등 생성형 AI)

1) BingAI(Copilot Designer)의 그림 생성

'BingAI'의 이미지 생성 기능은 현재(2024년 9월 5일 기준) 코파일럿의 그림 생성 전문 AI인 '코파일럿 디자이너(Copilot Designer)'로 이름이 변경되었다. 유아교육기관에서의 '코파일럿 디자이너' 활용 그림 그리기의 예는 이 책의 제5장 2. AI 동화 및 이야기 나누기 PPT 자료 제작 – 2) Copilot Designer로 그림 그려서 삽입하기를 참고하기 바란다(235쪽).

다음의 사례는 '코파일럿 디자이너'에서도 그대로 적용이 가능한데, 다음은 유아들이 모래로 만든 만리장성 그림을 생성하는 'BingAI' 사례를 제시한 것이다. 'BingAI'는 컴퓨터의 웹사이트나 스마트기기에 앱을 설치하여 실행할 수 있다. 다만, 인물 묘사에 있어서는 비현실적인 얼굴과 손가락 등을 그려줄 수 있어서 수업자료 제작이나 놀이 전개에 신중할 필요가 있으며 유아들을 대상으로 한 AI 윤리 교육이 요구된다.

다음 장면은 스마트기기에서 'BingAI(Copilot Desinger)' 사이트에 방문하여 프롬프트를 한글로 입력하고 그림을 생성하는 장면이다. 마이크를 통한 음성 입력이 자유로운 스마트기기 서비스를 예시로 제시하였기 때문에 하단의 마이크를 누르고 음성으로 입력해도 적절한 놀이 그림을 얻을 수 있다는 장점이 있다. 모래놀이 하는 유치원 아이들을 그려달라는 지시에 그림을 그려주고, 표정까지 보여달라는 지시에 표정을 자세히 보여주는 그림을 다시 그려주는 장면이다. 이렇듯 'BingAI(Copilot Desinger)'는 전문 그림 그리기 AI가 아니기 때문에 그림의 질이 훌륭하지는 못하지만 의도를 파악하고 대화하는 능력이 뛰어나기 때문에 유아교육기관에서 그림 그리기 놀이를 전개하기에는 적절하다.

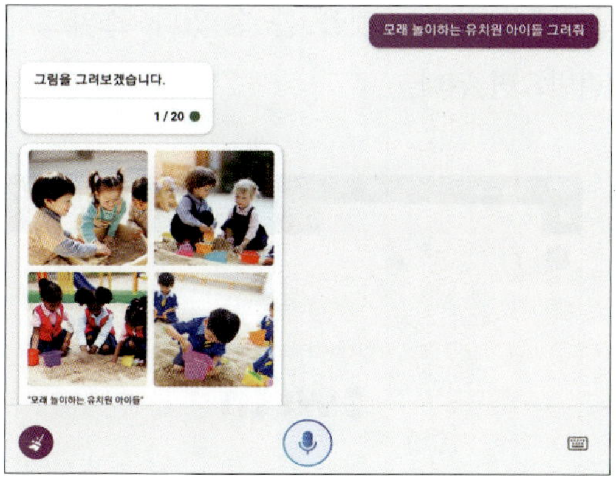

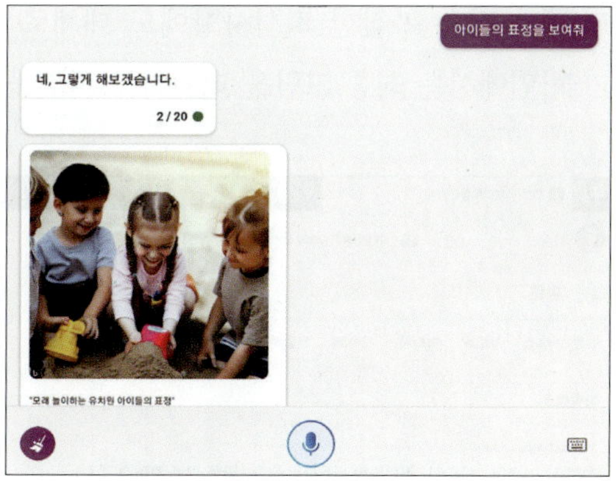

2) 뤼튼의 그림 생성

다음은 동물 모형 인형(피규어)을 가지고 모래상자 놀이를 하는 5세 유아 그림을 생성하는 '뤼튼 AI' 사례이다. '뤼튼 AI'의 경우 웹이나 스마트기기에서 사이트에 방문하여 사용할 수 있지만, 카카오톡의 채널(뤼튼 채널 검색)에서 실행할 수도 있다. 국내 기업의 서비스이기 때문에 한글로 프롬프트를 입력해도 적절한 놀이 사례를 얻을 수 있다는 장점이 있다. 다음 장면은 스마트폰에서 '뤼튼 AI' 사이트에 방문하여 프롬프트를 한글로 입력하고 그림을 생성하는 장면이다.

"모래상자 안에 들어 있는 건물 피규어 10개, 동물 피규어 10개, 꽃나무 피규어 10개 그려줘"와 같은 복잡한 지시사항에도 대체로 정확하게 그려주는 것을 볼 수 있다. 스마트기기 화면에서는 최종 그림을 터치하고 파일을 내려받으면 된다.

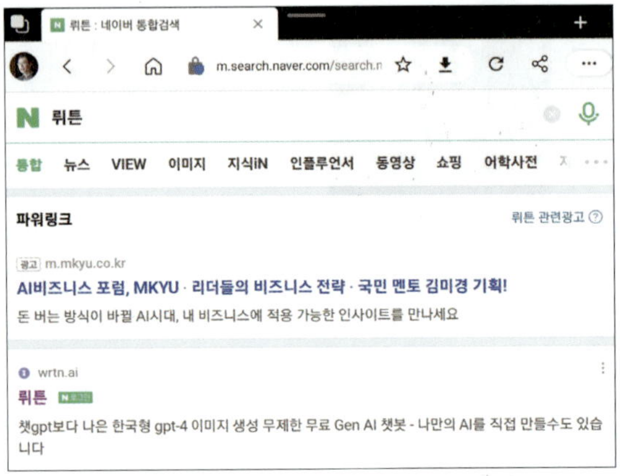

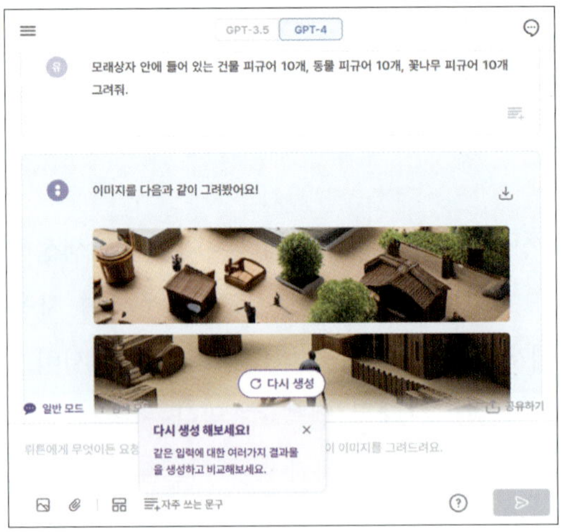

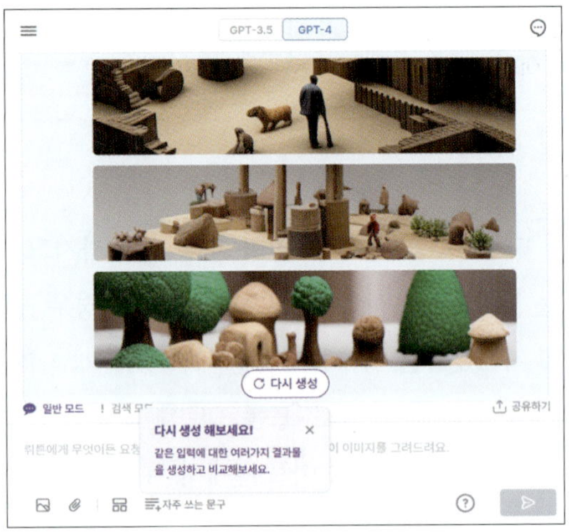

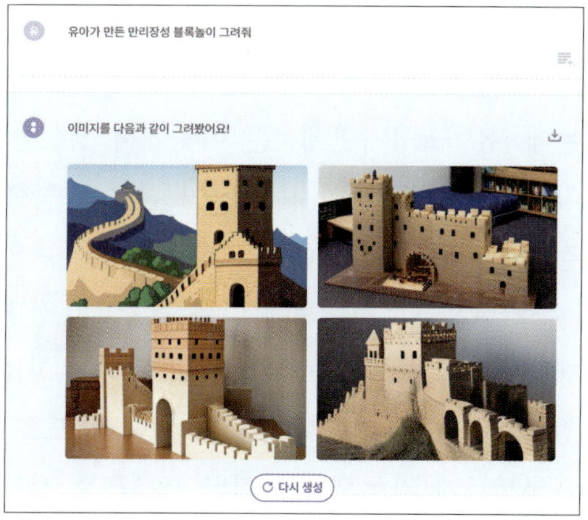

3) ChatGPT의 그림 생성

ChatGPT는 최근까지도 유료 버전 사용자(plus나 pro 사용자)만 이미지를 생성하는 것이 가능한데, ‘ChatGPT’ 유료 버전은 그림을 그려주는 ‘DALL·E 3’의 사용이 가능하다. 영유아교육기관에서의 ‘ChatGPT’ 활용 그림 그리기와 그림책 제작 관련 놀이의 예는 이 책의 제3장 2. AI 놀이 계획 및 실행안(의사소통)의 ‘(1) AI 놀이 계획 및 실행안(ChatGPT, Copilot)’의 ‘놀이터 규칙판을 만들어요.’ 놀이 실행안을 참고하면 된다(90쪽).

4. VR 놀이 배경, 메타버스 그림 생성

'Skybox AI 사이트(skybox.blockadelabs.com)'는 Blockadelabs에서 개발한 VR 환경 제작 AI 툴이다. 이 사이트에서는 텍스트 프롬프트에 따라 360도 VR 배경 이미지를 만들어 주는데, 유아교육기관에서는 이곳에서 생성한 VR 배경 이미지로 VR 놀이를 전개할 수 있다. 이러한 VR 이미지는 스마트폰을 장착한 카드보드와 같은 HMD 기기를 착용할 경우 걸어 다니면서 실제 VR 환경을 경험할 수 있다.

'Skybox AI' 사이트에 방문하여 VR 장면을 생성하는 프롬프트 내용을 입력하면 되는데, 다음의 첫 화면이 나타나면 원하는 VR 장면을 선택하고 실제 VR 환경을 경험할 수 있다. 선택한 VR 장면이 나타나면 360도로 회전할 수 있는데, 하단에는 해당하는 장면의 프롬프트가 자동으로 입력된 프롬프트 상자를 볼 수 있다. 물론 이 프롬프트를 수정해서 새로운 VR 장면을 생성할 수도 있다.

다음 장면은 유치원 교실에서 블록놀이 하는 5세 유아 VR 장면을 생성하는 프롬프트 내용을 입력하여 VR 유치원 교실을 생성한 장면이다. 입력하는 프롬프트 내용에 따라 놀이나 활동 주제에 따른 다양한 VR 그림 생성이 가능하다.

Blockade Labs
VIEW
FREE SIGN UP
유치원 교실에서 블록놀이하는 5세 유아
VR 장면을 생성하는 프롬프트 내용 입력
Create New
Remix This
DOWNLOAD
SHARE
One and one aged 5 playing with blocks in a kindergarten classroom, with a 30
139/447
Interior Views
GENERATE
Negative Text
Generate Depth

Blockade Labs
Blockade Labs
https://padlet.com/ykj3377/padlet-16ujrk6tw84mqwyl
Blockade Labs
Blockade Labs

5. 텍스트 생성(ChatGPT 등)

1) AI 텍스트 생성의 활용

ChatGPT와 같은 생성형 AI의 텍스트 생성 능력은 유아교육 분야에서 다음과 같이 활용될 수 있다.

① 유아교육에서 유아 놀이 사례 생성, 생성한 놀이 사례에 대한 피드백, 반성 활동 내용 생성, 유아 놀이 계획안 작성, 유아 놀이 과정안 작성 등의 작성에 도움을 줄 수 있다. 특히 놀이나 교육활동에 대한 초고를 작성하거나 교사가 작성한 내용에 대한 피드백이나 반성 활동은 교사의 교육적 사고로 이어져 교사 역량 강화에 도움을 줄 수 있다.

② 특정 주제에 대하여 유아가 ChatGPT나 Gemini, VoiceGPT 앱의 고급 음성기능을 통하여 음성으로 AI와 상호작용하는 과정은 교사나 유아들과 이야기 나누는 과정과는 다른 새로운 개념 형성으로 이어질 수도 있다. 유아가 교사나 다른 유아들과 이야기 나누는 과정을 통하여 읽기, 쓰기 개념을 발현적으로 형성해 가는 것과 유사하게 음성으로 AI와 상호작용하는 과정을 통하여 유아는 읽기, 쓰기 개념을 발현적으로 형성함과 동시에 디지털, AI 문식성 개념을 형성해 갈 수 있게 된다.

③ 동화 내용 생성 기능은 기존 동화 내용을 유아들에게 생성해 주고 이야기 나누기 활동으로 전개할 수 있도록 도움을 줄 수 있다는 측면에서 활용도가 높다. 유아들이 그림책을 통해서, 혹은 유치원 선생님에게 들었던 동화 내용을 AI를 통해 다시 듣고, 이러한 AI가 전달하는 동화에 대하여 이야기 나누는 과정은 유아들에게 동화 내용에 대한 회상 활동으로 이어져 새로운 개념 형성으로 이어질 수도 있다.

④ 유아교육 상담이나 자문 자료 생성으로 활용될 수 있다. 유아들의 인지적 문제, 정서적 문제 등에 관한 상담 내용을 생성하고 유아교육에서의 여러 문제에 대한 해결에 AI의 도움을 받을 수 있다.

2) AI 텍스트 생성의 실제 1(놀이 사례-ChatGPT)

다음은 유치원 교사가 홀리스틱 철학을 가지고 놀이 기록한 사례를 상호작용 형태로 생성한 ChatGPT의 사례이다. 놀이 주제는 '교통기관'이다. ChatGPT의 프롬프트는 유아 중심의 철학을 가지고 교육적이면서 유아교육 현장에서 활용할 수 있는 형태의 텍스트 자료 생성을 목적으로 입력된 것을 볼 수 있다. 유치원 교사는 홀리스틱 교육을 실천하기 위해서 홀리스틱 접근을 현장에 적용하는 것을 목표로 하며 유치원 교실에서 발생하는 놀이를 기록한 사례 1가지를 만들도록 요구하였다. 사례에 등장하는 사람은 3~5세 유아 3명과 유치원 교사 1명으로 하였으며 놀이가 발생한 시작 시간, 끝나는 시간, 참여 아동, 참여 아동 각각의 특징, 장소를 별도로 제시하도록 요구하였다. 유치원 교사와 유아의 대화를 상호대화 형태로 포함하도록 하였으며, 2,000자 내외로 작성하도록 하였다.

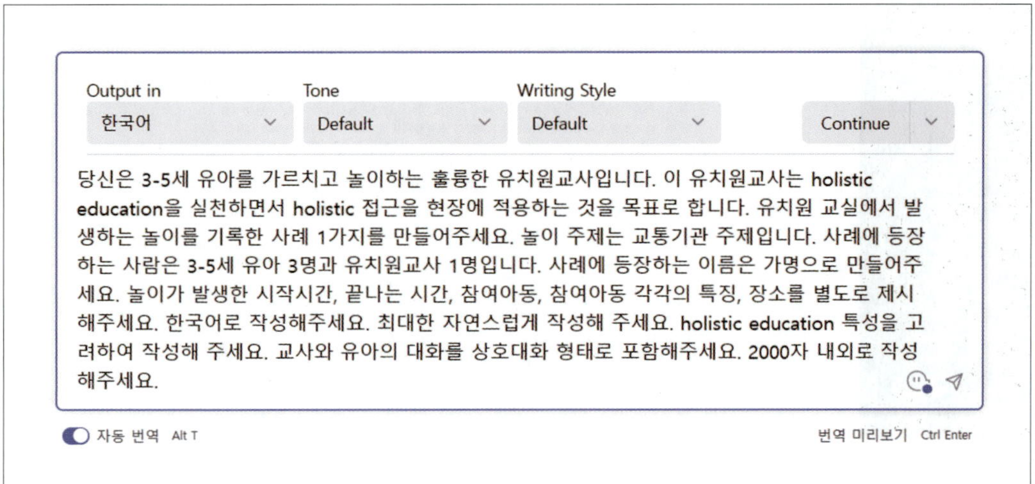

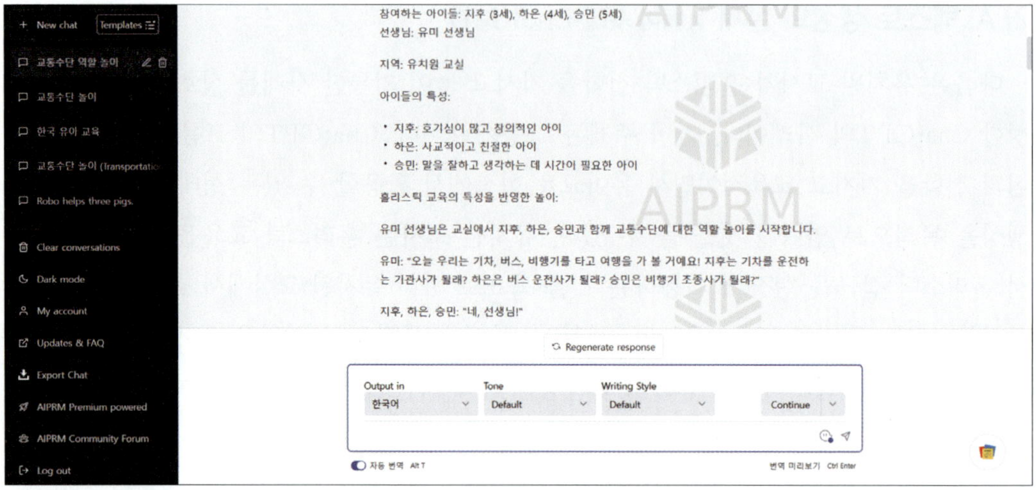

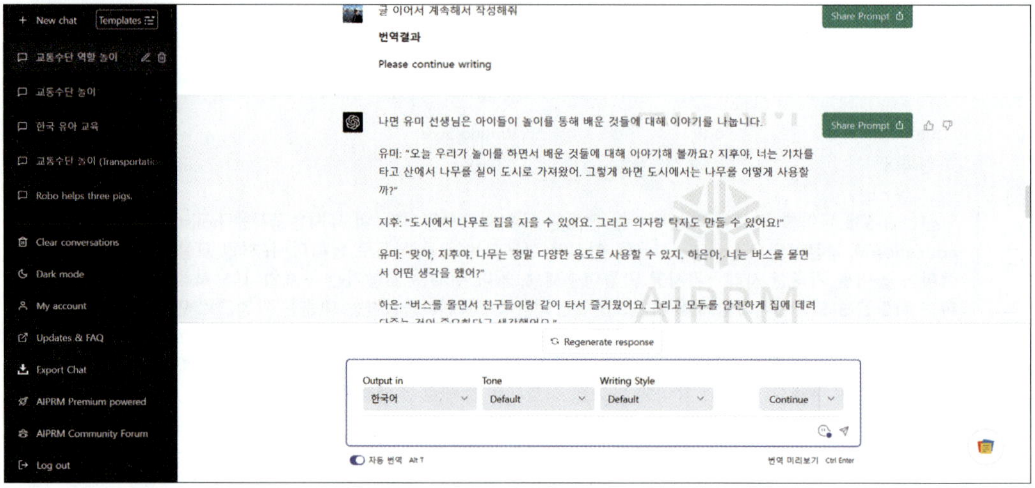

다음은 유치원 교사가 홀리스틱 철학을 가지고 놀이 기록한 사례를 상호작용 형태로 생성하게 한 ChatGPT 프롬프트의 사례이다. 놀이 주제는 '지속가능사회'이다.

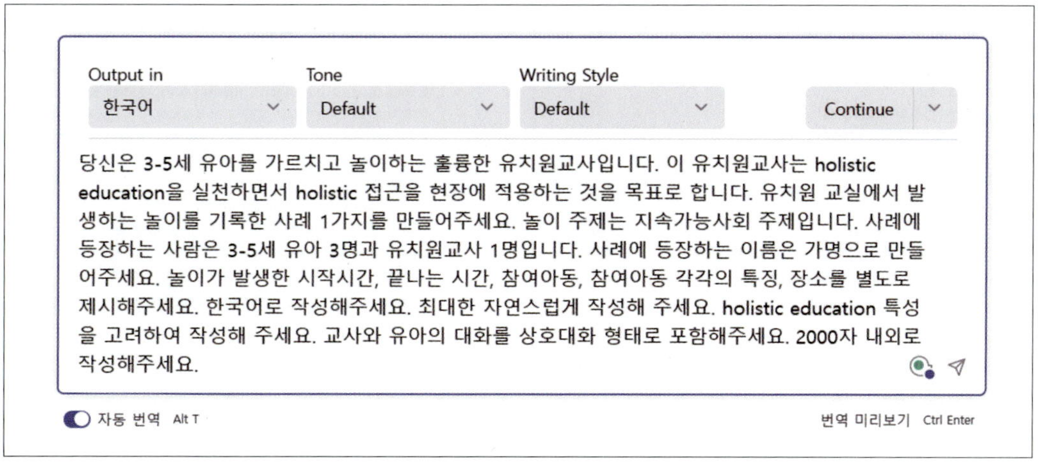

3) AI 텍스트 생성의 실제 2(놀이 사례와 교육적 해석-뤼튼)

다음은 유치원 교사가 모래놀이 기록 사례를 상호작용 형태로 생성한 '뤼튼 AI' 사례이다. 이 사례의 프롬프트에서 모래놀이의 상호작용과 '만리장성 만들기'를 주제로 한 모래놀이 상호작용 작성을 요구하고 있으며 놀이의 교육적 해석과 반성활동 작성도 포함하고 있는 것을 볼 수 있다.

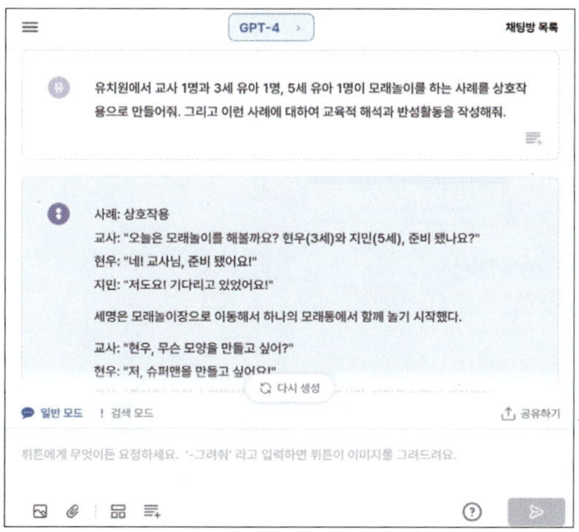

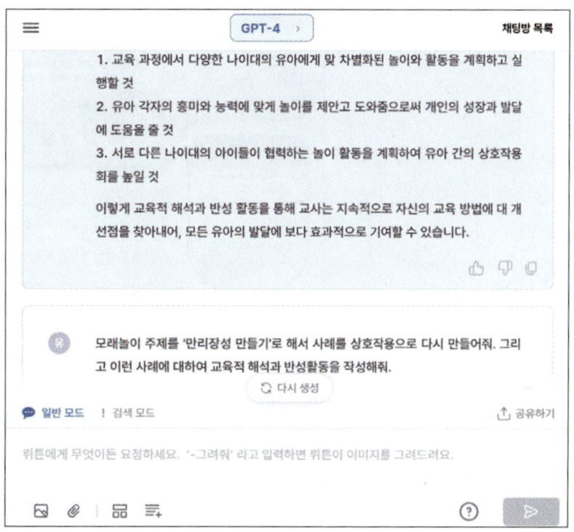

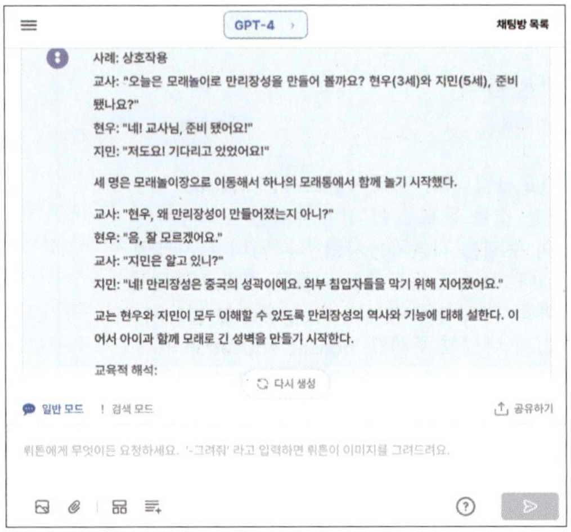

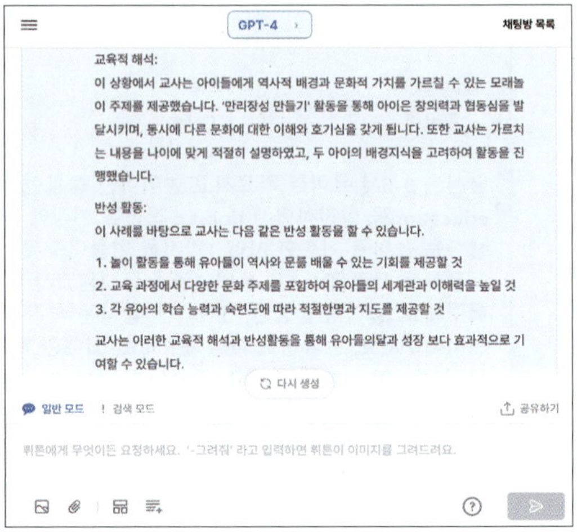

6. AI 마인드 맵 생성

1) Whimsical AI for Mind Maps

다음 화면은 AI 마인드 맵 생성 웹인 'Whimsical AI for Mind Maps'에서 를 선택하여 '유아 AI'를 주제로 새로운 보드를 제작하는 장면이다. 'Whimsical AI' 홈에

방문하여 + Create new 를 누르고 [ ]를 선택하면 새로운 AI 보드를 작성할 수 있다. '유아 AI', 'AI 로봇', '유아 AI 앱' 등의 주제를 입력하고 다음의 첫 화면과 같이 'AI 아이디어 형성 단추( )'를 클릭하면 다음의 마지막 화면과 같이 자동으로 AI가 창의적으로 생각해 낸 AI 아이디어들이 만들어진다. 다음의 마지막 화면은 'AI 로봇' 주제를 입력하고 'AI 아이디어 형성 단추( )'를 다시 한번 클릭해서 추가로 만들어진 AI 아이디어 내용들이다. 자동으로 AI가 창의적으로 생각해 낸 마지막 화면의 AI 아이디어들을 확장한 것이다.

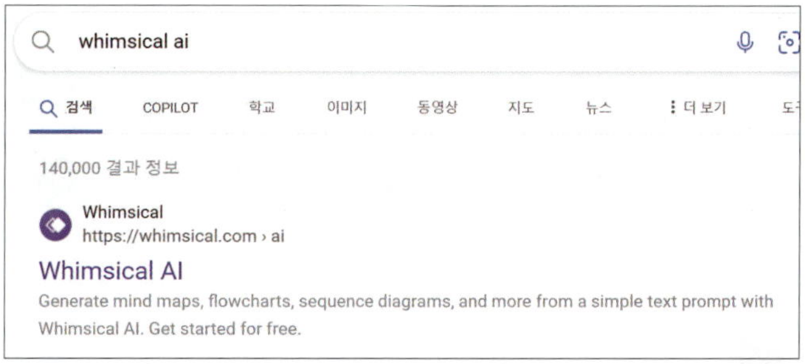

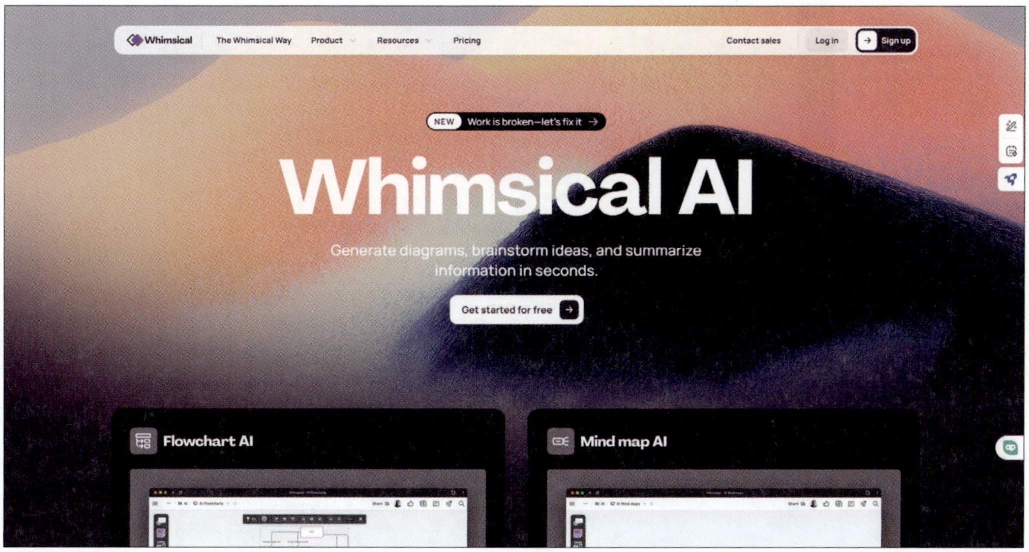

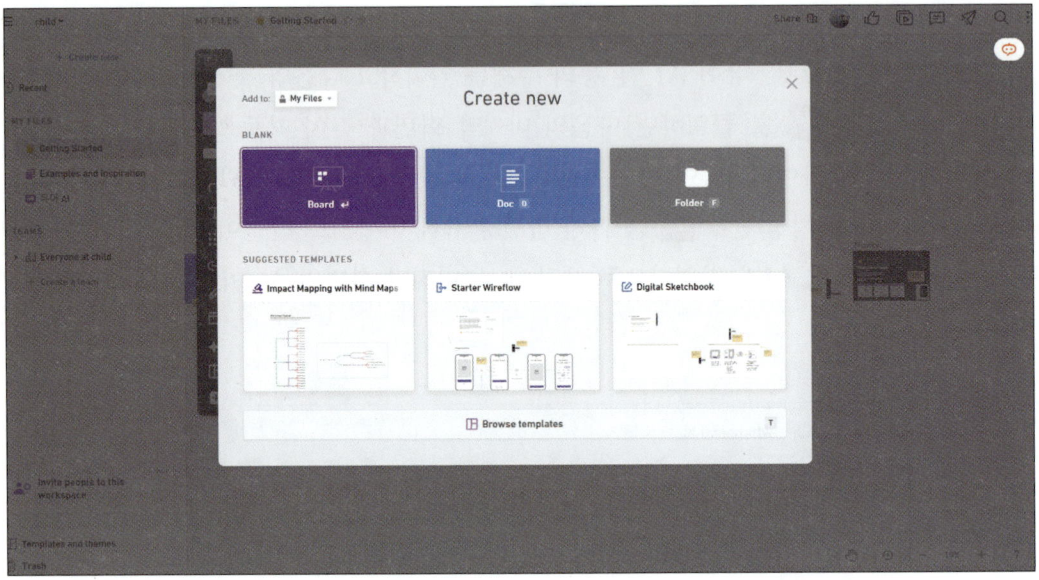
Create new
Add to: My Files
BLANK
Board
Doc
Folder
SUGGESTED TEMPLATES
Impact Mapping with Mind Maps
Starter Wireflow
Digital Sketchbook
Browse templates

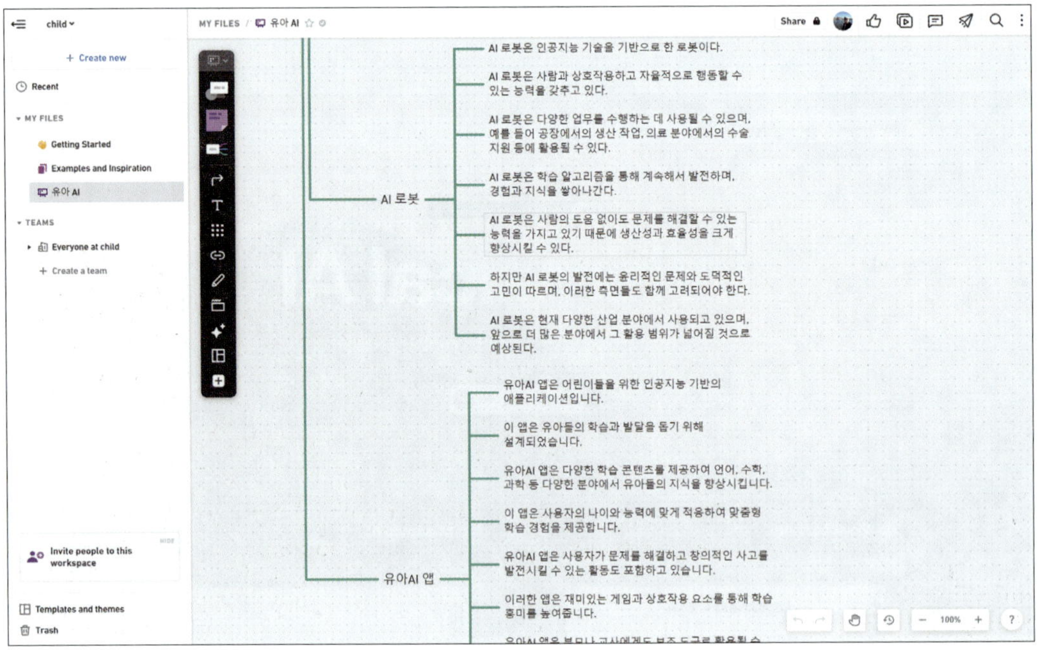
child
+ Create new
Recent
MY FILES
Getting Started
Examples and Inspiration
유아 AI
TEAMS
Everyone at child
+ Create a team
Invite people to this workspace
Templates and themes
Trash
MY FILES / 유아 AI
Share
AI 로봇
AI 로봇은 인공지능 기술을 기반으로 한 로봇이다.
AI 로봇은 사람과 상호작용하고 자율적으로 행동할 수 있는 능력을 갖추고 있다.
AI 로봇은 다양한 업무를 수행하는 데 사용될 수 있으며, 예를 들어 공장에서의 생산 작업, 의료 분야에서의 수술 지원 등에 활용될 수 있다.
AI 로봇은 학습 알고리즘을 통해 계속해서 발전하며, 경험과 지식을 쌓아나간다.
AI 로봇은 사람의 도움 없이도 문제를 해결할 수 있는 능력을 가지고 있기 때문에 생산성과 효율성을 크게 향상시킬 수 있다.
하지만 AI 로봇의 발전에는 윤리적인 문제와 도덕적인 고민이 따르며, 이러한 측면들도 함께 고려되어야 한다.
AI 로봇은 현재 다양한 산업 분야에서 사용되고 있으며, 앞으로 더 많은 분야에서 그 활용 범위가 넓어질 것으로 예상된다.
유아AI 앱
유아AI 앱은 어린이들을 위한 인공지능 기반의 애플리케이션입니다.
이 앱은 유아들의 학습과 발달을 돕기 위해 설계되었습니다.
유아AI 앱은 다양한 학습 콘텐츠를 제공하여 언어, 수학, 과학 등 다양한 분야에서 유아들의 지식을 향상시킵니다.
이 앱은 사용자의 나이와 능력에 맞게 적용하여 맞춤형 학습 경험을 제공합니다.
유아AI 앱은 사용자가 문제를 해결하고 창의적인 사고를 발전시킬 수 있는 활동도 포함하고 있습니다.
이러한 앱은 재미있는 게임과 상호작용 요소를 통해 학습 흥미를 높여줍니다.
100%

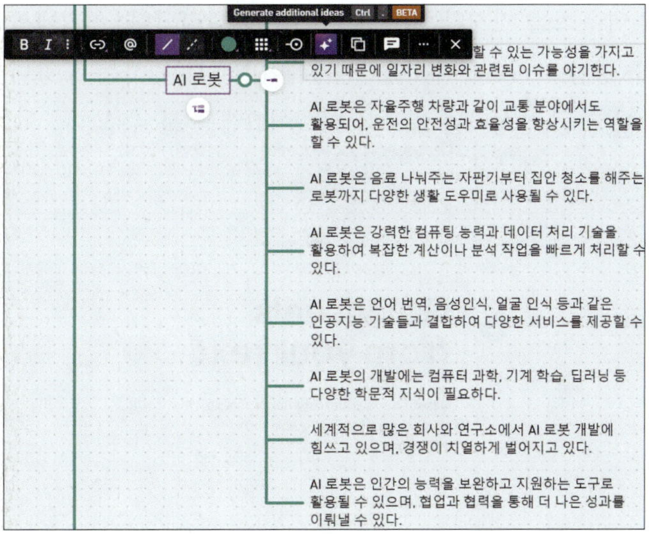

2) Napkin AI

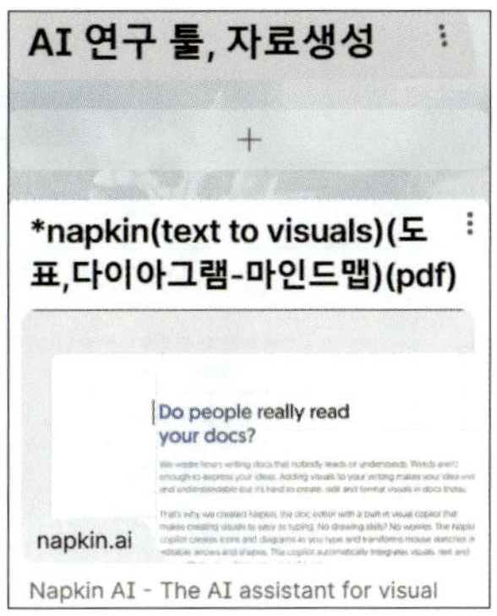

다음 화면은 'Napkin AI' 사이트에 방문하여 '유보통합 모델'을 주제로 한 글을 다이어그램으로 작성하는 장면이다. 시작 화면의 우상단에서 [Get Napkin Free →] 단추를 누르면 다이어그램을 생성할 수 있는 새로운 페이지가 나타난다. 여기에서 [+ New Napkin] 단추를 누르고 다음과 같이 다이어그램을 생성하고자 하는 내용(여기에서는 '유보통합 모델' 주제)을 입력한 다음 입력한 내용에 마우스를 가져다 대면 ⚡ 단추가 나타난다. 여기에서 ⚡ 단추를 누르면 나타나는 '도표 생성(Generate visuals)' 인터페이스에서 원하는 도표나 다이어그램을 선택하면 다음과 같이 자동 생성되는 도표나 다이어그램을 볼 수 있다.

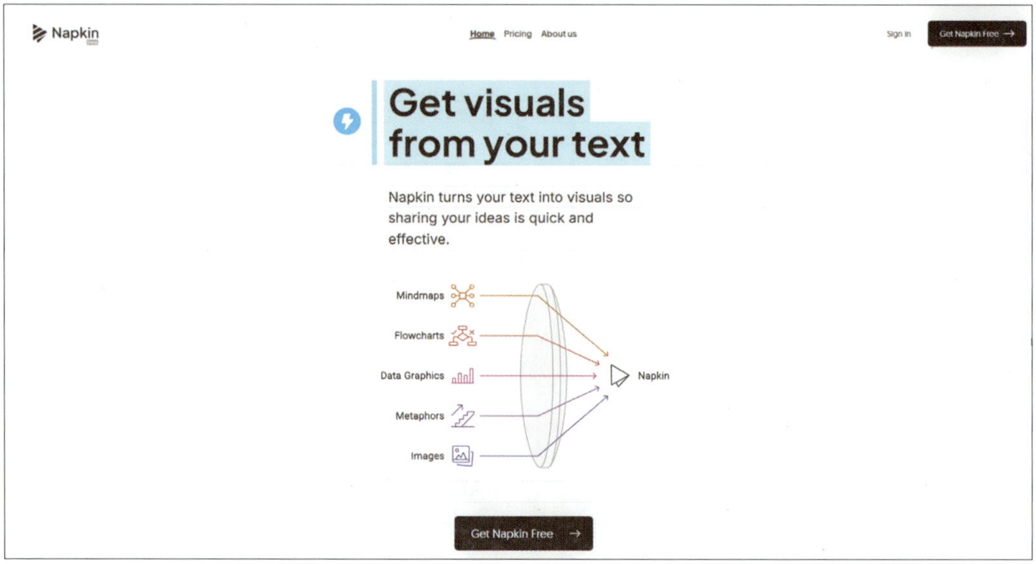

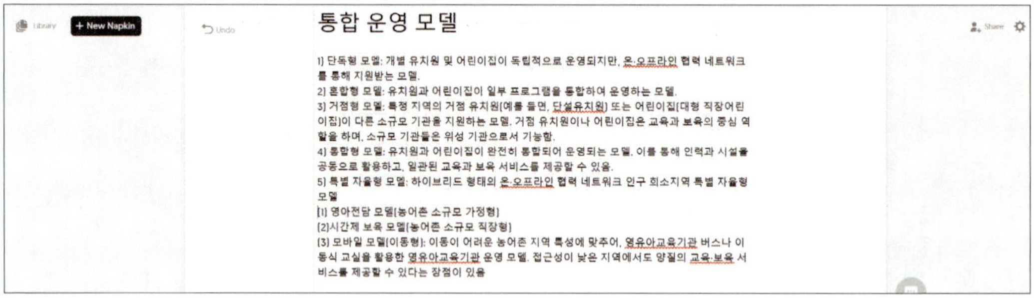

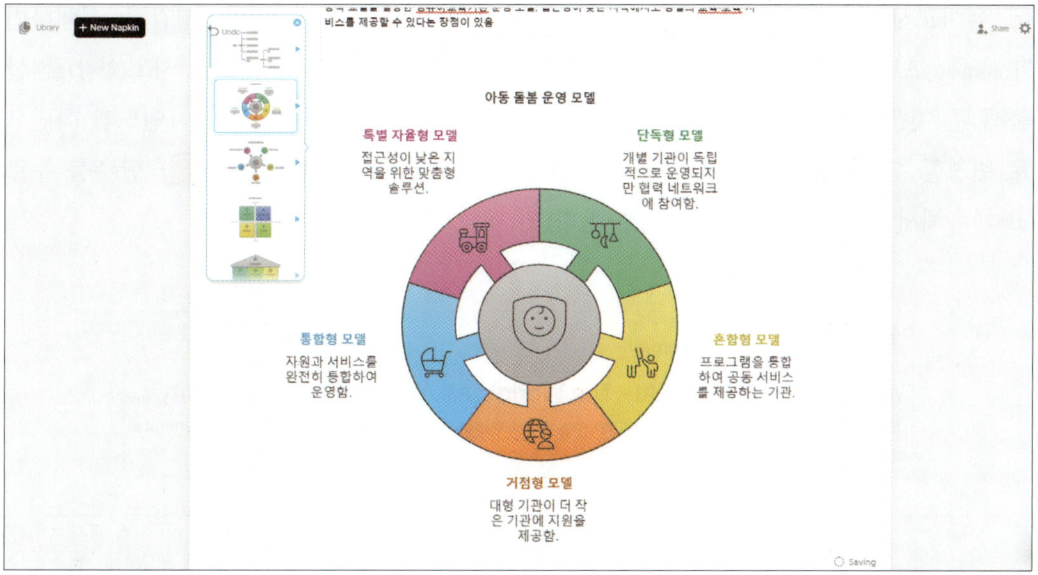

3) Taskade AI

다음 화면은 'Taskade AI' 사이트에 방문하여 '유아교사의 놀이지원'을 주제로 'Taskade AI'에게 창의적인 사고를 만들어 내도록 하는 장면이다. 새로운 작업을 시작하기 위해서는 홈페이지 우상단의 + 새 프로젝트 + 새로 만들기 단추를 누른다. 그러면 나타나는 입력창에 '유아교사의 놀이지원' 주제를 입력하고 '스페이스' 키를 누른 다음 '영감'을 선택하면 'Taskade AI'가 새로운 사고(영감)를 산출해 준다. 다음에서 8개의 새로운 사고(영감)를 산출해 준 것을 볼 수 있는데, 마인드맵 단추( )를 누르면 다음과 같이 마인드맵 화면으로 변경할 수 있다. 다음과 같이 마인드맵 화면에서 '마인드맵 확장하기( )' 단추를 누르고 계속해서 마인드맵을 확장해 가면 된다.

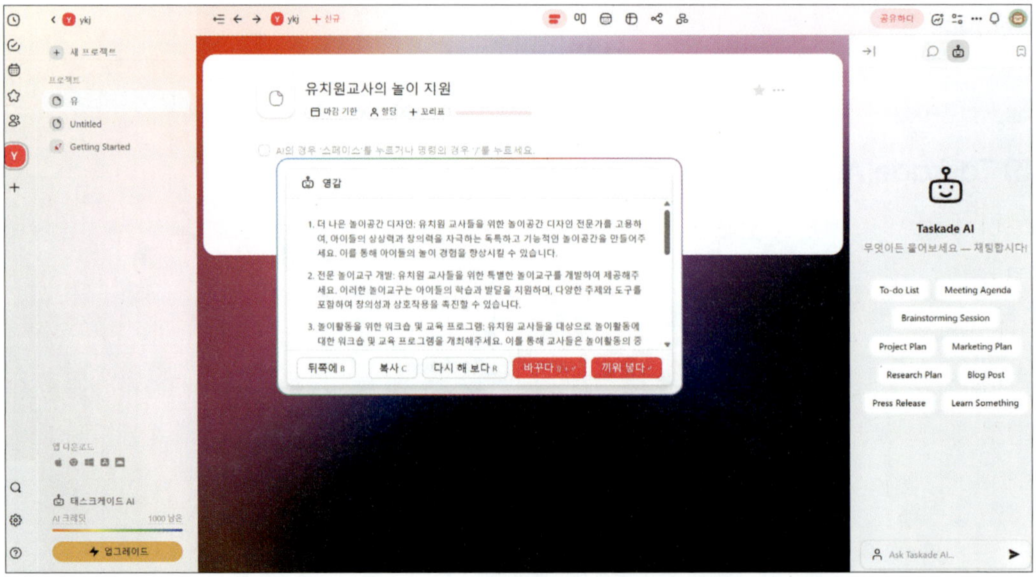

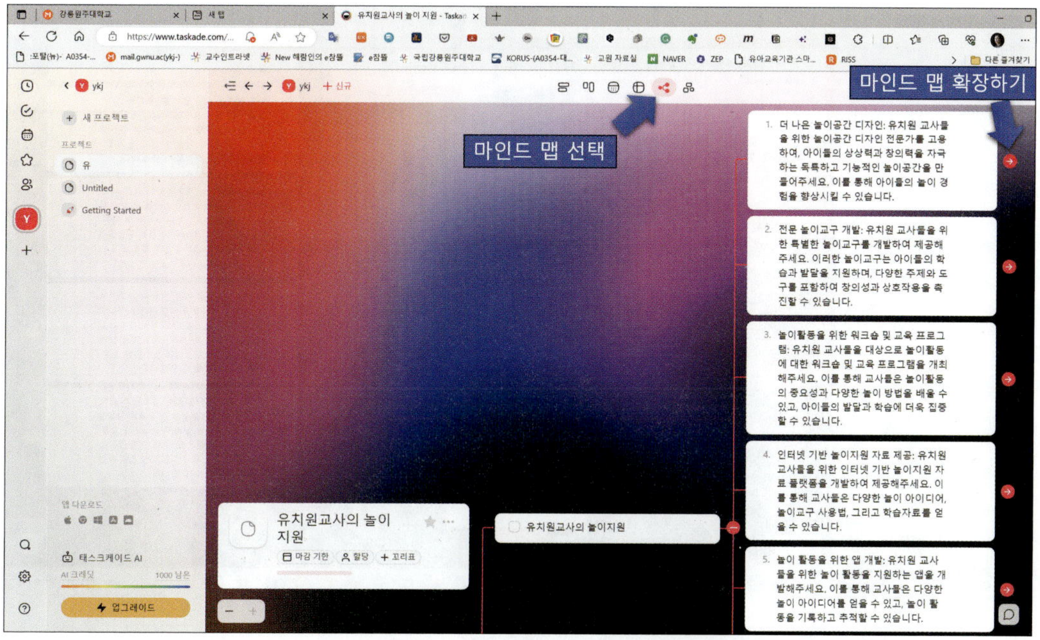

다음 화면은 새로운 블록(하위 주제)을 추가하기 위해 +블록 추가 단추를 누른 다음 'AI 생성기'를 누르고 새로운 주제를 입력하는 장면이다. 예를 들어, +블록 추가 단추를 누른 다음 'AI 생성기'를 누르고 다음 화면처럼 빈칸에 '협력놀이 지원'을 입력하고 '엔터' 키를 친다. 그러면 '협력놀이 지원' 블록(주제 블록)이 하단에 추가로 만들어지고 새로운 사고(영감)가 형성된다. 마지막 화면에, 새로 삽입된 '주제 블록(협력 놀이 지원 블록)'과 새로 삽입된 '하위 주제 블록들(게임 규칙 설명, 게임 준비, 게임 진행, 게임 종료)'을 볼 수 있다. 새로 삽입된 블록 화면에서도 '마인드맵 확장하기( )' 단추를 누르고 계속해서 마인드맵을 확장해 가면 된다(하위 블록의 하위 블록 생성). 예를 들어, 새로 삽입된 게임 목표 설명 블록 오른쪽의 '마인드맵 확장하기( )' 단추를 누르면 'AI 생성기'를 통해서 계속해서 '게임 목표 설명' 관련 하위 블록의 하위 블록을 생성할 수 있다.

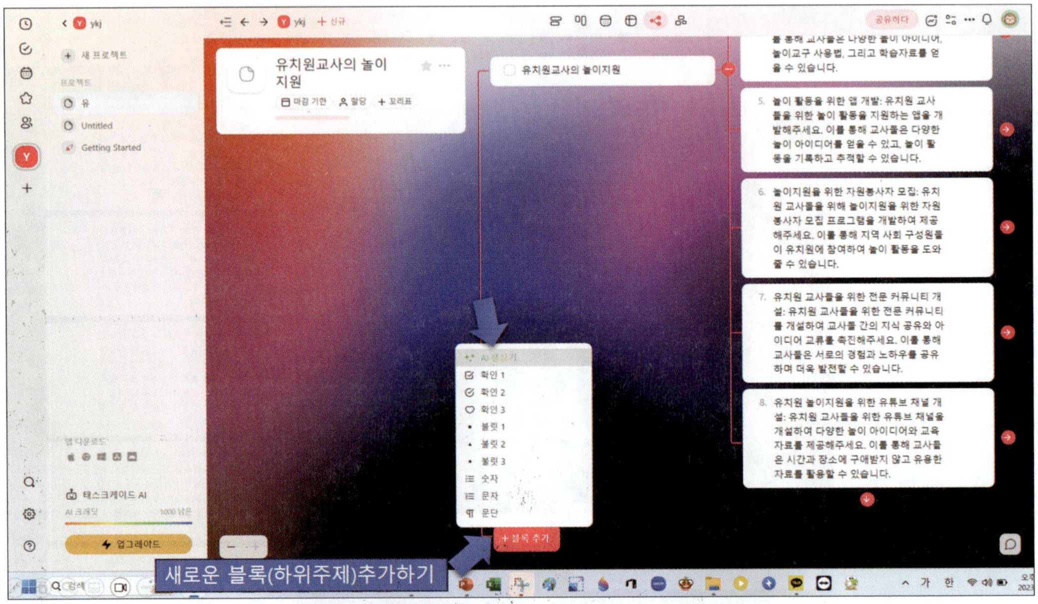
유치원교사의 놀이 지원
유치원교사의 놀이지원
+ 블록 추가
새로운 블록(하위주제)추가하기

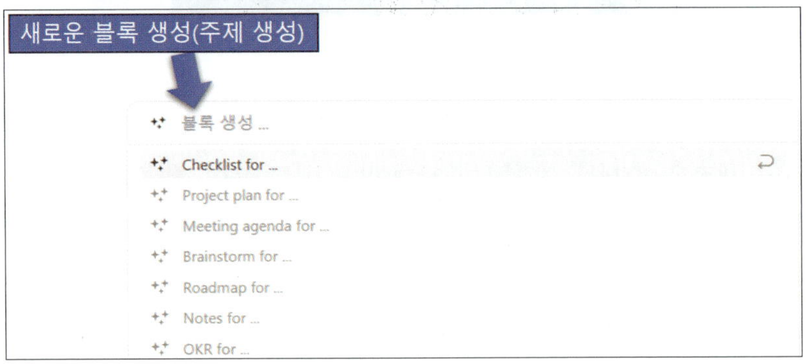
새로운 블록 생성(주제 생성)
블록 생성 ...
Checklist for ...
Project plan for ...
Meeting agenda for ...
Brainstorm for ...
Roadmap for ...
Notes for ...
OKR for ...

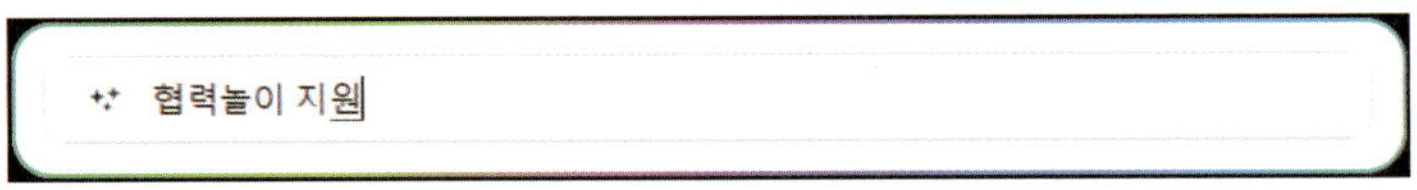
협력놀이 지원

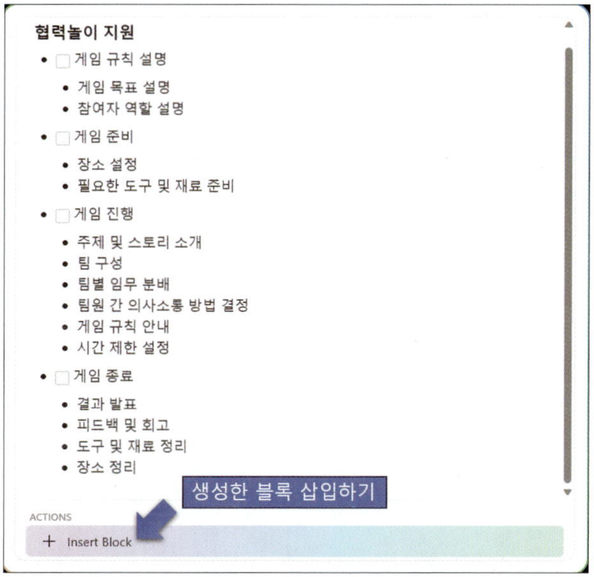
협력놀이 지원
게임 규칙 설명
게임 목표 설명
참여자 역할 설명
게임 준비
장소 설정
필요한 도구 및 재료 준비
게임 진행
주제 및 스토리 소개
팀 구성
팀별 임무 분배
팀원 간 의사소통 방법 결정
게임 규칙 안내
시간 제한 설정
게임 종료
결과 발표
피드백 및 회고
도구 및 재료 정리
장소 정리
생성한 블록 삽입하기
ACTIONS
Insert Block

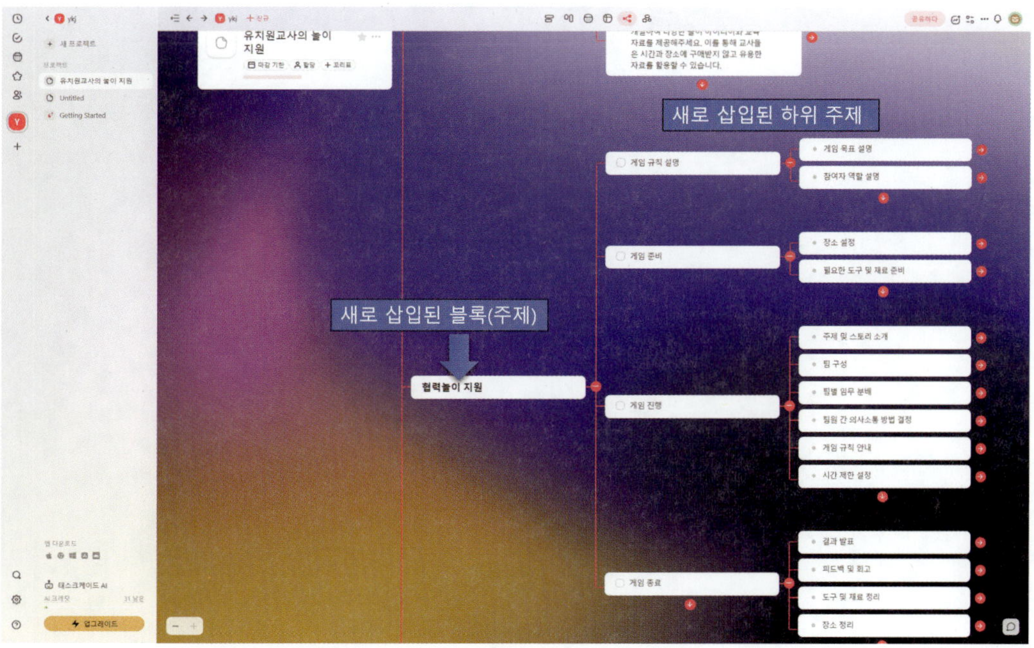
유치원교사의 놀이 지원
새로 삽입된 하위 주제
새로 삽입된 블록(주제)
협력놀이 지원
게임 규칙 설명
게임 목표 설명
참여자 역할 설명
게임 준비
장소 설정
필요한 도구 및 재료 준비
게임 진행
주제 및 스토리 소개
팀 구성
팀별 임무 분배
팀원 간 의사소통 방법 결정
게임 규칙 안내
시간 제한 설정
게임 종료
결과 발표
피드백 및 회고
도구 및 재료 정리
장소 정리

CHAPTER

08

유아 생성형 AI 그림 놀이, 이야기 나누기 놀이의 실제

Chapter | 08

유아 생성형 AI 그림 놀이, 이야기 나누기 놀이의 실제

1. 생성형 AI 그림 놀이(ChatGPT 등)

AI를 이용하면 간단한 프롬프트로 유아 교사와 유아들이 함께 그림을 그리는 놀이를 전개할 수 있다. 그뿐만 아니라 영유아 교사가 영유아를 위하여 그림 동화 자료를 제작하거나 이야기 나누기 자료를 제작할 수 있다.

1) 영유아 교사의 그림 동화 자료 제작

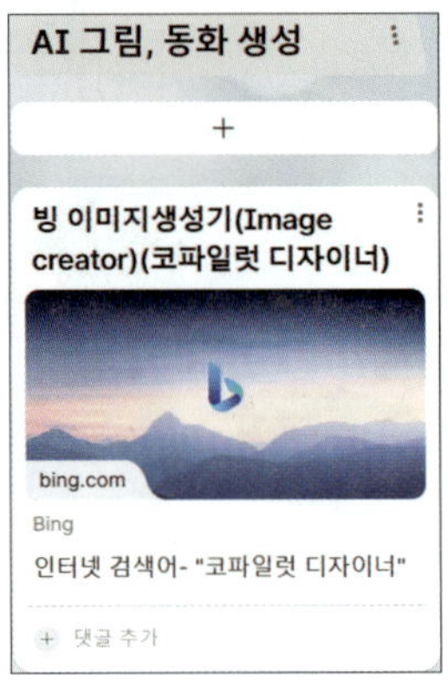

ChatGPT에서는 맥락에 맞는 그림 동화나 이야기 나누기 자료를 AI와의 대화 형식을 통해서 제작할 수 있다. 다만, 현재 유료 버전인 ChatGPT 4.0 이상에서만 가능하므로 유아교사들이 자유롭게 접근할 수 있는 Microsoft Bing의 'Image Creator'를 활용한 그림 동화 제작의 예를 들어보았다. 'BingAI'의 이미지 생성 기능의 경우, 현재(2024년 9월 5일 기준) 코파일럿의 그림 생성 전문 AI인 코파일럿 디자이너(Copilot Desinger)로 이름이 변경되었다. 따라서 다음의 사례는 코파일럿 디자이너에서도 그대로 적용이 가능한데, 유아교사가 그림 동화나 이야기 나누기 자료를 제작하기 위해서는 맥락에 맞는 프롬프트를 입력하는 것이 중요하다. 다음은 그러한 그림 동화 제작에서의 프롬프트 입력의 예이다.

2) 유아교사의 그림 동화 애니메이션 자료 제작

코파일럿 디자이너(Copilot Desinger)나 ChatGPT, 뤼튼에서 그려진 동화 그림 자료는 Pika(pika.art)에서 간단한 프롬프트로 애니메이션으로 제작하여 다운받을 수 있다. 다음의 Pika 웹사이트(pika.art)의 홈에서 그림자료를 업로드하고 애니메이션할 내용을 입력하면 된다.

다음과 같이 Pika(pika.art)의 홈 화면 하단의 프롬프트 창에 먼저 이미지를 삽입한다(여기에서는 "아바타 영화에서 아바타가 된 아기돼지 삼형제" 그림). 그러고 나서 애니메이션 하고자 하는 프롬프트를 넣은 다음(여기에서는 "3마리 돼지가 앞으로 걸어간다.") AI 생성 단추(✦)를 누른다.

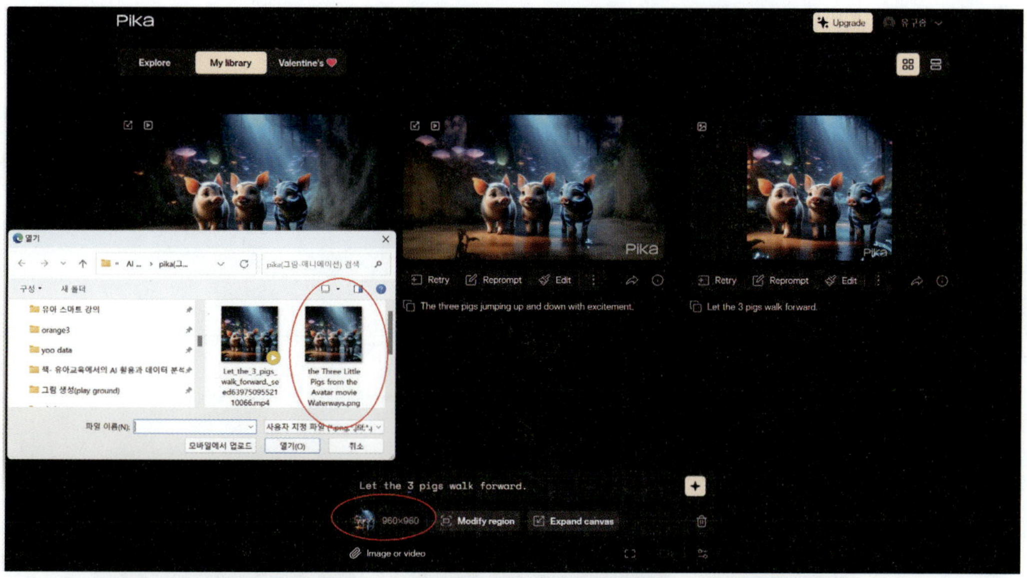

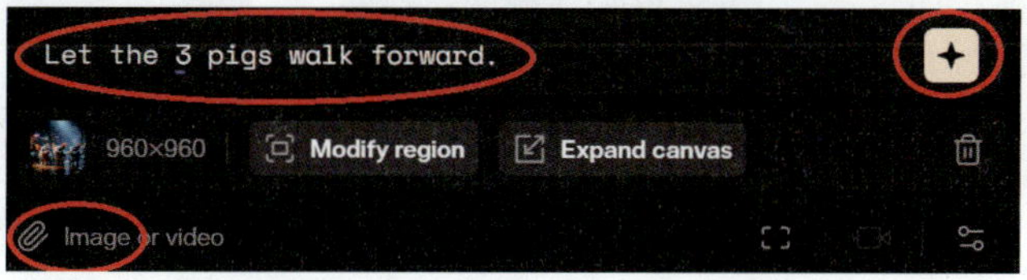

그러면 다음과 같이 "Output" 창에 애니메이션이 생성되는데, 이 화면에 마우스를 가져다 대고 "다운로드" 단추를 눌러 파일을 다운받으면 된다.

2. 생성형 AI 이야기 나누기 놀이(ChatGPT 앱, VoiceGPT 앱 음성 기능)

ChatGPT 앱을 사용하면 유아교육기관에서 교사와 유아들이 실시간 음성 이야기 나누기 활동을 전개할 수 있다. 안드로이드 폰의 경우 다음과 같이 'VoiceGPT' 앱을 설치하면 음성으로 ChatGPT와 이야기 나누기가 가능하다. 다음은 'VoiceGPT' 앱의 다운로드, 설정, 사용 화면을 제시한 것이다.

※ Voice GPT 다운로드

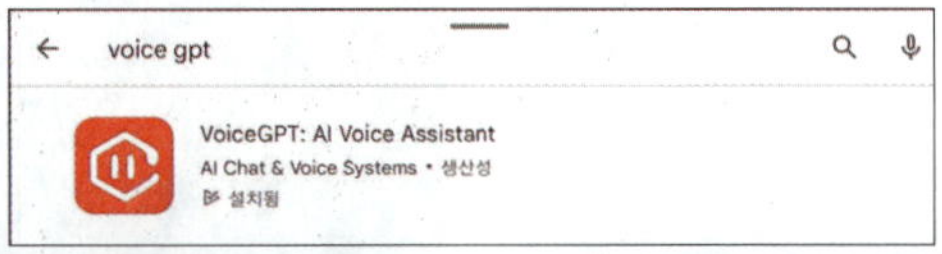

한국어 목소리로 선택하면 한국인 AI와 역할놀이나 이야기 나누기, 영어로 선택하면 미국인 AI와 역할놀이나 이야기 나누기가 가능

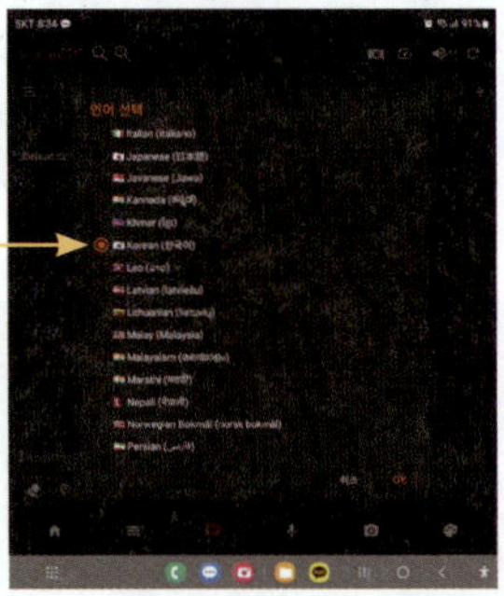

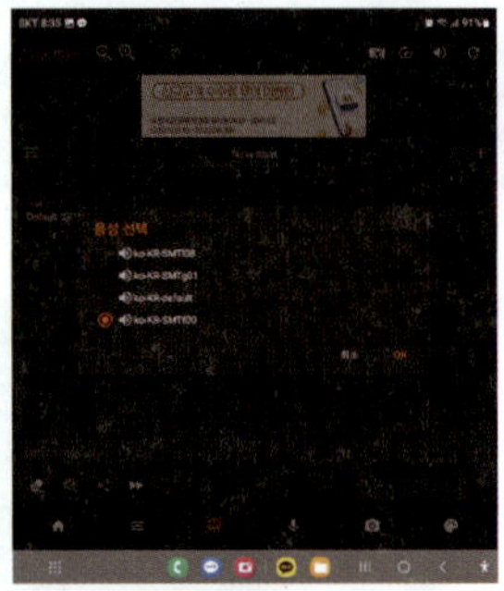

출처 : 플레이스토어.

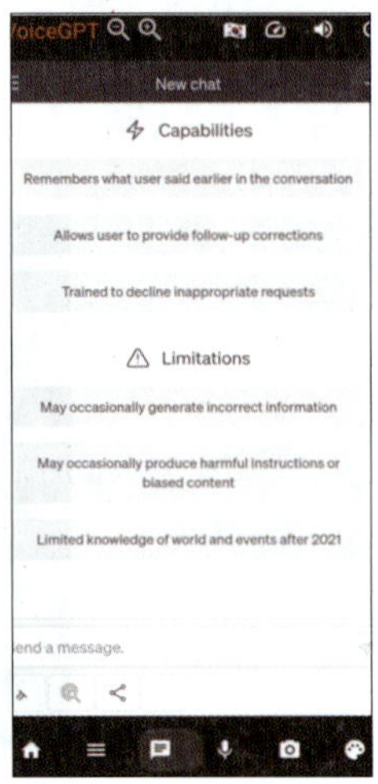

VoiceGPT를 사용하면 태블릿 PC나 스마트폰으로 유아와 AI 간의 이야기 나누기 활동이 가능

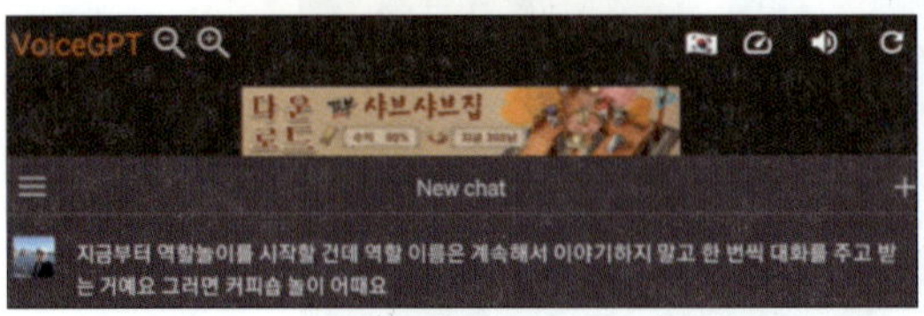

다음은 아이폰의 경우 사용 가능한 ChatGPT 앱의 앱스토어 화면이다.

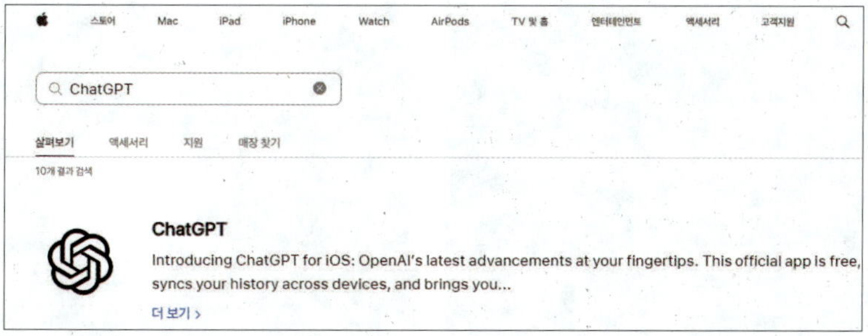

3. 음성기능 역할놀이, 이야기 나누기(ChatGPT 앱 등 생성형 AI 앱)

ChatGPT 앱의 경우 최근(2024년 9월 기준) 고급 음성 모드(advanced voice mode)가 출시되어 유아교육 분야에서의 생성형 AI 놀이에 있어 획기적인 전환점이 마련되었다고 할 수 있다. 이제 인간과 유사한 언어 상호작용이 가능하게 되었는데, 유아교사와 유아들의 이야기 나누기 활동에 태블릿 PC나 스마트폰의 ChatGPT 앱 고급 음성 모드를 사용할 경우 AI 교사 역할을 할 수 있다. ChatGPT 앱의 AI 교사는 다음과 같이 '헨젤과 그레텔' 이야기를 들려줄 뿐 아니라, 감정을 넣어서 기쁜 감정으로도 슬픈 감정으로도 읽어주고 이야기 할머니 버전으로 읽어줄 수도 있다. 유아들을 품에 안고 인간적으로 교류하면서 읽어주는 할머니의 옛날이야기와 같지는 않지만 유아들은 AI를 통해 유사한 경험을 할 수 있다. 또 경상도 버전, 전라도 버전, 충청도 버전의 사투리로 들려주는 사투리 AI 교사의 경험을 할 수도 있고 영어로 대화하는 영어 원주민 AI 선생님, 중국어로 대화하는 중국어 원주민 AI 선생님을 경험할 수 있다. 그뿐만 아니라 AI 선생님은 실제 원주민 선생님보다 더 훌륭한 발음을 가지고 있어서 활용이 무궁무진할 수 있다.

안드로이드 폰의 경우 플레이스토어에서 ChatGPT 앱을 설치한 후 실행하면 다음과 같이 실시간 음성 대화를 할 수 있는 고급 음성 모드로 들어갈 수 있다(빨간색 원 안의 고급 음성 모드). 다음의 오른쪽 화면은 고급 음성 모드에서 대화를 진행하고 있는 장면이다.

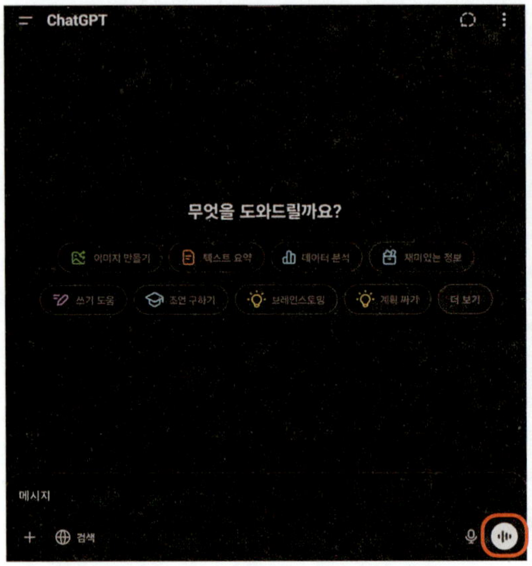

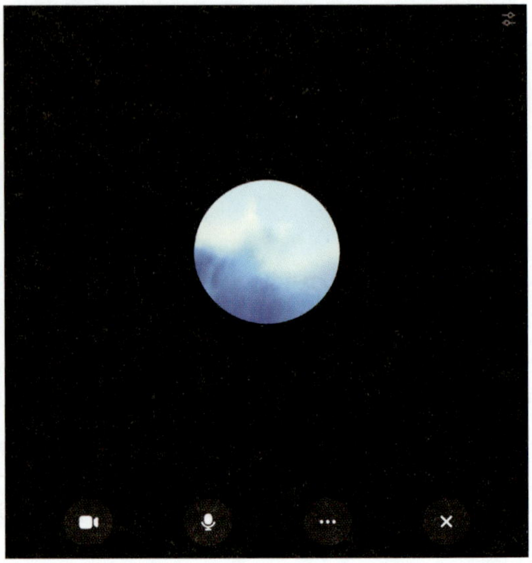

다음의 예는 이러한 ChatGPT 앱 고급 음성 모드에 의한 음성 역할놀이와 이야기 나누기가 자동으로 ChatGPT에 기록된 내용으로 일부 유아의 음성 기록은 발음 인식 문제로 기록되지 않은 것을 알 수 있다. 최근의 ChatGPT 앱 고급 음성 모드의 경우는 다음의 ChatGPT 앱에 자동 기록된 내용에서 보듯이, 우리나라 사투리를 자유자재로 구사하는 것을 볼 수 있으며, 사투리로 동화를 들려주고 감정 변화에 따라 동화 들려주기를 조절하는 것이 나타나 있다. 유아교육기관 역할 놀이를 예로 들면, 유아들과 ChatGPT가 한 번씩 번갈아 가면서 실시간 대화를 통해 커피숍이나 신발가게 역할 놀이를 전개할 수 있을 뿐 아니라 ChatGPT에게 해당 역할을 흉내 내도록 하는 것도 가능하다. 그뿐만 아니라 이러한 역할 놀이를 다음처럼 ChatGPT는 영어나 중국어로, 유아는 한국어로 말하는 역할 놀이를 통해서 외국어 놀이로 연결할 수도 있다. ChatGPT의 발음은 우리나라에 와 있는 어떤 원어민 교사보다도 훌륭할 것이며 유아 수준에 맞게 영어 레벨 수준을 조절하는 것도 얼마든지 가능하다("여기는 유치원이야, 5세 유치원 유아 수준으로 1단계 영어로 대화해 줘!").

"자, 지금 유치원이라고 생각하고요. 4살, 5살짜리 유아들에게 핸젤과 그레텔 이야기 한번 읽어줄까요?"
지금 번역하기

00:08

좋아요! 그럼 유치원 친구들한테 헨젤과 그레텔 이야기를 들려줄게요. 옛날 옛적에, 헨젤과 그레텔이라는 형제는 숲속에 살고 있었어요. 어느 날, 부모님은 헨젤과 그레텔을 숲에 남겨두고 가버렸죠. 헨젤과 그레텔은 길을 잃고 말았어요.

지금 번역하기

"잘했어요. 지금부터는 슬픈 버전으로 한번 읽어주세요. 뒷이야기"
지금 번역하기

00:08

네, 이제 슬픈 버전으로 이야기를 이어가 볼게요. 헨젤과 그레텔은 무서운 숲속에서 길을 잃고 헤매다가, 캄캄한 밤이 찾아오자 두려움에 사로잡혔어요. 배고픔과 추위에 지쳐가던 그때, 저 멀리 달빛 아래에 작은 집이 보였어요. 하지만 그 집은 마녀의 집이었고, 결국 헨젤과 그레텔은 마녀에게 붙잡히게 되었답니다.

지금 번역하기

"지금부터는 경쾌하고 신나는 버전으로 뒷이야기 읽어주세요."
지금 번역하기

00:06

이제 신나는 버전으로 이어갈게요! 헨젤과 그레텔은 마녀의 집에서 지혜를 발휘해 탈출했어요. 그들은 마녀의 보물을 찾아내어 주머니에 가득 채웠답니다! 그리고 숲을 빠져나와 집으로 돌아가는 길에, 마을 사람들에게 환영을 받으며 영웅이 되었어요!

"참 잘했습니다. 참 잘했어요. 이 똑같은 이야기를 대한민국 경상도 버전으로 한번 읽어볼까요?"
지금 번역하기

00:06

예, 그라믄 경상도 사투리로 이어가 볼게요! 헨젤이랑 그레텔이가 마녀 집에서 빠져나왔습니더! 아이고, 그라모서, 보물을 찾았거든예! 주머니에 꽉꽉 채워가지고, 집으로 돌아가는데, 마을 사람들이 환영하더라예! 영웅이 되어가 돌아왔심더!

지금 번역하기

"좋아요. 잘했습니다. 잘했습니다. 이번에는 대한민국 전라도 버전으로 해주세요. 뒷이야기."
지금 번역하기

00:06

네, 이번에는 전라도 사투리로 해 볼게요. 헨젤이랑 그레텔이가 말이여, 마녀 집에서 도망쳐 부러써! 아따, 그리고 보물도 잔뜩 챙겨가지고 말이여! 집으로 돌아가는 길에 마을 사람들이 환영해 주더라고. 헨젤이랑 그레텔이가 마을의 영웅이 되었지라!

지금 번역하기

"참 잘했습니다 참 잘했습니다 그 뒷이야기는 충청도 버전으로요"
지금 번역하기

00:05

메모리 업데이트됨

좋다유! 그라믄 충청도 사투리로 이야기 이어갑니다. 헨젤이랑 그레텔이가 마을에 돌아오니까, 그 마을 사람들이 아주 신나게 환영을 해주더라, 그라더니 헨젤이랑 그레텔이가 영웅이 되어서, 마을 사람들한테 칭송을 받았답니다!

"좋아요 잘했습니다 잘했습니다 잘했습니다 이번에는요 유치원 역할놀이 유치원 역할놀이 한번 해 볼 건데요 커피샵 역할놀이에요 당신은 바리스타 역할 하고요 나는 4살 5살짜리 유아 역할입니다 자 커피샵 역할놀이 한 번씩 번갈아서 시작해 주세요 당신 먼저"
지금 번역하기

00:19

좋아요! 그럼 제가 바리스타로 시작할게요. "안녕하세요! 꼬마 손님, 오늘은 무슨 음료를 마시고 싶으세요? 초코우유도 있고 딸기주스도 있어요!"

지금 번역하기

텍스트 기록 사용할 수 없음
지금 번역하기

00:01

"알겠어요! 여기 물 한 잔 나왔어요. 목마를 때 마시면 참 좋죠!"

지금 번역하기

텍스트 기록 사용할 수 없음
지금 번역하기

00:02

"아, 우유요? 그럼 초코우유로 줄까, 딸기우유로 줄까?"

지금 번역하기

"딸기우유로 주세요."

"자 감사합니다. 감사합니다. 근데 우유를... 감사합니다. 자 지금부터는 당신은 영어로 하시고요. 나는 5살짜리, 4살짜리 아이니까 한국어로 할게요. 번갈아 가면서 할게요. 커피샵 역할 놀이 당신부터 하세요."
지금 번역하기

00:17

"Welcome to our coffee shop! What would you like to drink today? We have chocolate milk and strawberry juice!"

지금 번역하기

"영어 1수준으로 아주 천천히 해주세요. 시작해주세요."
지금 번역하기

00:06

"Sure! What would you like to drink? We have chocolate milk and strawberry juice."

지금 번역하기

텍스트 기록 사용할 수 없음
지금 번역하기

00:02

"Okay! Here is a cup of water for you."

지금 번역하기

"우유, 밀크"

4. ChatGPT 앱 음성기능 놀이 사례

ChatGPT 앱의 경우 다음과 같이 '설정'에서 실시간 대화를 할 음성(여기에서는 'Ember')을 선택한 다음 화면 오른쪽 아래의 '(고급 음성 모드)' 단추를 눌러 실행한다.

① '설정'으로 들어간다.

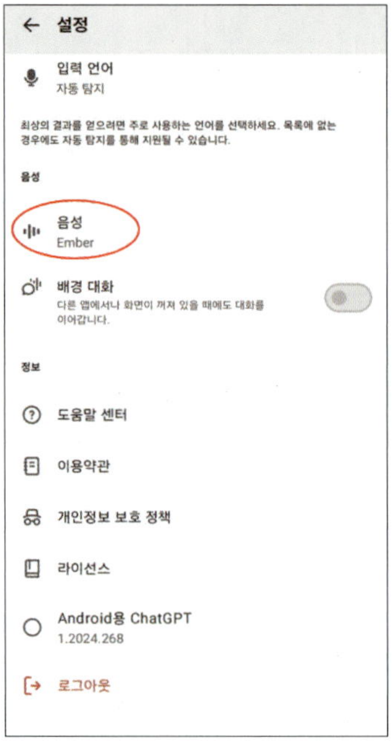

② 음성을 선택한다.

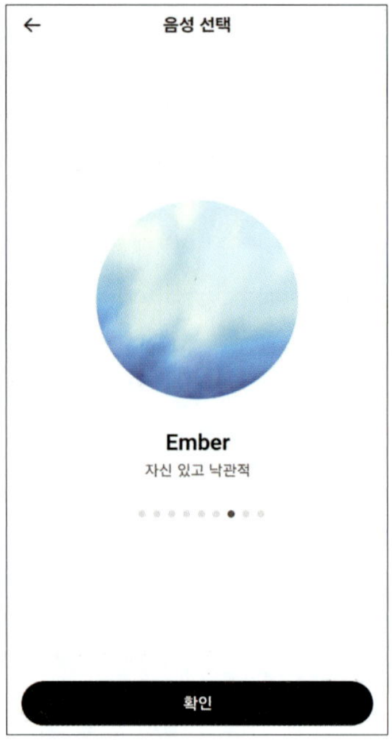

③ 확인을 누른다.

AI 놀이[1)]

① 교사가 ChatGPT 앱의 음성기능을 통해 놀이 중 질문하고, '여러 가지 모양'을 주제로 자료를 그려보는 사례를 보여준다.

"여러 가지 모양 사례를 그려줘."

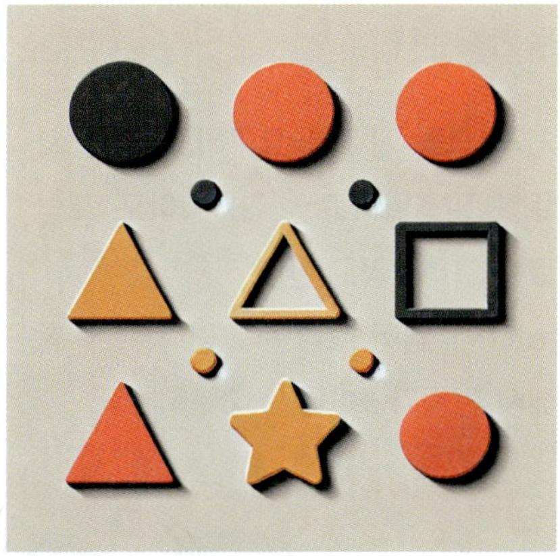

"여러 가지 모양 사례를 그려줘."

② 그림자료 기준으로 게시한다.

1) 사진과 자료는 Y시의 E어린이집에서 제공함(자료를 수정함).

③ 밀가루 반죽으로 빵 만들기 놀이가 계속 이어지던 중 아이들이 "도너츠는 어떻게 만들어요?", "빵은 어떻게 만들어요?" 등의 질문을 한다.
교사는 ChatGPT 앱에게 빵과 관련된 놀이에 관한 정보를 요구하고 놀이 지원을 계획한다.

④ 교사가 그림 자료를 요구하고 관련 사이트를 알려달라고 한다. 영아도 그림 자료를 그려달라고 한다.
ChatGPT 앱이 그려준 그림 자료를 참고해서 만들기 놀이를 전개한다.

교사 도넛을 만드는 과정을 그림 자료로 부탁해.

ChatGPT 앱 도넛을 만드는 과정을 아이들이 쉽게 따라 할 수 있도록 그림 자료로 만들어 보세요. 유용하게 사용하시길 바랍니다!

교사 도넛 만드는 사이트 알려줘.

사이트 5개 검색함

다음은 도넛을 만드는 과정을 활용하는 유튜브 영상들입니다. 각 링크를 통해 다양한 스타일의 도넛 제작 과정을 참고하실 수 있습니다:

1. 크리스피크림 도넛 만드는 과정 V.DAUM
2. 키요쿡 의 딸기 도넛 업무 M.BLOG.NAVER
3. 그들은 도넛 업무 를 하고 있습니다 M.BLOG.NAVER

이 자료들을 활용해 도넛 만들기 활동을 더 다양하게 준비할 수 있을 것입니다. 영상에서 추가 내용을 직접 적용해 볼 수 있을 것입니다!

영아 ChatGPT야! 도넛 모양 그려줘.

ChatGPT 앱 이렇게 그려보았어요. 도넛은 어떤 모양일까요?

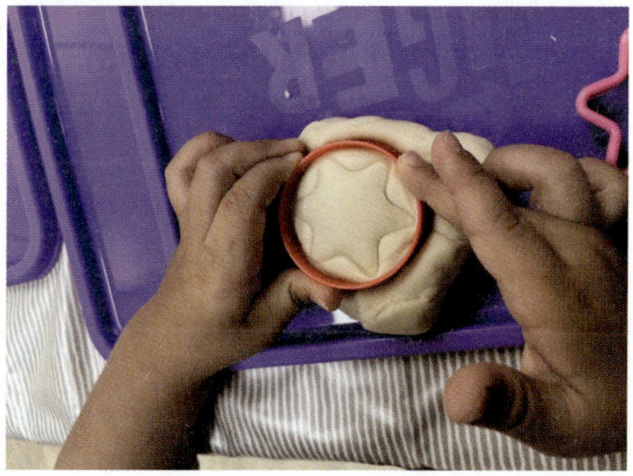

CHAPTER 09

유아교육에서의 AI ChatBot 만들기

Chapter | 09

유아교육에서의 AI ChatBot 만들기

AI ChatBot 제작과 활용은 전문가들의 영역으로 여겨져 왔으나 최근에는 유아교육 분야에서 적용할 수 있는 손쉬운 ChatBot 제작과 활용이 가능해졌다. 이러한 AI ChatBot을 유아교육 분야에 적용할 경우 유아교육에 특화된 개념의 적용이나 놀이의 적용, 교사 지원 방법 등의 적용이 가능해져서 유아교육에서의 감성이나 교류를 강조하는 접근을 AI에 적용할 수 있다는 장점이 생긴다.

다음은 유아교육 분야에 적용할 수 있는 AI ChatBot으로 활용 방법과 제작과 적용 방법을 제시한다.

이 책에 수록된 AI 앱, 자료 링크 패들렛 안내

이 장에서 설명하는 저자의 패들렛 링크는 네이버에서 '유구종 태블릿'을 검색 후 '유아교육기관 스마트폰·태블릿 PC활용 프로그램' 사이트의 '커뮤니티 〉 자유게시판'에서 70번 자료 '유아 AI 앱, 자료' 링크를 누르면 접근할 수 있다.

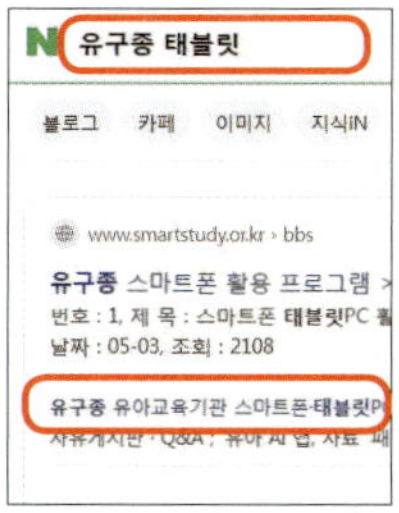

QR을 스캔해 주세요.

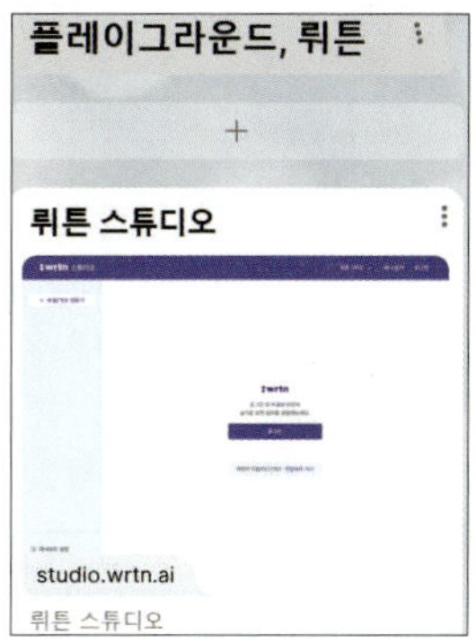

1. AI ChatBot의 활용-뤼튼 AI

'뤼튼 AI'에서는 다음과 같이 'AI 툴'이라는 기존의 AI 툴을 활용할 수 있는 간편한 기능을 제공하고 있다. 뤼튼 홈에서 왼쪽의 '자동 완성'을 누르면 다음과 같이 사용할 수 있는 AI 도구들을 선택할 수 있는 화면이 나타난다. 이러한 도구들에는 자기소개서, 레포트, 이메일, 유튜브 등이 있는데, AI를 사용하여 작성할 수 있는 미리 준비된 입력 폼에 입력하여 문서를 생성하게 된다.

다음에서는 '자기소개서'를 선택하고 '예시 텍스트'를 선택하여 예시 자기소개서 내용을 입력한 다음 '자동 생성' 단추를 눌러서 산출된 예시 자기소개서 내용이다. 자신에게 맞는 자기소개서 내용을 입력하여 산출된 결과물을 '복사 단추( )'를 눌러 복사하여서 사용할 수 있다. 원하는 결과물이 나올 때까지 계속하여 재생성할 수 있다. 자기소개서 외에도 레포트, 이메일, 유튜브 등의 내용도 생성하여 사용할 수 있는데, 사용 시에는 저작권법을 잘 숙지한 상태에서 사용하는 것이 중요하다. 특히 특정 회사나 학교의 경우 AI가 생성한 결과물의 사용을 금지하는 경우가 있으므로 확인하고 사용할 필요가 있다. 대부분의 회사나 학교의 경우는 금지하기보다는 AI에 의하여 생성된 내용의 사실 여부를 본인이 책임지도록 하고 있다.

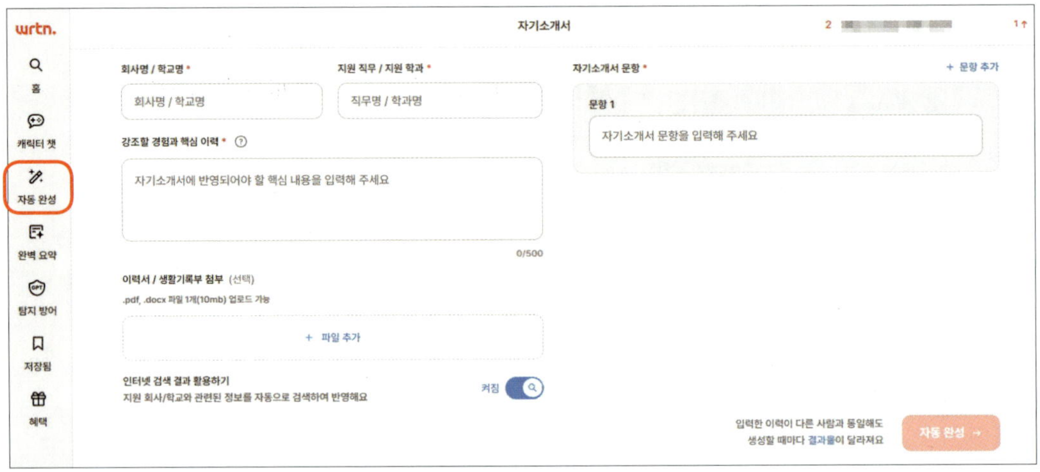

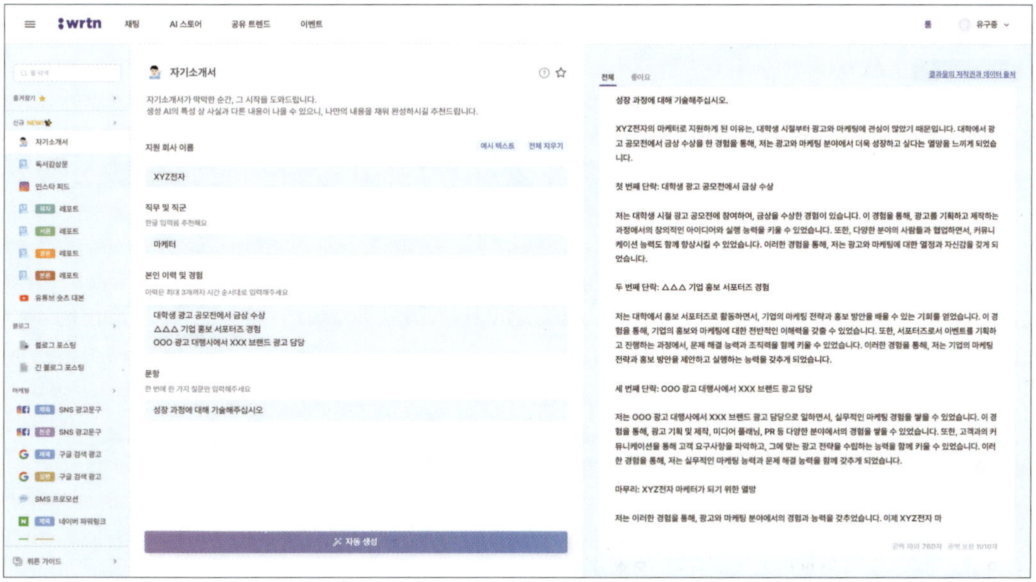

뤼튼 홈에서 상단의 'AI 스토어'를 누르면 다음 그림과 같은 뤼튼의 AI 제작과 배포를 위한 공간이 나타나는데, 이곳에서 원하는 '툴'이나 '챗봇'을 선택하여 사용하면 된다. '툴'은 다음과 같이 원하는 카테고리를 선택하고 원하는 AI 도구를 선택할 수 있는데, 다음은 '교육' 카테고리를 선택한 장면이다. 또한 다음과 같이 '유아'나 '놀이'를 검색하면 해당하는 주제의 AI 도구들을 선택할 수 있다. 예를 들어, '툴 놀이활동과정안'은 유구종 교수가 다음 절에서와 같이 '+ AI 제작 스튜디오'로 제작한 유치원 놀이활동안을 제작하는 AI 도구이다. '툴 유아 심리분석' AI 도구의 경우 다음 화면과 같이 '성별'을 선택하고, '어떤 상황이었나요?', '어떤 행동을 하였나요?' 등을 입력한 다음 '자동 생성' 단추를 누르면 상황별 유아 심리를 분석해서 알려준다. 물론 이러한 분석 내용이나 생성 내용은 생성자가 잘 판단하여 수정하고 적용할 필요가 있다. 가능하면 생성한 AI나 참고문헌을 인용해 주는 것이 좋다.

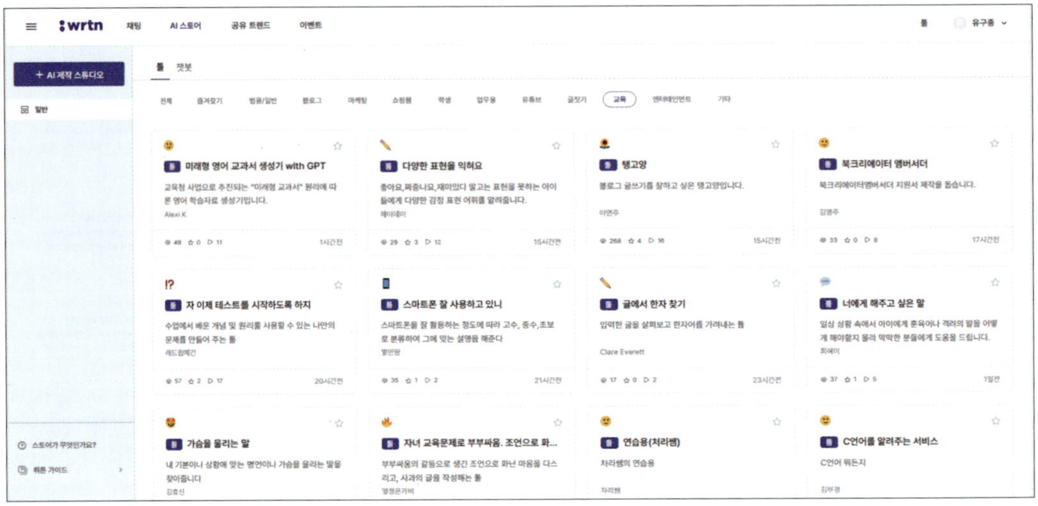

툴
챗봇
전체
즐겨찾기
범용/일반
블로그
마케팅
쇼핑몰
학생
업무용
유튜브
글짓기
교육
엔터테인먼트
기타
신규 툴
놀이활동과정안
유아들의 흥미가 바탕이 되고 발달 수준에 적합한 놀이를 계획하는 놀이활동 계획안 작성
유구종
109 0 5 21시간전
놀이만드는 AI
놀이활동
Littlepapa리틀파파
52 2 34 2023.08.09
역할놀이 대본 (by 뮤즈샘)
역할놀이 대본을 작성할 수 있습니다.
송수연
1.3K 95 157 2023.06.27

2. AI ChatBot 제작과 배포

'뤼튼 AI'에서는 다음과 같은 '뤼튼 스튜디오'라는 AI ChatBot이나 AI 툴을 제작할 수 있는 간편한 기능을 제공하고 있다. 뤼튼에서 AI 툴이나 챗봇을 만들기 위해서는 '뤼튼 스튜디오'를 이용하는데, 'https://studio.wrtn.ai'로 방문하면 된다. 네이버나 구글 계정으로 가입하면 편리하게 가입하여 사용할 수 있다. '뤼튼 AI'에서는 다음과 같이 'AI 툴'이라는 기존의 AI 툴을 활용할 수 있는 간편한 기능을 제공하고 있다. '뤼튼 스튜디오' 홈에서 좌상단의 + 새 툴/챗봇 만들기 를 누른다. 그러면 AI 툴인 챗봇을 제작하고 배포할 수 있는 공간이 나타난다. 다음 화면은 챗봇을 제작하고 배포할 수 있는 공간이다.

wrtn.
채팅
스튜디오
스토어
+ 새 툴/챗봇 만들기
누구든 나만의 AI 앱을 만들 수 있는 공간
wrtn.
지금 회원가입하고 무료로 뤼튼을 이용해보세요!
로그인
뤼튼이 처음이신가요? 가입하러 가기

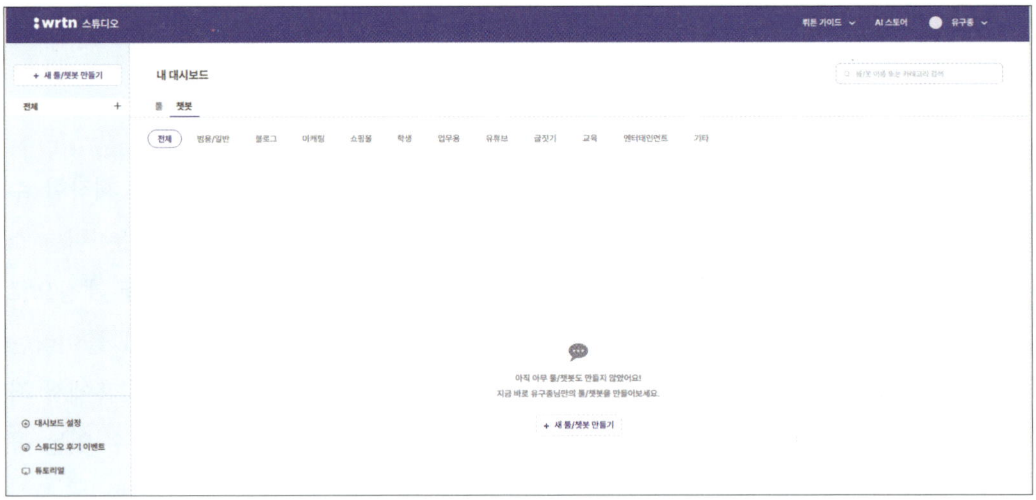
wrtn 스튜디오
뤼튼 가이드
AI 스토어
유구룡
+ 새 툴/챗봇 만들기
내 대시보드
전체
툴
챗봇
대시보드 설정
스튜디오 후기 이벤트
튜토리얼

여기에서 좌상단의 [+ 새 툴/챗봇 만들기] 를 누르면 다음과 같이 '툴 만들기'와 '챗봇 만들기' 선택 상자가 나타난다. '툴 만들기'를 누르면 유아교육기관 공문서나 평가 양식, 놀이 활동안 등을 작성할 수 있는 툴을 만들 수 있다.

3. ChatGPT의 활용-GPTs AI 챗봇

ChatGPT의 GPTs AI 챗봇은 유료사용자의 경우 유아교육에 활용할 수 있는 다양한 챗봇을 개발할 수 있어서 유용할 수 있다. 다음은 저자에 의해 개발된 GPTs AI 챗봇의 예이다.

이 챗봇은 누리과정과 아이누리 사이트, 놀이 실행안 작성 각급 교육청의 자료, 관련 책 등을 학습시켜서 놀이 실행안 작성에 최적화시킨 챗봇이다. 다음과 장면은 기존의 놀이 실행안 pdf 파일을 올려주고 놀이 실행안을 새로 작성하도록 하는 장면이다. 이런 식으로 이 챗봇은 놀이 형태, 놀이 주제 등을 제시해 주고 놀이 실행안을 새로 작성하거나 기존 놀이 실행안의 피드백을 받거나 새로운 요소들을 추가해서 작성하게 하는 식으로 활용될 수 있다.

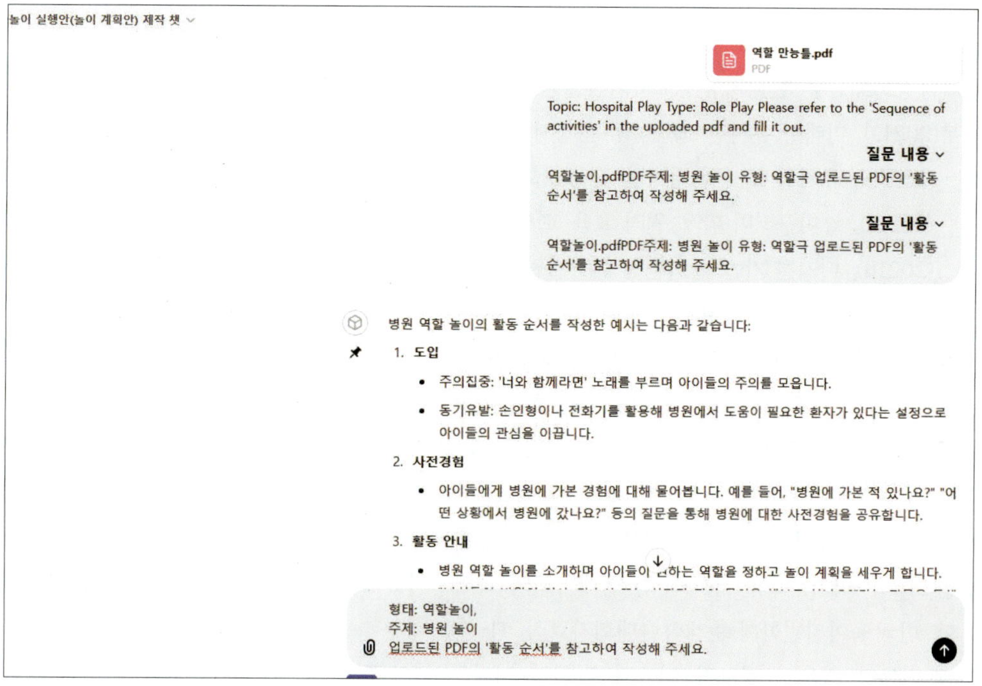

참/고/문/헌

과학기술정보통신부·한국지능정보사회진흥원(2020). 스마트폰 과의존 실태조사.

교육부(2021a). 미래형 유치원 교육과정 운영지원. 디지털 기반 놀이환경 현장지원자료. 교육부.

______(2021b). 유치원 교사의 디지털 역량 강화 연수자료. 교육부.

______(2021c). 놀이꾸러미 활용 원격 교육 교사지원 자료집. 교육부.

______(2021d). 디지털 기반 놀이환경 현장지원자료. 교육부.

______(2021e). 유아와 함께하는 인공지능교육 : 유아 콘텐츠 및 매뉴얼. 인천교육지원청.

김경민·김정민·박현숙(2018). 유치원 스마트교육 환경 구축을 위한 자유선택활동 운영시스템 설계에 관한 연구. **한국컴퓨터교육학회 학술발표대회논문집, 23**(1), 111-114.

김윤희(2019). 4차 산업혁명 시대의 유아교육 방향 탐색. 공주대학교 대학원 박사학위논문.

김정숙·문가영·유구종(2023). **미래사회와 유아교육**. 한국방송통신대학교 출판문화원.

김지원(2017). 인공지능 시대의 새로운 교육패러다임에 대한 연구. 경북대학교 대학원 박사학위논문.

김창환(2014). 미래사회와 유아역량. 현대사회의 육아지원을 위한 다각적 접근 : 영·유아의 역량강화. 한국육아지원학회 춘계학술대회자료집, 11-47.

김현진·김은영·이은상·계보경·이은환·김현영·이가영·이봉규(2017). 미래학교 설립·운영 모델 개발 연구(연구보고 GR 2017-6). 한국교육학술정보원.

김호현·김충일(2018). 누리과정에 함의된 유아교육의 주요 개념과 4차 산업혁명 시대의 유아교육계의 역할. **열린유아교육연구, 23**(5), 55-76.

박선화·전효선·이문복·장근주·김영은·이재진·임철일·문무경·장은희·김선영(2017). 미래사회 대비 교육과정, 교수학습, 교육평가 비전연구(Ⅱ) : 유치원 및 초·중등학교의 교수학습 방향을 중심으로(연구보고 RRI2017-3). 한국교육과정평가원.

박종영(2010). 정보속으로 : IT현장 ; 스마트폰 App 개발. **지역정보화**, 63, 64-65.

오채선(2017). 4차 산업혁명시대 유아교사의 전문성 강화 전략. 한국유아교육보육복지학회 춘계학술대회자료집, 57-84.

유구종(2005). **통합유아컴퓨터교육**. 창지사.

______(2007). 주제극놀이 활동 전개과정에서의 디지털 기록화를 통한 유아의 교육활동과 의사소통 변형. **열린유아교육연구**, 12(2), 303-326.

______(2011). 유아교육기관 디지털 매체에 대한 새로운 시각. 한국열린유아교육학회 춘계학술대회 논문집, 103-139.

______(2012). 유아교육기관 스마트폰, 태블릿 PC 활용 프로그램 개발 및 유아의 과학적 사고에 미치는 효과. **열린유아교육연구**, 17(3), 85-110.

______(2017a). '미래사회 대비 유치원의 교수학습 방향 탐색'에 대하여. 미래사회 대비 유치원 및 초·중등학교의 교수학습 방향 탐색 세미나, 한국교육과정평가원·육아정책연구소 세미나 자료집, 101-106.

______(2017b). 4차 산업혁명과 유아교사교육 환경, 매체의 변화. 한국영유아교원교육학회 학술대회 발표자료집, 83-101.

______(2020). **4차 산업혁명 시대의 유아 스마트교육 및 매체**. 정민사.

유구종·유지성(2021). 스마트교육 환경 데이터 분석을 통한 유아교육기관 스마트교육 환경 개념 모형 구축. **열린유아교육연구**, 26(1), 27-53.

윤여진·유구종(2022). 알파미니 AI로봇을 활용한 통합놀이가 유아의 언어표현력에 미치는 영향. 한국열린유아교육학회 추계학술대회 논문집, 189-197.

이미란(2018). 제4차 산업혁명시대 인재의 미래핵심역량 함양을 위한 유아교육 방향 탐색. 동국대학교 교육대학원 석사학위논문.

이선영(2017). 제4차 산업혁명 시대의 교육심리학. **한국교육학연구**, 23(1), 231-260.

이수영·김대영(2016). 스마트교육 도구의사용이 학습자의 수업집중력과 학업성취도에 미치는 영향 -초등학교 국어과 적용 사례-. **한국초등교육**, 27(2), 141-159.

조민지(2020). 디지털 기억 시대의 기록과 정보서비스. **기록과 정보·문화 연구**, 10, 181-215.

조진일(2017). 4차 산업혁명 시대의 미래형 학교환경은 어떠해야 하는가?. 제28차 KEDI교육시설 포럼. 한국교육개발원.

충청남도교육청(2022). 인공지능(AI)교육 시범유치원 도입, 놀이로 AI와 만나요!. 행복한 교육, 2022년

4월호. 'https ://happyedu.moe.go.kr/happy/bbs/selectBoardArticleInfo.do?bbsId=BBSMSTR_000000000205&nttId=12375'에서 인출.

Alzoubi, Jafar A., et al.(2020). Paraphrase Identification Using Collaborative Adversarial Networks. *Journal of Intelligent & Fuzzy Systems, 3*(39), 1021–1032.

Anand, A.(2022). AI in Early Childhood Education– All You Need To Know. Analytics Steps (https://www.analyticssteps.com/blogs/ai-early-childhood-education-all-you-need-know)에서 2023년 7월 4일 인출.

Bers, M. U.(2017). *Coding as a playground : Programming and computational thinking in the early childhood classroom*. Routledge.

Blinder, A. S.(2009). Education for the Third Industrial Revolution. In D. Goldhaber & J. Hannaway(Eds.), *Creating a New Teaching Profession*(pp. 3–14). Washington, DC : Urban Institute Press.

Calvert, S., Jordan, A., & Cocking, R.(2002). *Children in the digital age : Influences of electronic media on development*. Westport, CT : Praeger.

Chang, F. C. I., Lee, C. Y., Wu, T. J., & Hwang, G. J.(2018). An intelligent and personalized early childhood education system using smart objects and wearable devices. *Interactive Learning Environments, 26*(3), 383–397.

Elkin, M., Sullivan, A., & Bers, M. U.(2016). Programming with the kibo robotics kit in preschool classrooms. *Computers in the Schools, 33*(3), 169–186.

Fan, S., & Yost, H.(2019). Keeping connected : Exploring the potential of social media as a new avenue for communication and collaboration in early childhood education. *International Journal of Early Years Education, 27*(2), 132–142.

Fleming, L., May, L., & Motamedi, V.(2007). Predicting preservice teacher confidence in computer technology : Modeling and application in training environments. *Journal of Technology and Teacher Education, 15*(2), 207–231.

Galimullina, E., Ljubimova, E., & Ibatullin, R.(2020). SMART education technologies in mathematics teacher education – ways to integrate and progress that follows integration. *Open Learning, 35*(1), 4–23.

Hou, L., & Wang, Y.(2018). The design and development of smart early childhood education environment based on the Internet of Things. *Journal of Physics : Conference Series, 1069*, 12–68.

JIN, LINGXI(2021). 학습양식 기반 추천시스템 설계. 이화여자대학교 대학원 석사학위논문.

Kim, Y. J., & Hong, S. A.(2019). The relationship between constructivism and early childhood education. *International Journal of Early Childhood Education and Care, 8*(1), 1–13.

Logan, H., & Zevenbergen, R.(2008). Computer use by preschool children. *Australian Journal of Early Childhood, 33*(1), 37–44.

Luckin, R., Holmes, W., Griffiths, M., & Forcier, L. B.(2016). *Intelligence unleashed : An argument for AI in education*. Pearson.

Plowman, L., & Stephen, C.(2007). Guided interactions in preschool settings. *Journal of Computer Assisted Learning, 23*(1), 14–26.

Scardamalia, M., & Bereiter, C.(2006). Knowledge building : Theory, pedagogy, and technology. *The Cambridge Handbook of The Learning Sciences*, 97–118.

Schwab, K.(2016). 제4차 산업혁명.(송경진 역). 새로운 현재(메가스터디).(원본발간일 2016년)

Siraj–Blatchford, J., & Siraj–Blatchford, I.(2002). Developmentally appropriate technology in early childhood : "video conferencing". *Contemporary Issues in Early Childhood, 3*(2), 216–225.

Siraj–Blatchford, J.(2003). *Developing new technologies for young children*. Stoke on Tren : Trentham Books.

Su, J. M., Lin, Y. C., Wang, C. Y., & Huang, C. C.(2017). A smart learning environment for early childhood education based on the integration of multiple technologies. *International Journal of Engineering Education, 33*(1A), 151–156.

Sullivan, A. A.(2016). Breaking the STEM Stereotype : Investigating the use of robotics to change young children's gender stereotypes about technology and engineering. Ph.D. Dissertation. Tufts University.

Sullivan, A., Elkin, M., & Bers, M. U.(2015). Kibo robot demo : engaging young children in programming and engineering. In proceedings of the 14th international conference on interaction design and children, 418–421, ACM.

Taylor, K. A.(2018). Holistic education : An exploration of its history and efficacy. *Journal of Educational Psychology, 110*(3), 353–366.

Tondeur, J., Valcke, M., & Van Braak, J.(2004). Explaining different types of computer use among primary school teachers. *European Journal of Psychology of Education, 19*(4), 407–422.

Wang, C., & Dang, Y.(2018). Smart education environment for preschool children : A review of research and development. *International Journal of Emerging Technologies in Learning, 13*(5), 134–146.

Watson, G.(2006). Technology professional development : Long–term effects on teacher self efficacy. *Journal of Technology and Teacher Education, 14*(1), 151–165.

Williams, R., Park, H. W., Oh L., & Breazeal, C.(2019). PopBots : Designing an artificial intelligence curriculum for early childhood education. EAAI Symposium(The Ninth AAAI Symposium on Educational Advances in Artificial Intelligence), 33(1), 9729–9736.

World Economic Forum(2016). The Future of Jobs Employment, Skills and Workforce Strategy for the Fourth Industrial Revolution. Global Challenge Insight Report.

Yuki, I.(2017). AI世代のデジタル教育6歳までにきたえておきたい能力55(AI세대 디지털 교육이 6세까지 가르쳐야 할 핵심역량). 河出書房新社(Kawaride Shobo Shinsha).

구글 내지도. https://www.google.com/intl/ko/maps/about/mymaps

국립중앙과학관(2019). 'http://www.science.go.kr'에서 2020년 1월 8일 인출.

네이버 Zep. https://zep.us/spaces/me

쇼핑용어사전(2019). 'http://www.enuri.com'에서 2020년 1월 8일 인출.

스페이셜(메타버스). https://spatial.io

점프. https ://ifland.io/jump

제페토 '빌드잇'. https://studio.zepeto.me/kr/products/buildit

천재학습백과 초등 소프트웨어 용어사전(2019). 'http ://www.chunjae.co.kr'에서 2020년 1월 8일 인출.

클로바 노트. https://clovanote.naver.com

저/자/소/개

유구종

[학력]
중앙대학교 사범대학 교육학과 (학사)
중앙대학교 대학원 유아교육전공 (석사)
중앙대학교 대학원 유아교육전공 (박사)

[경력]
現) 국립강릉원주대학교 유아교육학과 교수(2005. 3~현재)
現) 한국열린유아교육학회 명예회장(2021. 3~현재)
現) 교육부 중앙유아교육위원회 위원(2022. 9. 5~현재)
現) 한국유치원총연합회 자문교수(2024. 1~현재)
現) 한국실천유아교육학회 부회장(2011. 3~현재)
現) 한국유아교육학회 이사(2012. 3~현재)
現) 한국어린이문학교육학회 이사, 편집위원(2015. 3~현재)
現) 한국영유아교원교육학회 이사(2009. 3~현재)
前) 교육부 교육과정심의위원회 위원(2021. 5~2023. 5. 12)
前) 한국보육진흥원 종합평가위원회 위원(2020. 3~2024. 12)
前) 한국보육진흥원 비상임이사(2019. 7. 1~2021. 6. 30)
前) 강원유아교육진흥원 정보화위원회 위원장(2014. 3~2019. 12)
前) 강원도유아교육위원회 위원(2016. 3~2018. 2)
前) 강원도보육정책위원회 위원장(2017. 8. 1~2019. 7. 31)
前) 강원도보육정책위원회 위원(2019. 8. 1~2021. 7. 31)
前) 강릉시보육정책위원회 위원장(2019. 4~2023. 3)
前) 강원유아교육학회 회장(2009. 3~2017. 2)
前) 한국어린이집총연합회 자문교수(2014. 3~2018. 2)
前) 한국어린이집총연합회 가정분과위원회 자문교수(2013. 3~2020. 2)

[저서]
유아교육, 보육 관련 저서 20여 편

4차 산업혁명 시대의 유아 스마트교육 및 매체(2020). 경기 : 정민사.
유아교육에서의 교수학습 및 교육공학(2020). 경기 : 창지사.
미래사회와 유아교육(2020). 서울 : 한국방송통신대학교 출판문화원.
영유아교육개론(2015). 경기 : 공동체.
최신 영유아보육학개론(2015). 경기 : 공동체.

영유아 AI 놀이 및 교육

| **저자** | 유구종

| **1판 1쇄** | 발행 2025년 3월 15일

| **발행인** | 김동훈
| **펴낸곳** | 공동체

| **주소** | 경기도 고양시 일산동구 호수로 358-39, 동문타워 1차 905호(백석동)
| **전화** | 031)814-3000(대표)
| **팩스** | 031)814-3100
| **홈페이지** | www.compub.co.kr
| **전자우편** | compub@naver.com
| **출판등록** | 2005년 10월 6일
| **등록번호** | 제396-2005-36호

| **ISBN** | 979-11-6725-870-0
정가 24,000원